全国中医药行业高等教育"十三五"规划教材

全国高等中医药院校规划教材（第十版）

针刀医学

（新世纪第二版）

（供中西医临床医学、针灸推拿学、中医学等专业用）

主 编

郭长青（北京中医药大学）

副主编

李石良（中日友好医院）　　　　　　刘方铭（山东大学附属千佛山医院）

张天民（湖北中医药大学）　　　　　杨永晖（安徽中医药大学）

姜劲挺（甘肃中医药大学）

编 委（按姓氏笔画排序）

万全庆（浙江中医药大学）　　　　　王海东（甘肃省中医院）

宁　煜（首都医科大学）　　　　　　刘　鹏（长春中医药大学）

刘福水（江西中医药大学）　　　　　李开平（南京中医药大学）

李晓峰（河北中医学院）　　　　　　李瑞国（河南中医药大学）

佟　颖（黑龙江中医药大学）　　　　张　义（北京中医药大学）

张　正（广州中医药大学）　　　　　陈贵全（西南医科大学）

邵水金（上海中医药大学）　　　　　金晓飞（山西中医药大学）

周　钰（新疆医科大学）　　　　　　修忠标（福建中医药大学）

董宝强（辽宁中医药大学）　　　　　温伯平（成都中医药大学）

翟　伟（天津中医药大学）

中国中医药出版社

·北 京·

图书在版编目（CIP）数据

针刀医学 / 郭长青主编 . —2 版 . —北京：中国中医药出版社，2017.8（2022.1重印）

全国中医药行业高等教育"十三五"规划教材

ISBN 978 – 7 –5132 – 4156 – 4

Ⅰ . ①针… 　Ⅱ . ①郭… 　Ⅲ . ①针刀疗法—中医学院—教材 　Ⅳ . ① R245.31

中国版本图书馆 CIP 数据核字（2017）第 082172 号

请到"医开讲 & 医教在线"（网址：www.e-lesson.cn）
注册登录后，刮开封底"序列号"激活本教材数字化内容。

中国中医药出版社出版

北京经济技术开发区科创十三街31号院二区8号楼

邮政编码　100176

传真　010 64405721

保定市西城胶印有限公司印刷

各地新华书店经销

开本 850×1168　1/16　印张 16　字数 399 千字

2017 年 8 月第 2 版　2022 年 1 月第 5 次印刷

书号　ISBN 978 – 7 – 5132 – 4156 – 4

定价　55.00 元

网址　www.cptcm.com

服 务 热 线　**010-64405510**

购 书 热 线　**010-89535836**

侵 权 打 假　**010-64405753**

微信服务号　**zgzyycbs**

微商城网址　**https://kdt.im/LIdUGr**

官 方 微 博　**http://e.weibo.com/cptcm**

天猫旗舰店网址　**https://zgzyycbs.tmall.com**

如有印装质量问题请与本社出版部联系（010 64405510）

版权专有　侵权必究

全国中医药行业高等教育"十三五"规划教材

全国高等中医药院校规划教材（第十版）

专家指导委员会

名誉主任委员

王国强（国家卫生计生委副主任　国家中医药管理局局长）

主 任 委 员

王志勇（国家中医药管理局副局长）

副 主 任 委 员

王永炎（中国中医科学院名誉院长　中国工程院院士）

张伯礼（教育部高等学校中医学类专业教学指导委员会主任委员

　　　　天津中医药大学校长）

卢国慧（国家中医药管理局人事教育司司长）

委　　　　员（以姓氏笔画为序）

王省良（广州中医药大学校长）

王振宇（国家中医药管理局中医师资格认证中心主任）

方剑乔（浙江中医药大学校长）

左铮云（江西中医药大学校长）

石　岩（辽宁中医药大学校长）

石学敏（天津中医药大学教授　中国工程院院士）

卢国慧（全国中医药高等教育学会理事长）

匡海学（教育部高等学校中药学类专业教学指导委员会主任委员

　　　　黑龙江中医药大学教授）

吕文亮（湖北中医药大学校长）

刘　星（山西中医药大学校长）

刘兴德（贵州中医药大学校长）

刘振民（全国中医药高等教育学会顾问　北京中医药大学教授）

安冬青（新疆医科大学副校长）

许二平（河南中医药大学校长）

孙忠人（黑龙江中医药大学校长）

孙振霖（陕西中医药大学校长）

严世芸（上海中医药大学教授）

李灿东（福建中医药大学校长）

李金田（甘肃中医药大学校长）

余曙光（成都中医药大学校长）

宋柏林（长春中医药大学校长）

张欣霞（国家中医药管理局人事教育司师承继教处处长）

陈可冀（中国中医科学院研究员　中国科学院院士　国医大师）

范吉平（中国中医药出版社社长）

周仲瑛（南京中医药大学教授　国医大师）

周景玉（国家中医药管理局人事教育司综合协调处处长）

胡　刚（南京中医药大学校长）

徐安龙（北京中医药大学校长）

徐建光（上海中医药大学校长）

高树中（山东中医药大学校长）

高维娟（河北中医学院院长）

唐　农（广西中医药大学校长）

彭代银（安徽中医药大学校长）

路志正（中国中医科学院研究员　国医大师）

熊　磊（云南中医药大学校长）

戴爱国（湖南中医药大学校长）

秘 书 长

卢国慧（国家中医药管理局人事教育司司长）

范吉平（中国中医药出版社社长）

办公室主任

周景玉（国家中医药管理局人事教育司综合协调处处长）

李秀明（中国中医药出版社副社长）

李占永（中国中医药出版社副总编辑）

全国中医药行业高等教育"十三五"规划教材

编审专家组

组　长

王国强（国家卫生计生委副主任　国家中医药管理局局长）

副组长

张伯礼（中国工程院院士　天津中医药大学教授）

王志勇（国家中医药管理局副局长）

组　员

卢国慧（国家中医药管理局人事教育司司长）

严世芸（上海中医药大学教授）

吴勉华（南京中医药大学教授）

王之虹（长春中医药大学教授）

匡海学（黑龙江中医药大学教授）

刘红宁（江西中医药大学教授）

翟双庆（北京中医药大学教授）

胡鸿毅（上海中医药大学教授）

余曙光（成都中医药大学教授）

周桂桐（天津中医药大学教授）

石　岩（辽宁中医药大学教授）

黄必胜（湖北中医药大学教授）

前　言

为落实《国家中长期教育改革和发展规划纲要（2010–2020年）》《关于医教协同深化临床医学人才培养改革的意见》，适应新形势下我国中医药行业高等教育教学改革和中医药人才培养的需要，国家中医药管理局教材建设工作委员会办公室（以下简称"教材办"）、中国中医药出版社在国家中医药管理局领导下，在全国中医药行业高等教育规划教材专家指导委员会指导下，总结全国中医药行业历版教材特别是新世纪以来全国高等中医药院校规划教材建设的经验，制定了"'十三五'中医药教材改革工作方案"和"'十三五'中医药行业本科规划教材建设工作总体方案"，全面组织和规划了全国中医药行业高等教育"十三五"规划教材。鉴于由全国中医药行业主管部门主持编写的全国高等中医药院校规划教材目前已出版九版，为体现其系统性和传承性，本套教材在中国中医药教育史上称为第十版。

本套教材规划过程中，教材办认真听取了教育部中医学、中药学等专业教学指导委员会相关专家的意见，结合中医药教育教学一线教师的反馈意见，加强顶层设计和组织管理，在新世纪以来三版优秀教材的基础上，进一步明确了"正本清源，突出中医药特色，弘扬中医药优势，优化知识结构，做好基础课程和专业核心课程衔接"的建设目标，旨在适应新时期中医药教育事业发展和教学手段变革的需要，彰显现代中医药教育理念，在继承中创新，在发展中提高，打造符合中医药教育教学规律的经典教材。

本套教材建设过程中，教材办还聘请中医学、中药学、针灸推拿学三个专业德高望重的专家组成编审专家组，请他们参与主编确定，列席编写会议和定稿会议，对编写过程中遇到的问题提出指导性意见，参加教材间内容统筹、审读稿件等。

本套教材具有以下特点：

1. 加强顶层设计，强化中医经典地位

针对中医药人才成长的规律，正本清源，突出中医思维方式，体现中医药学科的人文特色和"读经典，做临床"的实践特点，突出中医理论在中医药教育教学和实践工作中的核心地位，与执业中医（药）师资格考试、中医住院医师规范化培训等工作对接，更具有针对性和实践性。

2. 精选编写队伍，汇集权威专家智慧

主编遴选严格按照程序进行，经过院校推荐、国家中医药管理局教材建设专家指导委员会专家评审、编审专家组认可后确定，确保公开、公平、公正。编委优先吸纳教学名师、学科带头人和一线优秀教师，集中了全国范围内各高等中医药院校的权威专家，确保了编写队伍的水平，体现了中医药行业规划教材的整体优势。

3. 突出精品意识，完善学科知识体系

结合教学实践环节的反馈意见，精心组织编写队伍进行编写大纲和样稿的讨论，要求每门教材立足专业需求，在保持内容稳定性、先进性、适用性的基础上，根据其在整个中医知识体系中的地位、学生知识结构和课程开设时间，突出本学科的教学重点，努力处理好继承与创新、理论与实践、基础与临床的关系。

4. 尝试形式创新，注重实践技能培养

为提升对学生实践技能的培养，配合高等中医药院校数字化教学的发展，更好地服务于中医药教学改革，本套教材在传承历版教材基本知识、基本理论、基本技能主体框架的基础上，将数字化作为重点建设目标，在中医药行业教育云平台的总体构架下，借助网络信息技术，为广大师生提供了丰富的教学资源和广阔的互动空间。

本套教材的建设，得到国家中医药管理局领导的指导与大力支持，凝聚了全国中医药行业高等教育工作者的集体智慧，体现了全国中医药行业齐心协力、求真务实的工作作风，代表了全国中医药行业为"十三五"期间中医药事业发展和人才培养所做的共同努力，谨向有关单位和个人致以衷心的感谢！希望本套教材的出版，能够对全国中医药行业高等教育教学的发展和中医药人才的培养产生积极的推动作用。

需要说明的是，尽管所有组织者与编写者竭尽心智，精益求精，本套教材仍有一定的提升空间，敬请各高等中医药院校广大师生提出宝贵意见和建议，以便今后修订和提高。

国家中医药管理局教材建设工作委员会办公室

中国中医药出版社

2016 年 6 月

编写说明

全国中医药行业高等教育"十三五"规划教材《针刀医学》是根据国务院《中医药健康服务发展规划（2015—2020年）》《教育部等六部门关于医教协同深化临床医学人才培养改革的意见》（教研〔2014〕2号）的精神，在国家中医药管理局教材建设工作委员会宏观指导下，以全面提高中医药人才的培养质量、积极与医疗卫生实践接轨、为临床服务为目标，依据中医药行业人才培养规律和实际需求，由国家中医药管理局教材建设工作委员会办公室组织编写的，旨在正本清源，突出中医思维方式，体现中医药学科的人文特色和"读经典，做临床"的实践特点。

"十二五"规划教材《针刀医学》自2014年9月出版以来，受到了广大师生的好评，同时大家也对该教材提出了许多宝贵意见和建议。经过3年多的教学和临床实践，针刀治疗的理念不断更新，诊断技术不断完善，治疗方法不断改进，为此有必要将优秀成果吸收到教材中，以适应针刀医学的快速发展和教学需要。本教材适用于中西医临床医学、针灸推拿学、中医学等专业方向。

此次修订，对"十二五"教材做了较大幅度的调整。在理论上，不仅继承了针刀医学四大基础理论，同时还提出了以软组织力学性能为核心的针刀治疗基础理论，该理论可解释并指导大多数疾病的针刀治疗。此外，增加了针刀治疗常用的体表标志和针刀治疗点的体表定位，并且引入了对体态和动作的评估方法和针刀术后的康复锻炼方法，将针刀治疗从"以痛为输"的病变点治疗提升到对人体力学平衡的整体把握。

本教材分上、下两篇。上篇为总论，介绍了概论、针刀医学基础理论、针刀器械及其治疗作用、体表标志和常见治疗点定位、针刀治疗常用诊断技术、针刀治疗基本流程；下篇为各论，介绍了针刀治疗概述、针刀治疗慢性软组织损伤、骨关节病、周围神经卡压综合征、其他各科杂病等内容。本教材图文并茂，首次收录了大量的实体解剖图，其中67幅来自李石良教授编著的《针刀应用解剖与临床》，特此表示感谢。

本教材绪论由张义编写，第一章由郭长青、张天民、周钰、张义编写，第二章由郭长青、张义编写，第三章由邵水金和王海东编写，第四章由刘方铭和宁煜编写，第五章由金晓飞、刘福水、刘鹏、宁煜、佟颖编写，第六章由陈贵全、张义编写，第七章由李石良、李开平、杨永晖、姜劲挺编写，第八章由董宝强、张正编写，第九章由温伯平、翟伟、修忠标编写，第十章由李瑞国、万全庆、李晓峰编写。

本教材数字化工作是在国家中医药管理局教育教学改革项目（编号：GJYJS16165）的支持下，由中国中医药出版社资助展开的。本项目由郭长青负责，全体编委参与。

在本教材修订过程中，我们力求概念准确，强调知识点，体现出科学性、系统性、先进性和实用性。但由于时间仓促，不足之处，恳请各位读者提出宝贵意见，以便今后进一步修订提高。

《针刀医学》编委会

2017 年 5 月

目 录

上篇 总 论

绪 论

古代中医外科文献常见"针刀"或"刀针"字样，这里的"针刀"和现代的针刀不是一个概念，而是当时针灸器械和外科手术器械的统称，多用于排脓放血。如《严氏济生方·痈疽论治》载："疽之证甚恶，多有陷下透骨者，服狗宝丸，疮四边必起，依前法用乌龙膏、解毒散讫，须用针刀开疮孔，其内已溃烂，不复知痛，乃纳追毒丹于孔中，以速其溃。"《医方考·笔针》载："李王公主患喉痈，数日痛肿，饮食不下。召到医官，尽言须用刀针溃破。公主闻用刀针，哭不肯治。痛迫，水谷不入，忽有一草泽医曰：某不用刀针，只用笔头蘸药痈上，霎时便溃。公主喜，令召之。方两次上药，遂溃出脓血一盏余，便宽，两日疮无事。令供其方，医云：乃以针系笔心中，轻轻划破而溃之尔，他无方也。"

现代的针刀，特指针刀疗法，此疗法由朱汉章教授发明，来源于一种民间疗法，经过 40多年的应用，已经发展成为一门新兴学科——针刀医学，其具有相对独立的理论依据、治疗手段和研究范畴。

第一节 概 述

针刀医学是基于现代针灸学和外科技术发展而成的一门新兴的交叉学科。

1976 年，朱汉章教授发明了针刀技术，至今，针刀技术已经发展成为针刀医学。近年，针刀医学得到了快速发展，针刀医学理论得到了不断充实、技术得到了不断完善，积累了丰富的临床经验，为学科发展奠定了理论和实践基础。

一、针刀医学的概念

针刀是集合了针灸针和手术刀两者特点，以针刺的理念刺入人体组织，然后完成切开、牵拉及机械刺激等一系列治疗操作的器械。现代针刀器械并非来自于古代镵针、铍针等带刃针具，也与这些古代带刃针具无相似性。判断两者是否相似的依据不是外观，而是用途和使用方法。《灵枢·九针论》曰："镵针者，取法于巾针，去末寸半，卒锐之，长一寸六分，主热在头身也。"镵针形如箭头，主要用于浅刺出血，治疗头身热病及皮肤疾患等。《灵枢·九针论》曰："铍针，取法于剑锋，广二分半，长四寸，主大痈脓，两热争者也。"铍针是形如宝剑，两面有刃的针具，用于刺破痈疽，排出脓血。古代镵针和铍针用于放血和排脓，而针刀大多用于对软组织的松解，以治疗运动系统慢性损伤或经筋痹证，所以两者是没有关联的。

针刀疗法是在针刀医学理论指导下，以针刀为主要工具，以解剖学为支撑，参考外科技术，形成的一种新的治疗方法。

针刀医学是以针刀医学理论为指导，以针刀器械为工具，以针刀疗法为手段来防治疾病的新兴学科，是研究针刀疗法的作用效应、作用机理及作用规律的学科。

针刀医学是医学的一个新兴分支学科，并非脱离中、西医学凭空产生的一门新医学，而是以现有的医学研究成果为基础，为了满足临床需求，创新发展而成的一个相对独立的新的医学分支学科。

二、针刀医学的内容

（一）针刀基础理论研究

基础研究是认识自然现象，揭示自然规律，获取新知识、新原理、新方法的研究活动。基础研究不能直接解决临床问题，但它是应用技术的基石，直接决定着应用技术的发展水平。只有不断加深对人体病变规律及针刀治疗的作用效应、作用机制和作用规律的了解，才能不断优化针刀应用技术，解决更多的临床问题。早期朱汉章教授提出了针刀医学四大基础理论，后来经过不断的基础研究，人们对软组织的生理功能、病变规律有了一定的认识，指导针刀治疗的正是这些来自基础研究的成果。此外，人们也在逐渐展开针刀疗法对病变组织、器官的作用效应、作用机制和作用规律的研究，其结果也必然成为针刀治疗指导理论。

（二）应用解剖学研究

针刀医学所需的应用解剖学包含两方面内容，即解释针刀治疗机理和指导针刀治疗操作。针刀医学常以软组织为切入点，治疗过程的基础是穿刺，因此要从软组织与神经、血管、骨、关节的关系角度解释疾病的发生和针刀治疗的机理。

解剖学是个古老而成熟的学科，解剖学在当代的发展主要是满足临床的各种需求。中医院校本科阶段设有《正常人体解剖学》和《局部解剖学》课程，尚不能满足针刀临床应用的需求。虽然国内外学者在解剖方面已经做了大量研究，形成了诸如表面解剖学、触诊解剖学、断层解剖学、手术入路解剖学等，但这些研究并不是针对针刀治疗，虽然可以为针刀治疗提供帮助，但仍不能完全解释针刀治疗机理和指导针刀操作。因此，针对针刀医学临床实际需求进行解剖学研究是非常有必要的，而且是针刀医学的重要内容。

（三）针刀器械研究

针刀器械是针刀治疗所依赖的主要工具，对于针刀治疗来说具有至关重要的作用。最初的针刀器械由注射针头发展而来，经过朱汉章教授以及广大医学工作者的共同努力，形成了多种不同类型、不同材质、不同用途、甚至不同流派的针刀器械。为了不断满足临床需求，方便治疗操作，提高治疗效果，减少不良反应，针刀器械不断得到改良，如近年来产生了专门用于治疗腱鞘炎的镰形针刀和推割刀，用于骨减压的骨减压针刀，以及用于临床带教的双柄针刀等。

与此同时，人们也在不断探索针刀治疗辅助设备，辅助设备的出现能够有效提高针刀治疗的有效性、便利性和安全性。为了提高针刀刺入的准确性，有人提出了不同的针刀可视化方案，例如利用计算机模拟人体组织介导进针路径，以及利用X线或超声介导进针路径。为了提高针刀治疗的便利性，有人设计了针刀治疗床和针刀治疗椅，还有人设计了针刀专用手术套装。

（四）针刀适应证研究

针刀疗法有特定的适应证范围，对于适应证的把握是针刀治疗的前提。根据已经发表的针刀文献来看，针刀疗法的适应证非常广泛，但优势病种相对集中。据统计，截至2016年发表的针刀文献涉及疾病284种，文献最多的前12种疾病依次是颈椎病、膝关节骨性关节炎、腰椎间盘突出症、腱鞘炎、肩周炎、第3腰椎横突综合征、足跟痛症、肱骨外上髁炎、颈源性疾病、背腰腿痛、神经卡压、筋膜炎，这些疾病的文献数量均在100篇以上，占文献总数的68.7%。虽然针刀疗法的适应证广泛，但分布不均，优势病种相对集中，主要为肌肉骨骼和结缔组织疾病。

针刀医学是一门新兴学科，人们对其适应证和治疗的优势病种认识尚不统一，对其适应证的夸大和缩小同时存在。但不难发现，针刀疗法的适应证和优势病种还有很大拓展潜力，针刀治疗的适应证和优势病种是动态的，其将随着研究的深入而不断改变。因此应当采取科学的研究方法，本着大胆假设、小心论证的科学态度来看待针刀治疗的适应证。随着针刀医学的发展其适应证可能发生变化，不断筛选适应证和优势病种是针刀医学的重要任务。

（五）针刀应用技术研究

针刀应用技术是针刀治病的具体手段，包括针刀治疗方案的优化及标准化方案的制定和修订。针刀诊疗技术是针刀治病的重要手段，包括术前准备、定点方式、进针方式、操作手法、术后手法和康复等方面。针对不同的适应证和优势病种，不断优化针刀治疗的流程和方案，是针刀医学的重要任务。经过长期的临床应用，针刀治疗的术前准备、定点方式、进针刀方法、针刀操作技术、术后手法和康复等技术都在不断优化，更加符合实际。随着针刀器械的逐步改良和治疗经验的逐渐积累，会逐渐形成针对特定疾病标准化方案，甚至对标准化方案进行修订。

三、针刀医学的特点

（一）填补了现有治疗方法的空白

针刀医学的出现，在一定范围内填补了保守疗法和外科手术之间的空白。对运动系统慢性损伤而言，一般有保守疗法和手术疗法。保守疗法有制动、非甾体类抗炎药、针灸推拿、局部封闭等。如果保守疗法效果不佳则只能选用手术疗法，但手术疗法患者痛苦比较大，对组织的损伤也比较大。针刀是针灸针和手术刀的结合。针灸针针刺伤口很小，但切开和分离作用很弱，手术刀切开分离作用很强，但创伤比较大。针刀能够完成一定的切开和分离等操作，又不会带来普通外科手术的创伤。因此，可以认为针刀在吸收了二者的长处的同时避免了二者的不足。可以说针刀治疗技术是介于保守疗法和外科手术之间的一种准手术疗法。针刀技术出现以后，弥补了在治疗运动系统慢性损伤方面保守疗法和手术疗法之间的空白，也为运动系统慢性损伤的治疗带来了一种新的选择。

NOTE

（二）具有显著的创新性

针刀医学既是对现代针灸学的复古，也是对传统针灸学的创新。针刀治疗的本质是经皮微创软组织松解术，传统针灸学当中具备这种治疗作用，但是在近现代随着针具和刺法的不断演变，传统针灸学当中的软组织松解技术逐渐淡出了人们的视野。针刀医学的兴起在客观上使得这一传统针灸学中已不广为人知的技术重新为人所知，从这个角度来说针刀医学是对现代针灸学的复古。针刀医学出现在当代，从现代的视角认识并治疗疾病，对经筋学说和经筋刺法进行了现代解读。古代针具以钝性松解为主，效果较弱且痛苦较大。针刀前端的平刃具有较强锐性松解作用，且比传统针具针对性更强。另外古代针灸学没有系统的解剖学指导，松解效果在一定程度上又与组织创伤成正比，因此在古代做软组织松解具有较高的盲目性和风险性，而现代的针刀治疗有丰富的解剖学知识指导，因此安全性和有效性均有所提高。所以说针刀医学也是对传统针灸学的创新。

（三）推动了对经筋理论的认识

针刀医学发展了对经筋病的认识，推进了经筋疗法的进步，推进了针灸学的发展。

现代针灸学对经筋和经筋病的重视程度远不及对经脉的重视程度，现代的针具和刺法并未发挥出治疗经筋病的最佳效果。针刀器械和针刀治疗技术不但提供了新的视角去认识经筋和经筋病，同时从现代医学的角度对传统针具和经筋刺法的实质进行了解释。根据临床规律研制开发的针刀器械和针刀治疗技术，无疑提高了人们对经筋理论的重视程度，推动了传统经筋疗法的发展，使之更加符合时代，同时在客观上推动了针灸学的发展，在未来可能成为针灸学发展的重要动力。

（四）对中医技术现代化有示范作用

针刀医学立足于中西医交汇点，成为中医技术现代化的典范。中医经筋痹证与现代医学运动系统慢性损伤相对应，经筋刺法与现代医学的软组织松解术相对应，针刀医学是中西医殊途同归的交汇点。针刀医学立足于中西医的交汇点，从中西医各自的角度看待同一种疾病，通过中西医各自的技术相互融合形成新技术，对于中医现代化具有示范作用。

【思考题】

1. 什么是针刀？什么是针刀疗法？什么是针刀医学？

2. 针刀是不是从古代铍针、镵针等带刃针具发展而来？

3. 针刀医学有哪些特点？

第二节　针刀医学发展简史

一、针刀医学的产生

针刀医学的产生源于一个偶然的病例。1976年春，朱汉章教授接诊了一位外伤后掌指关节和指间关节屈伸功能障碍的患者。朱汉章教授判断原因可能是掌腱膜、肌腱等组织在损伤后发生粘连所致。后来用 9 号注射针头直接刺入有压痛并且变得僵硬的瘢痕组织上，进行耐心松解，出针后用手法屈伸掌指关节和指间关节。经过治疗后，患者的手指可以伸屈自如了。在这个病例的启示下，朱汉章教授想到了采用针型工具松解软组织粘连和挛缩的方法。为了实现这种治疗方法，研制工具成为必然。为了满足采用针刺的方式进行软组织松解，朱汉章教授经过反复设计和试验，成功研制了新工具，其主体呈针形，直径 1 毫米左右，头端有用于切开的平刃，尾端有用于捏持的扁平形针刀柄。该工具可以以类似针刺的方式刺入组织，在组织内既可以对粘连和挛缩进行小范围切开松解，也可以对其进行撬拨松解。以类似针刺的方式刺入组织，在组织内进行软组织松解，也就是针灸针和手术刀的结合，该工具最后定名为针刀。

有了合适的工具，针刀疗法这种经皮软组织松解术得以成规模地开展。经过不懈的努力和探索，以朱汉章教授为首的一批临床医生在早期积累了一定的临床经验。在 1978 年，这一全新的探索领域被江苏省卫生厅列入了省重点卫生科研课题。1979 年，朱汉章教授把几年来探索所得的经验和教训编辑成册，即 15 万字的《小针刀疗法》初稿。1980 年，针刀科研课题通过了江苏省卫生厅组织的严格验收。1984 年该项目通过了专家鉴定，标志着针刀疗法的正式诞生。同年，在江苏省卫生厅、江苏省科协和江苏省科技报的支持下，在南京的玄武湖畔创立了第一家以针刀疗法为特色的金陵中医骨伤科医院，开始了大规模的临床应用阶段。

二、针刀医学的发展

在从 1987 年针刀疗法面向全国推广以来，经过多年，针刀疗法从农村基层开始，逐渐向县、市、省级城市发展。从事针刀疗法的医生人数越来越多，其中既有乡村医生，也有医院的专家；针刀治疗从局部单一的软组织损伤病种开始，向多部位、复杂的软组织损伤性疾病进展。大批医务工作者通过针刀疗法临床应用取得多项研究成果，促使理论和临床操作技术日趋完善。

针刀医学的发展也表现在相关理论的不断充实。1992 年，《小针刀疗法》由中国中医药出版社出版，朱汉章教授首次提出了针刀诊疗四大基本理论的雏形。2001 年，朱汉章教授著的《针刀医学原理》由人民卫生出版社出版，明确和细化了指导针刀诊疗的基础理论，正式阐述了针刀医学的四大基础理论和六大组成部分。四大基础理论提出了关于闭合性手术理论，重新诠释了外科手术的含义和内容，阐述了对慢性软组织损伤和骨质增生的新认识。六大组成部分构成了针刀诊疗的大体框架。

2002 年以后科研成果"针刀医学（小针刀疗法）"和"针刀治疗骨性关节炎的临床实验研究"分别获得教育部科技进步二等奖。2003 年由国家中医药管理局组织的《针刀疗法的临床研究》成果鉴定会，将"针刀疗法"正式命名为"针刀医学"，与会专家建议将针刀医学作为一门新兴学科进入大学的正规教育。2004 年，由教育部组织的由 4 位院士参加的关于"针刀医学原创性及其推广应用的研究"的鉴定会，进一步肯定了"针刀医学在理论、操作技术、器械方面都是原创性的成果，特别是在诊疗技术方面达到了世界领先水平"。2005 年，"针刀松解法的基础研究"获国家重点基础研究"973"计划资助，此后多项关于针刀医学的科研课题

NOTE

获得了国家自然基金、教育部和中医药管理局的资助，正式开启了对针刀医学的规范的实验研究。

2006 年新世纪创新教材《针刀医学》（上、下册）由中国中医药出版社出版，新世纪规划教材《针刀医学教材系列》（5 本）由中国中医药出版社出版。一批高校开展了针刀方向本科教育或针刀课程，并且开始招收针刀方向硕士生和博士生。2006 年 2 月召开以"针刀医学发展与中医现代化"为题的第 272 次香山科学会议。目前，针刀医学方向分别成为国家教育部重点学科和国家中医药管理局重点学科主要研究方向，成为国家中医药管理局重点研究室主要研究方向。截至 2016 年国家知识产权网站上能检索的各种针刀专利达 300 多种。

三、针刀医学的推广和普及

（一）传播培训

1987 年举办了第一期全国小针刀疗法培训班，从此针刀疗法开始向全国正式推广应用。1987 年以来，这项新技术随着改革开放的步伐，也走出国门，开始为世界人民的健康服务。朱汉章及其学生通过出国讲学和学术交流等方式，很快在泰国、马来西亚、新加坡、俄罗斯、乌克兰、日本、美国、印度尼西亚、澳大利亚、墨西哥、意大利、智利、巴西、南非等 40 多个国家及我国港、澳、台湾地区建立了针刀治疗中心和医疗点，并培养外籍医生 500 多人。在全面推广应用和大量的临床实践，以及深入的理论探讨和学术交流的基础上，早期著作《小针刀疗法》经修订，于 1992 年 6 月由中国中医药出版社出版了中文、英文两种版本，后该书被翻译成 5 种文字，在 17 个国家出版发行。1997 年大型《针刀医学》系列教学录像片（共 15集）出版发行，该片集普及班、提高班、研修班等内容为一体，以具体病例为中心，以针刀操作为主体，采用电化形象教学手段，为针刀操作规范化做出了新的贡献。

（二）学术交流

1990 年"中国小针刀疗法研究会"成立，并在深圳召开了首届全国小针刀疗法学术交流会。这个学术团体的成立标志着小针刀学术思想开始形成。此后国内外各地相继成立了各级各类针刀医学会，1990 年成立了中华中医药学会针刀医学分会，2004 年成立了世界中联针刀专业委员会，2009 年成立了中国针灸学会微创针刀专业委员会，2013 年成立了中国中医药促进会针刀专业委员会，2015 年成立了中国民族医学会针刀专业委员会。国内 28 个省、直辖市、自治区相继成立了针刀医学省级学会，国外有 15 个国家和地区也相继成立了针刀医学会。

（三）推广应用

截至 2016 年，发表在医学期刊上的针刀疗法文献达到 1 万篇以上，涉及病种已达 284 种，这说明针刀医学的临床应用非常广泛。针刀治疗技术被广泛地应用于临床，应用机构覆盖 30个省、市、自治区的医疗机构。全国 26 个省、市、自治区制定发布了针刀治疗收费标准，该诊疗技术已列入国家的公费医疗和医疗保险项目，并于 1998 年批准了针刀适应证范围内的 78种疾病的针刀治疗的收费标准。

（四）高等教育

随着针刀医学的不断推广和普及，针刀医学已被引进高等医学教育。针刀医学所创立的基本理论和技术方法受到医学界的广泛关注，针刀医学的新理论、新方法已被 60 多种医学专著和教科书引述。针刀医学教材被纳入高等教育体系，多个高等中医院校和高等西医院校开设了针刀医学课程。2003 年开始成立针刀医学系，2003 年开始招收了针刀医学方向硕士研究生，2006 年开始招收针灸推拿学针刀方向本科生，2007 年开始招收针刀医学方向博士研究生，2009 年开始招收针刀医学方向博士后。

第一章　针刀医学基础理论

基础理论是一个学科的基石，基础理论的完善和发展是一个学科发展壮大的必要条件。经过多年探索，针刀医学基础理论已经初具雏形。早期针刀医学提出了四大基础理论，随着研究的深入，基础理论得到了不断完善和补充。

第一节　针刀医学经典理论

一、针刀医学四大基础理论

（一）闭合性手术理论

手术是现代医学治疗疾病的重要手段之一，是指为医治或诊断疾病，以刀、剪、针等器械在人体局部进行的操作，是外科的主要治疗方式。常用于创伤、感染、肿瘤、畸形和功能障碍等情况的治疗。传统的外科开放性手术要求手术视野足够清晰，通常要求足够大的手术切口。较大的手术切口会带来一定程度上的副作用，切口越大，患者痛苦越大，出血越多，感染风险越大。因此人们一直在寻找一种能够尽可能减小切口的手术方式，如现在采用腹腔镜技术切除阑尾和胆囊，可以用椎间孔镜技术治疗椎间盘病变等。在这类技术基础上，经过不断优化和改良，逐步形成了具有中医特色的小切口闭合性手术技术，也就是针刀技术。

闭合性手术技术以人体运动系统病变规律和解剖结构为依据，在非直视条件下通过小切口进行某些类似手术的操作，具有痛苦小、切口小、感染风险小、术后无需缝合等优点。针刀闭合性手术的特点有三，一是切口小，二是非直视手术，三是技术操作有限。切口小是指针刀刃宽度是毫米级别，通常在 1 ~ 3mm，所以针刀刺入皮肤及各层组织后，留下的创口也是毫米级别，大多数时候只有 1mm 左右。因为针刀闭合性手术切口小，不可能像一般外科手术那样肉眼直视手术视野，至少在现阶段也不可能普及像内窥镜手术一样通过监视器直视手术视野，所以只能在非直视条件下完成操作。非直视条件下针刀对受术部位操作的准确性肯定不如直视条件下，而准确性又直接影响治疗效果和治疗安全。这个特点既是优势也是不足，优势是指伤口小，对人体打击小，不足是指非直视条件下操作位置准确性受到一定局限。因此针刀闭合性手术的施术部位不包括体腔内的内脏等人体深层组织器官，而是以体腔外相对层次较浅的运动系统的肌、腱、韧带、筋膜病灶为主。同时，针刀技术操作的前提是对运动系统解剖结构熟练掌握。一般外科手术的术式多样，比如有切除术、移植术、成形术、重建术、清理术等，而针刀技术操作只有切开、牵拉和机械刺激三种直接作用，术式比一般外科手术少得多，能够处理的病灶类型也少得多，但这并不代表针刀技术的适应证少。因此提示针刀技术需要严格筛选适应证。

（二）关于慢性软组织损伤的理论

一般认为，人体的肌、腱、筋膜、韧带、关节囊组织等笼统称为软组织。软组织分布范围广泛，遍布人体全身上下，重量占体重的一半左右。软组织是人体运动系统的重要组成部分，担负一部分运动功能，所以受到各种伤害的机会较多。软组织损伤后，在多数情况下是纤维性修复，形成与原组织不同的纤维性结构。同时人体软组织会发生适应性改变，比如筋膜和韧带的钙化等。软组织的纤维性改变和适应性改变可能影响人体正常生理功能，成为致病因素。

人体运动系统软组织主要承担运动功能，因此探讨软组织的生理和病理规律离不开人体力学。人体力学是利用相似的机械操作和物理定理来研究人体的各种活动的科学。它基于人体生理解剖学、理论物理学的知识，研究人体运动器官的结构、功能与运动规律，从而指导人体防护与保健。力学原理在人体活动中，有些是自然形成的，有些则需要经过后天的训练。人体的生理结构恰到好处地包含着许多力学原理。如人体机械运动的基本规律，骨骼肌的杠杆作用、人体的平衡和稳定、合力与分力、重量和质量、流体力学、热力学，以及解剖学和生理学的静态学与动力学等。

当人体软组织发生纤维性改变或者适应性改变时，组织的力学性能会发生改变，这将直接影响运动系统甚至运动系统以外的力学平衡。截至目前，针刀治疗疾病的着眼点绝大部分情况下是通过对软组织病灶的干预来调整人体的力学平衡，所以说针刀医学的基本思想之一就是重视人体软组织和人体力学平衡的重要性。

（三）关于骨质增生的理论

骨骼能承受骨组织的机械应变，并具有适应这些功能需要的能力。骨骼结构受应力影响，负荷增加骨增粗，负荷减少骨变细，这一现象称之为 Wolff 定律。骨折再塑过程也遵循这一定律。骨折后如有移位，在凹侧将有明显骨痂形成，其内部骨小梁将沿着压应力的传递方向排列，而在凸侧将有骨的吸收。骨力求达到一种最佳结构，即骨骼的形态与物质受个体活动水平的调控，使之足够承担力学负载，但并不增加代谢转运的负担。软组织张力增高可刺激其在骨上的附着点形成骨赘。

（四）经络理论的新探索

1. 经络理论　中医认为经络内属脏腑，外络肢节，沟通人体表里，行气血、通阴阳，内溉脏腑、外濡腠理，保卫机体、抗御病邪。现代生理学认为只有神经体液综合调节才能维持机体内外环境的稳定以达到经络的这种调节功能。因此有人提出经络与神经体液调节学说，推论经络系统与神经体液系统的功能密切相关。其中神经是指从神经末梢直到大脑皮层的完整系统，体液则是来自体内所有的内外分泌腺，可以借血液循环运行或自行渗透的一切化学物质或代谢变化的总称。经络对全身的调节功能和针刺穴位引起的各种效应，实际上是通过神经反射或神经体液的综合性调节功能而实现的，这些可能就是经络的功能和物质基础。针刀刺入人体组织与普通毫针刺入穴位有类似之处，都是通过神经和体液调节为渠道进行全身调节。

NOTE

2. 经筋理论   源于《灵枢·经筋》篇。经筋外可"束骨利机关""联缀百骸""维络周身"，内可护脏固腑，固元行营，通络髓海，调节情志，保证躯体正常"趋翔"活动等功能作用。其分布一般都在浅部，从四肢末端走向头身，多结聚于关节和骨骼附近，有的进入胸腹腔，但不属络脏腑。

（1）经筋理论的现代认识：经筋的主要作用是约束骨骼，活动关节，保持人体正常的运动功能，维持人体正常的体位姿势。现代研究发现，经筋与人体的浅表肌肉群、肌腱的分布与循行路线十分相似；同时十二经筋的结、聚、行与肌肉及其关节处的固定点密切相关；再次，经筋与一些神经的走行及功能基本是一致的，如手太阳筋之结与现代刺激尺神经干的反应一致，足阳明筋之主治症候与现代面神经瘫痪临床表现很相似。因此认为，经筋是指四肢、躯干部与十二经脉密切相关的皮下浅筋膜、肌肉、肌腱、韧带、关节囊、滑膜、椎间盘、神经等组织的总称。

近年来，国外学者根据经验先后提出了"肌肉链""肌筋膜链""解剖链"或"肌筋膜经线"等概念。肌筋膜链学说提高了人们对经筋的认识水平。传统解剖学从直观上认识肌肉，发现人体共有600多块肌肉，但是没有强调肌肉与肌肉之间的筋膜连接和力学关系。在日常活动中，几乎人体的任何运动都不是由单一的一块肌肉完成的，而是由一组肌群共同协调完成。人体结构是特定的，人体运动规律也是特定的，因此运动中肌群的组合方式也是相对特定的，也就是说特定的动作是由相对特定的一群肌肉协调完成。全身筋膜系统是一个网络，网络意味着相互连接和相互影响，尽管每块肌肉都可以独立发挥作用，但分布于筋膜网络中的肌肉可以通过筋膜网络影响功能上整合的全身结构，特定的肌群在筋膜的相互贯穿和连接下整合而形成了有迹可循的"肌筋膜链"，这些肌筋膜链在神经系统的协调下控制着人体的姿势和运动。

（2）阿是穴的现代认识："阿是穴"具有临时性，有随病消长的特点，其在生理状态下不存在，不具有濡养筋骨、运行气血的生理作用，这是其与经穴的不同之处。"阿是穴"从经脉循行看似无规律，但从经筋循行分析，其完全符合经筋规律，按之舒适、疼痛或伴有结节者就是阿是穴。

阿是穴在临床上治疗病种广泛，已得到临床实践证实，可以治疗骨科疾病、软组织病变、内科疾病、五官科疾病、妇科等，亦可用于外科手术止痛及戒毒脱瘾等。如治疗肩周炎局部可在肩背部寻找压痛点，或选肩关节周围阿是穴，或是在上臂活动时寻找最痛点。

触发点（Trigger Points）又称激痛点、扳机点等，分布于人体中任何一块肌肉，是美国学者 Janet G. Travell 于 1942 年首先提出。从临床表现来看，触发点与中医所说的阿是穴或痛性结节条索基本一致，其特征性表现有：①触发点及其周围肌肉呈紧绷感，体表可触及硬结、条索，称之为紧张带；②针刺或触及紧张带上的触发点可引出疼痛、牵涉痛等反应，这种疼痛与患者主诉的疼痛感受相似，按压可加重已存在的疼痛；③触发点累及的肌肉活动长度缩短，关节活动受限；④受累肌肉可见假性肌无力（非肌萎缩）。也就是说触发点表现为肌肉中可触及的结节、条索上的敏感压痛点。

基于触发点与阿是穴在临床表现上的高度相似性，有学者认为触发点是阿是穴的一种重要而且普遍的表现形式，针灸推拿临床上所提到的阿是穴大部分都属于肌肉触发点。有学者总结了阿是穴与扳机点的高度相似性，提出阿是穴很多时候可能是中央触发点或附着触发点，此时的阿是穴是可以立体定位挛缩的肌小节。彭增福通过比较，认为西方针刺疗法之触发点与传统针灸腧穴之间，在解剖部位、临床主治及针刺引发的线性感传诸方面，都十分相似。

（3）针刀医学理论与"经筋"理论及"阿是穴"理论的联系：'以痛为输'是古代定点取穴的方法，其所说的痛，包括自发痛和按压痛，从形式上即没有规定的部位，也没有穴位名称。后来在临床应用中，古人发现这些痛点不仅能治疗局部病痛，还能治疗远隔部位的疾患，例如头病可以治足，腰痛可以取腘等，进而联想到其中可能有相互联系的通路存在，提示人们以"线"为基础的系统分类，即为经络；以点为线，以线成面，即为经筋。阿是穴是一点，经筋则为一面，当一点或几点出现慢性病变，久而久之，其所在面的整体力学平衡即被打破，进而发展为经筋病变。经筋理论、"以痛为输"的阿是穴理论及局部肌肉、关节、筋膜、神经血管循环解剖学说认为：人体各个经筋的"肌肉滑利"是正常的生理解剖状态，而周围软组织肌肉、腱膜、滑囊、筋膜出现纤维化、增生、硬化、钙化、骨化和局部结缔组织肥厚等病理变化，即"筋结瘢痕"出现"筋痹"时，机体运动关节的力平衡和经络、经筋出现异常，表现为筋结牵掣、痹痛、关节活动受限等的运动障碍特征。

综上所述，"以痛为输"是治疗经筋病的基本定点取穴方法之一，亦是针刀治疗的基本定点方法之一。

在经筋理论指导下开展针刀临床工作的优势主要是循经筋确定病灶点，较方便快捷地解决了针刀治疗的关键难点——定点问题，即以解剖学为基础，以中医经筋理论为指导，通过望、问、触、按寻找筋结点（阳性病灶点），应用针刀进行解筋结以达到治疗目的，使针刀的定点技术和疗效水平得以明显提高，也使许多临床难题得以解决。

二、人体弓弦力学系统和网眼理论

湖北中医药大学张天民教授将生物力学与人体解剖结构有机结合起来，提出了人体弓弦力学解剖系统。

人体弓弦力学解剖系统是运用弓箭的组成结构和受力模式、力学传导方式，去认识人体解剖结构，是研究骨连接力学结构及力传导的解剖系统。一副完整的弓箭由弓、弦和箭三部分组成，弓与弦的连接处称之为弓弦结合部。一副完整弓弦的力学构架是在弦的牵拉作用下，使弓按照弦的拉力形成一个闭合的力学系统。射箭时的力学构架是在弦的拉力作用下，使弓随弦的拉力方向产生形变，最后将箭射出。弓弦力学解剖将人体骨骼定义为弓，连接骨骼的软组织定义为弦，在副骨、籽骨、滑囊、脂肪、皮下、皮肤、神经、血管等组织结构辅助下，完成人体力学传导，将人体联系为一个有机生命整体的解剖系统。弓弦力学解剖系统可分为单关节弓弦力学解剖系统和多关节弓弦力学解剖系统。单关节弓弦力学解剖系统是人体弓弦力学解剖系统的基础。根据人体各部位的力学解剖结构不同，单关节弓弦力学解剖系统组成了5个多关节弓弦力学解剖系统，即头面部弓弦力学解剖系统、四肢弓弦力学解剖系统、脊柱弓弦力学解剖系统、头–脊–肢弓弦力学解剖系统及内脏弓弦力学解剖系统。

慢性软组织损伤的病因是人体弓弦力学系统的弦受力异常，它的病理是人体通过粘连、瘢痕和挛缩对受损部位的弦组织进行修复,当人体不能代偿这种异常应力时,就会引起慢性软组织损伤的临床表现。

网眼理论认为慢性软组织损伤不是一个点的病变,而是以人体弓弦力学系统为基础,以受损软组织的行经路线为导向,形成的以点成线、以线成面的立体网络状的病理构架。可以将这种架构看作为一张渔网,渔网的各个结点就是弓弦结合部(软组织在骨骼的附着点),是发生粘连、瘢痕、挛缩最集中,病变最重的部位。换言之,是慢性软组织损伤病变的关键部位,连接各个结点的网线就是弦的行经路线。

第二节　软组织力学性能改变

朱汉章教授早期提出四大基础理论,高度重视慢性软组织损伤,认为粘连、瘢痕、挛缩、阻塞是慢性软组织损伤的四大病理因素。多数情况下针刀治疗是针对软组织进行松解,因此软组织的功能状态是针刀医学重点关注的对象之一。

软组织主要包括肌、腱、筋膜、韧带等组织,是人体运动系统的重要组成部分,软组织功能正常是维护运动系统的重要因素。外伤、劳损、过度使用、不正确的用力方式等可造成急、慢性软组织损伤。从中医角度来看,肌、腱、筋膜、韧带等组织皆属于经筋,具有束骨利关节的重要作用,经筋发生痹证常见支、转筋、痛等症状。在微观层面软组织的各种病理改变和适应性改变可在宏观层面引起软组织各方面性质的改变,其中与针刀治疗密切相关的有软组织挛缩、相对运动障碍、腔隙内压增高,这三种改变称为软组织力学性能(mechanical property)改变。

一、软组织挛缩

软组织挛缩包括两种情况:第一,在某种原因作用下,组织张力增高或长度缩短,或两者同时存在。第二,软组织延伸性减弱。软组织延伸性是指软组织能够被外力拉长的能力。延伸性是衡量软组织功能的重要指标之一,正常的延伸性对关节活动功能具有重要意义。延伸性降低是软组织常见的改变之一。

如疏松结缔组织在关节固定制动、局部水肿和循环不良、创伤及炎症等情况下会出现胶原成分增多,密度增大,形成较致密的结缔组织,造成挛缩;在关节固定制动的情况下,韧带因不能受到牵拉会自动缩短而失去弹性,造成挛缩;纤维性修复后产生的瘢痕可出现挛缩。

(一)因筋膜的收缩能力增强造成挛缩

人体平滑肌具有主动收缩功能,是因为含有收缩蛋白——α-平滑肌肌动蛋白,其他含有α-平滑肌肌动蛋白的组织如筋膜、韧带、肌腱等结缔组织也具有主动收缩能力,这种收缩能力与平滑肌收缩相类似。

1988年,研究人员发现挛缩的大鼠前交叉韧带中深染的平滑肌肌动蛋白含量明显增高,认为与韧带挛缩有关。1993年有学者在等长牵张黏弹性检验中发现胸腰筋膜能够产生长达数分钟的自主收缩，据此推测胸腰筋膜内可能含有具有自主收缩能力的成分。1996年德国学者通过电镜发现人类小腿筋膜胶原纤维之间镶嵌有平滑肌细胞，2002年又发现肌腱中的平滑肌肌动蛋白；2004年通过免疫组化的方式在人类尸体腰背筋膜中发现包含 α-平滑肌肌动蛋白的细胞。腰背筋膜中这种细胞的平均密度是 $79/mm^2$，青年人明显高于老年人，根据已知的平滑肌细胞和肌纤维母细胞的收缩能力推测，如此高密度的收缩细胞足以引起明显的筋膜收缩，甚至形成慢性骨筋膜室综合征。2006年发现筋膜内收缩细胞的数量与身体活动的多少呈正相关，筋膜的初始刚度与基质水合作用有关。

另外，在组织损伤的修复过程中，损伤局部可出现一种特化的成纤维细胞——肌纤维母细胞，其胞浆内含有 α-平滑肌肌动蛋白。这种蛋白为平滑肌细胞所固有，是平滑肌细胞收缩的结构基础。因此，肌纤维母细胞可以称为"带有肌肉的结缔组织细胞"。这类细胞既可以看作有收缩能力的平滑肌细胞，又可以看作带有平滑肌特性的成纤维细胞收缩显性，是成纤维细胞向肌细胞转化的中间形态。肌纤维母细胞又称为成肌纤维细胞，其收缩能力与 α-平滑肌肌动蛋白的基因表达水平有关。随着受损组织修复过程的完成，肌纤维母细胞逐渐被纤维细胞所代替，但此时若存在某些病理状态，如局部微环境紊乱、细胞因子的调控作用失衡等，则肌纤维母细胞持续存在，分泌胶原并产生挛缩。目前，该细胞被认为与大多数组织挛缩有关。

如果筋膜、韧带、肌腱等的主动收缩功能调控机制失常，可导致这些组织的收缩功能异常，如掌腱膜内 α-平滑肌肌动蛋白表达过度可导致掌腱膜挛缩；耻尾肌组织中 α-平滑肌肌动蛋白含量明显减少，可导致压力性尿失禁的发生。压力性尿失禁是常见的中老年女性疾病，由于盆底结构松弛所致。盆底由多层肌肉和筋膜组成，耻尾肌是最重要的支持结构。研究发现压力性尿失禁可能与耻尾肌组织中 α-平滑肌肌动蛋白含量减少所导致的盆底肌肉退行性改变有关。

（二）筋膜、韧带、肌腱硬化造成挛缩

筋膜、韧带、肌腱等组织在宏观层面可以出现瘢痕、肥厚、粘连、力学性能等改变，其原因是在微观层面发生细胞、纤维、基质等成分改变。王长峰等发现脊髓型颈椎病患者黄韧带弹力纤维含量下降、排列紊乱、胶原纤维含量增加，黄韧带厚度和 Ⅰ/Ⅱ 型胶原含量的比值与对照组比较有显著性差异。这种固有结缔组织成分的改变属于"纤维化"或"硬化"范畴。很多研究表明，筋膜的刚度与年龄相关，部分筋膜刚度可能随着年龄增高而增高。

造成筋膜、韧带、肌腱等组织硬化的原因可能是损伤修复的结果，也可能是代偿性的改变。如关节和脊柱出现失稳后，人体代偿功能发挥作用，可能伴随出现关节和脊柱的"再稳定过程"，甚至产生关节和脊柱的"过稳状态"，用于抵消失稳。关节和脊柱的稳定因素包括内源性稳定和外源性稳定。内源性稳定依靠关节面、关节囊、韧带或椎间盘、小关节、韧带，外源性稳定依靠关节或脊柱周围的肌肉。"再稳定过程"和"过稳状态"可能涉及骨，也可能涉及韧带、关节囊、肌肉等软组织。

"再稳定过程"和"过稳状态"在骨的表现是骨赘形成。如关节边缘或椎体前后缘形成骨赘，增大了骨间的接触面积，有利于关节和脊柱的稳定，甚至形成骨桥，使相邻的椎骨失去相对运动。而随着椎间盘退变，纤维环松弛，椎体间连接失稳，当椎体运动时，纤维环作用于关

节软骨尤其是周边关节软骨的应力增大，刺激关节软骨细胞增生，经软骨内钙化和骨化进而化生为骨赘。一个退变的椎间隙，其上下椎体边缘多会形成明显的骨赘，而颈椎病和腰椎病多发生在这种椎间隙。

"再稳定过程"和"过稳状态"在软组织的表现是组织学和力学状态的改变。余家阔等发现家兔经过4个月低头固定以后，关节囊韧带止点钙化纤维软骨层增厚，潮线向韧带方向推进，韧带本身玻璃样变并出现异位纤维软骨岛，项韧带玻璃样变，韧带中纤维细胞数明显减少，变性后的纤维呈灰白色，彼此互相粘连成梁状，失去正常纤维结构；电镜下未见项韧带中轮廓清晰的细胞器。而在颈椎病患者中颈部韧带、筋膜的硬化和钙化是十分多见的。颈椎动力性平衡失调以后，关节突关节的应力重新分布，关节囊受到牵拉，早期松弛，一段时间后关节囊增生肥厚，呈玻璃样改变，这些组织学变化最终可表现为生物力学改变。赵定麟将韧带的纤维增生与硬化解释为人体的自然保护作用，张印斗等认为韧带的退变主要表现为韧带本身的纤维增生与硬化，后期形成钙化，由于韧带硬化与钙化可直接起到局部制动作用，从而增加了颈椎的稳定性，减缓了颈椎病进一步的发展，因此慢性骨关节炎或颈、腰椎病患者多表现关节或脊柱活动度降低。这可以解释项韧带钙化在颈椎病诊断中的定位价值。韧带、筋膜在组织学上是相似的，类似情况同样可能发生在脊柱和关节附近的肌筋膜。

"再稳定过程"和"过稳状态"多数情况下有利于脊柱和关节稳定性的恢复，但少数情况下骨赘和力学状态改变的软组织会对神经和血管构成刺激。例如颈椎骨赘能够压迫脊髓或颈神经根，颈部牵系结构能够压迫椎动脉，腰部骨筋膜室压力增高能够压迫脊神经后支等，颈部深筋膜浅层的变形、增生、粘连、钙化对血管和神经的刺激和压迫是颈椎病发病的一个重要原因。所以当"再稳定过程"和"过稳状态"下力学状态改变的软组织对神经和血管构成刺激时，就需要针刀松解软组织，以解除对神经和血管的刺激。（图1-1）

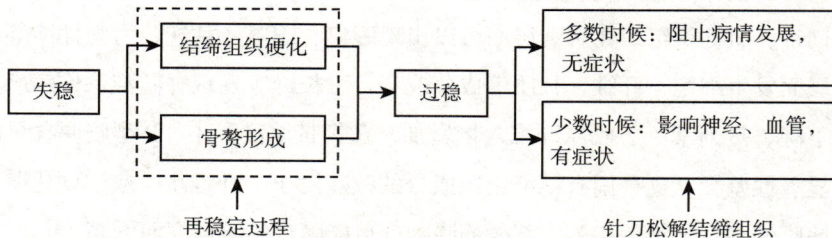

图1-1 "再稳定过程"和"过稳状态"

（三）静息肌张力增高造成挛缩

人体静息肌张力是指骨骼肌（肌筋膜）在静息状态下受到牵张时所表现出的张力，它来源于骨骼肌固有的黏弹性，与牵张反射无关。肌细胞的兴奋与收缩已经得到了充分的认识，但是其本身固有的黏弹性却一直未被重视。人体姿势由中枢神经系统与骨骼、肌肉、筋膜系统共同控制，其中静息肌张力是骨骼肌低水平的被动性紧张，是对外来牵张的固有抵抗作用，对保持平衡状态下的姿势稳定性具有重要意义；与之相反，肌肉收缩是在神经控制下的主动活动，是高水平的主动性紧张，能够增加姿势稳定性。静息肌张力的增高意味着肌筋膜延伸性的下降。

肌肉中的结缔组织参与构成静息肌张力。静息肌张力主要来源于肌原纤维静息张力、肌细胞骨架、肌肉中的结缔组织三部分，其中肌肉中的结缔组织占有重要地位，肌肉中的结缔组织的改变直接影响静息肌张力。肌肉中的结缔组织是指肌外膜、肌束膜和肌内膜。肌肉中的结缔组织具有多种特殊功能，如介导机械信号向肌细胞传递，促成肌肉的生长和神经分布，引导肌细胞的增殖和生长，整合肌肉收缩力。不同的肌肉中的结缔组织蛋白表达的时间和比例不同。在生物力学方面，肌肉中的结缔组织构成了肌肉的骨架并保证肌肉结构的完整性，保证力的传递，参与肌肉的缓冲，使肌肉自身产生的力和外界作用于肌肉的力安全有效地在整个组织中传导，并且这取决于肌肉中的结缔组织合理的成分和结构。肌肉中的结缔组织结构越多，并联弹性元的弹力出现得就越早，肌肉收缩后的合张力也就越大，有学者发现肌肉挛缩与肌肉中的结缔组织纤维化有关。因此肌纤维及肌肉中的结缔组织的各自特性及二者的相互作用决定了整个肌肉的特性。（图 1-2）。

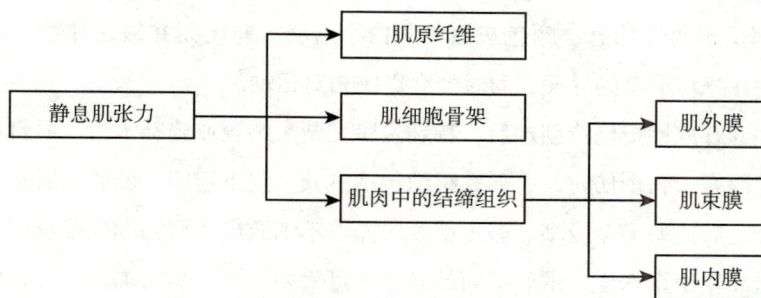

图 1-2　肌肉中的结缔组织构成

延伸性正常是健康软组织的重要特性之一，正常范围内的静息肌张力具有重要的临床意义。静息肌张力是维持人体预紧张和低水平稳定功能重要的发起者。正常的静息肌张力能够以最小的能量消耗来维持放松状态下的人体直立，因此对于骨骼肌肉系统乃至相关的神经和血管等的功能具有重要意义。

静息肌张力的异常改变可能是一些疾病中被忽视的因素，在临床评价中值得重视。从临床来看，部分人群肌肉不易放松，易于出现张力增高的表现，在具有其些骨骼肌肉系统症状的患者身上可触及明显增高的静息肌张力，如在紧张性头痛患者的斜方肌上部、退行性腰椎间盘疾病和强直性脊柱炎患者的腰背部伸肌经常可以触及硬结。关节僵硬常与肌肉延伸性下降有关。很多研究提示，针对静息肌张力的有氧运动和肌肉拉伸能够有效地改善症状，其效果与现代物理疗法、肌肉协调和力量训练相似。肌筋膜综合征和触发点可能与静息肌张力有关。肌筋膜综合征是一种局部疼痛性疾患，可由按压触发点引发。

从上所述不难看出，静息肌张力与中医经筋痹证、以痛为输等概念有密切关系。针刀治疗一般多是寻找软组织硬结进行切开松解，提示针刀对肌肉结缔组织的切开松解可能降低了局部肌肉的静息肌张力。

二、相对运动障碍

在运动中，人体的肌、腱、韧带、筋膜、神经、骨之间存在相对运动，如肢体活动过程中，神经与周围组织之间可发生相对滑动，腱与腱鞘之间可发生相对滑动。也会因为某些原因出现相对运动障碍，具体如下所述。

（一）组织粘连

组织粘连是常见的相对运动障碍。组织在遭到破坏后，即使是具有一定的再生能力，其修复过程也不可能单独由实质细胞单独完成。而是首先要通过肉芽组织增生，溶解吸收坏死组织和异物，填补组织缺损，最后肉芽组织转变为纤维结构为主的瘢痕组织，修复才告完成。肉芽组织由新生薄壁的毛细血管及增生的成纤维细胞构成，并伴有炎细胞浸润，因肉眼观察表现为鲜红色、颗粒状、柔软湿润、形似鲜嫩的肉芽故而得名。肉芽组织中的成纤维细胞产生基质和胶原，早期基质较多，以后则胶原越来越多。随着时间推移，肉芽组织逐渐成熟，产生越来越多的胶原纤维，逐渐发生玻璃样变。至此，肉芽组织成熟为纤维结缔组织，并逐渐转化为老化阶段的瘢痕组织。瘢痕组织是指肉芽组织经改建成熟形成的纤维结缔组织。此时组织由大量平行或交错分布的胶原纤维束组成。纤维束往往呈现玻璃样变，纤维细胞稀少，组织内血管减少。大体上局部呈现收缩状态，颜色灰白或灰白半透明，质硬韧并缺乏弹性。瘢痕可发生粘连，当粘连发生在相对滑动的界面之间时便会影响相对运动。

如严重的手部开放性损伤清创术后，特别是肌腱断裂吻合或修补术后，肌腱粘连是影响手功能恢复的关键因素。在创伤时，手部软组织包括皮肤、皮下组织、筋膜及肌腱本身可能同时受伤，手术复合之后，瘢痕会较多。若在手术中操作不细致或术后初期炎症反应及肿胀控制欠佳，渗出液会增加软组织粘连；术后早期的制动，可使粘连进一步增加。另外，肌腱手术时的缝合会使吻合部粗大、粗糙。以上因素结合在一起，可使伤后的肌腱粘连、固定，严重影响手的运动功能。

突出的椎间盘与神经根粘连，多见于腰椎间盘突出钙化、腰椎间盘突出破裂、腰椎间盘突出复发，以及腰椎间盘突出症患者病史较长、反复多次行推拿、牵引或接受骶管内封闭及融核治疗者。手术治疗在椎间盘突出的治疗中发挥关键作用，但手术会引发瘢痕组织形成，进而引发神经根等粘连，极大程度上限制了神经根活动，最终造成患者根性坐骨神经痛，病情迁延持续。

肩周炎患者盂肱关节囊表现为无菌性炎症，随着病变的进展，形成粘连带，进而限制关节运动。关节囊的炎症反应由关节滑膜层逐渐向周围软组织浸润，范围不断扩展，当炎症发展到一定范围时，关节囊萎缩粘连到仅为健侧的一半时，疼痛即开始发作。

（二）腱鞘狭窄

肌腱一般由滑膜包绕，在关节的屈面或是关节成较锐角处，多有一个或一段由骨和纤维韧带构成的骨纤维管，形成滑车结构，以防止肌腱拉紧时肌腱失去腱鞘或者滑车的约束，在肌肉收缩牵动关节屈曲的时候离开骨面或向侧方滑脱。肌腱在纤维韧带上长时间过度磨损发生创伤性炎症，肌腱发生水肿，可呈现葫芦状膨大。同时纤维韧带在炎症作用下增厚，骨纤维管变得狭窄，呈束带样压迫肌腱。当膨大部分的肌腱通过狭窄的腱鞘时即可发生弹响或绞锁。

三、腔隙内压增高

人体组织内存在很多腔隙，组织增生、肥大、水肿等可以增加腔隙内压力。腔隙内压力异常增高的情况比较多见，具体如下所述。

（一）骨筋膜室内压增高

骨筋膜室的室壁坚韧而缺乏弹性，创伤骨折的血肿和组织水肿可使其室内内容物体积增加，或因外包扎过紧，局部压迫使骨筋膜室容积减小，均可导致骨筋膜室内压力增高，而阻断室内血液循环，使骨筋膜室内的肌和神经组织缺血。肌组织缺血后，毛细血管通透性增加，大量渗出液进入组织间隙，形成水肿，使骨筋膜室内压力进一步增加，形成缺血 – 水肿 – 缺血的恶性循环，造成骨筋膜室综合征。骨筋膜室综合征一经确诊，应立即切开筋膜减压。早期彻底切开筋膜减压是防止肌肉和神经发生缺血性坏死的唯一有效方法。

（二）滑囊内压增高

滑囊是结缔组织中的囊状间隙，是由内皮细胞组成的封闭性囊，内壁为滑膜，有少许滑液。少数滑囊与关节相通，位于关节附近的骨突与肌腱或肌肉、皮肤之间。凡摩擦力或压力较大的地方，都有滑囊存在，其作用主要是利于滑动，从而减轻或避免关节附近的骨隆突和软组织间的摩擦和压迫。

长期、反复摩擦和压迫可引起创伤性滑囊炎，滑囊壁发生充血、水肿、渗出、增生、肥厚、粘连等无菌性炎症，表现为滑膜充血、水肿，滑液增多并充盈滑囊，导致滑囊内压增高。最常见的有引起膝关节疼痛的鹅足滑囊炎和继发于肩关节周围组织损伤与退行性变的肩峰下滑囊炎。

（三）骨内压增高

骨内压是指骨的血流动力在骨腔内或骨质间隙内所产生的压力。骨内压增高是指在某些因素的影响下，骨内压高于正常生理状态的一种现象。

目前骨内静脉淤滞学说已被大家公认是引起骨内高压的主要因素，而骨内微循环障碍是骨内高压的病理本质。一般来说，当骨髓微循环普遍扩张和骨髓腔内容物增加时，由于骨腔是一个相对密闭的硬壳腔隙，不能自行缓冲调节，因而造成骨内压力升高。在病理情况下，当所有骨内静脉引流受阻或发生阻塞时，就会引起骨内压持续性升高，髓内动静脉压差减小，骨内毛细血管血流量减少，血流处于淤滞状态，继而发生渗出、骨间质水肿等。后者又加重骨内静脉引流障碍和组织受压，从而引起一系列血流动力学和血液流变学发生变化，使血液淤滞进一步加重。骨内高压与骨内病理改变相互作用，互为因果，形成恶性循环，最终导致骨内高压的发生和发展。也正因为如此，使得骨内压持续升高并长期存在，导致一系列临床症状和疾病，如顽固性跟痛症、股骨头缺血性坏死等多种疾病，并与骨关节炎的发生关系密切。

【思考题】

1. 软组织力学性能可以发生哪些改变？
2. 关节和脊柱的"再稳定过程"有哪些意义？

NOTE

第三节 软组织改变对人体的影响

软组织损伤改变可引起一系列的并发症，包括营养性紊乱引起的肌萎缩、韧带松弛引起的关节不稳定、损伤性关节炎、关节周围骨化、关节内游离体等。可见软组织"力学状态"改变不仅能够加重损伤局部病变，更重要的是通过对邻近的神经、血管、骨、关节等组织器官产生影响，参与多种疾病的发病过程。

一、对局部的影响

肌疼痛可引起肌紧张，肌紧张又使代谢产物潴留，加重肌疼痛，形成恶性循环，长期必然引起肌纤维化。软组织纤维化又可增加局部张力，阻碍微循环引起疼痛，因此软组织疼痛与局部张力增高有关。

肌筋膜疼痛综合征（Myofascial Pain Syndrome，MPS）是一种以慢性软组织源性疼痛且伴有一个或多个触发点（Trigger Points，TrP）为主要特征的一组临床症候群。该病在软组织疼痛患者中所占比例高达 20%～95%。目前认为触发点形成机制尚不完全明确，但触发点局部肌组织的功能状态是清楚的。触发点概念提出后，David Simon 提出了对触发点的经典描述——能量危机（Energy Crisis）概念，指出肌纤维持续性收缩增加局部能量消耗，同时抑制了血液循环，局部缺血低氧导致组织释放血管活性物质，这些物质作用于伤害性感受器引起神经致敏而产生疼痛，且可刺激神经末梢乙酰胆碱的释放。同时缺血使 ATP 供应不足，所以肌肉持续收缩。肌肉持续收缩，引起代谢增强，代谢产物蓄积，引起肌肉疼痛，导致组织缺血，如此反复恶性循环，最终形成能量危机。肌肉持续收缩形成紧张性肌纤维，多个紧张性肌纤维形成可触及的紧张带。

慢性骨筋膜间隔综合征，是持续性的骨筋膜间隔内压增高导致的骨骼肌慢性缺血性损害。慢性骨筋膜间隔综合征患者的筋膜标本生物学表现为增厚、变坚韧，力学特点为轴向弹性形变下降，组织化学显示其纤维成分并无明显改变，但电镜下可见纤维桥链接。骨筋膜间隔结构坚韧，容易出现内部压力升高的现象。研究结果显示当骨骼肌内压持续高达 8mmHg 时，即可发生慢性骨筋膜间隔综合征。骨筋膜间隔内部长期压力增高可引起静脉回流障碍，导致肌纤维缺血，甚至坏死及纤维化，产生疼痛，也可刺激穿经此筋膜室的神经，引起放射痛。有学者认为大部分软组织源性下腰痛是由腰骶部慢性骨筋膜间隔综合征所致。

二、对神经和血管的影响

人体肌筋膜等软组织具有很多功能，其中容易被忽视的功能之一是通道功能。周围神经和血管走行于软组织或软组织与骨构成的通道中，通常情况下该通道容纳并限制它们的活动，同时提供保护作用。但当通道内压力增高时，可刺激神经和血管。

广义的周围神经卡压综合征是指周围神经在其行程中任何一处受到卡压而出现感觉、运动等功能障碍，可因骨纤维管狭窄，软组织增生、肥厚、粘连而使经过该处的周围神经被挤压，引起神经血供障碍，造成不同程度的感觉及运动功能障碍。以正中神经（$C_5 \sim T_1$）为例，神经在颈椎椎间孔处可因椎间孔狭窄而受压，下行至斜角肌间隙时可被斜角肌卡压，继续下行至喙突和胸小肌处时可被胸小肌卡压，继续下行至旋前圆肌处时可被旋前圆肌两头之间的腱弓卡压，继续下行至腕管时可被腕管卡压。周围神经卡压综合征可造成神经纤维发生脱髓鞘变化，甚至远端轴索崩解，髓鞘发生 Waller 变性，在肢体活动时，处于狭窄通道内的神经纤维在机械刺激下发生慢性损伤性炎症，并加重水肿－缺血的恶性循环，进一步造成损害。

目前教科书列举的周围神经卡压综合征的种类很有限，例如腕管综合征、梨状肌综合征等。但周围神经卡压综合征并不局限于这些，还包括一些小的神经支卡压征，如脊神经后支卡压。陈维城等采用颈部深筋膜浅层钙化灶切除手术来治疗 22 例颈椎病患者，主要症状有颈项酸痛、颈部转动不灵、肩臂酸痛、背部牵拉痛、背部沉重感、上肢麻木乏力、头痛头昏、眼球发涨等，22 例患者在术中均见钙化组织周缘或基底有小的神经血管束通过，在术中尽量将神经血管束分离，粘连紧密者予以切断，6 例切断者术后未见不良反应，结果只有 3 例无效。该作者认为颈椎病的发病原因中，软组织的变形、增生、粘连、钙化对血管和神经的刺激和压迫是一个重要原因。Heine 则发现在人体深筋膜浅层有许多神经血管束的穿出点，其中部分与361 个经穴的位置是重合的。外科医生 Bauer 发现在颈肩臂慢性疼痛患者身上穿出深筋膜浅层的神经血管束被穿出点周围的环形纤维束紧紧卡压，使用微创外科的方法松解卡压后，患者症状显著改善。

腘动脉压迫综合征是因动脉与其周围的肌肉或肌腱、纤维组织束的位置关系异常导致动脉受压而引起下肢缺血症状群。通常由于腘动脉及周围肌肉或纤维组织先天性发育异常所致。腘动脉受其周围肌肉、肌腱或纤维束压迫，引起相应的临床症状。外科手术松解被压迫的腘动脉是治疗该病的唯一方法。

椎动脉周边存在着对椎动脉起限制固定作用的骨性及软组织因素，它们被称为椎动脉的牵系结构。牵系学说是对椎动脉型颈椎病发病机制的解释之一。Ebraheim 等发现颈椎钩突、横突及上关节突周围的关节囊、骨膜相互延续形成薄层的纤维筋膜鞘样结构，将椎动脉、静脉、神经包裹在内，而且在钩突与横突外膜之间存在一些纤维组织连接，称"钩突－椎动脉－脊神经复合体"，主要作用是固定椎动脉。而 Chopard 等将椎动脉走行途径形容为一个纤维性、骨性、肌性通道，椎动脉被固定其中，具有保护作用。瞿东滨在此基础上将椎动脉周边存在着的对椎动脉起限制固定作用的骨性及软组织因素称为椎动脉的牵系结构，在颈椎运动或不稳情况下，纤维束带可能激惹椎动脉。刘植珊等在行椎动脉减压术治疗椎动脉型颈椎病中，发现椎动脉外层被覆一层筋膜组织，在狭窄部位或横突孔出入口两侧，可形成肥厚的纤维束带，因而导致椎动脉狭窄。武兴杰通过对成人尸体颈椎的解剖证实纤维粘连带存在对椎动脉的机械性牵拉或压迫。

三、对骨和关节的影响

正常关节囊、韧带、肌、腱、支持带等关节周围软组织维持了脊柱和关节的稳定性，但这

NOTE

些软组织改变可改变骨关节的力学平衡，可参与骨赘形成、影响正常姿态、限制关节活动、改变关节力学平衡。

（一）参与骨赘形成

骨骼能承受骨组织的机械应变，并具有适应这些功能需要的能力。骨骼结构受应力的影响，负荷增加骨增粗，负荷减少骨变细，这一现象称之为 Wolff 定律。骨折再塑过程也遵循这一定律。骨折后如有移位，在凹侧将有明显骨痂形成，其内部骨小梁将沿着压应力的传递方向排列，而在凸侧将有骨的吸收。骨力求达到一种最佳结构，即骨骼的形态与物质受个体活动水平的调控，使之足够承担力学负载，但并不增加代谢转运的负担。软组织张力增高可刺激其在骨上的附着点形成骨赘。传统观点推断椎体骨赘来自于椎体边缘韧带骨膜下的出血、机化和钙化。邱贵兴等通过动物实验发现，骨赘生长方向与末端附着的肌膜牵引方向一致，认为边缘骨赘可能是增厚挛缩的关节囊压力增加，刺激血管与相应的组织增生所致。近年来有专家根据实验结果，提出由于纤维环牵拉关节软骨的拉应力增大，刺激关节软骨细胞增生，进而化生为椎体边缘骨赘。

（二）影响正常姿态

肌肉失衡可能影响正常姿态，而姿态异常可能是骨骼肌肉系统疾病的早期因素之一。例如上交叉综合征常见于长期伏案工作或常进行超负荷训练的人士，主要表现为颈部生理弯曲减少或消失而导致头部不自觉的前倾，肩胛骨耸起、前移，胸椎曲度增加呈现驼背，看起来比实际身高矮小。患者可出现颈肩部肌肉酸痛僵硬，肩膀及下背出现酸痛，甚至胸闷、呼吸不顺，可影响生活质量和自信心。上交叉综合征的原因是肌肉失衡，有些肌肉紧张度过高，如胸大肌、胸小肌、背阔肌、肩胛提肌、斜方肌上束、胸锁乳突肌和斜角肌；有些则紧张度降低，比如菱形肌、斜方肌中下束、前锯肌、肩袖肌群、深层颈屈肌。强弱肌肉形成一个交叉，所以称作上交叉综合征。

下交叉综合征常见于腹型肥胖的人、孕妇、穿高跟鞋的人。主要表现为明显的骨盆前倾和腰椎过度前弯，由于重心前移，形成前凸后翘的姿态。经常处于骨盆前倾，腰椎过度前弯的状态，会增加腰椎和膝关节的压力，引起疼痛。其原因是肌肉紧张度不平衡。紧张度增高的肌肉有髂腰肌、竖棘肌、股直肌；紧张度降低的肌肉有腹肌、臀大肌、腘绳肌。强弱肌肉形成一个交叉，所以称作下交叉综合征。

（三）限制关节活动

软组织粘连、挛缩可限制关节运动。例如，屈指肌腱狭窄性腱鞘炎可出现肌腱与腱鞘的相对性狭窄，影响肌腱在腱鞘内的正常滑动。跟腱挛缩可限制踝关节背屈。关节僵直多继发于骨折出血后制动时间过长，或者发生于滑膜切除术后及关节炎症后等。关节囊及关节内粘连、关节囊挛缩、韧带纤维化等，可使关节屈伸受限。

颞颌关节周围的肌肉、韧带等组织功能异常可导致颞下颌关节功能紊乱症，引起咀嚼与张口障碍、局部疼痛和关节弹响，严重者可引起颞颌关节强直。

（四）改变关节力学平衡

软组织挛缩可以改变关节力学平衡，加速关节退变。肌肉、韧带、支持带等都是关节和脊柱的稳定装置，如肌肉、韧带、支持带等功能异常可影响关节和脊柱的稳定性。以膝关节为例，髌骨外侧压迫综合征表现为髌骨外侧支持带挛缩，膝关节屈伸时髌骨的正常轨迹外移，髌骨关节软骨面压力分布不均，软骨及软骨下骨因负荷过大而受损，外科手术或者镜下松解外侧支持带可获得满意效果。

关节囊挛缩是骨关节炎常见的病理变化之一，关节囊及关节周围软组织的继发性挛缩可能参与骨关节炎的发病过程。国外学者指出髋关节骨关节炎导致关节外周肌群挛缩出现肌张力过强，关节软骨遭受持续性肌张力过强，持续性肌肉牵拉逐渐形成进行性损害，从而加重骨关节炎的病理改变。杨述华等有针对性对髋关节周围肌肉行手术松解，取得满意疗效。

近年来，越来越多的研究表明颈椎病与椎周软组织病变的关系极为密切。颈椎的小关节囊、韧带、肌肉等软组织既参与内源性稳定也参与外源性稳定，因此软组织病变必然影响颈椎的稳定性。姜淑云等认为颈椎病患者颈部肌群生物力学性质发生变化，是颈椎病发生发展的关键环节。施杞等通过切除大鼠颈部肌群、切断兔颈棘上和棘间韧带的方法，分别建立了颈椎动力性平衡失调、静力性平衡失调颈椎病动物模型。罗才贵等研究显示颈椎病模型家兔颈部肌肉 Ca^{2+}–ATP 酶活性较空白组显著降低。基于对软组织的重视，甚至有学者提出了"肌源性颈椎病期"的概念。

（五）影响人体整体力学结构

人体不同区域之间存在相互联系，某个区域发生的改变可以对其他区域或者整体的力学结构产生不良影响。胸椎周围的竖脊肌、多裂肌、腰方肌等肌筋膜紧张度过高会限制胸椎的活动度。胸椎活动度受限很容易影响到肩部、颈部、腰部及髋关节。在日常活动或体育运动中，胸椎活动度受限容易造成肩部、颈部、腰部及髋关节等部位的代偿动作，增加肩关节、颈椎及腰椎等部位的损伤风险，因此，胸椎的灵活性改善不仅对普通人群，对运动员也非常重要。再如跟腱挛缩可导致踝关节背伸受限，造成无法完成下蹲动作。

四、对其他器官的影响

软组织力学性能变化，不仅体现在对自身、神经、血管、骨、关节等组织器官的影响，还可能对运动系统以外的组织器官产生影响。体表瘢痕挛缩不仅可限制关节的运动功能，如果出现在特定部位还可影响人体视觉美感。如颈部是烧伤瘢痕最常发生的部位之一，颈部瘢痕挛缩不仅影响颈部功能也严重影响颈部美观。面部皱纹与其下方的面肌静息肌张力增高有关，肛裂与内括约肌挛缩有关，肛裂慢性炎症刺激使内括约肌长期处于挛缩状态，内括约肌挛缩和末端纤维化是肛管狭窄、疼痛、排便困难、溃疡久不愈合的主要原因。前列腺增生作为一种良性病变，是老年男性的常见病之一。前列腺包绕着尿道，前列腺包膜可以传递组织增生的扩张压力到尿道，压迫膀胱颈部或尿道，引起下尿路梗阻。

在此学说的指导下，采用针刀松解，通过对病变软组织的松解解除对骨、关节、神经和血管或者其他组织器官的影响，达到治疗目的。

有人认为针刀治疗虽然伤口很小，但是也会形成小的损伤，特别是经反复针刀治疗的患者；根据病理学的常识，有创伤就有修复，创伤－修复－瘢痕，形成新的挛缩和粘连，导致病情加重。实际上针刀治疗的作用靶点是软组织的力学状态对人体生理功能的影响，并非软组织病理变化本身。针刀治疗的目的是改变软组织力学状态，即延长挛缩、分离粘连、减张减压等，从而解除对神经、血管、骨关节等组织器官的不良影响，而非从根本上消除软组织瘢痕、粘连等病理改变。

例如颈部牵系结构和深筋膜是相互联系的，因此针刀治疗椎动脉型颈椎病就是通过针刀松解项部深筋膜达到降低牵系结构张力，以解除对椎动脉的压迫。所以与外科手术不同，针刀不可能直接切除牵系结构，但能间接降低牵系结构的张力，解除对椎动脉生理功能的影响。即使针刀治疗后形成了新的瘢痕，但只要新的瘢痕组织不再影响神经、血管等的生理功能就达到了治疗目的。

【思考题】

1. 软组织力学性能改变可对人体产生哪些影响？
2. 针刀治疗的作用靶点是什么？

第二章　针刀器械及其治疗作用

针刀医学的治疗工具称为针刀器械，其形态特殊，治疗作用不同于其他治疗方法。因此，对针刀器械及其治疗作用的认识是针刀治疗疾病的基础。

第一节　针刀器械

凡是满足以针刺的方式刺入人体组织，然后完成切开、牵拉及机械刺激等一系列操作的治疗器械均可以称为针刀。针刀的外观并不拘泥于一种固定的形式，可以根据临床需要来设计。在传统针刀器械的基础上，医务工作者根据临床需要已开发出了多种不同类型的针刀。

一、针刀的构成和型号

（一）针刀的构成

针刀由朱汉章教授设计。通常由针刀柄、针刀体和针刀刃三部分组成。针刀刃是针刀体前端的楔形平刃，针刀体是针刀刃和针刀柄之间的部分，针刀柄是针刀体尾端的扁平结构。操作时针刀的刀口线与针刀体垂直，针刀柄与针刀刃在同一平面内，因此当针刀刃进入人体后可通过暴露在体外的针刀柄调整针刀刃的方向。现在临床最多用的针刀为一次性针刀，这种针刀的针刀柄由塑料制成，针刀体为不锈钢材质。此外还有多次性针刀，完全由不锈钢制成。（图2-1）

从针刀形态来看，针刀可以看作毫针和手术刀的结合。针刀将两者的优点进行了有机结合，同时又互相弥补了对方的不足。（表2-1）

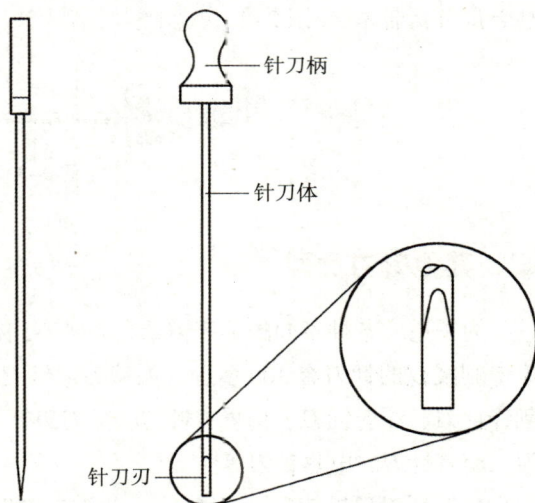

图 2-1　常用针刀结构图

表 2-1　针刀与毫针和手术刀的比较

	毫针	手术刀	针刀
优点	创伤小	能够切开、分离	具有一定切开、分离的功能，同时创伤小
不足	没有切开、分离的功能	创伤大	

（二）常用针刀型号

1. Ⅰ型针刀　根据尺寸不同分为四种型号，分别为Ⅰ型1号、Ⅰ型2号、Ⅰ型3号、Ⅰ型4号。

Ⅰ型1号针刀：全长15cm，针刀柄长2cm，针刀体长12cm，针刀刃长1cm。针身为圆柱形，直径0.4～1mm，刀口为齐平口，刀口线和针刀柄在同一平面内。

Ⅰ型2号针刀：结构与Ⅰ型1号相同，针刀体长度为9cm。

Ⅰ型3号针刀：结构与Ⅰ型1号相同，针刀体长度为7cm。

Ⅰ型4号针刀：结构与Ⅰ型1号相同，针刀体长度为4cm。

Ⅰ型针刀是应用最为广泛的针刀，适应于治疗各种软组织损伤和骨关节损伤以及其他杂病的治疗。（图2-2）

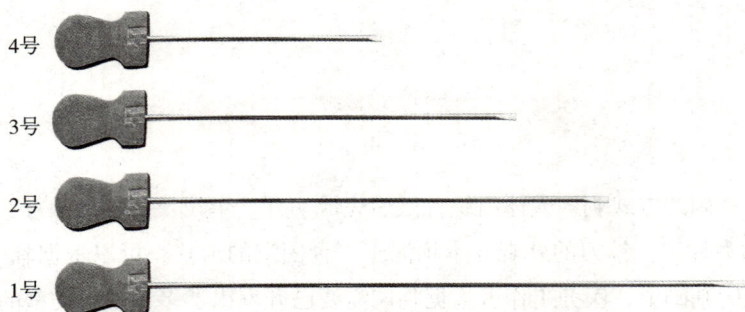

图2-2　Ⅰ型针刀

2. Ⅱ型针刀　全长12.5cm，针刀柄长2.5cm，针刀身长9cm，针刀刃长1cm。针刀体为圆柱形，针刀体直径3mm，刀口线0.8mm。Ⅱ型针刀适用于软组织紧张度过高患者或骨折畸形愈合凿开折骨术。（图2-3）

图2-3　Ⅱ型针刀

二、其他针刀类型

为了适应各种不同的临床需求，各种不同样式的针刀器械被设计出来，到目前为止获得国家专利授权的针刀有300多种。如镰刀形针刀、斜口针刀、钝头针刀、圆刃针刀、凹刃针刀、剑锋针刀、注射针刀、鸟嘴刃针刀、剪刀刃针刀、芒针刀、旋转刃针刀、探针式针刀、弯形针刀、套管针刀、电热针刀等。

1. Ⅳ型斜口针刀　直径1mm，针头为楔形，末端扁平带刃，刀口线为0.8mm，刀口为斜口。适用于筋膜、骨膜、皮肤划开术。（图2-4）

图2-4　Ⅳ型斜口针刀

2. V型圆刃针刀　直径1mm，针头为楔形，末端扁平带刃，刀口线为0.8mm，刀口为月牙状。适用于神经点弹、剥离骨膜、筋膜及其他坏死组织。（图2-5）

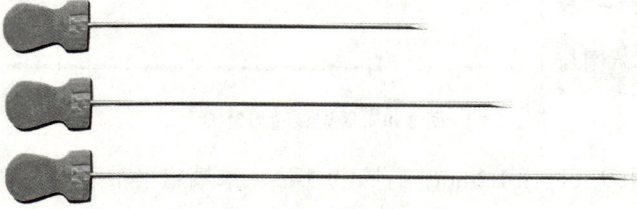

图2-5　V型圆刃针刀

3. Ⅵ型凹刃针刀　直径1mm，针头为楔形，末端扁平带刃，刀口线为0.8mm，刀口为凹刃口。适用于切开细小神经周围挛缩筋膜。（图2-6）

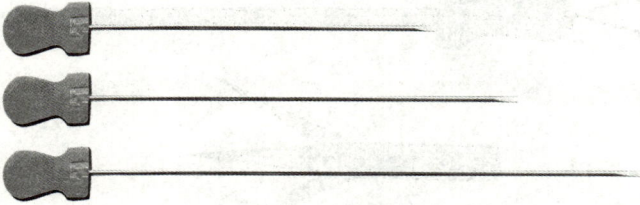

图2-6　Ⅵ型凹刃针刀

4. Ⅶ型剑锋针刀　直径1mm，针头为楔形，末端扁平带刃，刀口线为0.8mm，刀口为剑锋口。适用于肌肉、筋膜、腱鞘点状切痕松解术。（图2-7）

图2-7　Ⅶ型剑锋针刀

5. Ⅷ型注射针刀　针刀柄为一扁平葫芦形，有一个连接注射器的插孔，针身为圆柱形，直径1mm，针头为楔形，末端扁平带刃，刀口线为0.8mm，刀口上0.2mm处有一小孔和针柄上注射器插孔相通。适用于较大面积需要松解治疗的疾病和某些针刀手术时的局部药物注射。（图2-8）

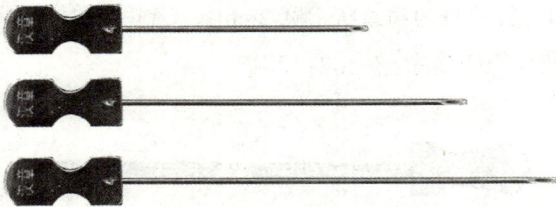

图2-8　Ⅷ型注射针刀

6. Ⅸ型鸟嘴刃针刀　直径1mm，针头为楔形，末端扁平带刃，刀口线为0.8mm，刀口为鸟嘴形刃口。用于两个相邻组织平面分离的治疗或体内囊状病灶的切开。（图2-9）

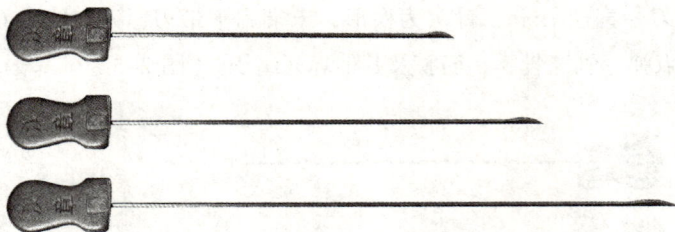

图 2-9   Ⅸ型鸟嘴刃针刀

7. Ⅹ型剪刀刃针刀   直径 1.2mm，针头为楔形，末端扁平带刃，刀口线为 0.8mm，刀头为剪刀形，由两片可活动的剪刀刃构成，当剪刀刃张开时就是一个微型剪刀，当剪刀刃闭合时，外观与齐平口针刀相同。用于体内一些紧张肌纤维和紧张筋膜的剪断松解治疗及体内小瘤体的剥离。（图 2-10）

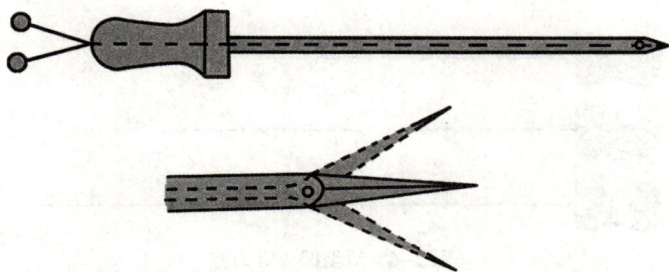

图 2-10   Ⅹ型剪刀刃针刀

8. Ⅺ型芒针刀   直径 0.5mm，针头为楔形，末端扁平带刃，刀口线为 0.4mm，刀口为齐平口。用于眼角膜和其他黏膜表面的治疗各种疾病。（图 2-11）

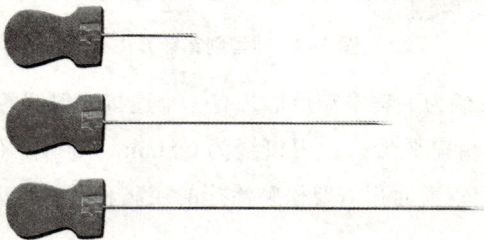

图 2-11   Ⅺ型芒针刀

9. ⅩⅢ型探针式针刀   针刀身为扁条状，宽 2mm，一侧厚 0.8mm，一侧为刀刃。用于人体内部部分瘤体和其他病变组织的摘除。（图 2-12）

图 2-12   ⅩⅢ型探针式针刀

10. ⅩⅣ型弯形针刀   针刀头为圆锥形，长 2cm，一侧有刀刃，一侧厚 0.8mm，上有一针孔，针身为圆柱形，弯曲 180°。用于人体内部瘤体和其他病变组织需要拉出体外摘除的治疗。（图 2-13）

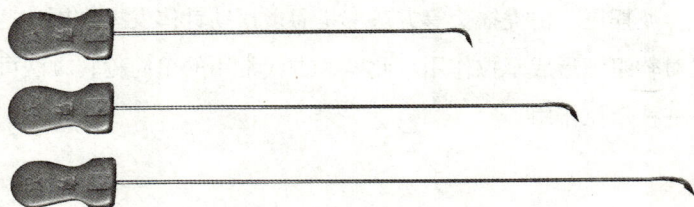

图 2-13　XIV型弯形针刀

【思考题】

1. 针刀由哪些结构构成?

2. 为什么说针刀是毫针和手术刀的结合?

第二节　针刀的直接作用

针刀的直接作用是指针刀刺入组织后对人体产生的最简单、最原始、最直接的作用,包括切开作用、牵拉作用和机械刺激作用。这些直接作用对人体可以产生分离粘连、延长挛缩、减张减压等治疗效应。

一、切开作用

切开作用,即使用针刀前端的平刃将组织直接切开的作用,属于锐性松解。常用针刀前端的平刃宽度为 0.6 ~ 1.0mm,可以在软组织中形成若干毫米级别的整齐的切口。针对不同组织针刀的切开方法有很多,如纵切、横切、平切、十字切、铲切等,可以产生分离粘连、延长挛缩、减张减压、损毁等作用。

古代毫针、圆利针、长针具有一定的切开作用。古代的金属冶炼工艺不发达,常用的铁质针具直径在 1mm 左右,可形成较大的组织切口。针具直径增加为原来的 N 倍,横截面积则变为原来的 N^2 倍,可见现代常用的不锈钢细针具极大地削弱了切开作用。这种粗针形成的切口的整齐程度以及粗针的切开效率不及针刀,对于切开作用而言,针刀的针对性更强。为了加强这种粗针的切开作用,古人发明了圆利针这种末端膨大的针具,以及关刺、合谷刺、齐刺、扬刺、旁针刺等用于治疗痹证的多针刺和单针多向刺等方法。所以功能和用途与针刀器械相似的古代针具并非镵针和铍针,而是直径较粗的毫针、圆利针、长针。

二、牵拉作用

牵拉作用,即通过针刀体在组织内摆动或者撬拨的方式对其周围软组织进行牵拉产生的作用,属于钝性松解。针刀体直径较粗、较硬,不易弯曲,可以对组织进行有效的牵拉。牵拉的方式有多种,如纵向摆动、横向摆动等,可以产生分离粘连、延长挛缩、减张减压等作用。

古代熟铁质地的针具刚度较高,不易弯曲,因此也具有一定的牵拉作用。例如,恢刺、盘

NOTE

法、摇法、努法、青龙摆尾、白虎摇头等方法都是通过摆动针体发挥作用，这一点与现代的针刀比较类似，可以对软组织形成牵拉作用。此外，古代常用的单向捻转方法可以把肌筋膜缠绕在针体上，这也是一种牵拉作用。

三、机械刺激作用

针刀治疗除了具有对软组织的切开和牵拉作用外，还有类似于现代毫针针刺的针刺效应。因为针刀的形状与毫针类似，其治疗方式也与毫针的提插手法类似，所以可以认为针刀治疗必然具有针刺效应，特别是使用针刀直接接触神经的神经触激术。

【思考题】

针刀有哪些直接作用？

第三节　针刀的治疗效应

针刀治疗主要通过对软组织的切开、牵拉及机械刺激，达到分离粘连、延长挛缩、减张减压、损毁、镇痛等效应。

一、分离粘连

在粘连部位用针刀直接切开的锐性方式和牵拉的钝性方式对组织粘连产生一定松解作用。存在粘连的部位，可直接使用针刀将其切开，如果粘连面积较大可连续切开。因针刀的刀口很窄，一般不可能形成互相连续的切口，此时可配合纵向或横向摆动针刀以牵拉粘连组织，使粘连组织分离或松弛。

针刀松解手外伤性肌腱粘连，先用平刃针刀于瘢痕近端刺入皮下，沿肌腱表面和血管走行顺行切开松解肌腱浅面的瘢痕组织，再用同法松解肌腱的两个侧面，松解肌腱深面时用针刀刃将肌腱轻轻挑起顺行松解。然后以圆钝头针刀于瘢痕的远端刺入皮肤，沿肌腱的浅面、两侧面、深面紧贴肌腱表面逆行推挤分离钝性松解，直到肌腱周完全松解为止，松解完毕后主动和被动伸屈手指，使之达正常伸屈范围。

二、延长挛缩

在挛缩组织上用针刀切开小切口，然后配合牵拉的方式使挛缩组织延长。这种方式与外科开放延长术相比具有创伤小、时间短、术中出血少、术后恢复时间短的优点。

以跟腱挛缩为例，选择跟腱不同平面用针刀进行松解。将与针刀刃同宽的跟腱束完全离断，针刀退到跟腱后表面，水平移动，继续将跟腱束切断，直到跟腱张力明显降低，同时配合Ilizarov架牵引可有效延长挛缩的跟腱。

可以通过针刀切断内括约肌挛缩带的方式治疗肛裂，该方法具有缩小局部手术创伤、降低手术对肛门括约肌的损伤程度、消除大便对创面的污染、缩短愈合时间、消除局部因瘢痕形成而影响肛门的生理功能等多种优势。

三、减张减压

当腔隙内压力增高时，针刀切开腔隙外壁，可有效降低腔隙内增高的压力。针刀延长挛缩组织，可降低挛缩组织的张力。对于慢性骨筋膜室综合征，可用针刀直接十字切开构成骨筋膜室的浅层筋膜鞘，以降低室内压力，出针后可配合针孔拔罐通过负压增加减压效果。对于腕管综合征，可用针刀切断部分腕横韧带，降低腕管内部压力。颈部烧伤瘢痕的治疗方法有 Z 字成形术、皮片移植、皮瓣转移等，但没有一种方法能够在功能和外观上同时达到理想效果，并且可对供区造成一定损害。应用针刀对烧伤后轻度颈部瘢痕挛缩的患者进行瘢痕内微创松解，在保留原瘢痕皮肤的同时可明显增加颈部活动度，外观和功能都令患者满意。

四、局部损毁作用

针刀切开还有一定的损毁作用。使用针刀治疗腋臭，针刀刺至真皮下，向四周平行切开，将汗腺管切割破坏，结果显示疗效确切。用针刀在鸡眼底部切开，造成病变组织与其周围组织联系破坏，鸡眼失去存活条件而萎缩、脱落。用针刀有选择性地切断部分面神经末梢，削弱面神经的兴奋性过高所引起的面肌痉挛，而不至于引起面肌功能障碍性瘫痪和表情肌功能异常。

五、针刺镇痛

针刀刺入组织与毫针刺入组织具有一定的相似性，可对刺入部位的神经末梢感受器起到机械刺激，因此具有与一般针刺类似的针刺镇痛作用，但这并不是针刀治疗的主要目的。一般认为，针刺镇痛是由于来自穴位处的感觉传入冲动和来自痛源部位的感觉传入冲动在各级中枢神经系统内发生相互作用，前者抑制了后者而产生的。这得到了大量神经生理实验资料的支持，受到国内外的广泛注意和高度评价。与此呼应，针刺镇痛机制的"两种感觉相互作用"学说进一步提升为"以痛制痛"学说，且具有广大的受众群体。此外，针刺可引起内源性阿片肽等中枢性神经递质的释放，发挥镇痛效应。

【思考题】

针刀的治疗效应有哪些?

第三章　体表标志和常用治疗点定位

针刀治疗通常在非直视条件下操作，因此为了使针刀准确到达目标位置，通常要借助体表可见的或可以触及的标志性结构，例如皮纹标志、肌性标志、腱性标志、骨性标志等。这些标志结构作为路标，可引导针刀到达准确位置。人体的软组织阳性点或者压痛点是针刀治疗常用的治疗点，通过对体表标志的认识可以更好地掌握常用的针刀治疗点。

第一节　头颈和躯干部

骨骼的显著特征、肌肉肌腱形成的隆起，及乳突、脐孔等皮肤特征都可以作为体表标志。在使用体表标志时，应根据特定的目的、要求加以选择，优先选取与组织结构之间存在相对恒定关系的体表标志作为参考。如解剖体位，肩胛下角与第 7 胸椎棘突正对等。

此外还应注意两点：一是人体各个部分的相对位置在不同个体存在习惯姿态上的差别（如肩胛骨与躯干之间）；二是对同一个体而言，相对位置随身体姿势的改变而改变，如肩胛骨的位置随上肢的运动而改变。

另外，呼吸运动及体位更换可引起躯干体表标志相对位置较明显的改变。

一、体表标志

（一）面部（图 3-1）

1. 眶上缘　为眶上方的骨缘。眶上缘的中内 1/3 交点处，或距头部前正中线约 2.5cm 为眶上孔或眶上切迹，内有眶上血管和神经通过。

2. 眶下缘　为眶下方的骨缘。眶下缘的中点下方约 0.8cm 处为眶下孔，内有眶下血管和神经通过。

3. 眉弓　为眶上缘上方约 1.5cm 处的横行骨性隆起，男性隆起较显著，其内侧份的深面有额窦。

4. 颧弓　位于耳屏至眶下缘的连线上，为颧骨向后延伸的骨性隆起，由颧骨的颞突和颞骨的颧突共同构成。

5. 颞窝　为颧弓上方凹陷处，内有颞肌等结构。

6. 下颌头　在颧弓下方，耳屏的前方，做开口和闭口运动时，能触及下颌头向前、后滑动。

7. 下颌角　在耳前下方，为下颌体下缘后端与下颌支后缘下端相互移行的转角处。

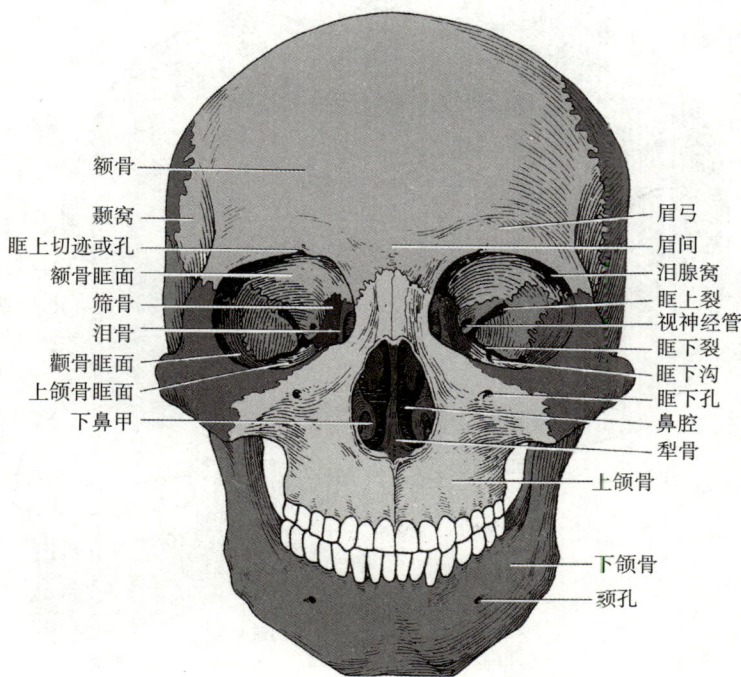

图 3-1　面部体表标志

8. 耳屏　位于耳甲腔前方的扁平突起，其内部为软骨。在耳屏前方约 1cm 处可触及颞浅动脉的搏动。

9. 咬肌　位于耳垂前下方，下颌支外侧面，当上、下牙列咬合时，呈肌性隆起。

10. 颞肌　在颧弓上方的颞窝内。

11. 人中沟　为上唇表面正中线上的纵行浅沟。人中沟的上、中 1/3 交点处为水沟穴。

12. 鼻唇沟　为鼻翼外侧向口角外侧延伸的浅沟，位于上唇与颊之间，左右对称。

13. 颏唇沟　为下唇下方与颏部交界处正中线上的浅沟。

（二）头部（图 3-2、图 3-3）

1. 枕外隆凸　是枕鳞中央的骨性隆起，位于头颈交界处，枕部正中线上有项韧带附着。沿项沟向上摸，触及明显的骨性隆起即是。

2. 上下项线和项平面　上项线位于枕外隆凸的两侧，为自枕外隆凸至乳突的稍向上的弧形线，有斜方肌、头夹肌及胸锁乳突肌附着。自枕外隆凸向前下方发出一骨嵴称为枕外嵴，为项韧带的附着部。自枕外嵴中点斜向外下方的弓状线称为下项线，为头后大直肌、头后小直肌和头上斜肌的附着部。上、下项线之间的平面称为项平面，为头半棘肌的附着部。

3. 乳突　为位于耳垂后方的圆丘状骨性隆起。

4. 前囟点　又称额顶点，为冠状缝和矢状缝前端的交点。在新生儿，此处的颅骨因骨化尚未完成，仍为结缔组织膜性连接，呈菱形凹陷称为前囟，在 1 ~ 2 岁时闭合。

5. 人字点　又称顶枕点，为矢状缝后端与人字缝的交点，位于枕外隆凸上方约 6cm 处。此处呈一线形凹陷，称为后囟。后囟较前囟小，生后不久即闭合。

NOTE

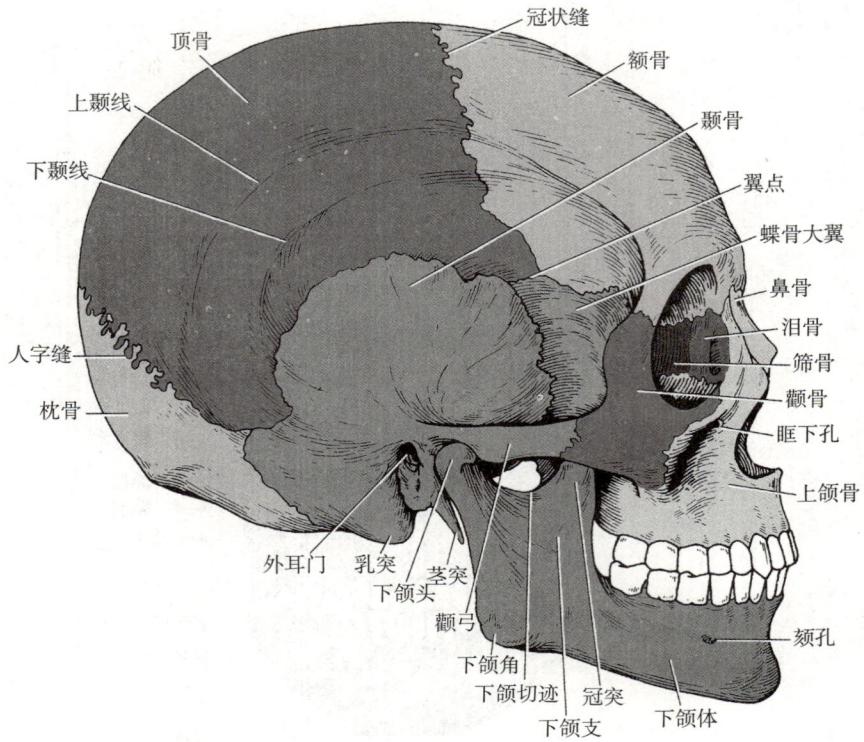

图 3-2 颞部体表标志

顶骨
上颞线
下颞线
人字缝
枕骨
外耳门
乳突
下颌头
茎突
颧弓
下颌角
下颌切迹
下颌支
冠突
下颌体
冠状缝
额骨
颞骨
翼点
蝶骨大翼
鼻骨
泪骨
筛骨
颧骨
眶下孔
上颌骨
颏孔

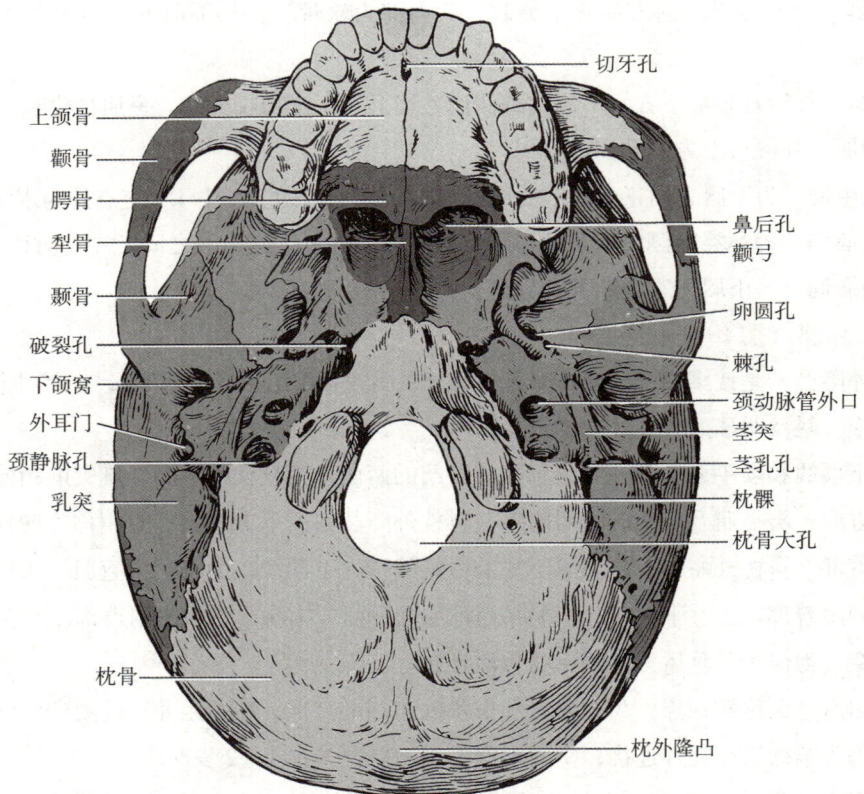

图 3-3 枕部体表标志

切牙孔
上颌骨
颧骨
腭骨
犁骨
颞骨
破裂孔
下颌窝
外耳门
颈静脉孔
乳突
枕骨
鼻后孔
颧弓
卵圆孔
棘孔
颈动脉管外口
茎突
茎乳孔
枕髁
枕骨大孔
枕外隆凸

（三）颈项部（图 3-4）

1. 颈椎横突　是颈椎弓根移行部向两侧发出的伸向外方的突起。第 2～6 颈椎横突在乳突至第 6 颈椎横突前结节的连线上，紧贴皮下时易于触及。

第 2 颈椎横突：位于乳突尖下 1.5cm 处。

第 3 颈椎横突：位于第 2 颈椎横突与第 4 颈椎横突连线的中点，相当于舌骨水平。

第 4 颈椎横突：相当于颈外静脉与胸锁乳突肌交叉水平或平甲状软骨上缘，或胸锁乳突肌后缘中点上 1cm 处。

第 5 颈椎横突：位于第 4 颈椎横突和第 6 颈椎横突之间。

第 6 颈椎横突：是颈椎中最为明显、最易扪及的，它的位置相当环状软骨水平。第 6 颈椎横突较长，且前结节显著，当头转向对侧时在胸锁乳突肌后缘、锁骨上三横指处可触及，颈总动脉在其前方通过，故有颈动脉结节之称。

上述各横突间距平均为 1.6cm。胸锁关节上 3cm 相当于第 7 颈椎横突水平。第 2～6 颈椎横突上有孔称为横突孔，有椎动、静脉通过。

2. 颈椎棘突　背部后正中线上的纵行浅沟，称为背纵沟。在沟底可触及各椎骨的棘突。头俯下时，平肩处可摸到显著突起的第 7 颈椎棘突。

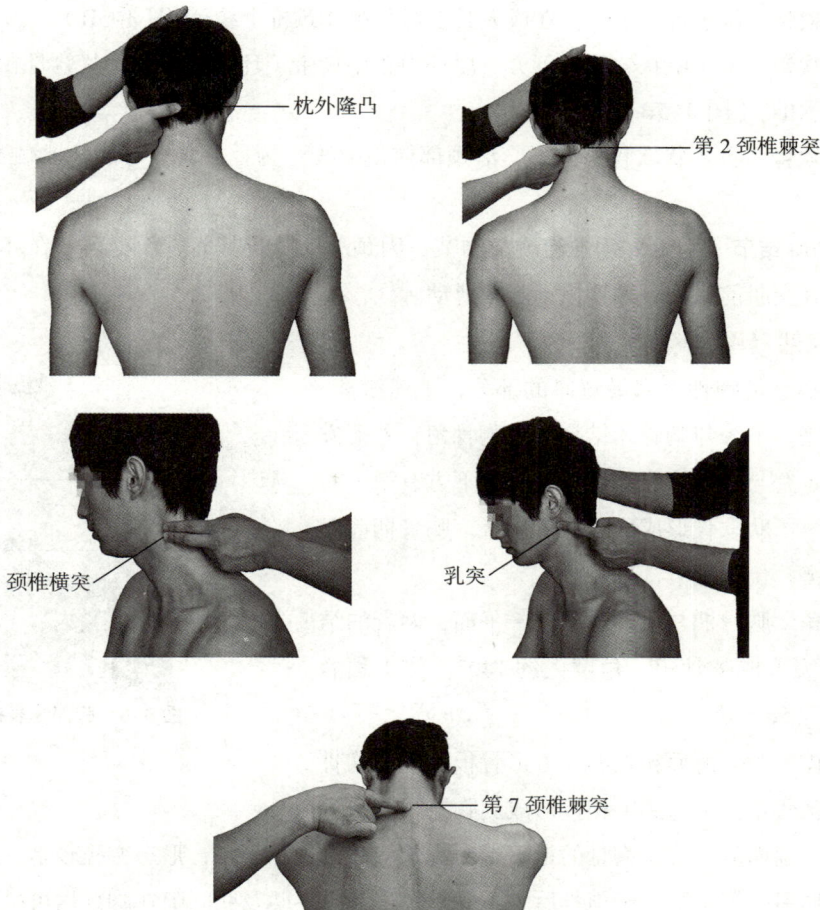

图 3-4　项部体表标志

3. 胸骨上窝　胸骨柄上方、两侧胸锁乳突肌之间的凹陷。为位于胸骨颈静脉切迹上方的凹

NOTE

窝，两侧是胸锁关节和胸锁乳突肌胸骨头。（图 3-5A）

4. 锁骨上窝　在锁骨中 1/3 的上方、胸锁乳突肌的后方有锁骨上窝，在窝中可摸到第 1 肋。（图 3-5A）

5. 胸锁乳突肌　位于颈部两侧皮下，当头用力向一侧倾斜，并用手推挡同侧下颌，使面部转向对侧时，胸锁乳突肌即隆起，其起止点及前后缘十分明显。（图 3-5A）

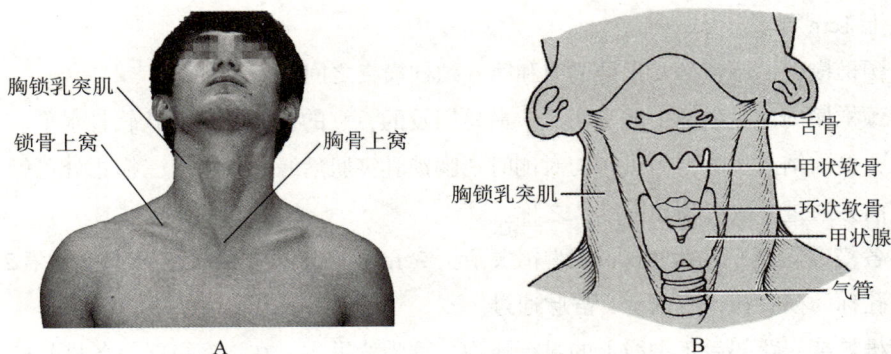

图 3-5　颈部体表标志

6. 舌骨　位于颏隆凸的下后方、喉结上方，适对第 3 颈椎下缘平面。（图 3-5B）

7. 甲状软骨　位于舌骨下方，在成人其上缘平第 4 颈椎上缘。（图 3-5B）

8. 环状软骨　位于甲状软骨的下方，以环甲正中韧带（环甲膜）与甲状软骨相连，环状软骨约平第 6 颈椎。（图 3-5B）

9. 气管软骨　自环状软骨弓向下，沿颈部前正中线至胸骨上窝，可清楚地触及气管颈部。（图 3-5B）

10. 颈动脉结节　为第 6 颈椎横突前结节，因颈总动脉行其前方而得名。在环状软骨弓平面，于胸锁乳突肌前缘处可触到该动脉的搏动。

（四）胸部（图 3-6）

1. 胸骨柄　是胸骨上部最宽厚的部分，上缘游离，为颈静脉切迹，下缘与胸骨体结合形成胸骨角，外上方有锁骨切迹，并与锁骨构成胸锁关节；外下方有第 1 肋骨切迹，与第 1 肋软骨形成胸肋软骨结合，胸骨柄前面平滑而稍隆突，位于皮下，可触及。

2. 胸骨角　胸骨柄与胸骨体不同一平面，两者的结合部稍向前突形成胸骨角，角度大约 140°。位于颈静脉切迹下方约 5cm 处。

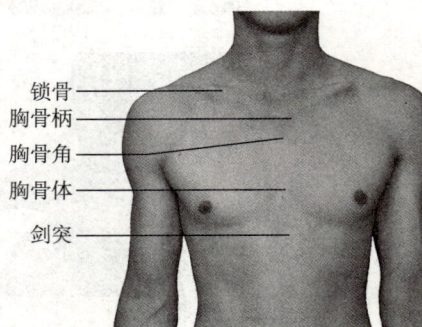

图 3-6　胸部体表标志

3. 胸骨体　为一薄而狭长的长方形骨板，上与胸骨柄相连形成胸骨角，下与剑突相接形成剑胸结合。

4. 剑突　扁而薄，位于胸骨的最下端，为软骨性，长短不一，形态变异较多。

5. 肋和肋弓　第 1 肋位于锁骨后方不易触及，其余各肋及肋间隙在胸壁均可摸到。

左右肋弓是肝和脾的触诊标志，其最低点即第 10 肋的最低处，向后约平对第 2、第 3 腰椎之间。左右肋弓在前正中线相交会，两者之间的夹角称为胸骨下角。第 11、第 12 肋前端游离于腹壁肌肉之中。第 12 肋在背部下方可触及。

6. 胸大肌　为胸前壁上部的肌性隆起。当肩关节内收及旋内时，在胸前、外侧交界区可摸到该肌的下缘。

7. 前锯肌　位于胸部。当上肢做前推动作时，在胸侧壁上可见到前锯肌下部的肌齿，肌肉发达者比较明显。与前锯肌下部肌齿交错处为腹外斜肌的附着部位。

（五）胸背部画线（图 3-7）

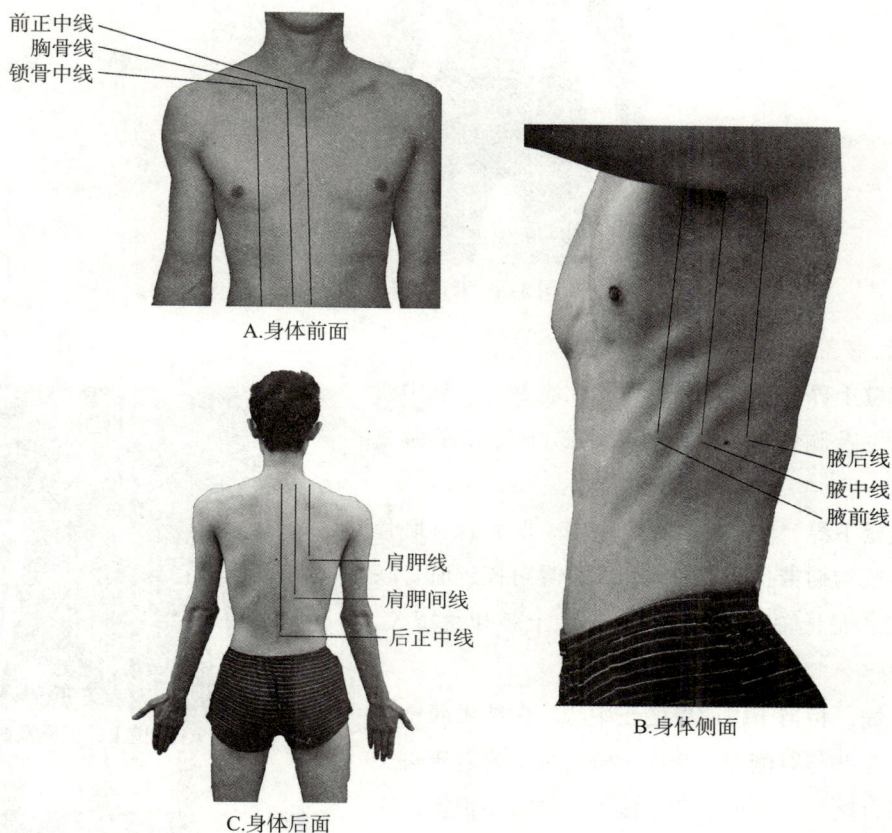

A.身体前面

C.身体后面

B.身体侧面

图 3-7　胸部画线

为了诊断和应用方便，通常在胸部做一些垂线，以说明脏器的位置和体表投影。

1. 前正中线　沿身体前面中线所做的垂线。

2. 胸骨线　通过胸骨外侧缘最宽处所做的垂线。

3. 锁骨中线　通过锁骨中点所做的垂线。

4. 腋前线　通过腋窝前臂（腋前襞）所做的垂线。

5. 腋后线　通过腋窝后壁（腋后襞）所做的垂线。

6. 腋中线　通过腋前、腋后线之间的中点所做的垂线。

7. 肩胛线　通过肩胛骨下角（图 3-8）所做的垂线。

8. 肩胛间线　后正中线与肩胛线之间所做的垂线。

9. 后正中线　沿身体后面中线（通过椎骨棘突）所做的垂线。

NOTE

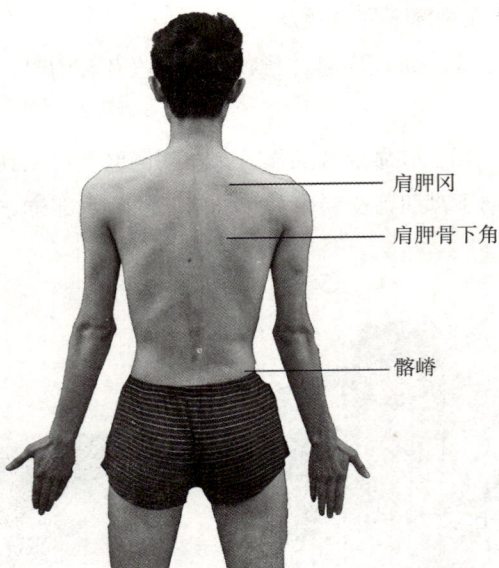

图 3-8　背部体表标志

（六）腹部体表标志

1. 腹壁上界　位于胸廓下口，在腹壁上界从中线向两侧可触及胸骨的剑突、肋弓、第 11 及 12 肋游离端。（图 3-9）

2. 腹壁下界　位于耻骨联合上缘、耻骨棘、耻骨结节、腹股沟韧带、髂棘一线，在下界可摸到耻骨联合的上缘、耻骨嵴、耻骨结节、髂前上棘和髂嵴等。（图 3-9）

3. 白线　相当于腹前壁的正中线。白线由腹壁扁肌的腱膜在此与对侧相互交织愈合而成，附着于剑突与耻骨联合之间。脐位于此中线上，位置不恒定，一般相当于第 3～4 腰椎间。当腹肌收缩时，在腹前壁正中线的两侧，可见腹直肌的隆起。（图 3-10）

4. 腹直肌　位于腹部前正中线两侧，被 3～4 条横沟分成多个肌腹，这些横沟即腱划，该肌收缩时在脐以上可见到。（图 3-10）

5. 腹外斜肌　在腹外侧壁，以肌齿起自下八肋，其轮廓较为清楚。

6. 半月线　由腹直肌外侧缘形成，自第 9 肋软骨前端向下至耻骨结节，呈略向外侧凸的弧线。（图 3-10）

7. 腹股沟　位于髂前上棘与耻骨结节之间，是腹部和股前部在体表分界的浅沟，其深面有腹股沟韧带。

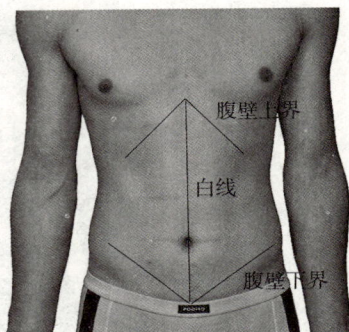

图 3-9　腹壁上、下界及白线

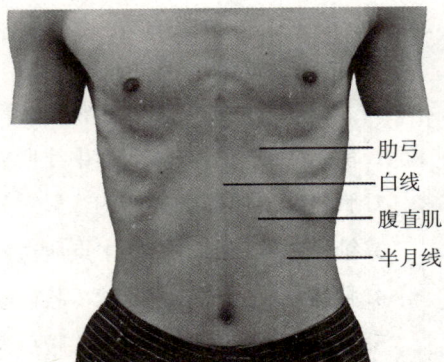

图 3-10　部分腹部体表标志

（七）背、腰、骶部体表标志（图 3-11）

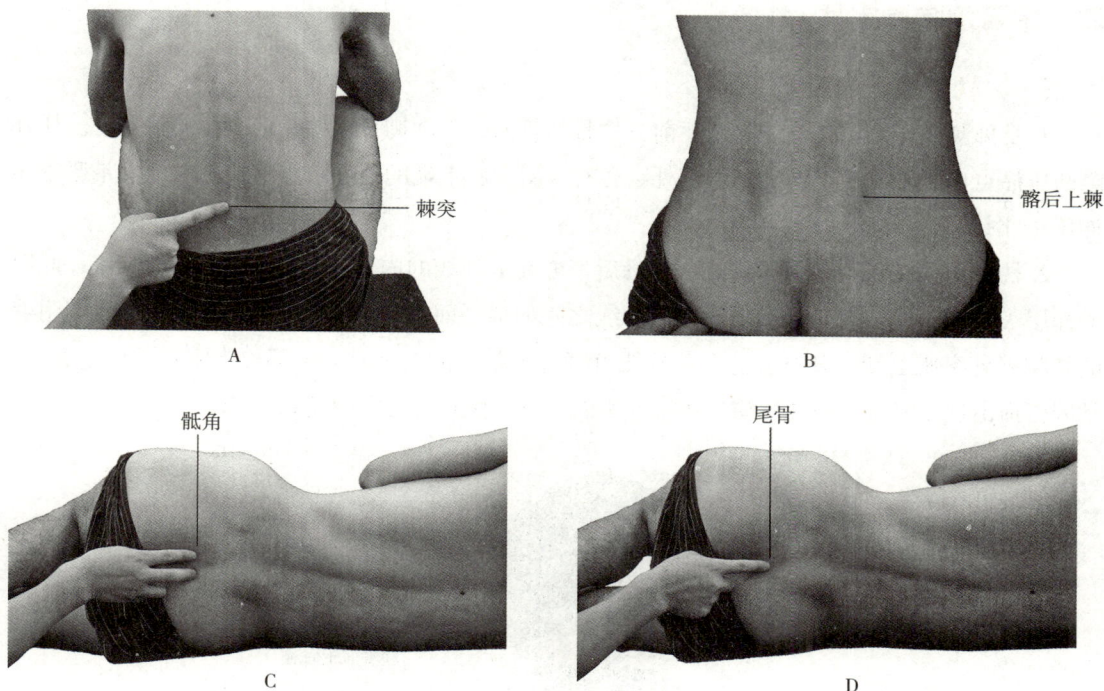

图 3-11　背、腰、骶部体表标志

1. 棘突　胸椎及腰椎的棘突均可逐一摸清。两侧肩胛骨下角的连线横过第 7 胸椎棘突；左右髂嵴最高点连线经过第 4～5 腰椎棘突间。

2. 第 12 肋　第 12 肋位于胸廓后下方，其前端短而细，伸入腹侧壁肌层中，不与胸骨相连，故名浮肋，通常在竖脊肌的外侧皮下可触及第 12 肋的外侧段。

3. 脊柱沟　即背部正中线上略微凹陷的纵沟，向上与项部正中沟相连续，容纳背部深层肌肉。在纵沟底部可触及部分颈椎和全部胸椎、腰椎及骶椎棘突，在其两侧为竖脊肌形成的纵行隆起。

4. 斜方肌　为项部后正中线及胸椎棘突向肩峰伸展而成三角形的轮廓，一般不明显，运动时略可辨认。

5. 背阔肌　为覆盖腰部及胸部下份的阔肌，运动时可辨认其轮廓。

6. 竖脊肌　在后正中沟的两侧，呈纵行隆起，在棘突的两侧可触及。该肌外侧缘与第 12 肋的交角，称为脊肋角。

7. 骶正中嵴　在骶骨后面正中线上可触及，其中以第 2～3 骶椎处最显著。此嵴为骶椎棘突愈合而成。

8. 骶管裂孔和骶角　沿骶正中嵴向下，由第 4～5 骶椎后面的切迹与尾骨围成的孔为骶管裂孔，为骶管下端的开口。该裂孔两侧向下突起为骶角，体表易于触及，是骶神经麻醉的进针定位标志。

9. 尾骨尖　位于骶骨下方，肛门后上方约 4cm 处可触及。

10. 菱形区　由第 5 腰椎棘突、两侧髂后上棘和尾骨尖所围成的菱形区域，当腰椎或骶、尾骨骨折或骨盆畸形时，此区可出现变形。

11. 臀裂　为两侧臀部在骶骨后面正中线上的纵形浅沟，该沟可作为骶管裂孔穿刺进针的

NOTE

定位标志。

二、常用治疗点定位

（一）枕项部压痛点

1. 枕外隆凸压痛点   枕外隆凸下前方枕骨的骨面，为项韧带在枕骨后下方的附着处。枕外隆凸压痛点位于两侧项平面之间，其外缘各有一斜方肌上端的腱性组织附着，与项韧带紧密相连接。（图 3-12）

2. 枕骨上项线和项平面压痛点   枕骨后下方在上项线的内 1/3 段，系斜方肌附着处；此肌的深层为头半棘肌，附着于上项线和下项线之间的项平面；上项线外 1/2 段直到颞骨乳突附着的是胸锁乳突肌上端；其下方为自上项线直到乳突附着的头夹肌。该部位为密集的肌附着点，常因劳损出现压痛点，与颈肩痛、颈源性头痛、颈源性眩晕有密切关系。（图 3-12）

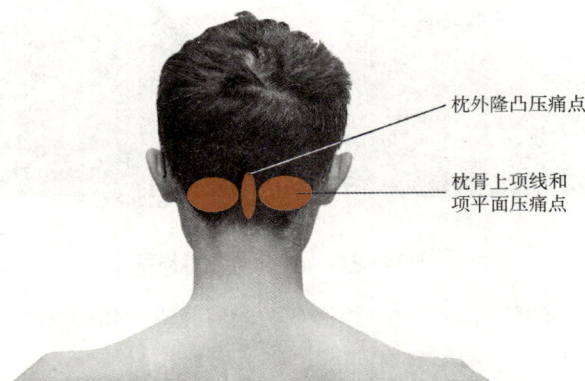

图 3-12   枕外隆凸、枕骨上项线和项平面压痛点

3. 颞骨乳突压痛点   乳突前缘和外侧一直到上项线外 1/2 段附着的是胸锁乳突肌上端，此肌深层是头夹肌，其附着于乳突前缘和外侧直到上项线外 1/3 段。头夹肌的深层是头最长肌，附着于乳突后下缘。（图 3-13）

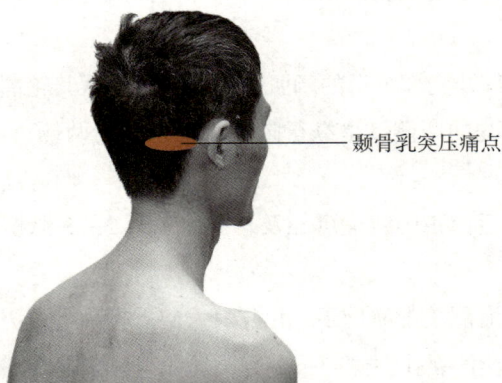

图 3-13   颞骨乳突压痛点

这三个肌附着处的疼痛部位均在头颅骨后下方和侧下方的上项线和乳突之间的连接线上。

（二）颈项部压痛点

1. 颈椎棘突压痛点   压痛点位于颈椎棘突，多以第 2~5 颈椎压痛明显。检查者站在患者左侧，左手按住患者的前额或下颌，以保持患者颈椎适度前凸，右手拇指按住患者左侧颈椎棘

突端侧面软组织附着处，自第 2～7 颈椎逐一顺次滑动按压。（图 3-14）

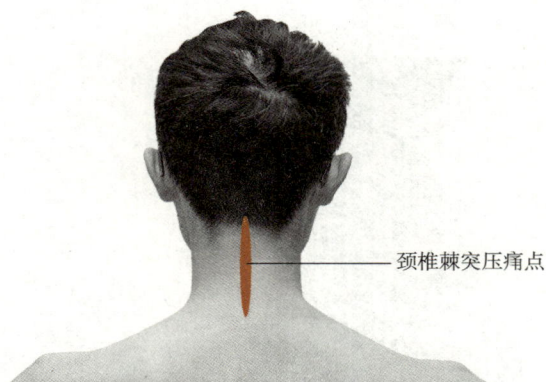

图 3-14　颈椎棘突压痛点

2. 项部肌肉压痛点　在上述检查颈椎棘突压痛点位置上，检查者的拇指向外移，位于颈椎棘突和横突之间的部位，按住项部伸肌群的肌腹做滑动按压，可查到压痛点。

3. 颈椎横突压痛点　用两手示指分别按在颈旁两侧所属的横突尖上，逐一顺次滑动按压，可查到压痛点。（图 3-15）

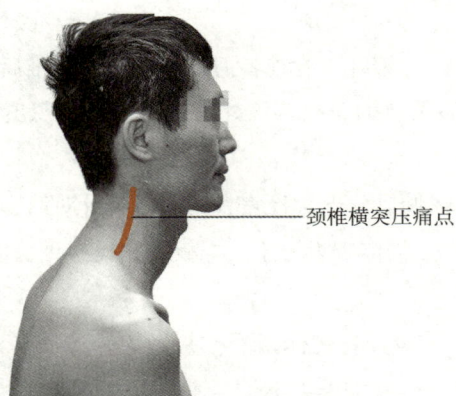

图 3-15　颈椎横突压痛点

4. 胸锁乳突肌下端压痛点　检查者站在患者背后，两手拇指分别按住两侧胸骨柄上前方，做滑动按压；以后再按住胸骨内段上缘做滑动按压，均可查到压痛点。（图 3-16）

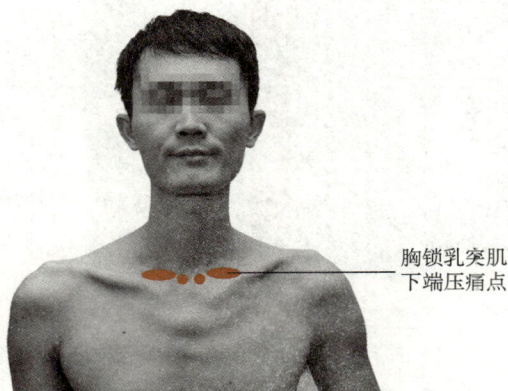

图 3-16　胸锁乳突肌下端压痛点

5. 前斜角肌压痛点 检查者用拇指在患者锁骨上窝第 1 肋骨的斜角肌结节上，做滑动按压，可查到压痛点。（图 3–17）

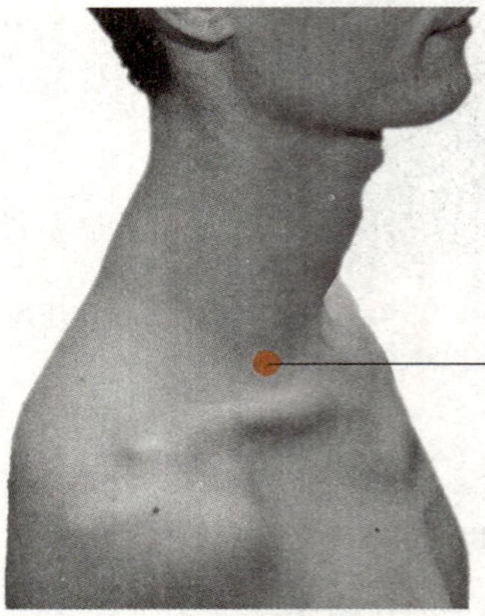

图 3–17 前斜角肌压痛点

（三）背部压痛点（图 3–18）

1. 胸椎棘突压痛点 患者俯卧，检查者拇指尖自第 1 ~ 12 胸椎的每一棘突端侧方的肌附着处顺次逐一检查，由棘突旁侧向前内方向进行滑动按压，该处出现无菌性炎症病变时，可查到压痛点。

2. 胸椎后关节压痛点 患者俯卧，检查者拇指尖自第 1 胸椎后关节开始，顺次垂直深压每一个后关节直至第 12 胸椎后关节为止。若该处附着的肌腱组织出现无菌性炎症病变时，则滑动按压可查到压痛点。

3. 胸椎板压痛点 在上述俯卧位上，检查者用拇指尖针对第 1 胸椎椎板，由上向下和由后前方向逐一滑动按压直至第 12 胸椎椎板为止。椎板骨膜具有无菌性炎症病变时会引起局限痛，可查到压痛点。

4. 脊柱背伸肌群压痛点 检查者用拇指沿椎板做逐一深压，横行滑动按压时可查到压痛点。一般在第 5 ~ 6 胸椎、第 8 ~ 9 胸椎、第 11 ~ 12 胸椎椎板处压痛最为敏感。

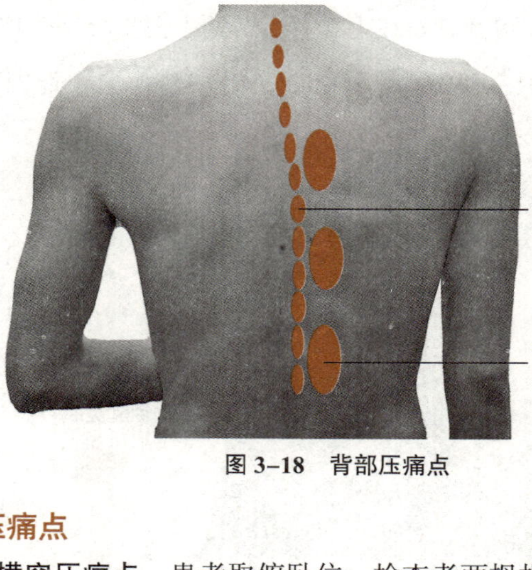

图 3–18 背部压痛点

（四）腰骶部压痛点

1. 第 2 ~ 4 腰椎横突压痛点 患者取俯卧位，检查者两拇指分别按放在两侧腰际，紧靠在第 12 肋骨下缘位于第 2 腰椎横突部位，向内上方按压这一横突尖做滑动按压，可查到压痛点。上述方法两拇指按放在第 3、4 腰椎横突部位，向内方向顺次滑动按压两个横突尖，可查到压痛点。（图 3-19）

2. 第 12 肋骨下缘压痛点　患者俯卧位，检查者站于患者右侧，在检查第 2 腰椎横突压痛点位置上，检查者拇指稍向上移，针对第 12 肋下缘，做滑动按压，可查到压痛点。（图 3-20）

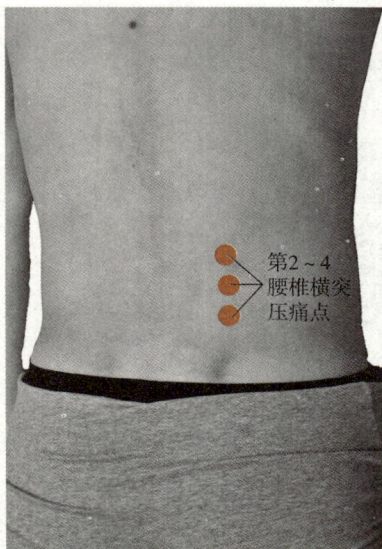

第2～4腰椎横突压痛点

图 3-19　第 2～4 腰椎横突压痛点

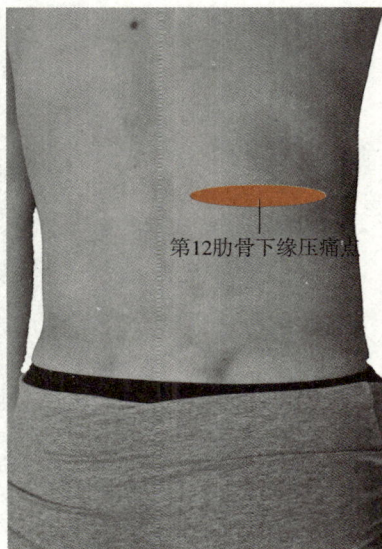

第12肋骨下缘压痛点

图 3-20　第 12 肋骨下缘压痛点

3. 腰椎棘突与骶中嵴压痛点　患者俯卧位，检查者用拇指自第 12 胸椎～第 5 骶椎沿每一棘突端与骶中嵴的两旁，向前向内方向滑动按压，可查到压痛点，一般以第 4 腰椎棘突～第 1 骶椎骶中嵴的压痛多见。（图 3-21）

4. 骶棘肌下外端附着处压痛点　患者俯卧，检查者拇指沿髂嵴的腰三角区开始，向内至髂后上嵴内缘，再向下至骶髂关节内缘，针对此肌附着处，做滑动按压，可查到压痛点。（图 3-22）

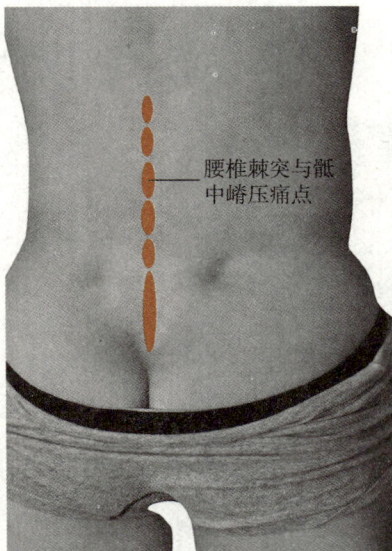

腰椎棘突与骶中嵴压痛点

图 3-21　腰椎棘突与骶中嵴压痛点

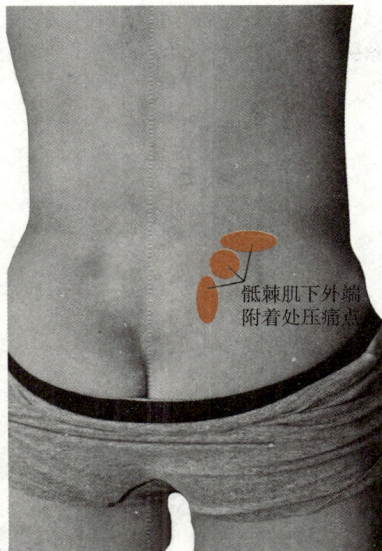

骶棘肌下外端附着处压痛点

图 3-22　骶棘肌下外端附着处压痛点

5. 腰椎椎板与骶骨背面压痛点　患者俯卧，拇指自第11胸椎板～第1骶椎背面的每一节上，顺次逐一深压腰部深肌层，可查到压痛点。（图3-23）

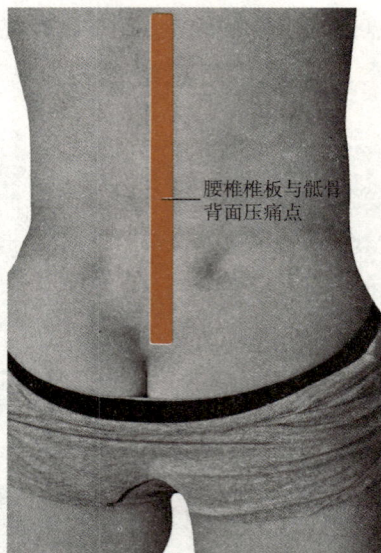

图3-23　腰椎椎板与骶骨背面压痛点

【思考题】

头颈躯干部有哪些体表标志和针刀治疗点？

第二节　肩和上肢部

一、体表标志

（一）肩部

1. 喙突　位于锁骨下窝外侧部，约距锁骨2cm，自三角肌前缘向后可摸到。（图3-24）

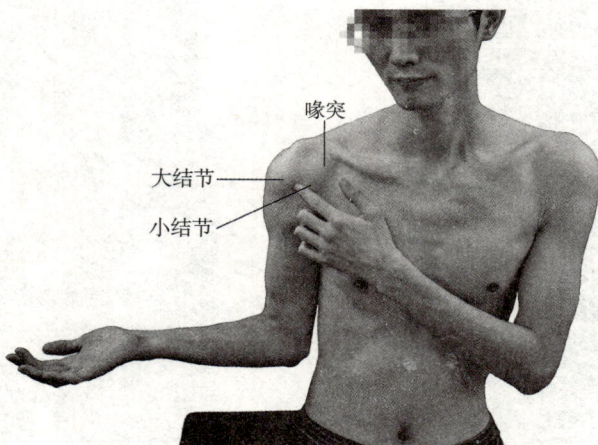

图3-24　肱骨大小结节和喙突

2. 肩胛冈　在肩部后面，自肩峰向内可摸到肩胛冈全长。肩胛冈上方为冈上窝，下方为冈下窝。自肩胛冈内侧端向下可摸到肩胛骨内侧缘至下角，下角平对第7胸椎棘突、第7肋或第7肋间隙。（图3-25）

3. 肩峰　肩胛冈外侧段扁平的骨面，与锁骨肩峰端相关节。

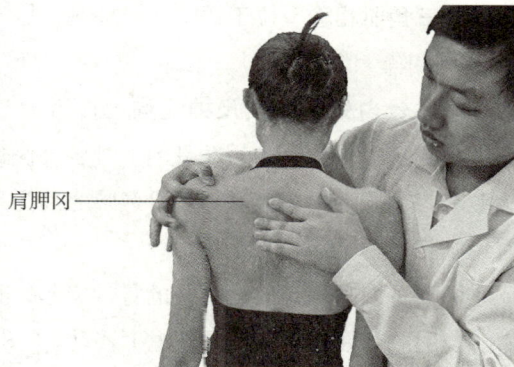

图3-25　肩胛冈

（二）上肢部（图3-26）

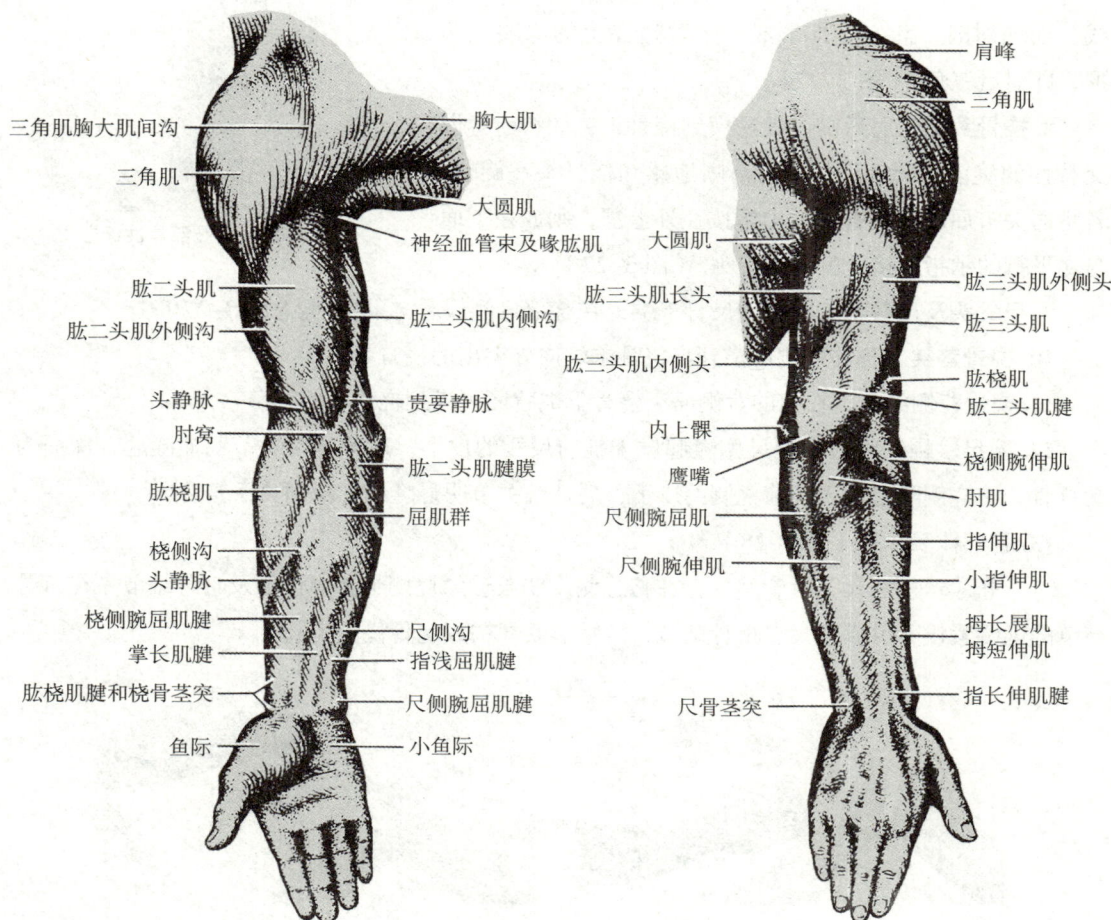

图3-26　上肢体表标志

1. 肱骨大结节　位于肱骨上端的外侧，该结节突出于肩峰外下方，为肩部最外之骨性隆起。触摸大结节时，一手拇指按于肩峰下、肱骨上端的最外侧，另一手握其上臂旋转，此时拇指即可感到肱骨大结节在厚实的三角肌下隆起和滚动。（图3-24）

2. 肱骨小结节　位于肱骨上端前方，喙突尖端外侧约2.5cm处的稍下方。置指尖于该处，旋转肱骨即可触及小结节在指下滚动，小结节相当于肱骨头的中心，有肩胛下肌附着，向下移行为小结节嵴。（图3-24）

3. 结节间沟　位于肱骨大、小结节之间，内有肱二头肌长头腱通过。

NOTE

4. 三角肌粗隆　位于臂中部的外侧，是三角肌的止点。当上臂平举时，此处表面皮肤可见一小的凹陷。

5. 肱骨内外上髁及尺神经沟　在肘关节两侧的稍上方，内侧最突出的骨点为肱骨内上髁，外侧最突出的骨点为肱骨外上髁。在内上髁与尺骨鹰嘴之间为尺神经沟，内有尺神经通过。（图3-27）

6. 尺骨鹰嘴　为肘后明显的骨性突起，有肱三头肌附着。当肘关节屈伸时，可见其上下移动。（图3-27）

7. 肘后三角　正常肘关节伸直时，尺骨鹰嘴及肱骨内、外上髁三个骨性标志位于同一水平线上，称为肘后直线。而屈肘时，此三点即形成一个底边在上的等腰三角形，即肘后三角。（图3-27）

8. 桡骨头　在肘后窝内极易摸到桡骨头，如将前臂做交替性的旋前、旋后动作，可清晰地感知桡骨头在旋转，若将肘关节屈曲，检查者的中指按在外上髁，则放在下面与之平行的示指所接处就是桡骨头。（图3-27）

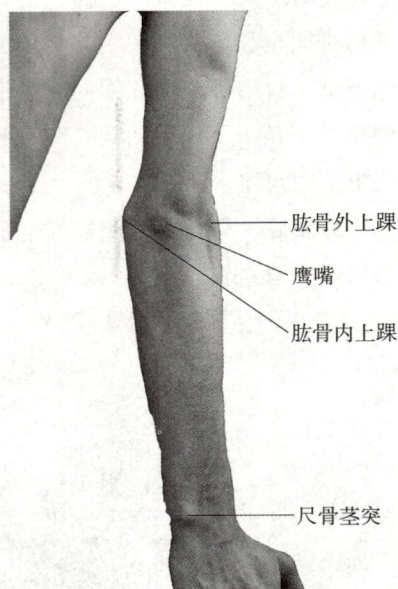

图3-27　上肢部骨性标志

9. 尺骨头及尺骨茎突　位于尺骨下端，在腕部尺侧偏后方可摸到。（图3-27）

10. 桡骨茎突　腕部外侧可摸到自桡骨末端向外突出的桡骨茎突。

11. 桡骨背侧结节　在腕的背侧面，桡骨下端背面可摸到桡骨背侧结节。

12. 腕尺、桡侧隆起　腕尺侧隆起位于腕前尺侧的皮下，后伸桡腕关节明显隆起，深面为豌豆骨；腕桡侧隆起位于腕前桡侧的皮下，后伸腕关节明显隆起，深面为手舟骨。

13. 腕部体表标志（图3-28）

（1）舟骨结节及大多角骨结节：在腕远侧皮肤皱襞的桡侧半深面可触及舟骨结节，在舟骨结节的远侧紧挨着可摸到大多角骨结节，两结节共同构成腕骨桡侧隆起。

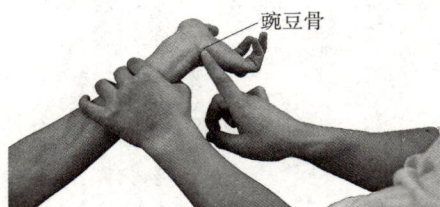

A

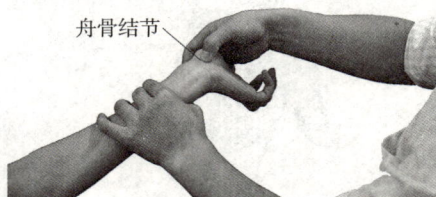

B

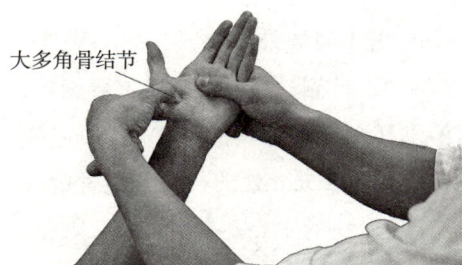

C

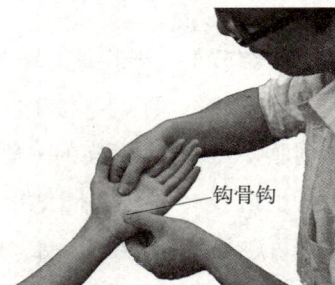

D

图3-28　腕部体表标志

（2）豌豆骨及钩骨钩：在腕远侧皮肤皱襞的尺侧端可触及豌豆骨，亦可沿尺侧腕屈肌腱向下触得，因为豌豆骨是尺侧腕屈肌的抵止处。在豌豆骨的远侧平第 4 掌骨尺侧缘可以摸到钩骨的钩，两者共同构成腕骨尺侧隆起。

14. 三角肌　为一个底朝上而尖向下的三角形肌肉，从前、后、外侧包裹肩关节，使肩部呈圆隆状。在肩关节脱位或三角肌萎缩时，可呈"方形肩"畸形。

15. 肱三头肌　当前臂伸直时，在三角肌后缘下方的一条纵行肌隆起为其长头，其外侧的隆起为外侧头，内下方的隆起为内侧头。

16. 肱二头肌　位于上臂前面的肌性隆起，屈肘时更加明显，该肌下部肌腱可在肘窝处摸到。

17. 腕掌侧的肌腱　握拳屈腕时，在腕掌侧可见到 3 条肌腱，位于中间者为掌长肌腱，位于桡侧者为桡侧腕屈肌腱，位于尺侧者为尺侧腕屈肌腱。在桡侧腕屈肌腱与掌长肌腱之间可按压到正中神经。

18. 腕背侧的肌腱　当拇指伸直和外展时，在腕背桡侧可见到 3 条肌腱，自桡侧向尺侧依次为拇长展肌腱、拇短伸肌腱和拇长伸肌腱。在拇长伸肌腱的尺侧为指伸肌腱。

19. 鱼际、小鱼际　鱼际位于手掌桡侧的隆起，深层为运动拇指的肌肉，包括拇短展肌、拇短屈肌和拇对掌肌；小鱼际位于手掌尺侧的隆起，深层为运动小指的肌，包括小指短展肌、小指短屈肌和小指对掌肌。两侧隆起之间的凹陷称为掌心。

20. 腋窝　为胸部外侧与上臂之间的凹陷，位于肩部的下方。其前壁主要由胸大肌构成，后壁主要由大圆肌和背阔肌构成。当上肢下垂时，用手伸入腋窝可辨别其前、后壁及前、后缘。

21. 腋前、后襞　上肢下垂时，在腋窝前壁，上臂皮肤与胸部皮肤交界处为腋前襞；在腋窝后壁，上臂皮肤与背部皮肤交界处为腋后襞。

22. 肱二头肌内、外侧沟　肱二头肌的内、外侧缘各有一纵行的浅沟，分别称为肱二头肌内、外侧沟。肱二头肌内侧沟较明显，内有肱血管、正中神经、尺神经等通过。

23. 肘窝横纹　屈肘时，出现于肘窝处横行的皮肤皱纹。

24. 腕掌侧横纹　屈腕时，在腕掌侧出现 2～3 条横行的皮肤皱纹，分别称为近侧横纹、中间横纹（不甚恒定）和远侧横纹。近侧横纹约平尺骨头，远侧横纹较明显。远侧横纹桡侧端可摸到手舟骨，手舟骨的远侧可摸到大多角骨；其尺侧端的隆起为豌豆骨，豌豆骨的远侧可摸到钩骨。

25. 鼻烟窝　位于腕背外侧部的浅凹，当拇指外展和后伸时明显。其外侧界为拇长展肌腱和拇短伸肌腱，内侧界为拇长伸肌腱；窝底为手舟骨和大多角骨。窝内有桡动脉通过，可触及其搏动。

二、常用治疗点定位

（一）肩部

1. 肩胛提肌肩胛骨附着处压痛点　位于肩胛骨内角。检查者用双手拇指分别按住患者肩胛骨内角肌附着处，由内向外滑动按压，可查到压痛点。（图 3-29）

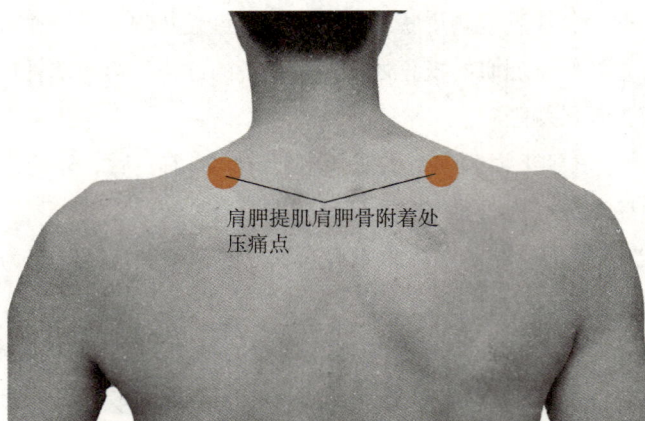

图 3-29 肩胛提肌肩胛骨附着处压痛点

2. 肩胛骨脊柱缘压痛点 位于肩胛骨的脊柱缘。检查者站在患者左侧，用左手按住患者右肩关节使其固定制动，第 2～5 右手指放置在腋缘部位，拇指按住脊柱缘下滑，可查到压痛点。（图 3-30）

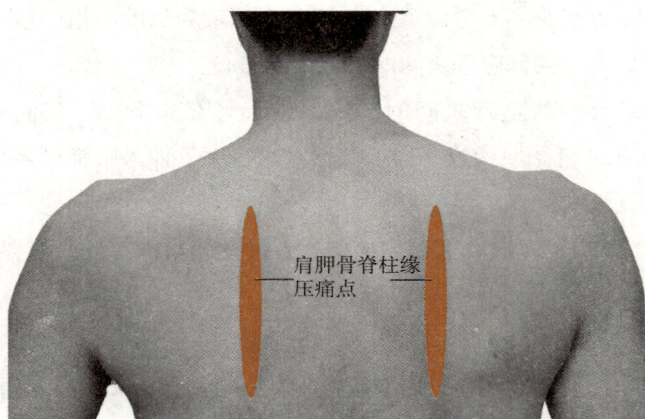

图 3-30 肩胛骨脊柱缘压痛点

3. 冈上肌肩胛骨附着处压痛点 位于冈上窝。以右侧为例，检查者站在患者右侧，用右拇指按住患者右侧冈上窝，垂直骨面做滑动按压，可查到压痛点。（图 3-31）

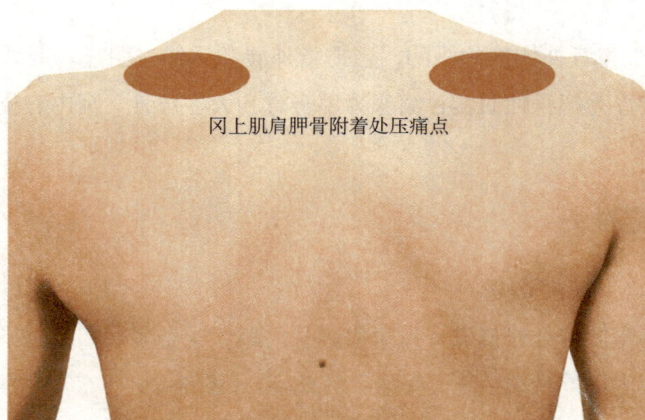

图 3-31 冈上肌肩胛骨附着处压痛点

4. 斜方肌肩胛骨附着处压痛点　位于肩胛冈上缘。在上述压痛点检查位置上，检查者拇指移向肩胛冈上缘，自内向外做滑动按压，可查到压痛点。（图 3-32）

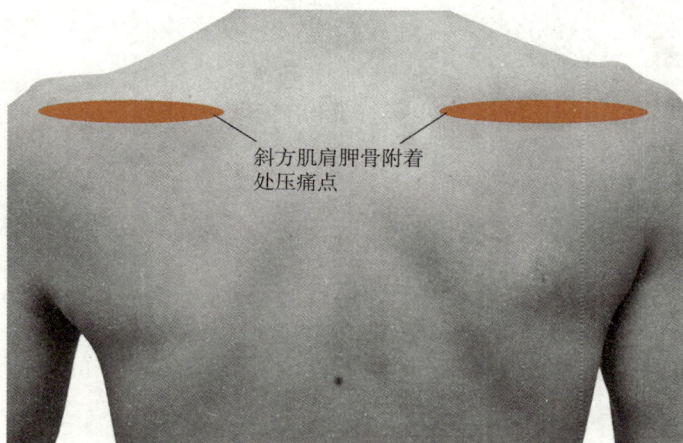

图 3-32　斜方肌肩胛骨附着处压痛点

5. 冈下肌肩胛骨附着处压痛点　位于冈下窝。检查者站在患者右侧，右手按住患者右肩制动，左手 2 ~ 5 指扣住肩胛骨脊柱缘，拇指按在冈下窝部，当拇指针对冈下肌附着处做滑动按压，可查到压痛点。（图 3-33）

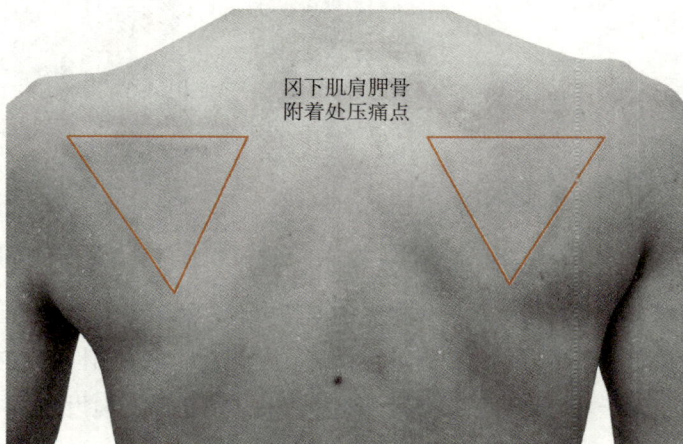

图 3-33　冈下肌肩胛骨附着处压痛点

6. 小圆肌肩胛骨附着处压痛点　位于肩胛骨脊柱缘。检查者右手握住患者前臂近端，使肩关节垂直位，左手 2 ~ 5 指扣住肩胛骨脊柱缘，拇指按住腋缘，并沿腋缘背面滑动按压时可查到压痛点。（图 3-34）

7. 大圆肌肩胛骨附着处压痛点　位于肩胛骨下 1/3 段。在冈下肌压痛点的位置上，检查者将手下移至肩胛骨下 1/3 段的背面，在大圆肌附着处滑动按压可查到压痛点。（图 3-34）

8. 肩胛骨喙突压痛点　位于喙突部。检查者滑动按压喙突处可查到压痛点。（图 3-35）

NOTE

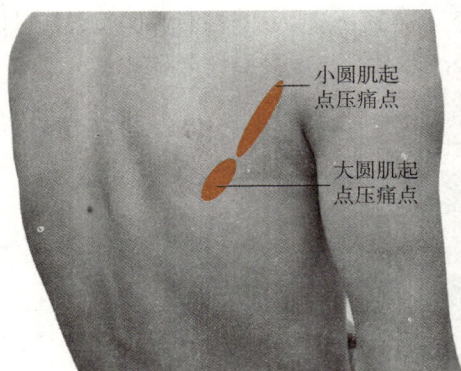

图 3-34　小圆肌和大圆肌肩胛骨附着处压痛点

小圆肌起点压痛点

大圆肌起点压痛点

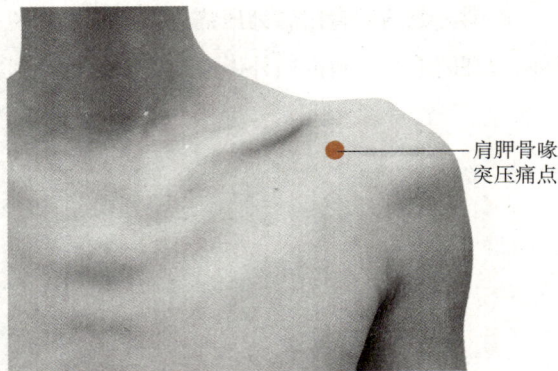

图 3-35　肩胛骨喙突压痛点

肩胛骨喙突压痛点

（二）上肢部

1. 肱骨外上髁压痛点　检查者拇指分别在肱骨外上髁、桡骨小头的环韧带与肱骨外缘肘关节囊屈侧附着处滑动按压，可查到压痛点。（图 3-36）

2. 肱骨内上髁与尺神经沟压痛点　检查者拇指在肱骨内上髁针对肌附着处骨面做滑动按压，或在尺神经沟处按压，可查到压痛点。（图 3-37）

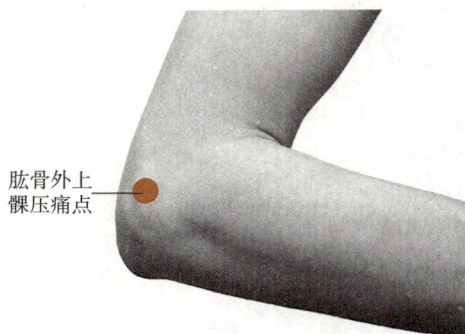

肱骨外上髁压痛点

图 3-36　肱骨外上髁压痛点

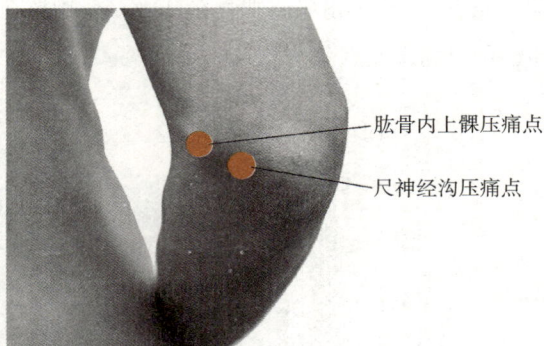

肱骨内上髁压痛点

尺神经沟压痛点

图 3-37　肱骨内上髁与尺神经沟压痛点

3. 桡骨茎突压痛点　检查者一手握住患者的前臂中段，另一手掌托住患者的掌背面，用拇指滑动按压患者的桡骨茎突，可引出桡骨茎突压痛点。芬克斯坦征阳性：患者腕关节呈轻度掌屈桡屈位，拇指内收置于掌心，另四指紧握，检查者将患者的拳头向尺侧做被动屈曲，可引起患者桡骨茎突处剧痛。（图 3-38）

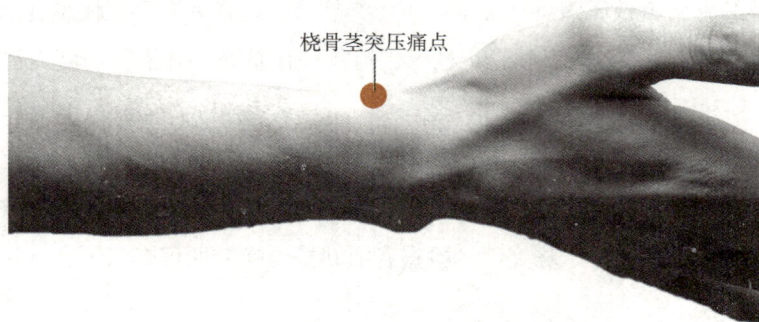

桡骨茎突压痛点

图 3-38　桡骨茎突压痛点

4. 尺骨小头背侧压痛点 检查者一手握住患者的前臂中段，另一手握住患腕下方的掌骨部，而拇指按住尺骨小头背侧，滑动按压时可查到压痛点。（图3-39）

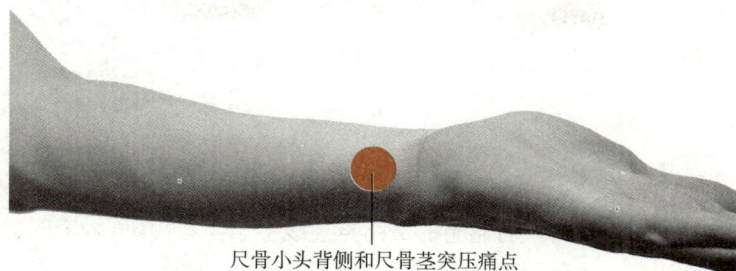

尺骨小头背侧和尺骨茎突压痛点

图3-39 尺骨小头背侧和尺骨茎突压痛点

5. 尺骨茎突压痛点 检查者用拇指尖嵌插在三角骨与尺骨茎突之间的软组织间隙，滑动按压尺骨茎突的顶端，可查到压痛点。（图3-39）

6. 腕横韧带压痛点 检查者用拇指在大小鱼际肌之间的腕横韧带处滑动按压，可查到压痛点。（图3-40）

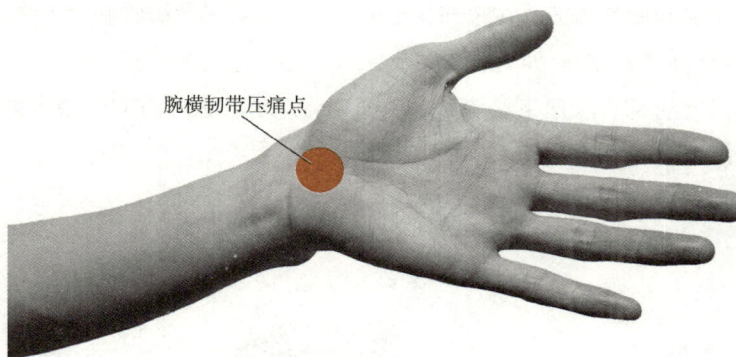

腕横韧带压痛点

图3-40 腕横韧带压痛点

7. 屈指肌腱鞘压痛点 检查者一手握住患指，用拇指在掌骨颈掌侧滑动按压，可查到压痛点。（图3-41）

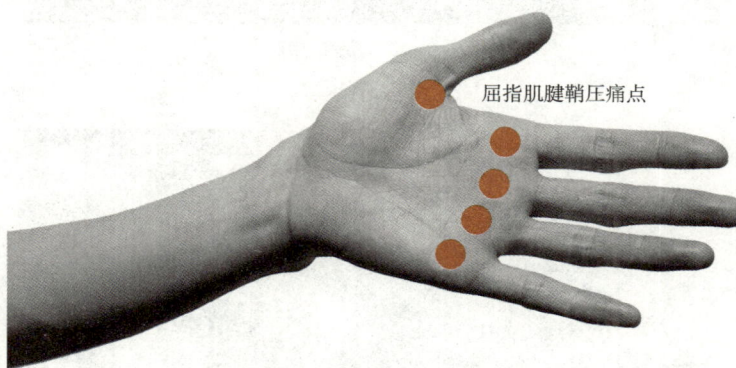

屈指肌腱鞘压痛点

图3-41 屈指肌腱鞘压痛点

【思考题】

上肢部有哪些体表标志和针刀治疗点？

第三节 髋和下肢部

一、体表标志

(一) 髋部

1. 髂嵴 即髂骨翼的上缘，左右髂嵴的最高点连线平第 4～5 腰椎棘突间隙。

2. 髂前上棘 即髂嵴的前缘，在腹股沟外侧端可以摸到。（图 3-42）

3. 髂后上棘 即髂嵴的后缘，位于臀区的内上方，第 2 骶椎棘突外侧。在瘦弱者呈隆起状态，但在年轻人及肥胖者则为一凹陷，该处为骶部菱形窝的外侧点。（图 3-43）

4. 髂后下棘 在髂后上棘下方的隆起。

5. 坐骨大切迹 在髂后下棘的下方可触及一深窝，相当于坐骨大孔，此孔的外侧缘为坐骨大切迹，但需在臀大肌放松时才易触及。

6. 耻骨联合上缘和耻骨结节 在腹部前正中线的下端可触及耻骨联合上缘，其下有外生殖器。耻骨联合上缘外侧约 2.5cm 处为耻骨结节。

7. 坐骨结节 在臀部臀大肌下缘深处。由于坐骨结节在人体直立时由臀大肌下缘所遮盖，故当髋关节处于屈曲位时易于触及。

8. 臀大肌 形成臀部圆隆的外形。

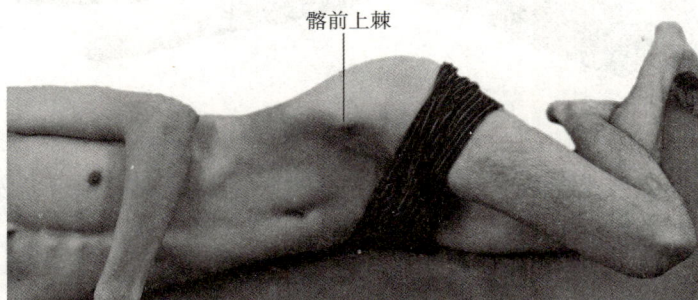

图 3-42 髂前上棘

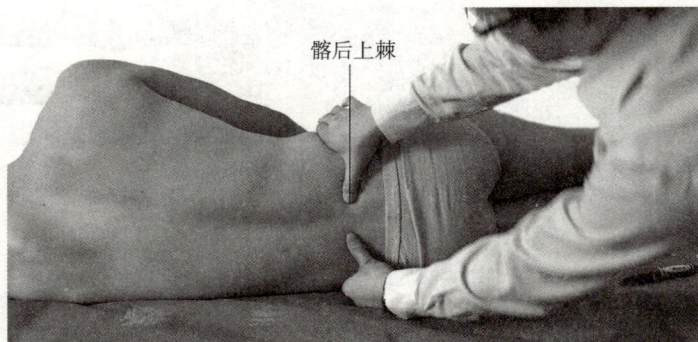

图 3-43 髂后上棘

（二）下肢部（图 3-44）

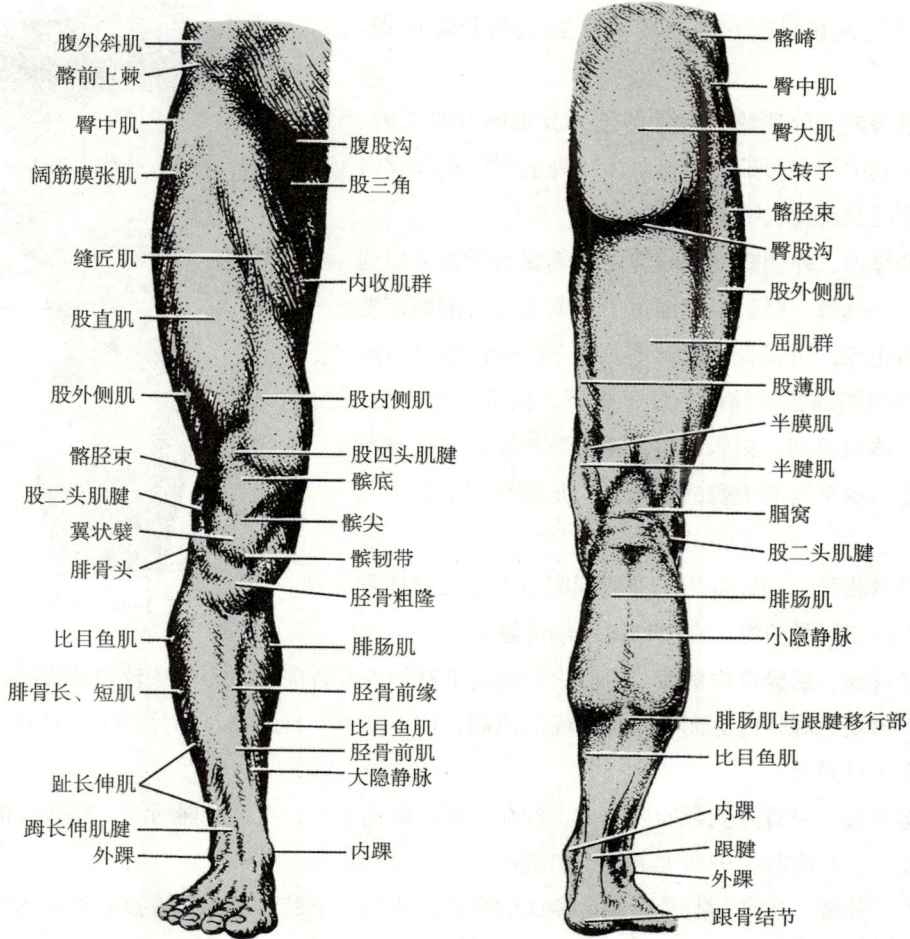

图 3-44 下肢体表标志

1. 股骨大转子 为股骨颈与体交界处向上外侧的方形隆起，构成髋部最外侧的骨性边界。髂结节下方 10cm 处，能明显触及股骨大转子。（图 3-45）

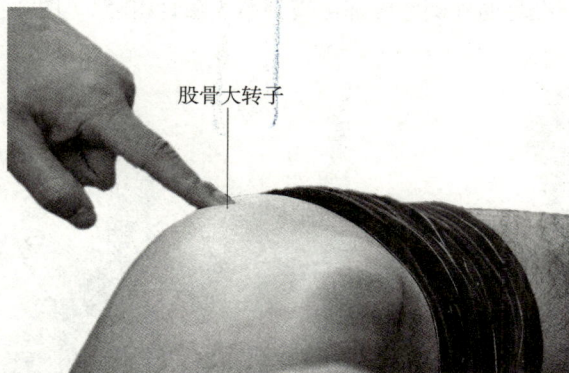

图 3-45 股骨大转子

2. 股骨头 在腹股沟韧带中点下方 2cm 股动脉搏动处，用手指用力压向深方，同时使大腿做旋转运动，则可扣及肌肉下随之转动的股骨头。

NOTE

3. 髌骨 在膝关节的前面，可摸到位于皮下的髌骨。在膝伸直位时，髌骨可被左右移动；屈膝时，髌骨紧贴股骨下端前面。在髌骨的下方，极易触及强韧的髌韧带，它向下附着于隆起的胫骨粗隆。（图 3-46）

4. 股骨内、外侧髁 髌骨两侧可分别触及股骨内、外侧髁，其中最突出部称为股骨内、外上髁。在股骨内上髁上方可触及收肌结节。

5. 胫骨内、外侧髁 在股骨内外侧髁的下方可摸到胫骨内、外侧髁，胫骨粗隆即位于二髁之间的前面，是髌韧带的止点，沿胫骨粗隆向下，续于胫骨的前缘，髌韧带及其内侧的胫骨前面都位于皮下，向下沿至内髁，都可以在体表摸到。临床常用测量下肢长度的方法有两种，一是内髁至髂前上棘的距离，二是脐至双下肢内髁的距离。

6. 胫骨粗隆 为胫骨内、外侧髁间前下方的骨性隆起，向下续于胫骨前缘。在髌韧带下端可触及。

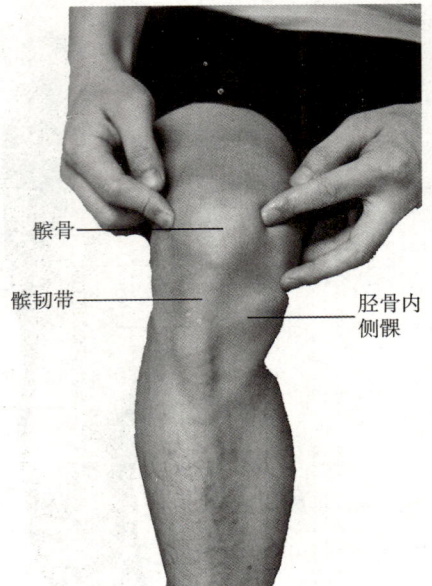

图 3-46　髌骨

7. 胫骨前、后缘及内侧面 自胫骨粗隆向下延伸为胫骨前缘，为一条较锐的骨嵴，全长均可于皮下触及。胫骨内侧面在胫骨前缘的内侧，位于皮下，易触及。胫骨后缘为胫骨内侧面的后缘，皮下可触及。

8. 腓骨头 胫骨外侧髁的后外方，约在胫骨粗隆的水平，可摸到腓骨头。腓骨体的下部和外踝形成一窄长隆起，位居皮下，可扪到。

9. 内、外踝 内踝为胫骨下端内侧面的隆凸，为测量下肢长度的标志点。外踝为腓骨下端一窄长的隆起，比内踝尖低 1cm。

10. 跟骨载距突 在足的内侧面，内踝顶端下方约 2.5cm 处，可摸到跟骨载距突。

11. 舟骨粗隆 为足舟骨内下方的隆起，位于足内侧缘中点稍后处。载距突的前方，可见到并摸到舟骨粗隆。（图 3-47）

12. 第 5 跖骨粗隆 在足的外侧面中部可摸到第 5 跖骨粗隆。（图 3-48）

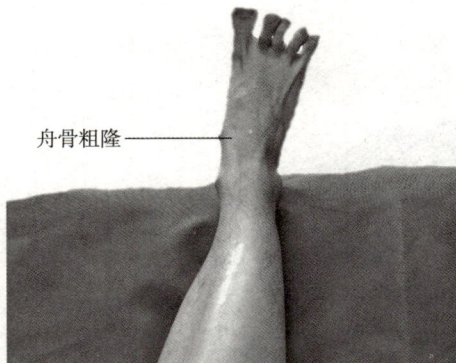

图 3-47　舟骨粗隆

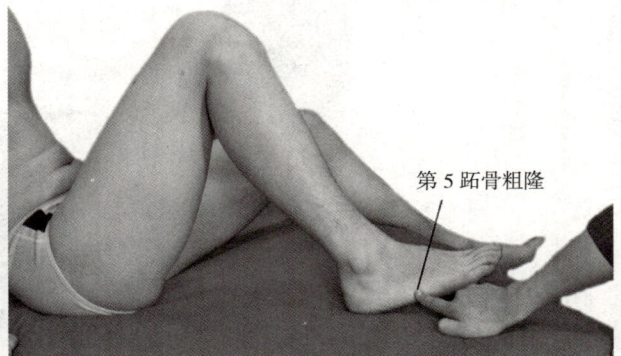

图 3-48　第 5 跖骨粗隆

13. 臀股沟　为臀部皮肤与大腿后面皮肤之间的横行浅沟。

14. 腘窝横纹　为膝关节后面横行的皮肤皱纹。

15. 股四头肌　形成大腿前面的肌性隆起，肌腱经膝关节前面包绕髌骨的前面和两侧缘，向下延伸为髌韧带，止于胫骨粗隆，为临床上膝跳反射叩击部位。

16. 半腱肌腱、半膜肌腱　附于胫骨上端的内侧，构成腘窝的上内界。屈膝，在膝关节后面的内侧可触及半腱肌腱和半膜肌腱。（图 3–49）

17. 股二头肌腱　为一粗索，附着于腓骨头，构成腘窝的上外界。屈膝，在膝关节后面的外侧可触及股二头肌腱。（图 3–49）

18. 腓肠肌内、外侧头　腓肠肌腹形成小腿后面的肌性隆起，其内、外侧头构成腘窝的下内界和下外界。

19. 跟腱　在踝关节后方，呈粗索状，向下止于跟骨结节。

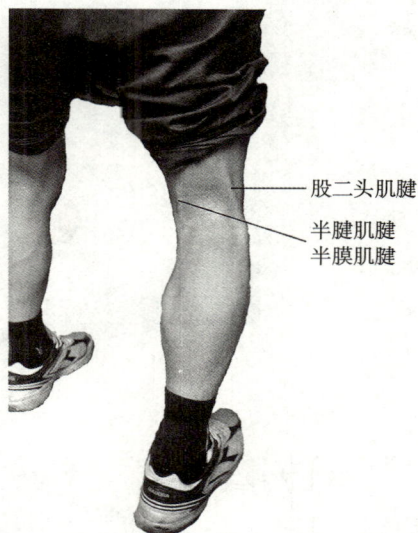

图 3–49　半腱肌腱、半膜肌腱和股二头肌腱

二、常用治疗点定位

（一）髋部

1. 髂嵴压痛点　位于髂嵴部。患者俯卧，检查者用拇指沿整个髂嵴肌腱附着处做滑动按压，可查到压痛点。（图 3–50）

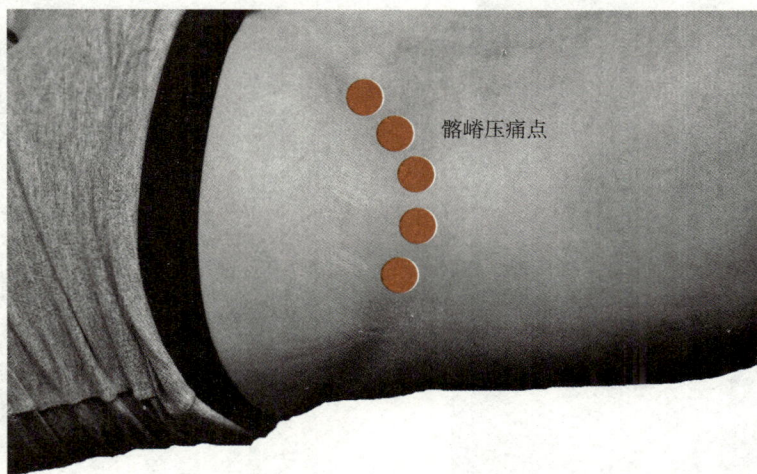

图 3–50　髂嵴压痛点

2. 髂胫束压痛点　位于髂前上棘后方。患者俯卧，检查者先用两手第 2 ~ 3 指分别按住两髂前上棘处，将两拇指分别按在髂前上棘后方臀部约一横掌处加以浅压，可查到压痛点。（图 3–51）

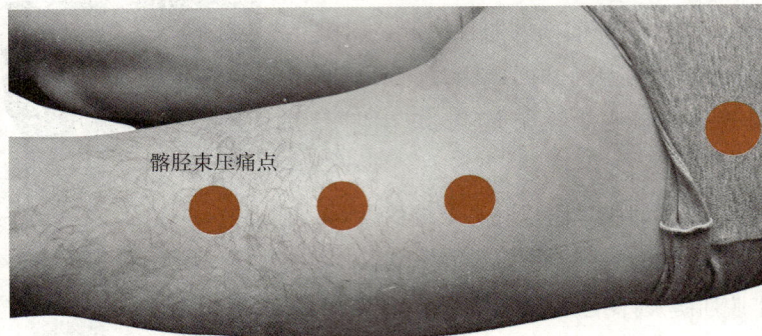

图 3-51　髂胫束压痛点

3. 臀上皮神经压痛点　位于髂嵴下。在髂胫束检查法的基础上，检查者将拇指移向臀中肌部位，于髂嵴下 2 ~ 3 横指处，即臀上皮神经分布区域，由外向内做浅表性的滑动按压，可查到压痛点。（图 3-52）

4. 髂后上棘压痛点　位于髂后上棘。患者俯卧，检查者以拇指在髂后上棘部位做表浅滑动按压，可出现两种不同情况：如系臀大肌附着处病变，压痛点在髂后上棘的臀后线处；如系臀上皮神经内支支配区域，压痛点在靠近臀后线偏外部位。一般来说，髂后上棘压痛点比其他臀部压痛点少出现。（图 3-53）

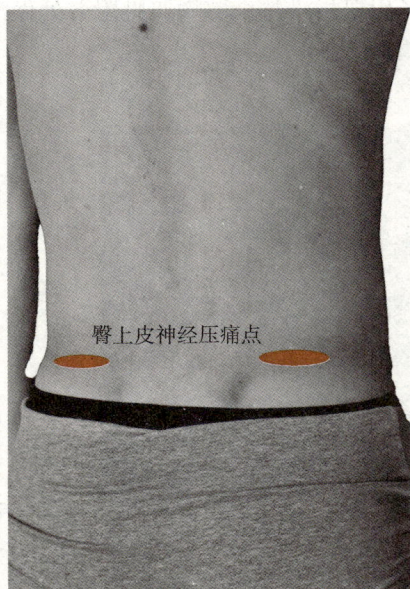

图 3-52　臀上皮神经压痛点

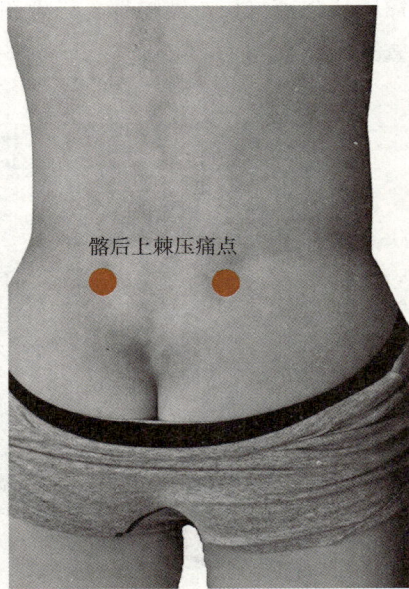

图 3-53　髂后上棘压痛点

5. 阔筋膜张肌压痛点　位于髂前上棘。患者侧卧，患侧在上，检查者一手抬患肢使其充分外展位，应放松所有肌肉，另一手的拇指在髂前上棘外缘与外方做表浅滑动按压，可查到压痛点。（图 3-54）

6. 臀小肌压痛点　位于股骨大转子上方。在检查阔筋膜张肌压痛点的基础上，患者侧卧屈髋屈膝，检查者用另一手拇指在齐股骨大转子的上方，向内下方向做深层的滑动按压，可查到压痛点。（图 3-55）

7. 臀中肌压痛点　位于髂嵴下方。在检查阔筋膜张肌压痛点的基础上，检查者用另一手的拇指在髋外侧的髂嵴下方臀中肌附着处滑动按压，可查到压痛点。至于臀中肌内方与内下方的压痛点，应在俯卧位上另做检查，方能明确。（图 3-55）

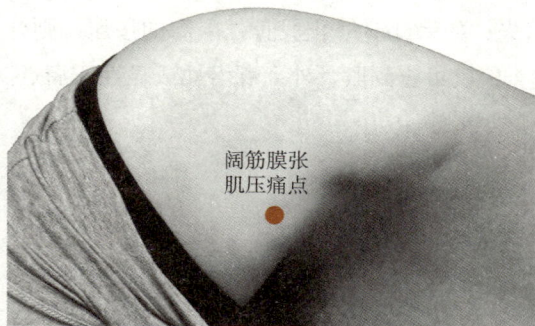

图 3-54　阔筋膜张肌压痛点

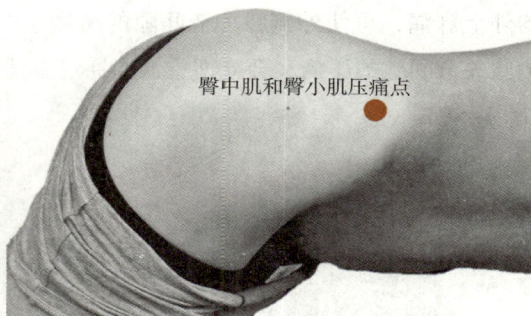

图 3-55　臀中肌和臀小肌压痛点

8. 臀下神经压痛点　位于梨状肌下方。检查者用拇指向内、向前横过神经支做表浅的滑动按压，可触及疼痛的细索状物，即为压痛点。

9. 坐骨神经梨状肌下口处压痛点　位于梨状肌下方。患者俯卧，检查者以拇指深压臀部坐骨神经部位，横过神经支做滑动按压可查的压痛点。一般在找到此压痛点后再找臀中肌坐骨大孔上缘、上方、内上缘、内上方等压痛点，比较容易定位。

10. 臀上神经压痛点　位于梨状肌上方。患者俯卧，检查者的拇指深压臀上神经部位，横过神经支滑动按压，可查到压痛点。

11. 骶尾骨下缘与股骨粗隆压痛点　患者俯卧，检查者以拇指分别针对骶尾骨下外缘与股骨臀粗隆的肌附着处骨面，做滑动按压，可查到压痛点。（图 3-56）

12. 股内收肌群耻骨附着处压痛点　患者仰卧，两下肢髋膝关节屈曲，两足底对紧，两下肢相对外展，检查者两拇指分别先在两侧耻骨上支与耻骨结节肌附着处做滑动按压，以后在两侧耻骨下支肌附着处做滑动按压，最后在股骨内上髁肌附着处做滑动按压，可查到压痛点。

13. 耻骨联合附着处压痛点　患者俯卧，检查者用拇指针对两侧耻骨联合与耻骨结节上缘骨面而滑动按压，可查到压痛点。

14. 髂前下棘压痛点　检查者用拇指在髂前上棘下方一横指处做深层滑动按压，可查到压痛点。

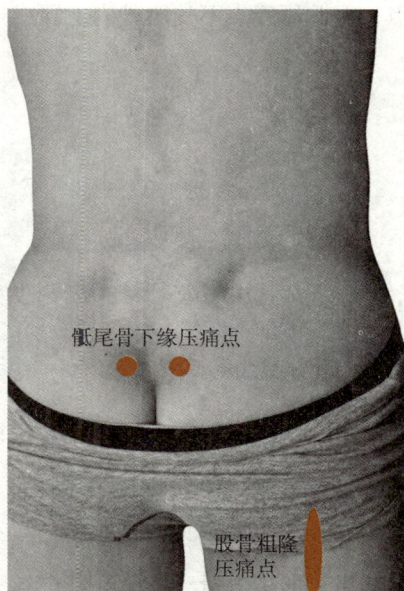

图 3-56　骶尾骨下缘与股骨粗隆压痛点

（二）下肢部

1. 股骨臀肌粗隆压痛点　患者仰卧，下肢伸直，检查者的拇指尖针对股骨后方的臀肌粗隆部位做滑动按压，可查到压痛点。

NOTE

2. 股骨内上髁压痛点　患者仰卧，患肢伸直。检查者一手的拇指尖针对内侧膝关节间隙或其下前方部位按压，引出剧痛后保持压力不变；再用另一手拇指尖针对股骨内上髁软组织附着处特别是在内收肌结节上按压，引出剧烈的内上髁痛，可使内侧膝关节间隙或其下方部位的压痛立即消失了；如果此时终止股骨内上髁的按压，则内侧膝关节间隙或其下方部位的压痛又会立即重演。通过上述检查，就可查到股骨内上髁的潜性或显性压痛点。（图3-57）

3. 股骨外上髁压痛点　患者仰卧，患肢伸直。检查者一手拇指尖针对外侧膝关节间隙按压，引出剧痛后保持压力不变，再用另一手拇指尖针对股骨外上髁软组织附着处按压引出剧烈的外上髁痛，可使外侧膝关节间隙的压痛立即消失；如果此时终止股骨外上髁的按压，则外侧膝关节间隙的压痛又会立即重演。通过上述检查，就可查到股骨外上髁潜性或显性压痛点。（图3-58）

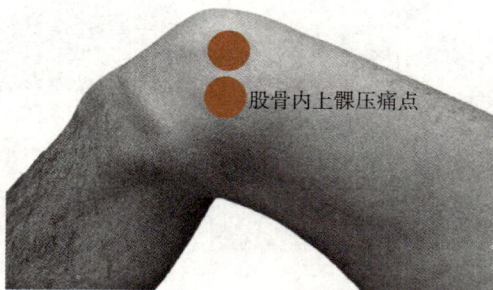

图3-57　股骨内上髁压痛点

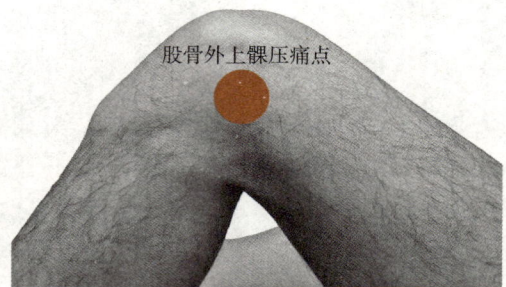

图3-58　股骨外上踝压痛点

4. 膝关节内侧或外侧间隙压痛点　患者仰卧，检查者一手的拇指尖按压痛侧膝关节的内侧间隙或外侧间隙做上下滑动，同时用另一手握住患者小腿，改换其体位由伸直变为屈曲，以明确半月板所在的关节间隙之解剖位置，此时引出膝关节内侧或外侧剧痛，就可查到各处的压痛点，但此压痛点不受股骨内上髁或外上髁软组织损害性压痛点的传导影响。（图3-59）

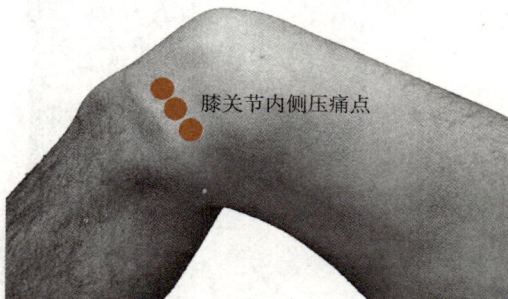

A

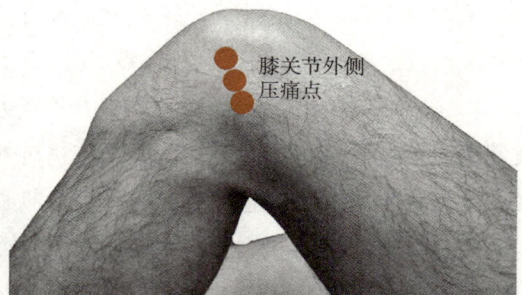

B

图3-59　膝关节内侧及外侧间隙压痛点

5. 髌下脂肪垫压痛点　检查者一手的第1~2指按住髌骨上缘，推向下方，使髌骨尖向前突出和另一手的拇指掌侧向上，指尖针对髌骨下端的后方骨面与髌骨的下1/2段边缘，由后向前与由上向下做滑动按压，可查到压痛点。（图3-60）

6. 胫骨粗隆压痛点　检查者用拇指尖滑动按压胫骨粗隆的髌韧带附着处，可查到压痛点。（图3-61）

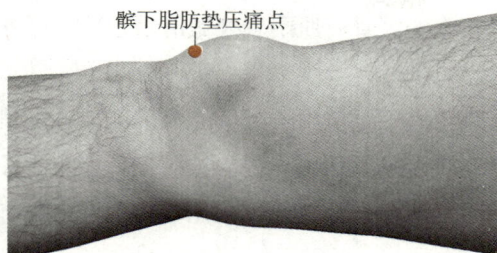

图 3-60 髌下脂肪垫压痛点

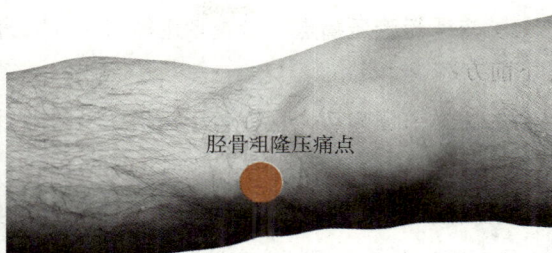

图 3-61 胫骨粗隆压痛点

7. 胫骨骨干内侧或外侧压痛点 检查者用拇指尖在患者胫骨骨干内侧或外侧骨面的软组织附着处，自上而下地滑动按压较大面积的病变部位，可查到压痛点。

8. 腓骨骨干内侧或外侧压痛点 检查者拇指尖分别针对患者腓骨骨干内侧或外侧骨面的软组织附着处，自上而下地滑动按压这些较大面积的病变部位，可查到压痛点。

9. 踝前方关节囊压痛点 检查者拇指尖针对患者踝关节前方起自内踝，沿胫骨下关节面上方直至腓骨外踝关节面的关节囊附着处滑动按压，可查到压痛点。（图 3-62）

10. 内踝后下方压痛点 检查者用拇指尖嵌入内踝沟，自内踝后方、下方直至前方做滑动按压，可查到压痛点。（图 3-63）

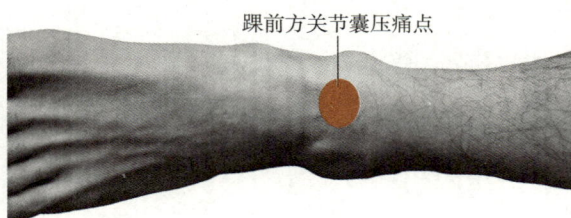

图 3-62 踝前方关节囊压痛点

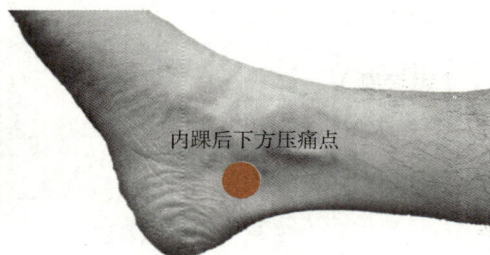

图 3-63 内踝后下方压痛点

11. 外踝后下方压痛点 检查者用拇指尖在外踝后下方软组织损害同时并存时，两者向下的传导痛可汇集于跟骨底中央部就引起跟底痛。（图 3-64）

12. 跗骨窦压痛点 检查者拇指尖针对跗骨窦脂肪垫并向窦壁周围做深入的滑动按压，可查到压痛点。（图 3-65）

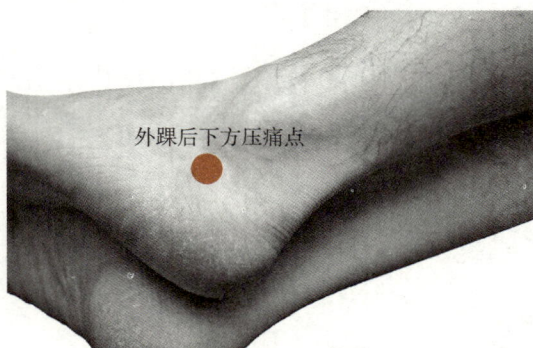

图 3-64 外踝后下方压痛点

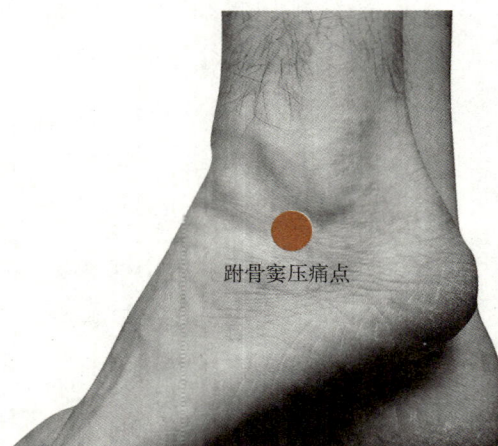

图 3-65 跗骨窦压痛点

NOTE

13. 舟骨粗隆压痛点   检查者用拇指尖针对舟骨粗隆的胫骨后肌附着处做滑动按压，可查到压痛点。（图 3-66）

14. 跟结节压痛点   检查者用拇指尖沿跟腱后方直至其跟结节附着处做滑动按压，可查到跟结节、跟腱滑囊和跟腱鞘的压痛点。（图 3-67）跟腱前脂肪垫压痛点的检查，患者采取仰卧位或俯卧位，保持患侧下肢伸直，可在踝关节过度跖屈位上放松跟腱后，再用拇指尖由跟腱前外方指向踝后关节囊深压病变脂肪垫可查到压痛点。

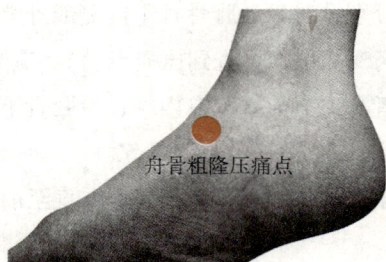

图 3-66   舟骨粗隆压痛点

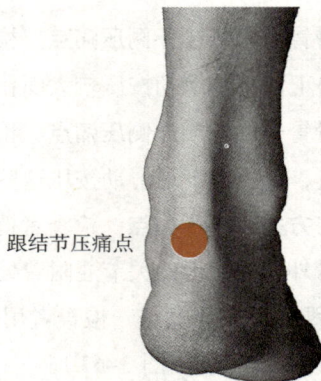

图 3-67   跟结节、跟腱滑囊和跟腱鞘压痛点

【思考题】

下肢部有哪些体表标志和针刀治疗点？

第四章 针刀治疗常用诊断技术

针刀治疗最常见的适应证是运动系统慢性损伤，与运动系统慢性损伤相关的诊断技术包括运动系统检查法、神经系统检查法、影像学检查等。其中运动系统检查法、神经系统检查法等在其他教材有详细介绍，本教材不再重复。本教材仅对 X 线、CT、MRI 等常用影像检查的阅片要点，以及姿态和动作评估等进行介绍。

第一节 X 线检查

X 线具有穿透性、荧光效应、感光效应、电离效应等特性，当 X 线穿透人体不同厚度及密度的组织后，因不同厚度及密度的组织对 X 线的吸收程度不同，到达荧屏或胶片上的 X 线即有差异，通过处理，便能获得黑白差异、层次对比的灰阶影像。不同部位的 X 线片有不同的阅片要点，具体如下。

一、颈椎 X 线（图 4-1）阅片要点

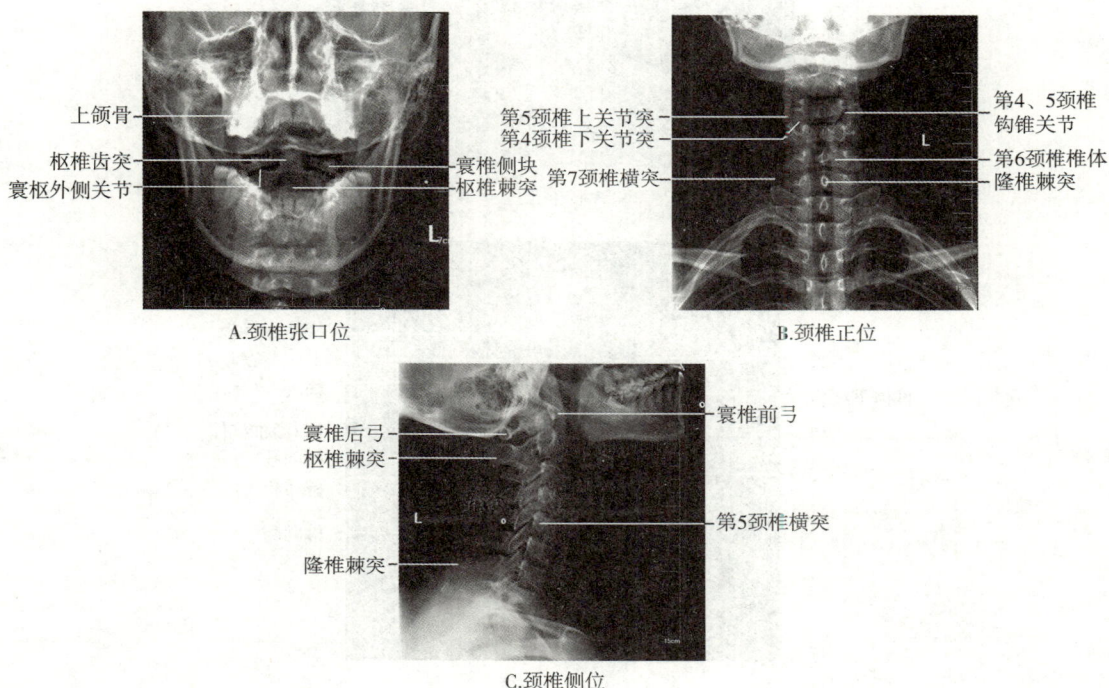

A.颈椎张口位

上颌骨
枢椎齿突
寰枢外侧关节
第5颈椎上关节突
第4颈椎下关节突
第7颈椎横突
寰椎侧块
枢椎棘突

B.颈椎正位

第4、5颈椎钩锥关节
第6颈椎椎体
隆椎棘突

C.颈椎侧位

寰椎后弓
枢椎棘突
隆椎棘突
寰椎前弓
第5颈椎横突

图 4-1 颈椎 X 线片

应熟悉掌握正常颈椎影像解剖结构。颈椎正位 X 线片，由于上颌骨遮挡显示不清，故常用张口位片观察齿状突与寰椎侧块间隙是否对称，进而判断有无寰枢关节半脱位及齿状突骨折。枢椎棘突显影宽大、第 7 颈椎棘突显影长而宽大，为影像定位常用标志。

1. 注意观察颈椎生理曲度有无变直。

2. 注意观察棘突连线、椎体前后缘连线，以判断椎体是否有滑脱及不稳。

3. 注意观察各关节间隙，如椎间隙、钩椎关节间隙、横突间隙、棘突间隙、关节突间隙等。

4. 注意观察有无韧带钙化及椎体边缘及关节骨质增生。

二、腰椎 X 线（图 4-2）阅片要点

应熟悉掌握正常腰椎影像解剖结构。

1. 注意观察棘突连线、椎体前后缘连线、椎板后缘连线、横突连线，以判断椎体是否有滑脱及不稳或脊柱侧弯。

2. 注意观察椎间隙有无变窄，考虑腰椎间盘突出及周围软组织病变挛缩。

3. 注意观察有无骨质疏松、骨质增生及韧带钙化。

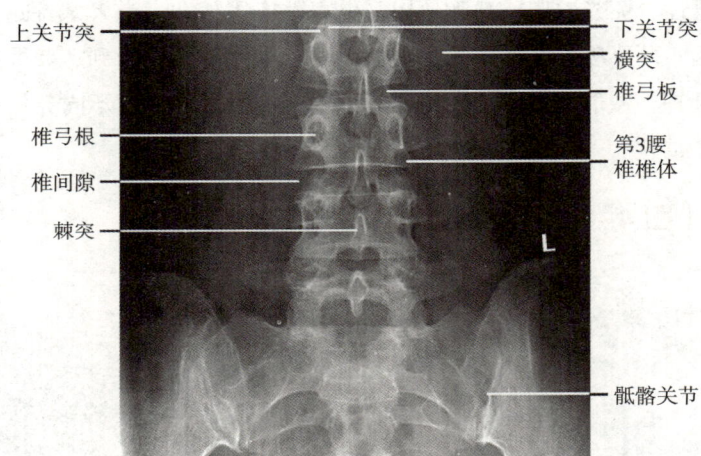

A.腰椎正位

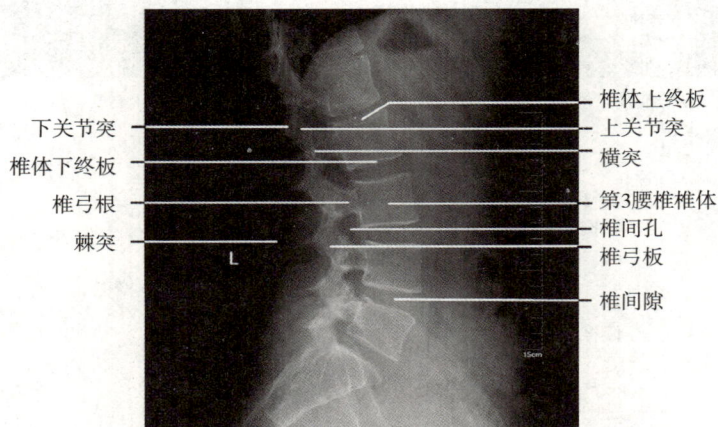

B.腰椎侧位

图 4-2　腰椎 X 线片

三、肘、膝关节 X 线（图 4-3）阅片要点

熟悉掌握正常肘、膝关节影像解剖结构。

1. 注意观察关节间隙有无变窄、关节畸形失稳脱位。

2. 注意观察有无关节面硬化、骨质增生及韧带钙化。

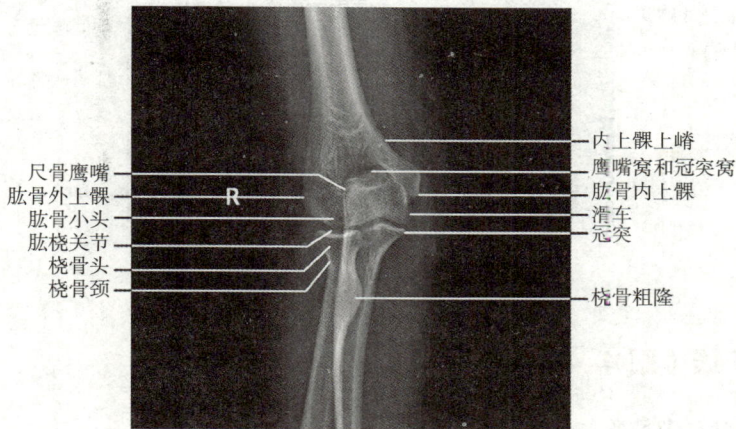

A. 肘关节正位

尺骨鹰嘴
肱骨外上髁
肱骨小头
肱桡关节
桡骨头
桡骨颈

内上髁上嵴
鹰嘴窝和冠突窝
肱骨内上髁
滑车
冠突
桡骨粗隆

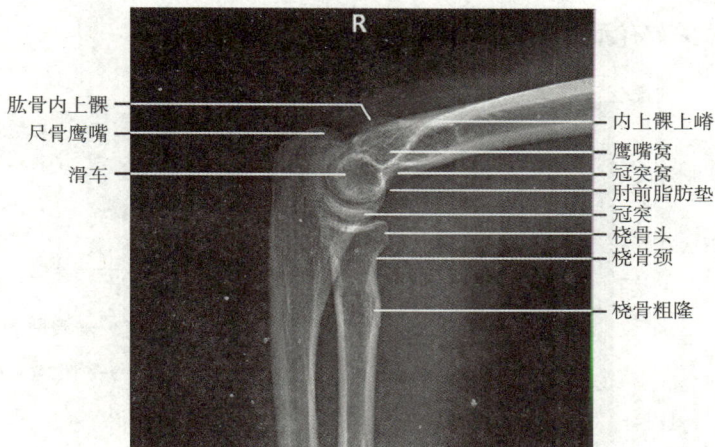

B. 肘关节侧位

肱骨内上髁
尺骨鹰嘴
滑车

内上髁上嵴
鹰嘴窝
冠突窝
肘前脂肪垫
冠突
桡骨头
桡骨颈
桡骨粗隆

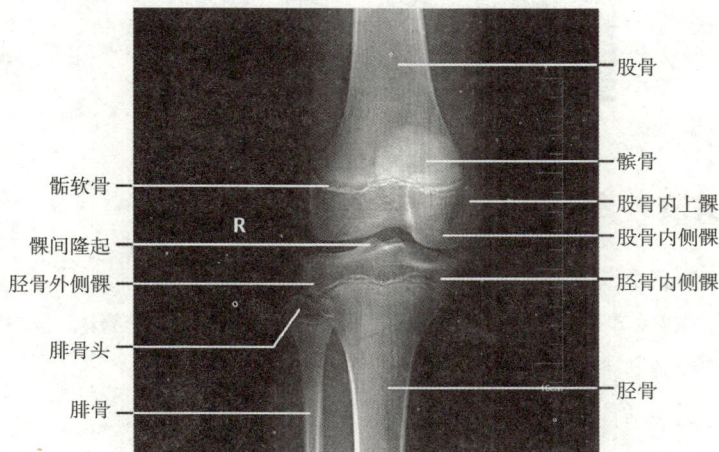

C. 膝关节正位

髌软骨
髁间隆起
胫骨外侧髁
腓骨头
腓骨

股骨
髌骨
股骨内上髁
股骨内侧髁
胫骨内侧髁
胫骨

NOTE

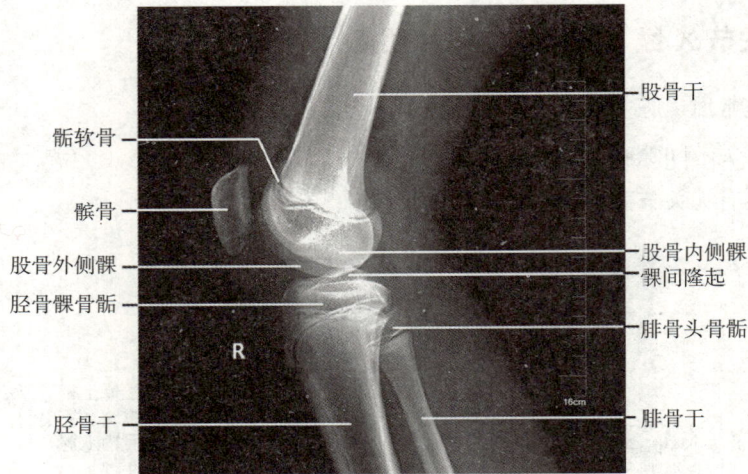

D.膝关节侧位

图 4-3　肘、膝关节 X 线片

股骨干
髌软骨
髌骨
股骨外侧髁
胫骨髁骨骺
胫骨干
股骨内侧髁
髁间隆起
腓骨头骨骺
腓骨干
R

四、肩关节 X 线（图 4-4）阅片要点

熟悉掌握正常肩关节影像解剖结构。

1. 注意观察关节间隙有无变窄、关节畸形失稳脱位。

2. 注意观察肩关节有无骨质增生、硬化，关节软骨损伤。

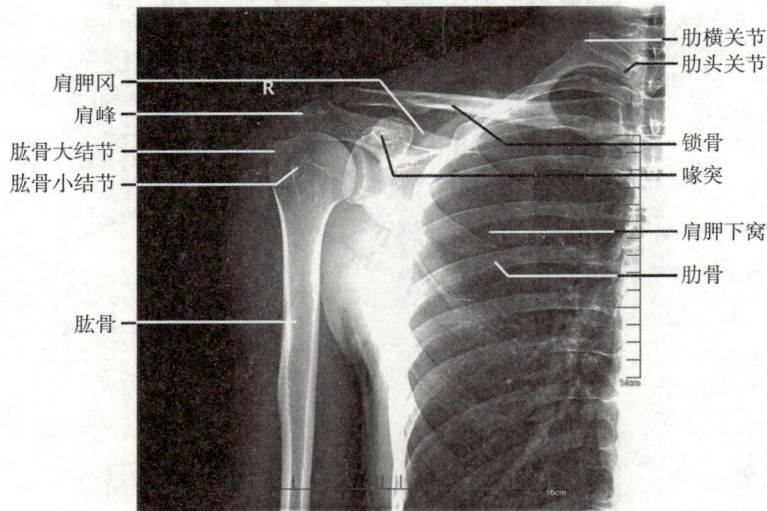

肩胛冈
肩峰
肱骨大结节
肱骨小结节
肱骨
肋横关节
肋头关节
锁骨
喙突
肩胛下窝
肋骨
R

图 4-4　肩关节 X 线片（正位）

五、骨盆和髋关节 X 线（图 4-5）阅片要点

熟悉掌握正常髋关节及骶髂关节影像解剖结构。

1. 注意观察两侧髋关节是否对称，关节间隙有无改变，骨皮质是否连续，骨小梁排列是否正常。

2. 注意观察骶髂关节面是否毛糙，关节间隙是否对称有无变窄。

3. 注意观察有无关节面硬化及骨质增生。

4. 注意观察周围组织有无肿胀、钙化等。

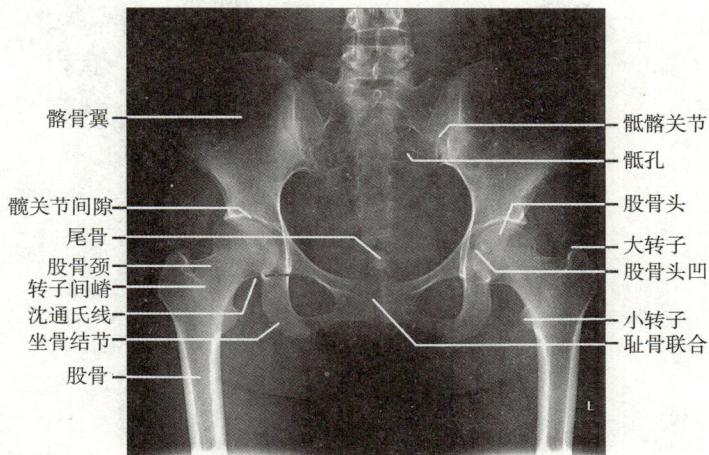

图 4-5　骨盆 X 线片（正位）

六、腕、踝关节 X 线（图 4-6）阅片要点

应熟悉掌握正常腕、踝关节影像解剖结构。

1. 注意观察关节间隙有无变窄、关节畸形失稳。

2. 注意观察有无关节面硬化、骨质增生及骨质破坏。

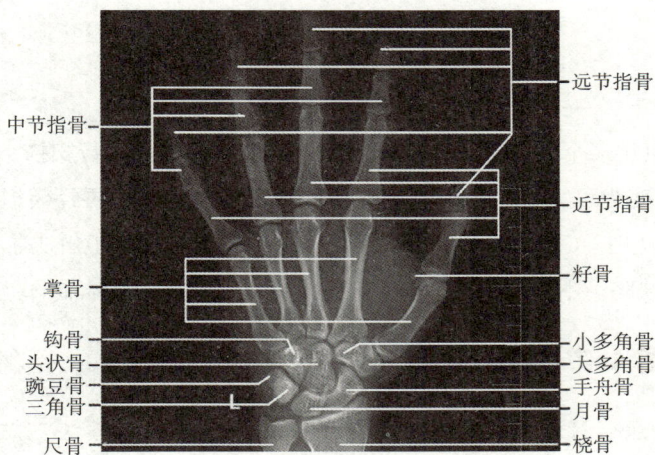

A. 腕部正位

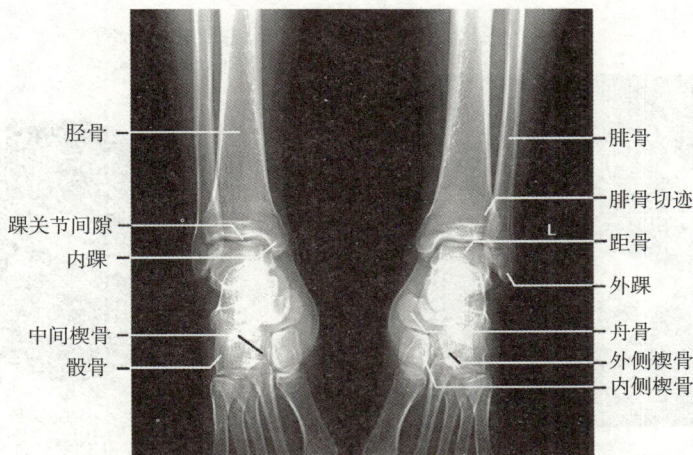

B. 足踝部正位

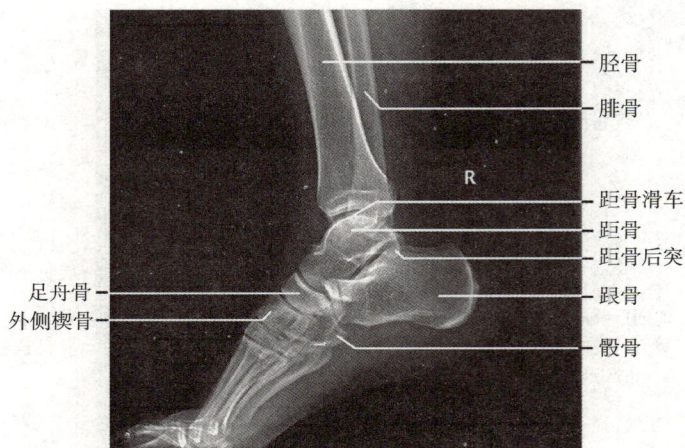

C.足踝部侧位

图 4-6 腕、踝关节 X 线片

【思考题】

1. 颈椎 X 线片读片要点?

2. 腰椎 X 线片读片要点?

第二节 CT 检查

CT 是用 X 线束从多个方向对人体检查部位一定厚度的层面进行扫描，由探测器收集透过该层面的 X 线，转变为可见光后，由光电转换器转变为电信号，再经模拟或数字转换器转为数字，输入计算机处理。CT 装置开创了数字化成像的先河，成功地解决了普通 X 线成像时组织结构相互重叠的缺陷。不同部位的 CT 片有不同的阅片要点，具体如下。

一、颈椎 CT（图 4-7）阅片要点

CT 阅片基本要点与 X 线大致相同，具体如下。

1. 颈椎寰枢关节平扫时，注意观察齿状突与寰椎侧块间隙是否对称，进而判断有无寰枢关节半脱位。

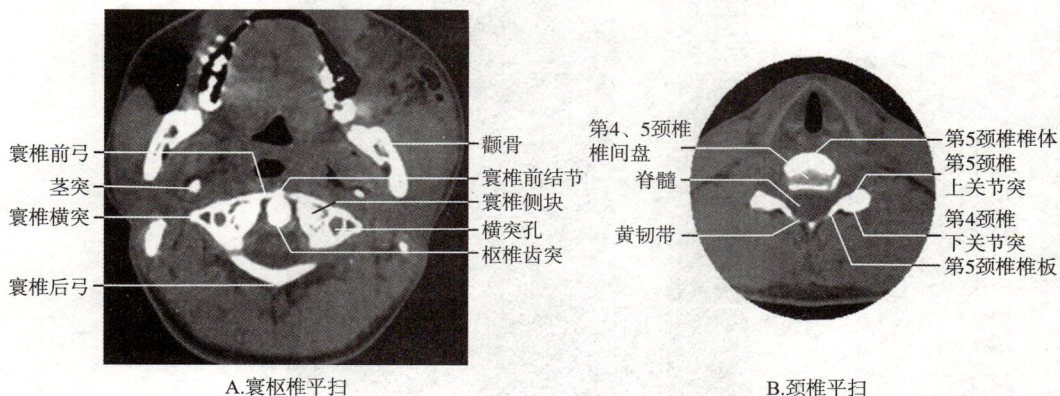

A.寰枢椎平扫　　　　B.颈椎平扫

图 4-7 颈椎 CT 片

2.注意观察椎体边缘有无唇样骨质增生、钩椎关节有无骨质增生，黄韧带、项韧带等周围软组织有无增厚钙化。

3.注意观察颈椎间盘有无突出、膨出等，是否卡压神经根、脊髓及周围软组织。

4.注意观察椎间盘内是否有积气或许莫结节形成。

二、腰椎 CT（图4-8）阅片要点

腰椎 CT 阅片基本要点与 X 线大致相同，具体如下。

1.注意观察椎体边缘、小关节有无骨质增生，黄韧带、棘上韧带等周围软组织有无增厚钙化。

2.注意观察腰椎间盘有无突出、膨出等，是否卡压神经根、脊髓及周围软组织。

3.注意观察椎间盘内是否有积气或许莫结节形成。

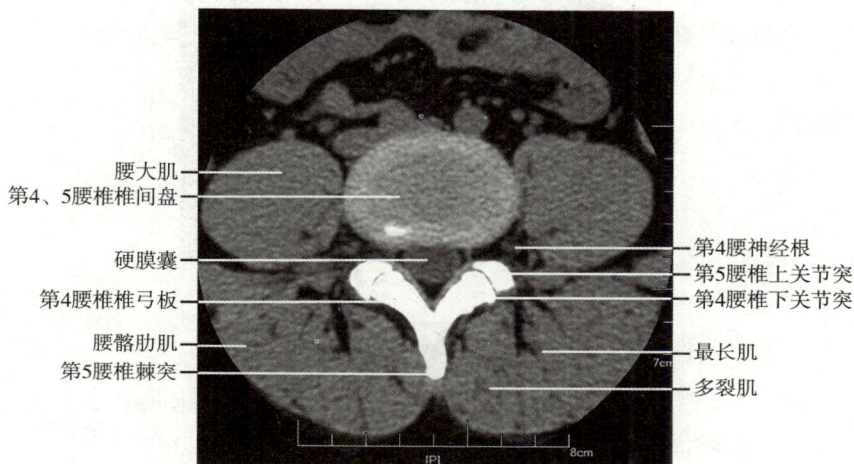

图 4-8　腰椎 CT 片（平扫）

三、骶髂关节 CT（图4-9）阅片要点

熟悉掌握正常骶髂关节影像解剖结构。

1.注意观察骶髂关节面是否毛糙，关节间隙是否对称有无变窄。

2.注意观察有无关节面硬化及骨质增生。

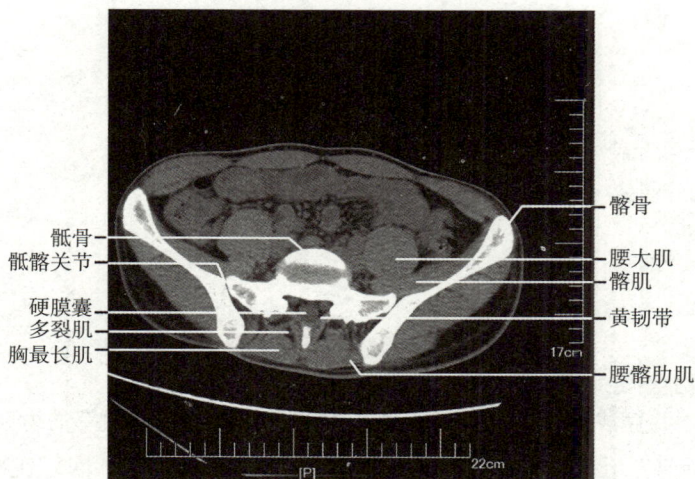

图 4-9　骶髂关节 CT 片（平扫）

NOTE

四、肘、膝关节 CT（图 4-10）阅片要点

熟悉掌握正常肘、膝关节影像解剖结构。

1. 注意观察关节间隙有无变窄、软骨下骨质有无囊变。

2. 注意观察有无关节面骨质增生及关节周围韧带钙化。

3. 病情严重者注意观察有无关节囊扩张、关节积液。

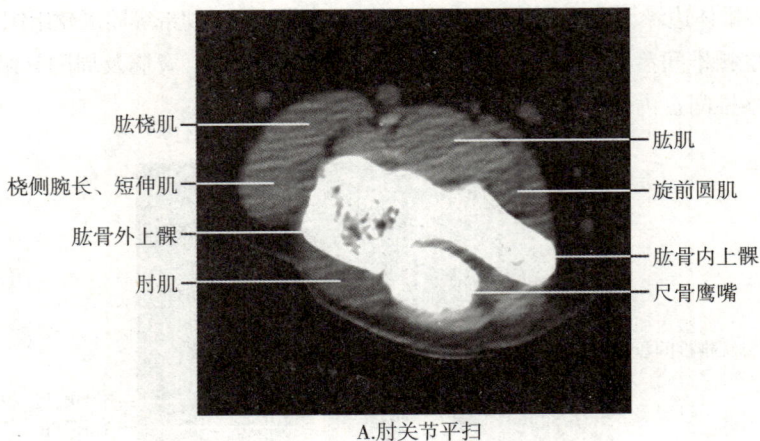

A.肘关节平扫

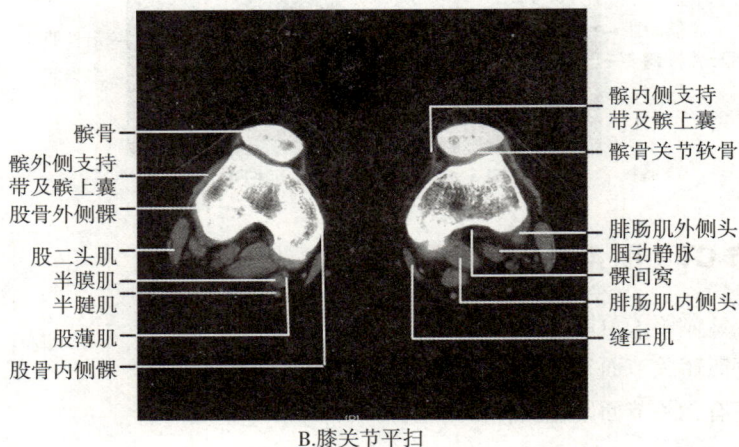

B.膝关节平扫

图 4-10　肘、膝关节 CT 片

【思考题】

1. 颈椎 CT 读片要点？

2. 腰椎 CT 读片要点？

第三节　MRI 检查

　　MRI 检查即磁共振成像，是通过对静磁场中的人体施加特定频率的射频脉冲，使人体中的氢质子受到激励而发生磁共振现象。停止脉冲后，质子释放能量并恢复到原来状态（弛豫时间）并产生 MR 信号，经过计算机处理后生成图像。各部位的 MRI 片具体阅片要点如下。

一、颈椎 MRI（图 4-11）阅片要点

颈椎 MRI 影像较 CT 能更清楚、直接地反映解剖结构。

1. 注意观察颈椎生理曲度有无变直。

2. 注意观察椎体边缘有无骨质增生，黄韧带、项韧带等周围软组织有无增厚钙化。

3. 注意观察颈椎间盘有无突出、膨出等，是否卡压神经根、脊髓及周围软组织。

4. 注意观察椎间盘内是否有积气或许莫结节形成。

5. 注意观察颈椎终板及周围软组织有无病理信号。

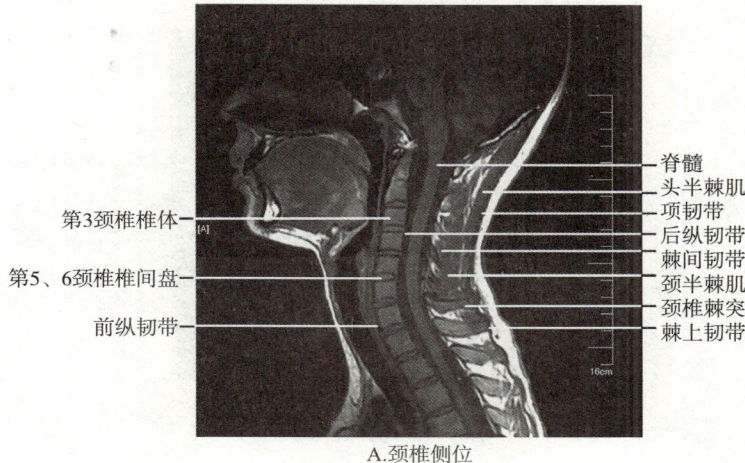

第3颈椎椎体
第5、6颈椎椎间盘
前纵韧带

脊髓
头半棘肌
项韧带
后纵韧带
棘间韧带
颈半棘肌
颈椎棘突
棘上韧带

A.颈椎侧位

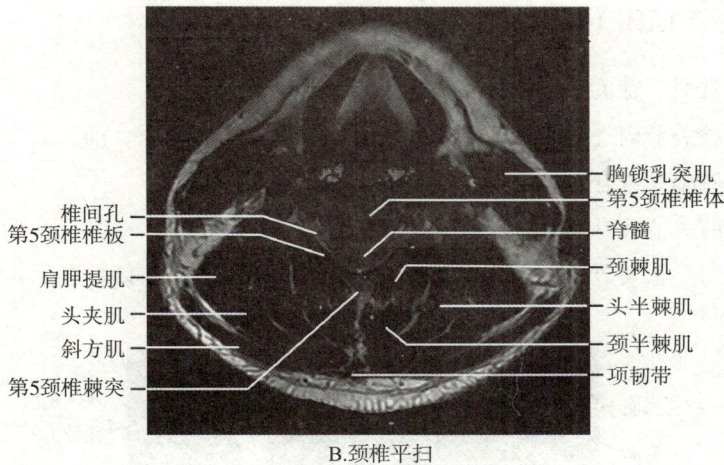

椎间孔
第5颈椎椎板
肩胛提肌
头夹肌
斜方肌
第5颈椎棘突

胸锁乳突肌
第5颈椎椎体
脊髓
颈棘肌
头半棘肌
颈半棘肌
项韧带

B.颈椎平扫

图 4-11　颈椎 MRI 片

二、腰椎 MRI（图 4-12）阅片要点

熟悉掌握正常腰椎影像解剖结构。

1. 注意观察腰椎生理曲度有无变直。

2. 注意观察椎体边缘、小关节有无骨质增生，黄韧带、棘上韧带等周围软组织有无增厚钙化。

3. 注意观察腰椎间盘有无失水退变，有无突出、膨出等，是否卡压神经根、脊髓及周围软组织。

4. 椎间盘内是否有积气或许莫结节形成。

5. 腰椎终板及周围软组织有无病理信号。

NOTE

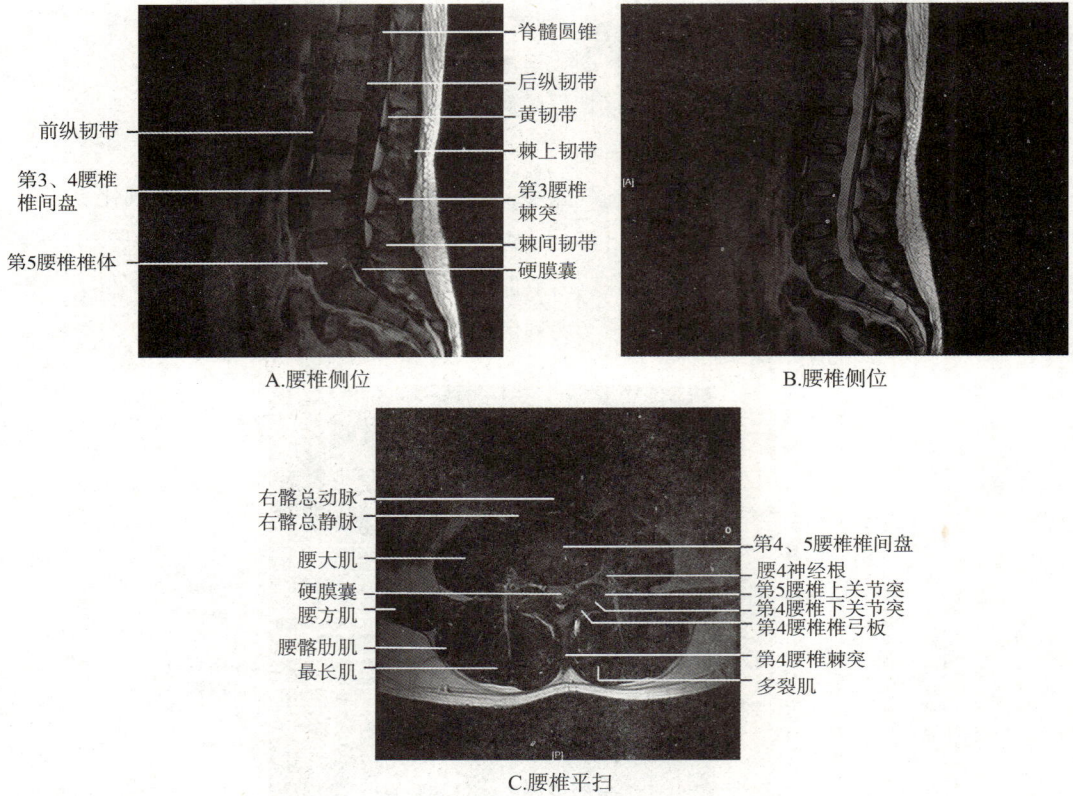

A.腰椎侧位

B.腰椎侧位

前纵韧带

第3、4腰椎
椎间盘

第5腰椎椎体

脊髓圆锥

后纵韧带

黄韧带

棘上韧带

第3腰椎
棘突

棘间韧带

硬膜囊

右髂总动脉
右髂总静脉

腰大肌

硬膜囊
腰方肌

腰髂肋肌
最长肌

第4、5腰椎椎间盘
腰4神经根
第5腰椎上关节突
第4腰椎下关节突
第4腰椎椎弓板
第4腰椎棘突
多裂肌

C.腰椎平扫

图 4-12　腰椎 MRI 片

三、肘、膝关节 MRI（图 4-13）阅片要点

熟悉掌握正常肘、膝关节影像解剖结构。

1. 注意观察膝关节内外侧半月板有无损伤，关节软骨是否光滑，前、后交叉韧带有无水肿撕裂，注意内外侧副韧带有无异常信号。

2. 注意观察肘关节肱骨内外侧髁有无异常信号。

3. 注意观察肘、膝关节内有无关节囊关节积液，关节周围肌肉韧带有无异常信号。

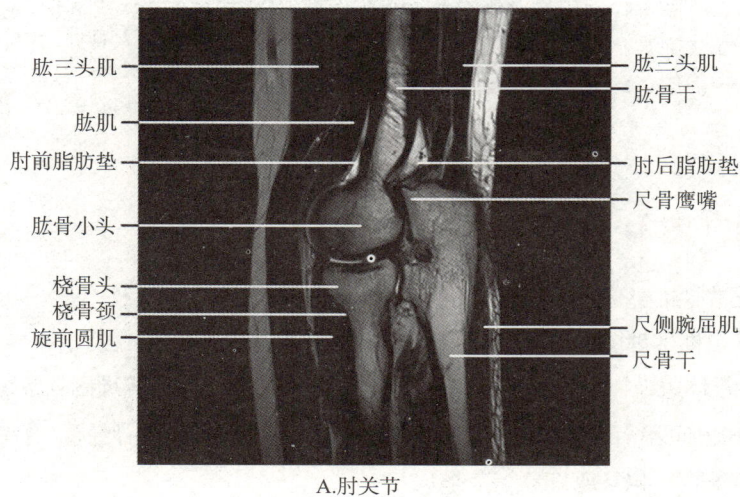

肱三头肌

肱肌

肘前脂肪垫

肱骨小头

桡骨头
桡骨颈
旋前圆肌

肱三头肌
肱骨干

肘后脂肪垫
尺骨鹰嘴

尺侧腕屈肌
尺骨干

A.肘关节

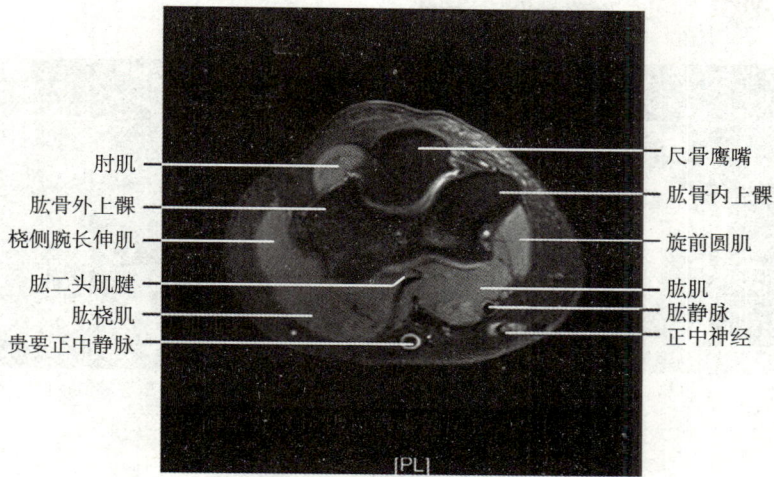

肘肌
肱骨外上髁
桡侧腕长伸肌
肱二头肌腱
肱桡肌
贵要正中静脉

尺骨鹰嘴
肱骨内上髁
旋前圆肌
肱肌
肱静脉
正中神经

[PL]

B.肘关节平扫

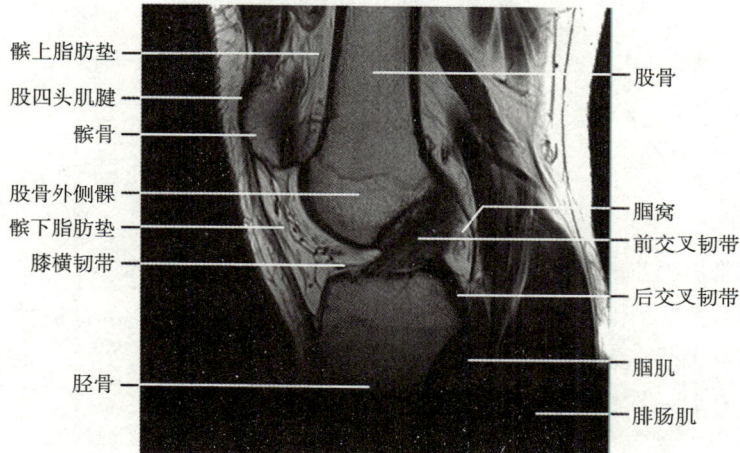

髌上脂肪垫
股四头肌腱
髌骨
股骨外侧髁
髌下脂肪垫
膝横韧带
胫骨

股骨
腘窝
前交叉韧带
后交叉韧带
腘肌
腓肠肌

C.膝关节侧位

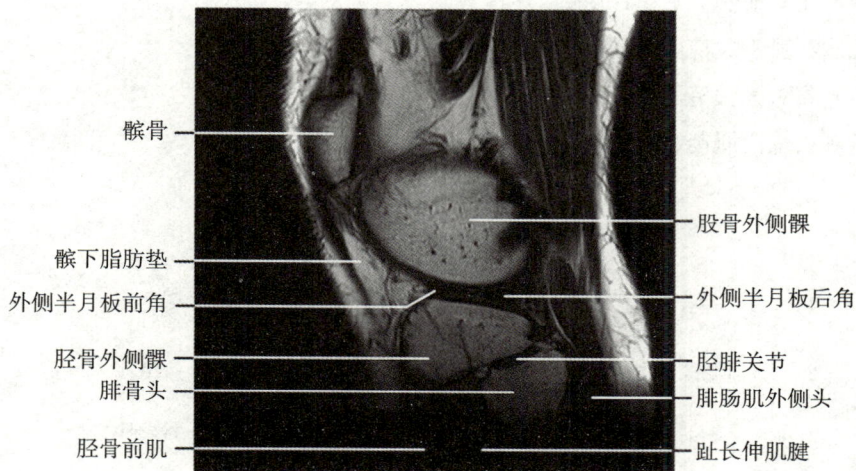

髌骨
髌下脂肪垫
外侧半月板前角
胫骨外侧髁
腓骨头
胫骨前肌

股骨外侧髁
外侧半月板后角
胫腓关节
腓肠肌外侧头
趾长伸肌腱

D.膝关节侧位

图4-13　肘、膝关节 MRI 片

NOTE

四、肩关节 MRI（图 4-14）阅片要点

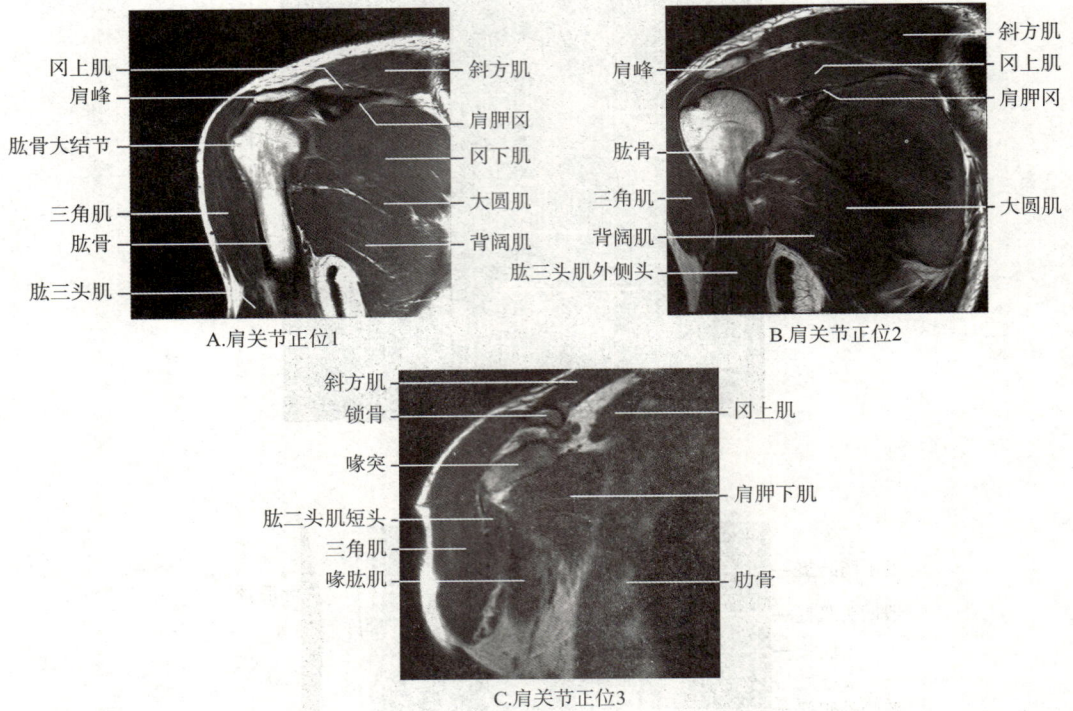

冈上肌
肩峰
肱骨大结节

三角肌
肱骨
肱三头肌

斜方肌
肩胛冈
冈下肌
大圆肌
背阔肌

A.肩关节正位1

肩峰

肱骨

三角肌
背阔肌
肱三头肌外侧头

斜方肌
冈上肌
肩胛冈

大圆肌

B.肩关节正位2

斜方肌
锁骨
喙突

肱二头肌短头
三角肌
喙肱肌

冈上肌

肩胛下肌

肋骨

C.肩关节正位3

图 4-14 肩关节 MRI 片

熟悉掌握正常肩关节影像解剖结构。

1. 注意观察肩关节周围肌肉、韧带、筋膜有无局部充血、水肿及炎性信号。

2. 注意观察肩关节有无骨质增生、硬化，关节软骨损伤。

3. 注意观察有无关节积液。

五、骶髂关节 MRI（图 4-15）阅片要点

熟悉掌握正常骶髂关节影像解剖结构。

1. 注意观察骶髂关节面是否毛糙，关节间隙是否对称有无变窄。

2. 注意观察有无关节面硬化及骨质增生。

3. 注意观察周围肌肉组织有无异常信号。

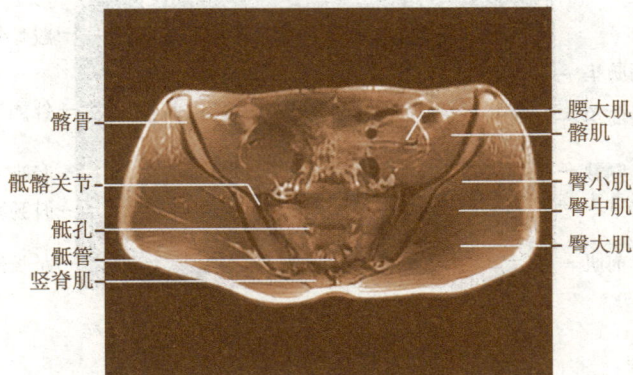

髂骨

骶髂关节

骶孔
骶管
竖脊肌

腰大肌
髂肌

臀小肌
臀中肌

臀大肌

图 4-15 骶髂关节 MRI 片

六、腕、踝关节 MRI（图 4-16）阅片要点

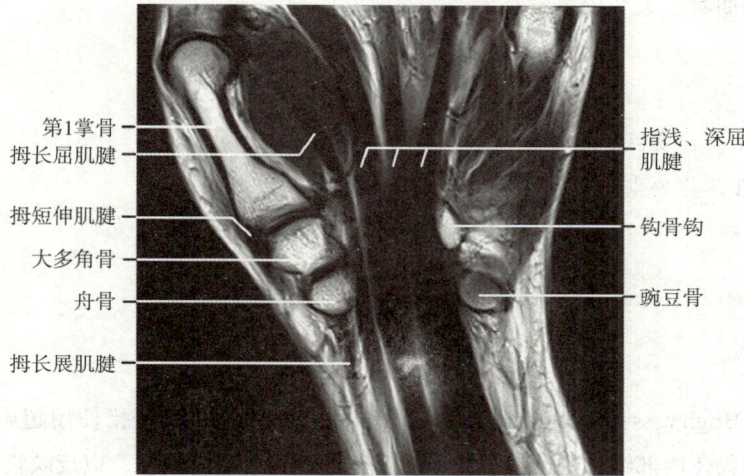

第1掌骨
拇长屈肌腱

拇短伸肌腱
大多角骨
舟骨

拇长展肌腱

指浅、深屈
肌腱

钩骨钩

豌豆骨

A.腕管正位1

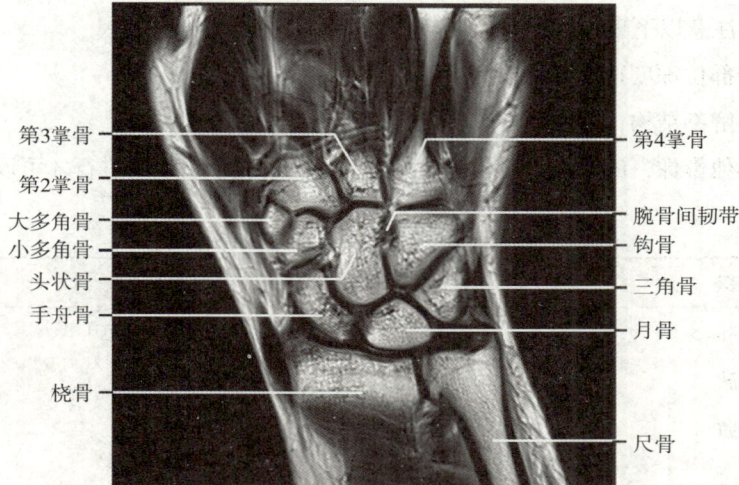

第3掌骨
第2掌骨
大多角骨
小多角骨
头状骨
手舟骨

桡骨

第4掌骨

腕骨间韧带
钩骨
三角骨
月骨

尺骨

B.腕骨正位2

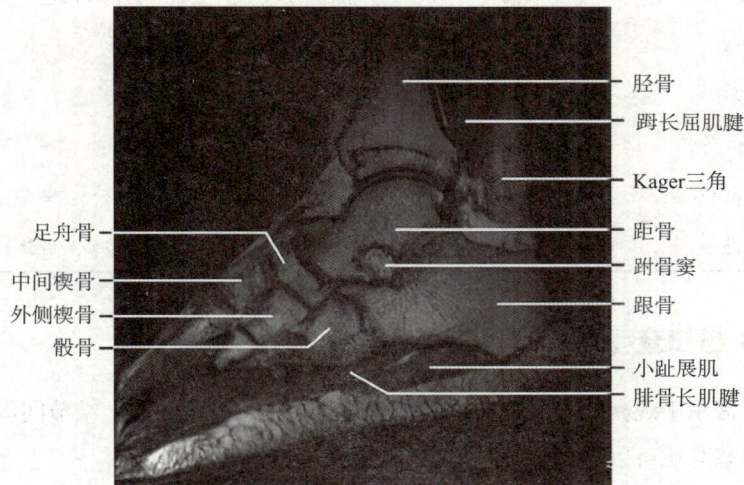

胫骨
姆长屈肌腱

Kager三角

距骨
跗骨窦

跟骨

小趾展肌
腓骨长肌腱

足舟骨

中间楔骨
外侧楔骨
骰骨

C.踝关节侧位

图 4-16　腕、踝关节 MRI 片

NOTE

熟悉掌握正常腕、踝关节影像解剖结构。

1. 注意观察腕、踝关节有无滑膜增厚及关节腔积液。

2. 注意观察肌腱、关节内软骨有无侵蚀及异常信号。

【思考题】

1. 颈椎 MRI 读片要点?

2. 腰椎 MRI 读片要点?

第四节　B 超检查

B 型超声（Brightness-mode Ultrasound），简称 B 超。B 超检查是指使用超声探头发射超声波给物体，记录物体内部结构的回波，将回波进行处理形成灰度图像，以反映物体的内部结构，常见组织在 B 超下的表现见表 4-1。在 B 超引导下针刀松解可以避免损伤周围血管、神经。

B 超扫查应注意以下事项:

1. 根据扫查部位深度选取其恰当频率的探头。

2. 熟悉相关解剖结构，并掌握各解剖结构常见回声表现。

3. 不同于其他影像，B 超扫查需要通过触诊、左右对比、动态的进行才可以准确判断。

表 4-1　针刀医学常见组织 B 超表现

组织	超声成像
静脉	压缩性无回声（黑色）
动脉	搏动性无回声（黑色）
脂肪	低回声（黑色）
筋膜	高回声（白色）
肌肉	低回声及高回声条带（黑色及白色）
肌腱	高回声（白色）
神经	低回声（黑色）
神经内、外膜	高回声（白色）
局麻醉药	无回声（黑色）
骨骼	强回声后伴声影（白亮表面包裹黑暗影）

一、肩前部 B 超扫查（图 4-17）阅片要点

1. 本处扫查常用于观察肱二头肌长头肌腱、肱骨大结节、小结节、结节间沟等解剖结构。

2. 左右、动态对比可以观察结节间沟有无变浅（＜3mm）等。

3. 左右、动态对比肱二头肌长头肌腱有无增粗、挛缩、水肿、断裂，肱骨大小结节有无异常影像表现等。

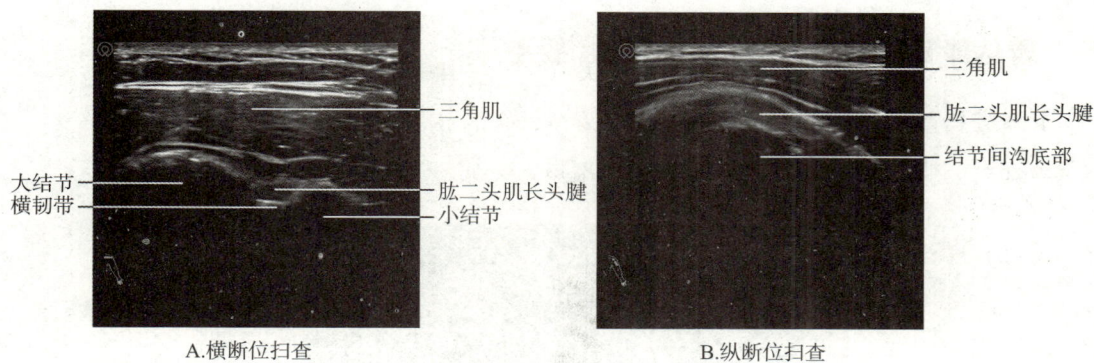

三角肌

肱二头肌长头腱

结节间沟底部

大结节
横韧带

肱二头肌长头腱
小结节

A.横断位扫查

B.纵断位扫查

图 4-17　肩前部 B 超

二、前臂部 B 超扫查（图 4-18）阅片要点

1. 本处扫查常用于观察正中神经、尺神经、桡骨、尺骨及前臂肌群等。

2. 左右、动态对比可以观察相关神经有无卡压、水肿，前臂肌群有无异常影像表现等。

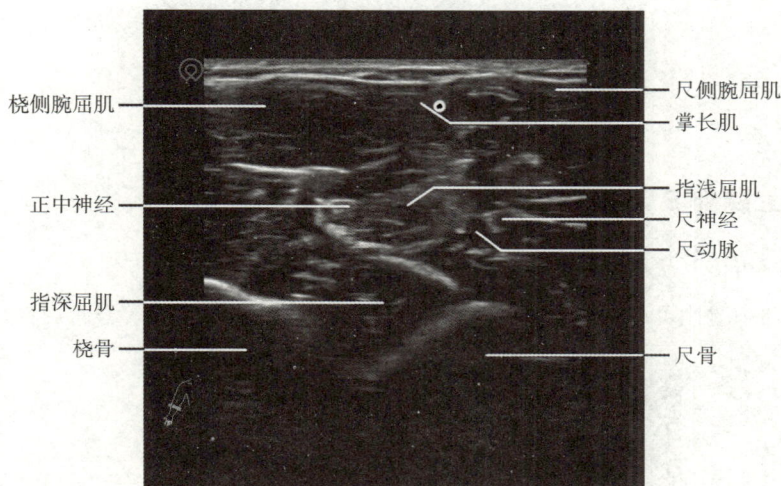

桡侧腕屈肌

尺侧腕屈肌

掌长肌

正中神经

指浅屈肌
尺神经
尺动脉

指深屈肌

桡骨

尺骨

图 4-18　前臂 B 超横断位扫查

三、指关节部 B 超扫查（图 4-19）阅片要点

1. 本处扫查常用于观察指屈肌腱鞘、肌腱、滑车等解剖结构。

2. 左右、动态对比肌腱、滑车有无增粗、水肿等。

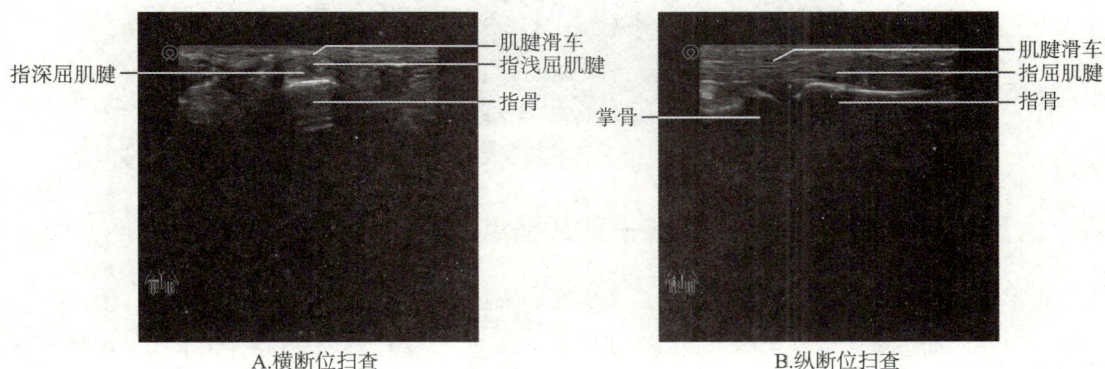

指深屈肌腱

肌腱滑车
指浅屈肌腱
指骨

肌腱滑车
指屈肌腱
指骨

掌骨

A.横断位扫查

B.纵断位扫查

图 4-19　中指 B 超

NOTE

四、臂丛部 B 超扫查（图 4-20）阅片要点

1. 本处扫查常用于观察斜角肌群和臂丛麻醉，故常用横断位扫查。

2. 左右、动态对比可以观察斜角肌有无增粗、挛缩、水肿等。

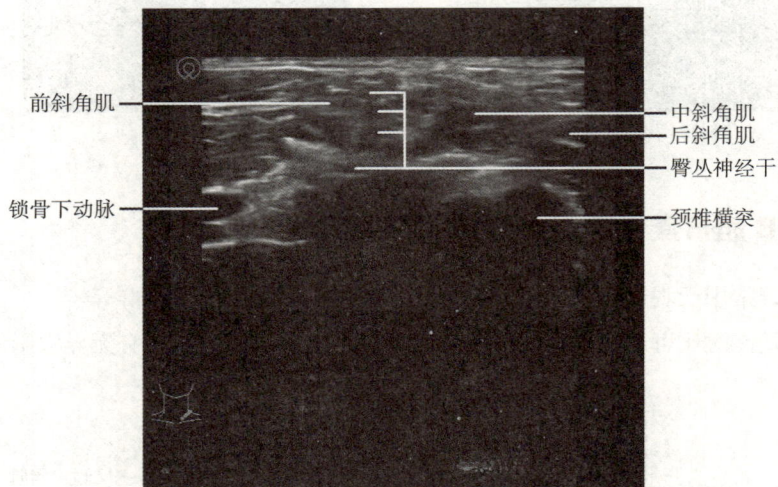

图 4-20　臂丛神经 B 超横断位扫查

五、肱骨外上髁部 B 超扫查（图 4-21）阅片要点

1. 双手呈"祈祷"状横断位扫查更易观察周围组织结构。

2. 左右、动态对比可以观察肱骨外上髁处组织肌肉有无水肿变性等异常影像。

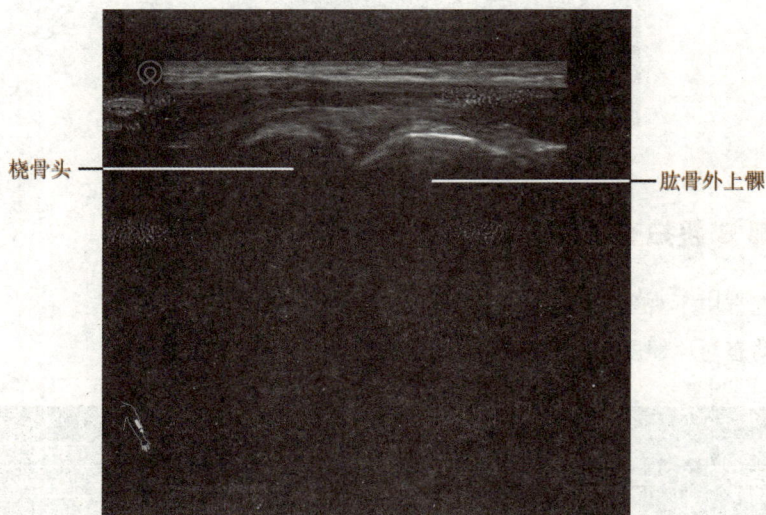

图 4-21　肱骨外上髁部 B 超纵断位扫查

六、大腿后部 B 超扫查（图 4-22）阅片要点

1. 本处扫查常用于坐骨神经、大腿后侧肌群等解剖结构。

2. 左右、动态对比可以观察大腿后侧肌群有无粘连、增粗，坐骨神经有无卡压、水肿等异常影像表现。

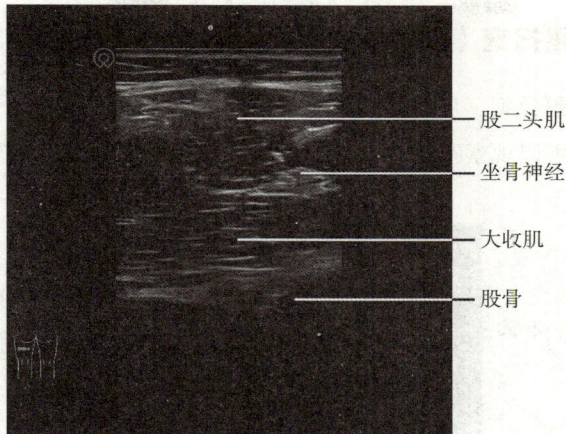

图 4-22　大腿后部 B 超横断位扫查

七、膝关节周围 B 超扫查（图 4-23）阅片要点

1. 扫查膝关节前部使膝关节呈屈曲位更容易观察关节内结构。

2. 左右、动态对比可以观察膝关节周围组织肌肉神经，及特殊解剖结构，如鹅足囊、交叉韧带、滑囊、脂肪垫等有无异常影像。

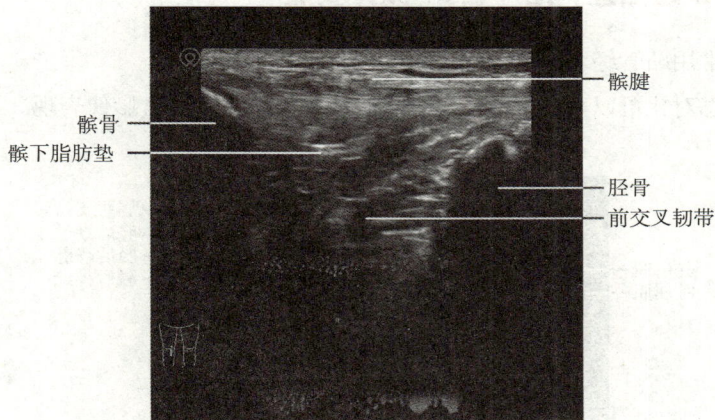

A.膝关节前部B超纵断位扫查

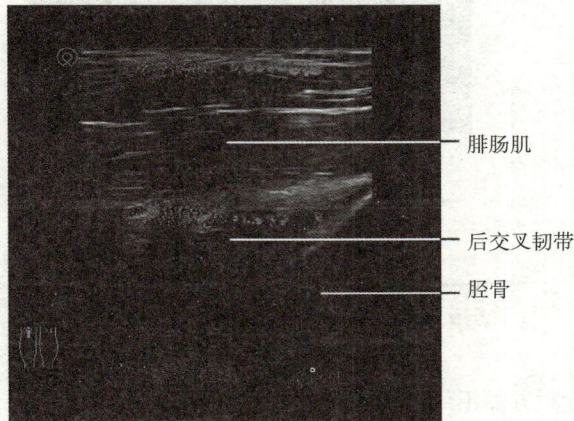

B.膝关节后部B超纵断位扫查

图 4-23　膝关节 B 超扫查

八、跟骨部周围 B 超扫查（图 4-24）阅片要点

1. 本处扫查常用于跟骨刺、足跖筋膜炎、跟腱炎、足跟脂肪垫炎。
2. 左右、动态对比可以观察跟骨、跟腱、足跖筋膜、足跟垫等结构有无异常影像表现。

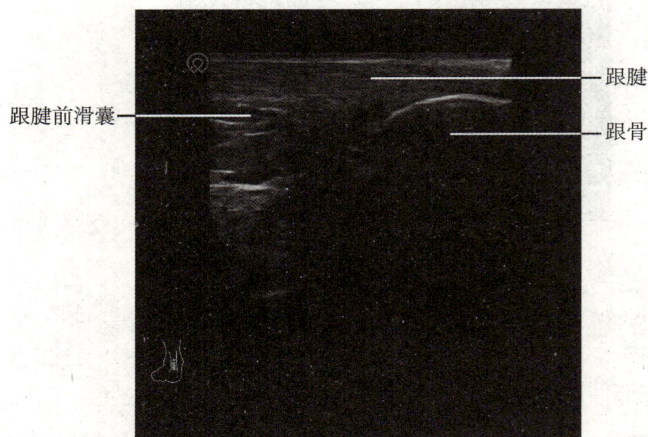

图 4-24　跟腱部 B 超纵断位扫查

九、内踝下部 B 超扫查（图 4-25）阅片要点

1. 本处扫查常用跖管综合征等疾病。
2. 左右、动态对比可以观察屈肌支持带、胫后神经等有无异常影像表现。

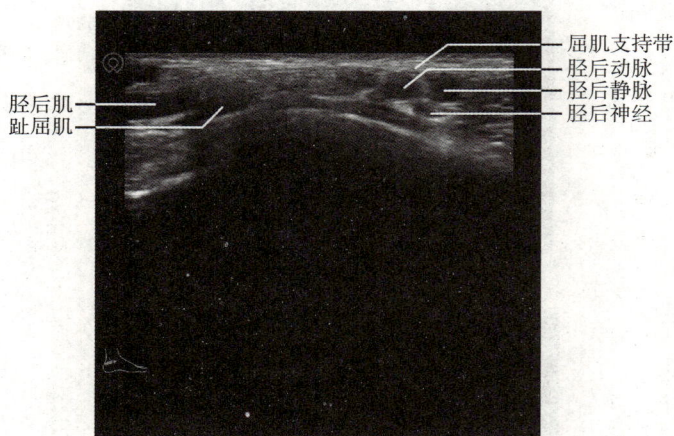

图 4-25　跖管 B 超横断位扫查

第五节　姿态和动作评估

针刀医学在诊断方面不仅参考生化检验、X 线检查、CT 检查、MRI 检查，还根据望、闻、问、切获得的信息从整体上认识与把握疾病。这样既能客观地抓住病因与认识病理病机，又能从宏观整体上认识疾病本质。中医理论强调整体观念和辨证论治，这一理念也同样适用于针刀

医学中对肌肉骨关节疾病的诊治。肌肉骨关节疾病多与运动功能障碍相关，运动功能障碍又与复杂的力学系统、神经控制系统的功能密不可分。任何运动都是一个模式化的运动，都是在神经系统控制下肌肉之间的协同运动，而不是单一的肌肉收缩。任何关节的运动都是诸多系统协调配合才能完成。因运动模式只能存在于大脑之中，所以说大脑在运动中起到一个整合、募集或者是控制与整合的作用。在面对肌肉骨关节疼痛的时候，就要从动作模式去分析、评估及治疗，而不是仅仅着眼于局部的疼痛，或者是孤立的关节运动障碍。针刀诊治同样遵守中医学"急则治标，缓则治本"，"治病必求于本"的治疗原则。对人体姿态与动作的整体运动模式进行评估和分析，找出导致疼痛和功能障碍的根源即为求本。

评估常采用静态观察与功能动作评估等模式，基本依据是区域相互依存（Regional Interdependence）理论与关节间关联（Joint by Joint）理论。研究认为身体某区域的疼痛或功能受限与另一个区域的功能障碍有关。临床常见有颈肩疼痛及其活动受限与胸椎灵活性相关；腰膝疼痛与髋关节功能受限相关。弗拉基米尔－扬达（Vladimir Janda）认为："动作系统是作为一个整体在工作。试图孤立理解动作系统的不同部位的损伤而不是把动作系统的功能理解为一个整体是一个严重的错误做法。"即表面上看似无关的另一个解剖部位的问题可能导致了患者的主诉症状或与症状相关联。因为身体是一个内在联系的有机整体，系统内某个环节的功能障碍会导致相关部位的功能异常。

针刀治疗不应该仅仅针对局部症状进行处理，而应该以去除生物力学上的过度负荷为目标，恢复力学动态平衡。如足踝距下关节过度旋前，会影响到下肢的动力链，会产生膝关节外翻，或者骨盆位置异常等。现在过度静态工作的模式，使中胸段胸椎的灵活性受限，导致盂肱关节的功能失调、颈椎的活动受限，甚至呼吸模式改变。因此找出导致疼痛的关键环节非常重要，对全局模式的评估分析非常关键。

肢体疼痛或关节功能障碍由不同原因引起，有结构性、功能性及生物化学性之分，就病理机制而言，结构（机械）、功能、生物化学三者有联系，也有不同，因此需要做相应的临床检查与功能动作评估以确定治疗方法。如结构性问题，骨关节退变、椎间盘病变及组织的延展性受限、椎体排列紊乱等，可以采用针刀治疗、整脊治疗、手法牵伸、关节松动术、肌筋膜链的手法、牵引等方法。功能性问题，即疼痛或关节功能障碍是因为关节控制和稳定出现障碍或缺陷，就不能用结构性问题的治疗方法进行干预，应该进行功能性训练，如核心稳定性训练、灵活性训练等。如果出现炎症反应，就需要用药物、理疗、中药内服或外敷等方法进行干预。骨错缝、筋出槽需要手法调整；组织延展性和关节活动受限，需进行牵伸及手法、关节松动术等治疗。功能性问题，不能用药物、手术、微创进行干预，以免产生医源性损伤。

一、姿态评估

人体姿态指保持身体的方式。它是指全身各肌肉和关节在静态或动态动作上的结构性联结。姿态评估可分两种，即静态评估与动态评估。静态评估是观察身体各部分于某一位置时的排列；动态评估是观察身体各部分于运动时的排列。姿态评估能反映出肌肉的长度与张力，以及肢体节段和关节的排列状态。理想姿态是身体各个部分之间保持平衡协调的状态，以此保证人体处于合适的生物力学状态，并发挥最佳效能。评估时以快速而有效的方法进行姿态观察，患者尽量穿内衣裤、赤足，女性患者着普通内衣即可，无需着紧身运动衣，以免影响观察。患者在自然、放松的状态下保持姿势；医师于患者正面、侧面及背面进行观察。

（一）标准姿势观察

1. 正面观（图4-26） 重力线通过面颊中央，经过前额、鼻尖、下颏，过胸骨柄、胸骨、剑突、肚脐及耻骨联合，距离两腿、两膝、两踝等距。

头面部：中立位，无旋转或倾斜。

肩峰与锁骨：两侧肩峰与锁骨等高对称。

肚脐：无左右偏移。

骨盆：髂前上棘等高与重力线等距。

股骨：股骨无明显内旋或外旋。

膝关节：髌骨朝向正前方且等高，胫骨对称无明显旋转，下肢肌肉形状与体积相近。

踝关节：双侧内踝等高，脚掌微外旋。

2. 侧面观（图4-27） 重力线通过乳突中央、肩峰、第2骶椎、股骨大转子、髌骨、踝关节前3~4cm。

头面部：中立位，无前倾或后仰，下颏无前伸或后缩。

图4-26 标准姿势（正面观）

颈椎：正常曲度，轻微前屈。

肩胛骨：平贴上背部，无内旋或外旋。

胸椎：正常曲度，无后凸太过或平坦。

腰椎：正常曲度，无前凸太过或平背。

骨盆：中立位，髂前上棘和耻骨联合处于同一垂直平面上，双臀及大腿肌肉形状与体积相近。

髋膝关节：中立位，无过度屈曲或伸展。

踝关节：中立位，腿部与地面成90°角。

3. 背面观（图4-28） 重力线穿过头颅与颈胸腰骶正中央。

头部：中立位，无侧倾，无扭转。

肩部：中立位，无耸肩，无塌肩，两侧对称。

肩胛骨：中立位，内侧缘基本平行，距脊柱3.8~5cm，肩胛骨平贴肋廓，无明显前倾；双侧肩胛骨下角等高，无明显翘起、下压或旋转。

手臂：手臂自然下垂，距两侧胁肋等宽，双侧手肘手腕等高。

胸腰椎：上下成一条直线。

骨盆：两侧髂后上棘等高，距重力线距离相等。

髋关节：中立位，双侧股骨大转子等高，臀下线相似且等高。

下肢：成一条直线，无膝内翻或外翻，双侧腓肠肌形状及大小相似。

足踝：内外踝等高，跟骨及跟腱无偏斜，脚掌微外旋。

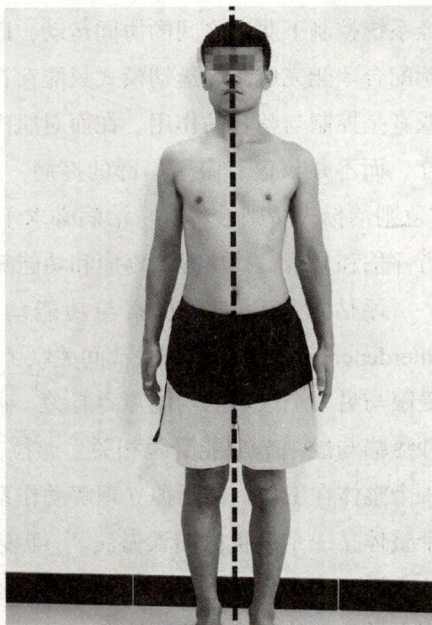

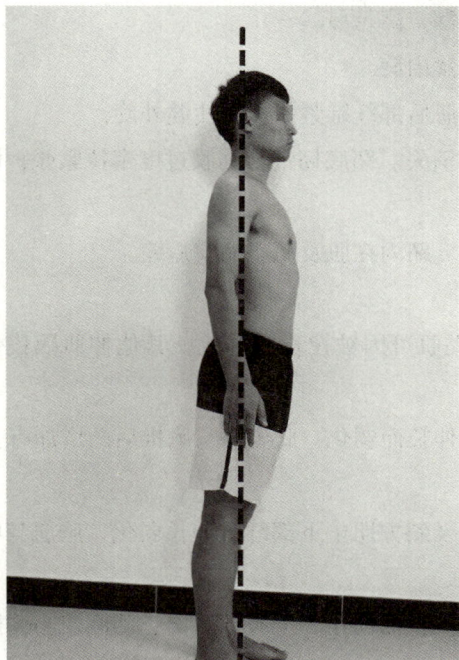

图 4-27　标准姿势（侧面观）　　　　图 4-28　标准姿势（背面观）

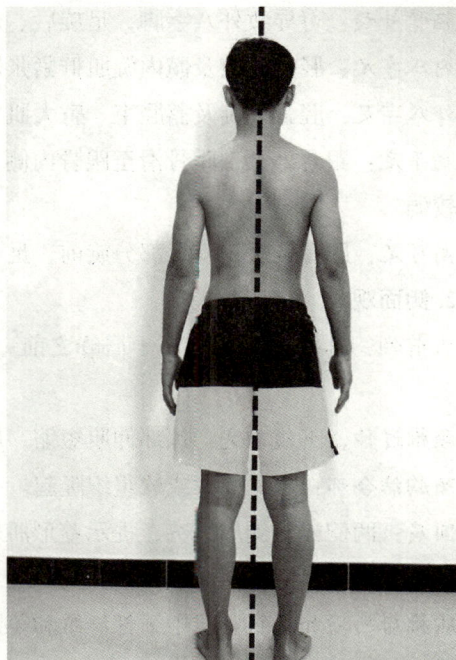

（二）不良姿势评估

1. 正面观

头面部：望神观色，察看有无口面㖞斜、肌肉瘘废、面肌抽搐。

头颈位置：观察鼻子是否位于中线，能否与胸骨柄及剑突连成一条直线。胸锁乳突肌、斜角肌、斜方肌上部是否明显突出。

锁骨位置：锁骨应从胸锁关节微微上扬至肩锁关节。察看两侧是否对称，胸锁关节有无凸起。

圆肩：可见肩内旋，手臂内旋，会观察到较多的手背表面。此姿势与驼背姿势有关，提示胸肌、肱骨内旋肌群紧张，易导致肱二头肌长头腱的挤压。

胸腹部：观察胸腹部与颈、骨盆是否对应，有无偏斜及旋转。观察肚脐是否居中，若居右提示左侧腰大肌短缩，若居左提示右侧腰大肌短缩。

骨盆：骨盆向左侧旋转可导致左足内翻、足外侧压力增加、旋后增加，右足旋前增加。骨盆向右侧旋转可导致右足内翻、足外侧压力增加、旋后增加，左足旋前增加。

膝外翻：髂胫束与股二头肌短缩，股薄肌、半腱肌、半膜肌拉长。膝关节外侧压力增加。

膝内翻：髂胫束与股二头肌拉长，股薄肌、半腱肌、半膜肌短缩。膝关节内侧压力增加。

髌骨位置：髌骨应位于膝关节正前方。髌骨位置偏外提示髌骨外侧支持带紧张或髂胫束、股外侧肌肉紧张；位置偏内提示髌骨内侧支持带紧张或股内侧肌群紧张。若膝过伸，髌骨通常会下移与股骨相互挤压，出现膝前疼痛，或刺激髌下脂肪垫导致髌下脂肪垫炎。

Q 角：是描述骨盆与大腿及小腿间的关系，即髌骨中心到髂前上棘连线与髌骨中心到胫骨粗隆连线之间的夹角，正常为 15°～20°，女性较男性大。Q 角过大会导致髌骨滑动轨迹向外侧偏移引发软骨退变。

胫骨内旋：可导致内八字脚、足旋前、足跟外翻、足弓降低。

胫骨外旋：可导致外八字脚，足旋后、足跟内翻、高足弓。

内八字足：胫骨内旋及髋内旋肌群紧张短缩使髋内旋。

外八字足：胫骨外旋及髂胫束、臀大肌、臀中肌后部纤维紧张短缩使髋外旋。

扁平足：跟骨外翻，距骨滑至跟骨内侧，足弓消失。跖底韧带与筋膜过度牵拉紧张，跖内在肌较弱。

高弓足：跟骨旋后，其余部分旋前，足弓升高。跖内在肌及跖底筋膜短缩。

2. 侧面观

头前倾：耳垂的重垂线落于肩峰之前。肩胛提肌可因被拉长而弱化，其他伸肌因代偿而紧张。

颈椎过伸，下颔前突：颈部伸肌短缩，屈肌因伸长而弱化。此姿势与胸椎后凸增加有关。

颈胸结合部：可见驼背或软组织隆起。

圆肩：两侧或一侧肩前突，提示菱形肌较弱以及斜方肌中下部纤维伸长弱化，胸肌与肋间肌短缩。

胸椎后凸增加：斜方肌中下部纤维和菱形肌因拉长而弱化，上腹部肌肉、肋间肌与胸肌紧张短缩。

腹部突出：腰椎前凸增加或骨盆前倾。

腰椎前凸增加：提示骨盆前倾，腰部竖脊肌紧张或屈髋肌紧张，腹直肌和髋伸肌因拉长而弱化。

腰椎平直，生理曲度减少：提示骨盆后倾，或髋伸肌短缩，髋屈肌拉长而弱化，或多裂肌被抑制而失活。

骨盆前倾：髂前上棘在耻骨联合之前。腰椎前凸增加，腹部突出，腰部竖脊肌紧张，腹直肌和髋伸肌拉长弱化。

骨盆后倾：髂前上棘在耻骨联合之后。腰椎前凸减少而变得平直，髋伸肌紧张，髋屈肌被拉长。

膝关节屈曲：腘绳肌、腘肌紧张短缩或由于髋关节屈曲所造成。股四头肌与比目鱼肌拉长。膝关节前方结构的压力增加。

膝关节过伸：股四头肌短缩，腓肠肌伸长，髋关节过伸，踝关节背屈减少，膝关节后关节囊因拉伸而紧张，髌骨股骨关节面易损伤及退变。

踝关节背屈增加：伴有髋膝关节屈曲，胫前肌紧张短缩。可表现有踝关节疼痛和退变。

踝关节背屈减少：与膝关节前方压力增加、股四头肌短缩及距上关节活动受限有关。

3. 背面观

头颈倾斜：倾斜侧的肩胛提肌、胸锁乳突肌、斜角肌和斜方肌上部紧张。

头颈旋转：胸锁乳突肌、棘肌、半棘肌使头颈旋转至对侧；头前直肌、头下斜肌、头后大直肌、头夹肌、颈夹肌使头颈旋转至同侧。

肩不等高或耸肩：肩胛提肌和斜方肌上部紧张短缩一侧的肩会高于另一侧，若两侧都短缩会表现为耸肩。

两侧肌肉体积不等大：肌肉不对称需区分生理学运动不对称所导致，还是病理性的肌肉萎缩。

肩胛骨内收及外展：肩胛骨外展或称前突通常伴随有菱形肌和斜方肌下部肌纤维伸长或较弱。肩胛骨内收或称后缩常见于军姿。

肩胛骨旋转：肩胛骨向上旋转时，肩胛内缘和下角外展远离胸椎，大菱形肌、斜方肌下部伸长，斜方肌上部、肩胛提肌及小菱形肌缩短。肩胛骨向下旋转时，肩胛内缘及下角内收靠近胸椎，斜方肌下部和大菱形肌缩短，斜方肌中、上部纤维、小菱形肌及肩胛提肌伸长。

翼状肩胛：肩胛骨内侧缘翘起，提示胸长神经受损或前锯肌无力。

脊柱侧弯：触诊棘突，观察有无偏移或其连线是否与重力线重叠。

胸廓：观察颈、胸廓与骨盆三者相对位置是否正常，胸廓有无旋转或偏移。躯干右旋是右侧腹内斜肌与左侧的腹外斜肌、腰大肌、腰部竖脊肌、半棘肌、多裂肌、回旋肌收缩；躯干左旋是左侧腹内斜肌与右侧的腹外斜肌、腰大肌、腰部竖脊肌、半棘肌、多裂肌、回旋肌收缩。

上肢与胁肋间的空间：空间较大一侧的上肢有外展，此侧的冈上肌或（和）三角肌较对侧短。或是由于脊柱侧弯。

手肘位置：上肢过度内旋提示肩胛下肌、胸大肌、大圆肌紧张短缩。看到手掌的范围越大提示肱骨内旋越大。

胁肋部皮肤皱褶：躯干侧向皱褶深的一侧腰方肌或腰部竖脊肌缩短紧张或骨盆上抬。

骨盆倾斜：抬高侧腰方肌、竖脊肌、内收肌缩短，对侧髋的外展肌群缩短。

髂后上棘：脊柱弯向高的一侧，高的一侧髂骨旋前。

臀线：臀线高的一侧骨盆抬升。

膝内翻和膝外翻：O形腿提示膝内翻，X形腿提示膝外翻。

腘窝凸起：提示膝过伸或滑囊炎。

小腿中线内移或外移：腘横纹中点与跟腱的连线为小腿中线。中线内移提示髋关节外旋或胫骨外旋或兼有，也提示髋外旋肌群（臀大肌、臀中肌后部纤维、梨状肌、闭孔肌、上孖肌、下孖肌、腰大肌、缝匠肌）紧张；中线外移提示髋关节内旋或胫骨内旋或兼有，也提示髋内旋肌群（臀小肌、臀中肌前部纤维、内收肌群、耻骨肌、股薄肌）紧张。

足外翻：足旋前位。外踝高，内踝低，多由足内侧承重。提示足旋后肌群（小腿三头肌、胫后肌、胫前肌、蹈长屈肌、趾长屈肌）弱。

足内翻：足旋后位。外踝低，内踝高，多由足外侧承重。提示足旋前肌群（腓骨长短肌、趾长伸肌、蹈长伸肌）弱。

二、肌肉失衡评估

神经控制系统与肌肉骨骼系统之间的失调是产生肌肉骨骼疼痛的基本原因之一。肌肉受神经系统与肌肉骨骼的牵拉生物力学系统的双重调控。这一整体系统的任一结构或功能出现问题，都会对肌肉系统造成影响，产生肌张力、肌力、肌肉耐力、平衡性、协调性及肌容积的变化。肌肉失衡是肌肉功能障碍的系统表现，是肌肉长度或力量的不均衡，或张力高低的失衡。肌肉失衡引发运动模式的改变，以及身体异常适应性的改变，导致关节应力变化，产生关节疼痛及功能障碍和退变。肌肉失衡是机体对肌张力增高而产生的整体反应，不是单个肌肉的个别行为。其主要发生在易紧张短缩的肌肉与易被抑制的肌肉之间，并且一般累及所有肌肉系统。

（表4-2）

NOTE

表 4-2　肌肉失衡表现

易表现短缩或痉挛的肌肉	易表现无力或抑制的肌肉
上肢屈肌	上肢伸肌
颈深部短肌	斜角肌
胸锁乳突肌	颈长肌
胸大肌	头长肌
斜方肌上部	前锯肌
梨状肌	斜方肌中下部
腰方肌	腹壁肌肉
竖脊肌	臀大肌
腘绳肌	臀中肌
内收肌	臀小肌
腰大肌	股内侧肌
髂肌	胫前肌
阔筋膜张肌	
腓肠肌	

　　Vladimir Janda（1928~2002）针对肌肉失衡问题提出了 3 个著名的综合征，即上交叉综合征（Upper Crossed Syndrome）（图 4-29）、下交叉综合征（Lower Crossed Syndrome）（图 4-30）和分层综合征（图 4-31）。分层综合征是上交叉综合征与下交叉综合征共有的表现。患者出现特定的运动调节障碍，且功能障碍长期存在，并随时间延长而加重。其预后较单纯的上交叉综合征与下交叉综合征差。分层综合征常见于老年人和椎间盘手术效果不理想的患者。每个综合征各有不同姿势表现和临床特征，对治疗和训练有重要指导意义，见表 4-3。

表 4-3　肌肉失衡综合征

	上交叉综合征	下交叉综合征
易紧张的肌肉	斜方肌上部 胸肌	竖脊肌 髂腰肌
易无力的肌肉	颈深屈肌 斜方肌下部 前锯肌	臀肌 腹肌
姿势表现	头前倾 耸肩 圆肩	骨盆前倾 髋屈曲增加 腰前凸增加

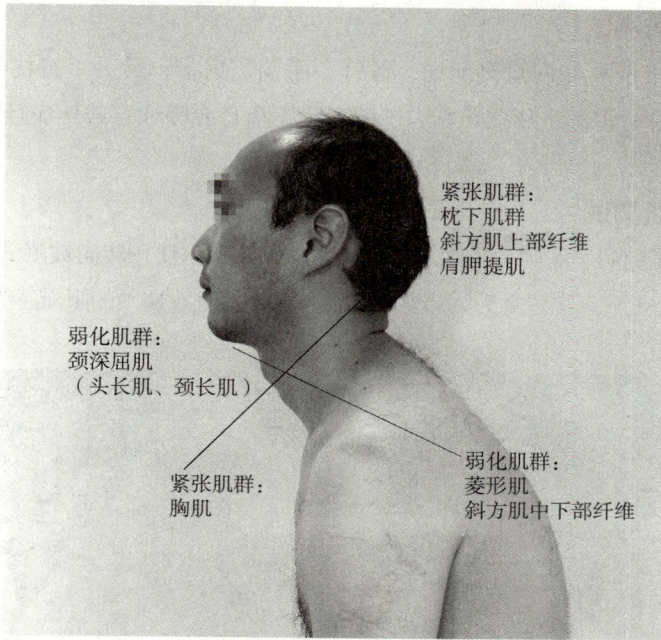

紧张肌群：
枕下肌群
斜方肌上部纤维
肩胛提肌

弱化肌群：
颈深屈肌
（头长肌、颈长肌）

紧张肌群：
胸肌

弱化肌群：
菱形肌
斜方肌中下部纤维

图 4-29　上交叉综合征

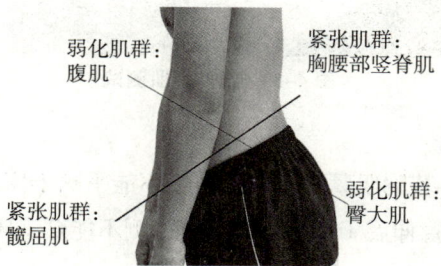

弱化肌群：
腹肌

紧张肌群：
胸腰部竖脊肌

紧张肌群：
髋屈肌

弱化肌群：
臀大肌

图 4-30　下交叉综合征

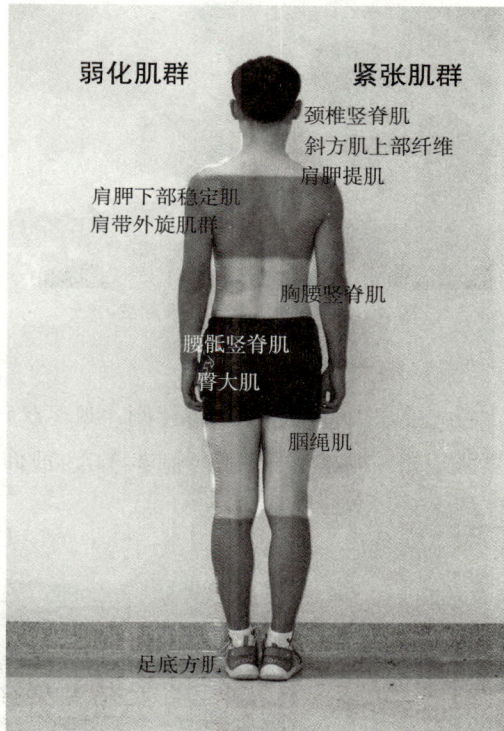

弱化肌群　　　　　紧张肌群

颈椎竖脊肌
斜方肌上部纤维
肩胛提肌

肩胛下部稳定肌
肩带外旋肌群

胸腰竖脊肌

腰骶竖脊肌
臀大肌

腘绳肌

足底方肌

图 4-31　分层综合征

　　肌肉失衡评估就是通过在做被动动作时评估其阻力与末端感觉，来评估肌肉长度与张力。正常情况下在推拉动作末端可感觉有轻微的阻力。若肌肉伸展受限，在被动动作末端有明显的阻力和疼痛。评估时须两侧对比。

NOTE

（一）上斜方肌测试

患者仰卧，颈椎前屈并向对侧侧屈，医师一手固定肩带，另一手置枕部使颈转向被测试侧，然后手掌在肩胛骨上缘下压。正常末端感觉为无痛且有弹性；若疼痛且有僵硬的阻滞感为紧张。（图 4-32）

（二）肩胛提肌测试

患者仰卧，颈椎前屈，医师一手固定肩带，另一手置枕部使颈转向被测试侧对侧，然后手掌在肩胛骨上缘下压。正常末端感觉为无痛且有弹性；若疼痛且有僵硬的阻滞感为紧张。（图 4-33）

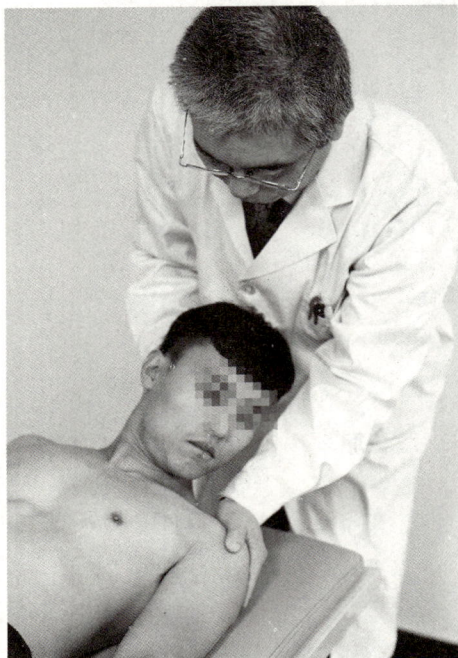

图 4-32　斜方肌上部纤维测试

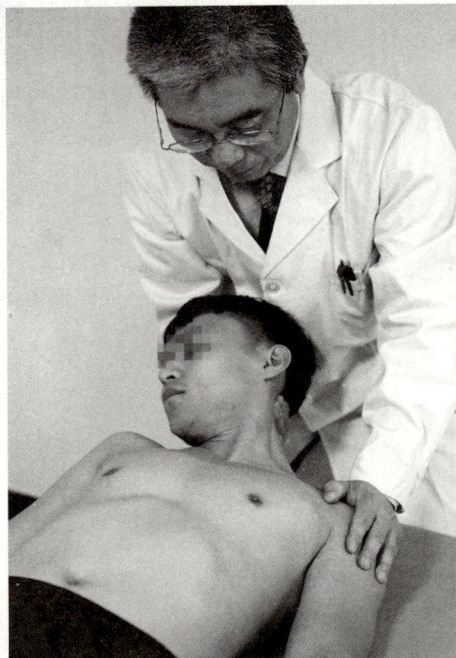

图 4-33　肩胛提肌测试

（三）胸大肌测试

首先使患者仰卧，双臂置体侧，观察双肩高低，若胸肌紧张短缩则肩带不能平贴于床面，或紧张短缩一侧高于另一侧（图 4-34）。或仰卧位双臂伸展于头上，紧张短缩侧不能贴于床面（图 4-35）。

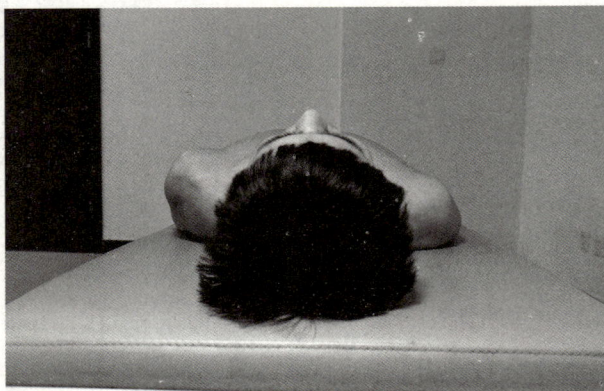

图 4-34　左侧胸肌紧张短缩

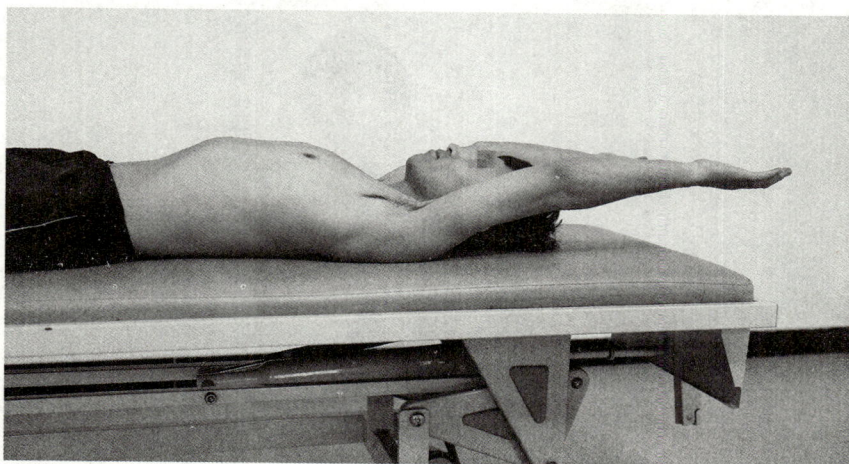

图 4-35 胸肌紧张短缩

然后测试胸肌不同部位肌肉纤维的张力。具体操作方法是固定胸廓，触摸肌肉张力。

1. 胸大肌锁骨部纤维 患者上肢外展，触诊锁骨下区域。正常末端感觉为无痛且有弹性；若疼痛且有僵硬的阻滞感为紧张。（图 4-36）

2. 胸大肌胸骨部纤维 患者屈肘，上肢外展 90°外旋，手臂处于躯干水平面下 30°。触诊胸大肌肌腱，正常末端感觉为无痛且有弹性；若疼痛且有僵硬的阻滞感为紧张。（图 4-37）

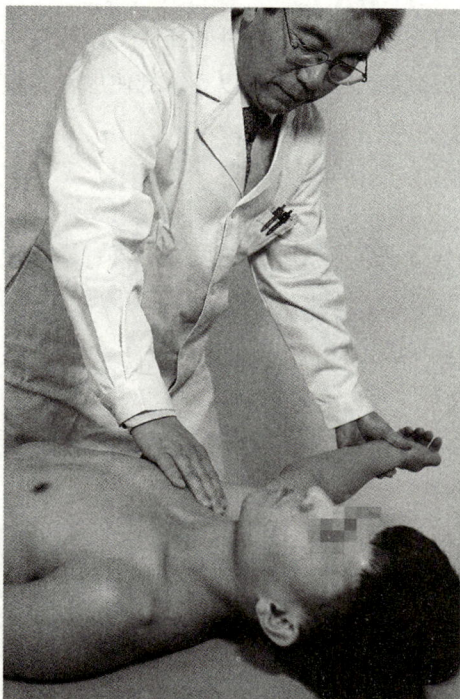

图 4-36 胸大肌锁骨部纤维测试

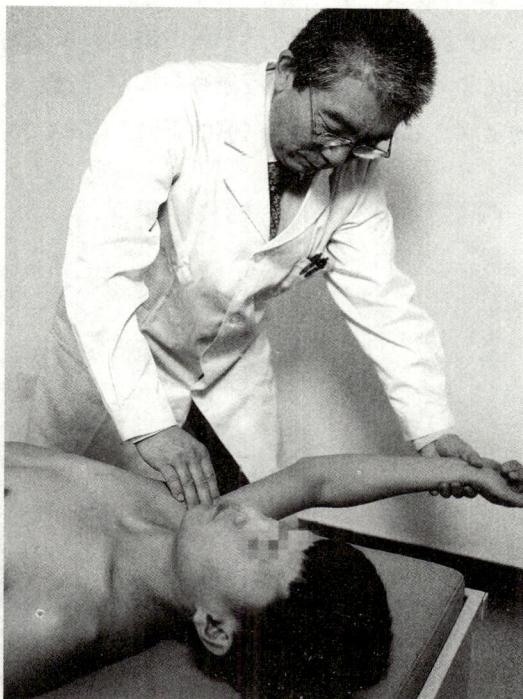

图 4-37 胸大肌胸骨部纤维测试

3. 胸大肌腹肋部纤维 患者上肢外展 150°并外旋，手臂处于躯干水平面下 10°~15°。触诊胸大肌肌腹，正常末端感觉为无痛且有弹性；若疼痛且有僵硬的阻滞感为紧张。（图 4-38）

NOTE

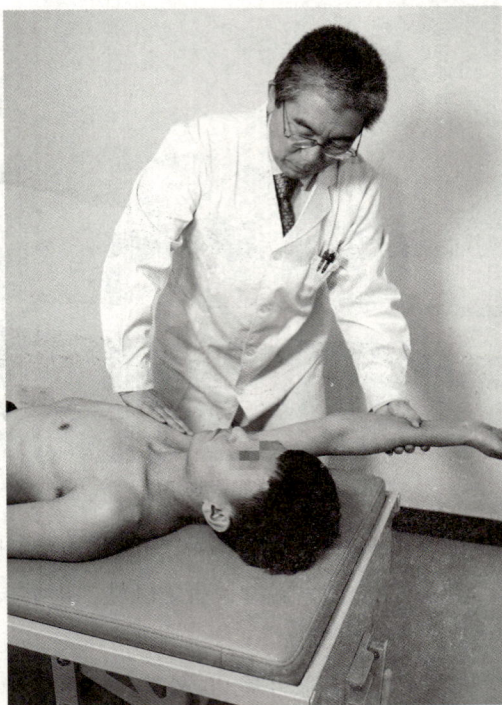

图 4-38　胸大肌腹肋部纤维测试

（四）改良 Thomas 测试

　　患者以坐骨结节刚好坐在床的边缘，保持坐骨结节在此位置不动仰卧躺在床上，同时以双手抱住非测试侧的膝盖屈髋屈膝并固定骨盆，或患者屈髋屈膝后。医师以身体抵住患者非测试侧的足底。然后观察被测试侧的下肢。（图 4-39）

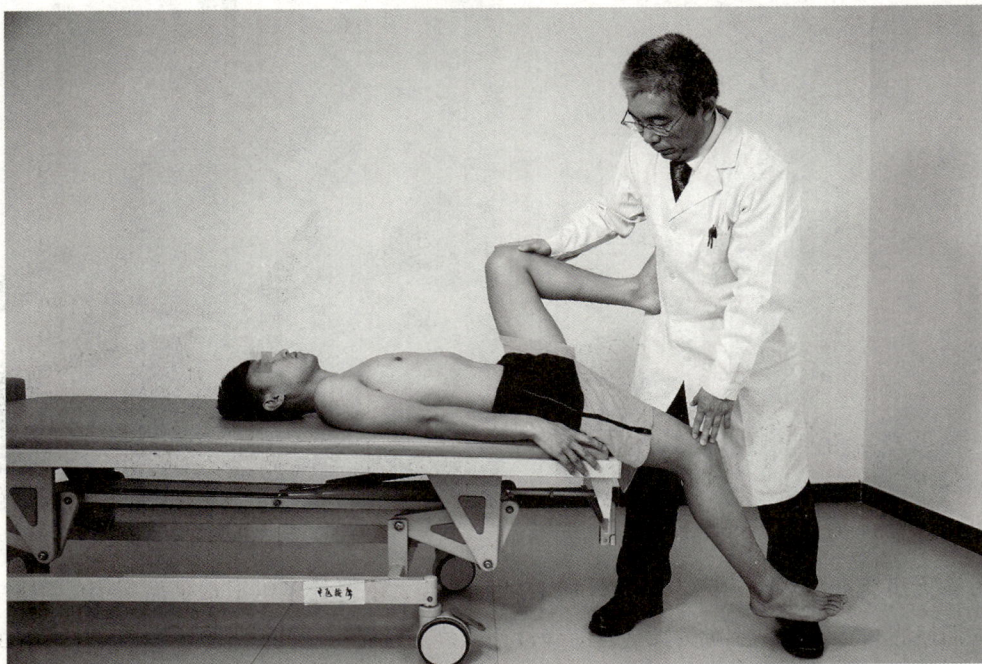

图 4-39　改良 Thomas 测试

1.髂腰肌　正常状态，大腿不离开床面，末端感觉无痛且有弹性。若大腿离开床面，末端感觉疼痛且有僵硬的阻滞感为髂腰肌紧张。

2. 股直肌　正常状态，膝关节角度小于90°，膝关节被动屈曲可达125°，末端感觉为无痛且有弹性；若膝关节角度大于90°，末端感觉疼痛且有僵硬的阻滞感为股直肌紧张。

3. 阔筋膜张肌、髂胫束　髋外展0°，髋关节被动内收可达15°～20°。正常末端感觉为无痛且有弹性；若疼痛且有僵硬的阻滞感为紧张。

4. 髋内收肌群　髋外展0°，髋关节被动外展20°～25°。正常末端感觉为无痛且有弹性；若疼痛且有僵硬的阻滞感为紧张。

（五）腘绳肌测试

患者仰卧，医师将患者足跟置于其肘部，前臂放于胫骨下。触诊髂前上棘以检测骨盆运动，控制骨盆与脊柱旋转。将腿抬高直至膝弯曲、骨盆移动或末端感觉出现。在对侧膝伸直状态下可抬高80°，屈曲状态下可抬高90°。（图4-40）

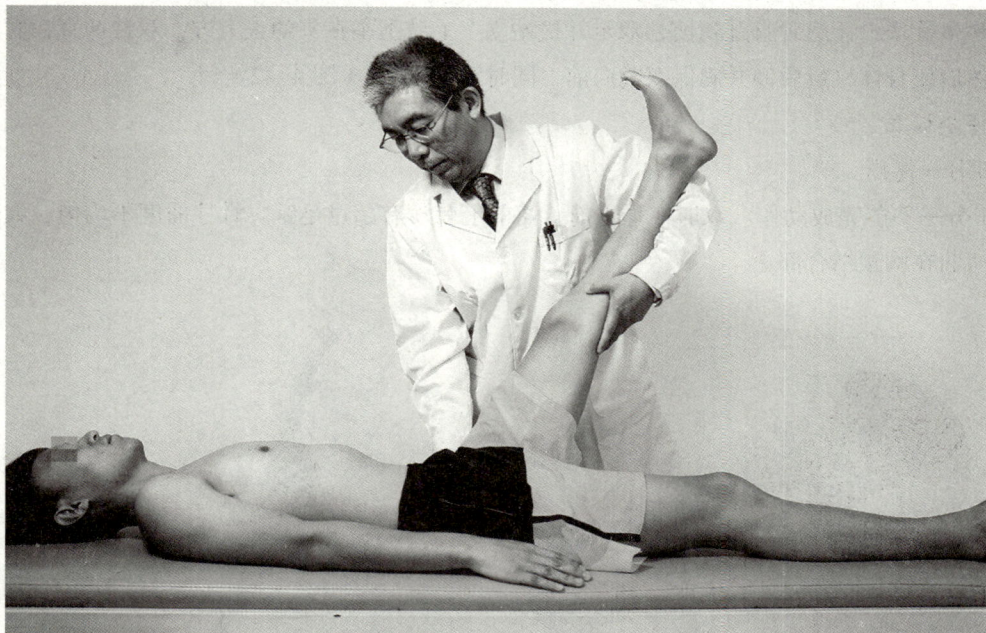

图4-40　腘绳肌测试

三、功能动作评估

人的基本功能动作无外乎呼吸及站立状态下的前屈、后伸、旋转，以及单腿支撑下的各种功能活动。功能动作评估的设计就是使用基本身体动作来观察患者最自然的功能动作模式。在动作模式测试中，因为要测试出患者在执行某个动作时的习惯方式，所以要尽量少给提示。如果提示太多，测试出的就会是患者学做正确动作的能力，而不是他们习惯的动作模式反应。每项测试都要记录有无疼痛出现及最低得分，出现不对称也要记录下来。康复训练首先要解决疼痛与动作的不对称，然后提高功能动作评分。

（一）站立位功能动作测试

1. 站立位前屈测试　该测试用于观察髋关节、脊柱屈曲和下背部肌肉的功能活动。

评估方法：双脚朝前站立，膝伸直，身体前屈手指触碰足尖。正常可轻松触碰到足尖并还

NOTE

原到站立姿势。活动度高者手掌可触地，活动性低者摸不到足尖。若有疼痛等症出现，可找到激发、增强或将症状外周化的动作或姿势。检查脊柱曲度有无平直、旋转、偏斜。（图4-41）

评分标准

0分——疼痛。

1分——不能完成动作。活动度很小。不能触碰到足趾，骶骨屈曲度小于70°，腰胸椎棘突曲度平直，大部分脊柱屈曲在胸腰结合部。

2分——能完成动作，但有代偿。活动度较小，或有高活动度表现。

3分——能够完成动作，无代偿。手指能触碰到足趾且有良好的后部重心转移，连贯的脊柱曲线，骶骨屈曲度大于70°，无过分用力或对称性或动作控制缺陷。

功能障碍产生的原因：脊柱和髋关节屈曲受限，腘绳肌张力不足或处于保护状态，缺乏核心稳定及脊柱和髋关节承重时的稳定性，触碰足趾模式功能动作失调。

2. 站立位后伸测试   测试在双上肢上举过头时肩关节、髋关节和脊柱的正常伸展能力。

评估方法：让患者脚趾朝前，双足并拢站立。上肢上举在头的正上方，双臂伸直，肘耳一线。然后使身体尽量后仰并确保双髋向前，同时双臂向后。（图4-42）

评分标准

0分——疼痛。

1分——不能完成动作。双肘在耳之前，髂前上棘没有超过足趾。脊柱曲度不均匀，大部分脊柱弯曲在胸腰结合部。

图4-41   站立位前屈测试

图4-42   多节段后伸测试

2分—能完成动作，但有代偿。后伸时过度屈膝。

3分—能够完成动作，无代偿。上肢能够达到并保持屈曲170°，脊柱弯曲平滑，肩胛冈落在足跟后，髂前上棘在足趾前。

功能障碍产生的原因：肩前屈功能受限，脊柱和髋关节后伸受限，肌肉协调或伸展不足，缺乏核心稳定及脊柱和髋关节承重时的稳定性，多节段后伸模式功能动作失调。

3. 站立位旋转测试　测试颈、躯干、骨盆、双髋、双膝和双足的正常旋转灵活性。因有的部分会由于相邻节段有抵抗而存在活动过度的现象，所以要仔细观察身体每个节段，特别要观察髋、躯干与头颈的活动度。

评估方法：让患者脚趾朝前，双足并拢站立，并且双臂向两侧微微伸展开，头保持中立位，向左右两侧尽量旋转整个身体，脚不能移动。（图4-43）

评分标准

0分—疼痛。

1分—不能完成动作。下颌不能旋至肩前，肩胸不能旋转，足无法锁住不动。

2分—能完成动作，但有代偿。髋旋转左右两侧不对称，躯干后伸，膝存在过度屈曲，有的节段过度活动或有明显不对称或缺乏运动控制的情况出现。

3分—能够完成动作，无代偿。腿与脚保持不动，下颌可以旋转到肩前的位置，双肩可以旋转100°，骨盆旋转大于50°，脊柱骨盆无倾斜。

功能障碍产生的原因：可能是脊柱旋转功能障碍，髋内旋或外旋功能障碍，或膝关节以下的结构旋转受限，抑或是四种情况均有。

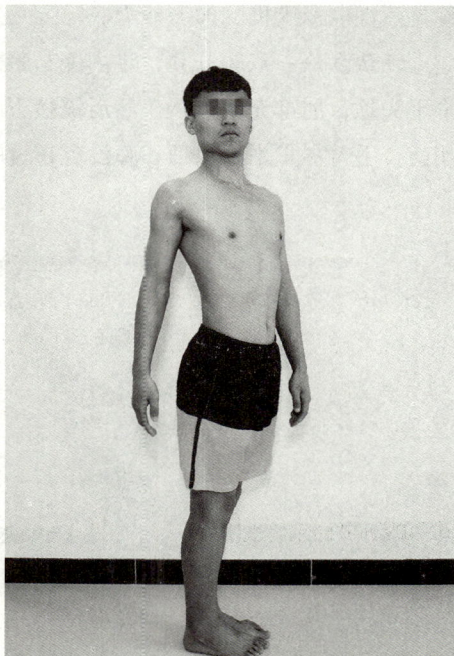

图4-43　多节段旋转测试

（二）胸椎灵活性测试

胸椎灵活性会对呼吸及颈肩腰的功能产生重要影响。胸椎灵活性受限使肩胛和腰椎产生过度代偿，导致肩胛稳定性功能障碍和腰椎稳定功能障碍，也会导致头颈功能活动失调和呼吸模式的改变。

评估方法：双脚开立，站离墙面10cm，抬肩屈肘、掌旋后贴于墙面，头枕部、手背、手腕、臀贴于墙面，然后使腰背尽量贴墙。（图4-44）

评分标准

0分—疼痛。

1分—不能完成动作。下颏翘起，头后部贴不到墙，面部不成垂线，肩外旋不足，手腕离墙距离

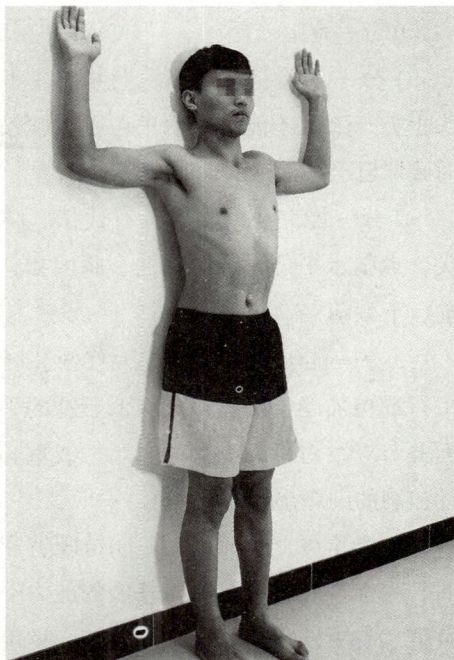

图4-44　胸椎灵活性测试

大于 1cm，5 指不能触墙，腰背贴墙时没有前肋的活动。

2 分——能完成动作，但有代偿。胸腰前凸离墙距离大于 1cm，手腕无法贴墙。

3 分——能够完成动作，无代偿。腕指贴于墙面，胸腰前凸离墙距离小于 1cm。

功能障碍产生的原因：身体不良姿势，呼吸模式异常，驼背，胸椎结构病理性改变等。

（三）高举深蹲评估测试

高举深蹲评估测试的是髋、膝、踝双侧的对称及灵活性。手臂高举过头还评估了双肩的对称灵活性以及胸椎的伸展能力。

评估方法：双脚开立，足内侧与腋前线同宽，双脚在矢状面，脚尖无外旋。双臂前屈外展举于头顶，肘部充分伸展。然后缓缓下蹲，深蹲至最大限度。下蹲过程中足跟不得离地，头胸朝前，手臂尽量举于头顶。膝没有超过脚尖且没有内扣。（图 4-45、图 4-46）

A.正面观   B.侧面观

图 4-45   高举深蹲

评分标准

0 分——疼痛。

1 分——不能完成动作。上肢前屈不能保持在头上方，大腿不能达到水平位且大腿没到水平位时腰骶已经屈曲或脚跟抬起。

2 分——能完成动作，但有代偿。膝盖超过脚尖，大腿水平位时腰骶屈曲，膝内扣，足过度旋前，下颏前突。

3 分——能够完成动作，无代偿。胫骨与躯干平行或更加趋于挺直，大腿低于膝的平面，矢状面关节对线对位，没有过度用力或重心移动及运动控制的问题出现。

功能障碍产生的原因：闭链踝背屈、髋膝屈曲、胸椎伸展、肩屈曲与外展的能力受限。或在负重状态下的踝、膝、髋以及核心稳定性及运动控制功能障碍。

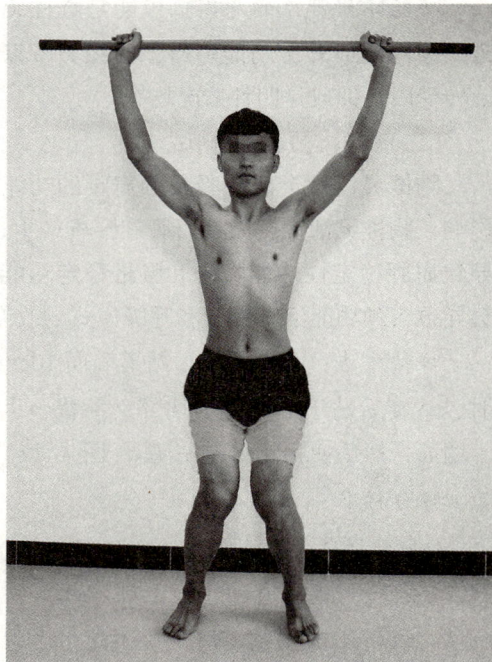

图 4-46   高举深蹲代偿模式

（四）单腿平衡站立评估测试

单腿站立评估测试的是一腿单独支撑时保持姿势稳定的能力。指示步态站立中期的单腿支撑状态及其功能稳定性控制中的骨盆控制，测试臀中肌的功能以及负重时足部外形和功能，认识患者在平衡调节（Balance Strategies）中使用的是踝调节（Ankle Strategy）还是髋调节（Hip Strategy），抑或跨步调节（Stepping Strategy）。

评估方法：单腿站立，足尖朝前，另一条腿屈髋屈膝 90°，双手抱肩或下垂，两眼直视前方，然后指示患者将注意力集中在前方墙面上的一点，保持身体平衡，眼睛闭上，想象那个前方的点。每侧腿测试 5 次，1～2 次睁眼，然后闭眼测试，最长时间 30 秒。出现以下问题后计时：单腿跳起或脚碰到支撑腿或落地，手向外伸寻求跌倒支撑。（图 4-47、图 4-48）

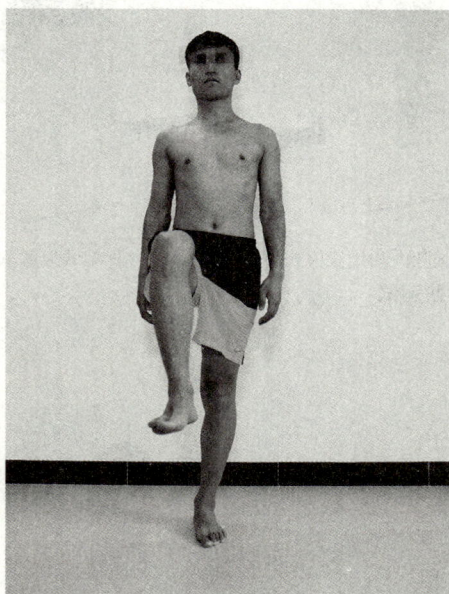
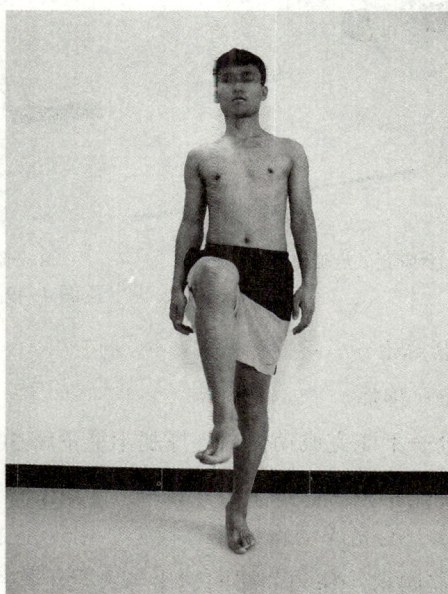

A.睁眼　　　　　　　　　　　　　　B.闭眼

图 4-47　单腿站立平衡测试

评估标准

0 分—疼痛。

1 分—不能完成动作。睁眼单脚站立小于 10 秒，闭眼站立小于 5 秒。

2 分—能完成动作，但有代偿。睁眼单脚站立小于 60 秒，闭眼站立小于 30 秒。出现足过度旋前、Trendelenburg 征阳性，骨盆倾斜外移，两肩一高一低。

3 分—能够完成动作，无代偿。

功能障碍产生的原因：前庭系统或核心稳定性问题，踝关节稳定性、灵活性以及运动控制问题。

（五）单腿下蹲测试

单腿下蹲测试下肢动力连锁反应中髋膝踝的功能。踝关节背屈不足的代偿方式是足旋前，这会增加作用于系统的应力，使其他部位过度承载。这不仅导致足

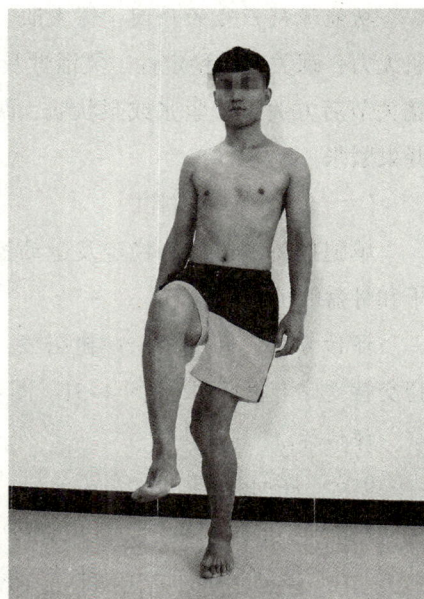

图 4-48　站立平衡测试代偿模式

NOTE

踝问题，还可引发膝、髋及腰背代偿动力连锁反应。臀大肌是下肢动力连锁反应的一个关键因素，单腿下蹲测试出现骨盆下沉或膝外翻提示对侧臀大肌无力。

评估方法：单腿站在20cm高的台阶上，一侧腿前伸，站立腿下蹲至前伸腿的足跟触地。或单腿站立屈膝30°。（图4-49、图4-50）

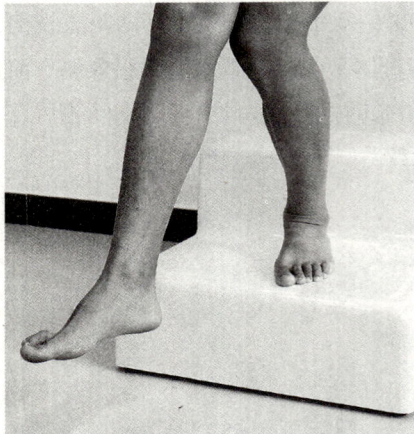

A.台阶测试足旋前代偿模式　　　B.台阶测试膝内扣代偿模式　　　C.台阶测试骨盆下沉

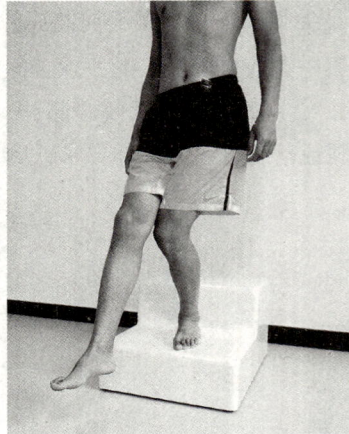

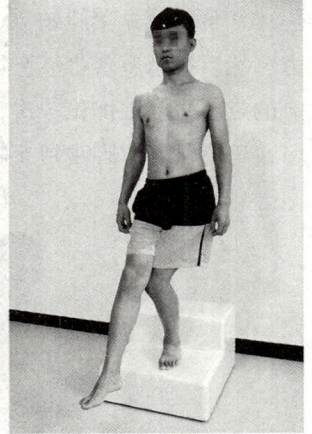

图4-49　台阶测试

评估标准

0分—疼痛。

1分—不能完成动作。支撑腿不能下蹲30°，出现膝内扣。

2分—能完成动作，但有代偿。出现足过度旋前，骨盆倾斜，膝关节屈曲超出与大足趾连线，髌膝部出现剪切力。

3分—能够完成动作，无代偿。

功能障碍产生的原因：臀大肌、臀中肌及臀小肌无力，踝关节的稳定性、灵活性及运动控制问题，髋关节后方关节囊紧张或梨状肌、阔筋膜张肌和髂胫束紧张。

（六）单腿搭桥测试

单腿搭桥测试核心稳定及运动控制能力以及躯干和骨盆的抗旋转能力。

评估方法：仰卧位，一腿屈膝，一腿伸展，两腿交替支撑上抬搭桥。（图4-51、图4-52）

图4-50　单腿站立下蹲测试骨盆下沉

评估标准

0分—疼痛。

1分—不能完成动作。骨盆旋转或下降。

2分—能完成动作，但有代偿。不能将髋关节抬至中立位，双侧大腿不能保持平行。

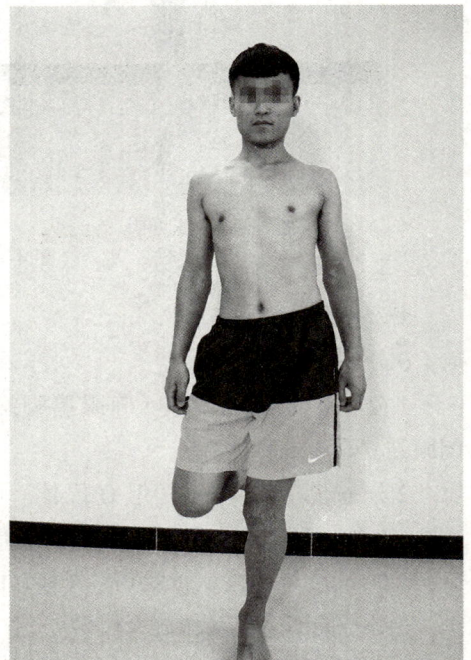

3分—能够完成动作，无代偿。

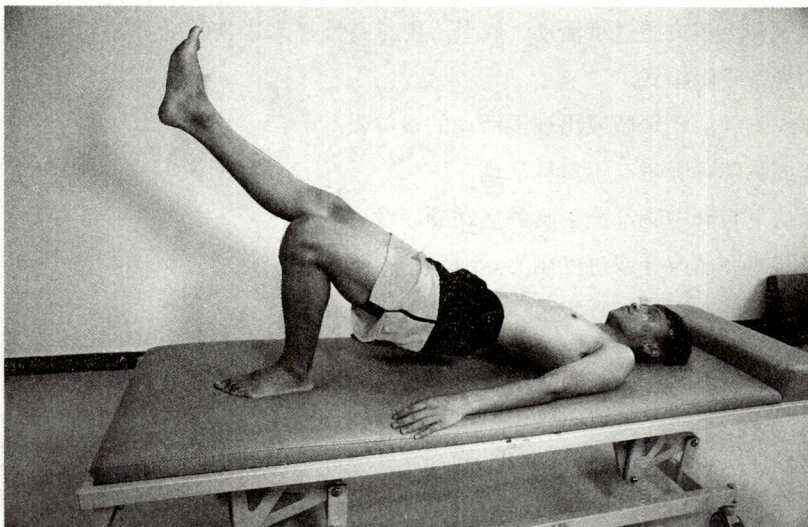

图 4-51 单腿搭桥测试

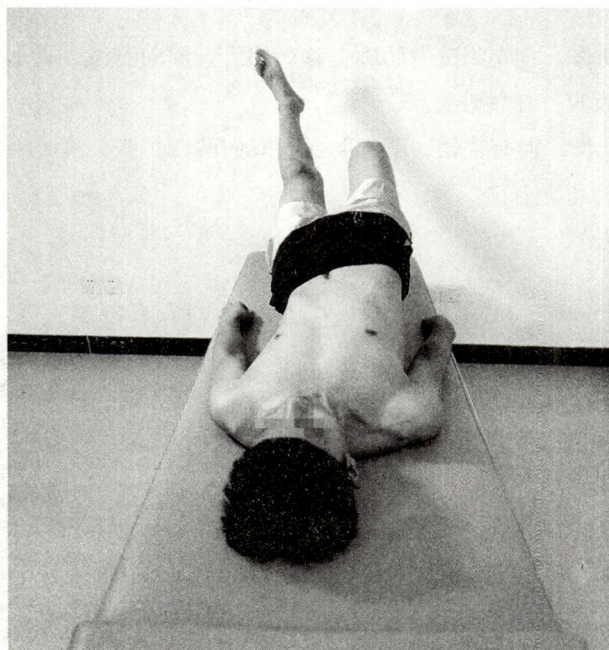

图 4-52 单腿搭桥测试骨盆下沉

功能障碍产生的原因：核心稳定与运动控制问题，髋伸展受限，支撑侧躯干稳定肌、臀肌、股四头肌及腘绳肌力弱或骨盆稳定以及运动控制功能障碍。

（七）呼吸模式测试

正常的呼吸模式在神经肌肉骨骼系统中具有重要作用。呼吸模式异常可以导致运动模式的异常，呼吸力学对姿势和脊柱的稳定性发挥关键作用。

1. 主要的异常呼吸模式

（1）功能障碍的呼吸模式通常伴随着纵向胸式呼吸，吸气时胸廓上提。

（2）纵向胸式呼吸占主导且抑制了下腹部和下肋廓的横向呼吸，下肋廓无外扩，腹部运动矛盾（吸气时收腹，呼气时鼓腹）。

（3）斜角肌和上斜方肌过度活动，腹壁不能维持支撑来正常呼吸。

2. 次要的异常呼吸模式

（1）腹部或胸廓活动轻微或出现无活动的浅呼吸。

（2）腹部或胸廓呼吸时有不对称活动。

（3）呼吸从下腹到中胸部至上胸的运动顺序改变。

（4）呼吸节律突然改变或过度用力。

（5）出现快速或有不均匀呼吸。

（6）面颊、下颌、唇舌过度紧张。

（7）叹息或哈欠频频。

评估方法：仰卧三屈曲测试：仰卧，屈髋，屈膝，下肢抬起并支撑小腿，腰脊柱略屈曲平贴于床面，髋外展与肩同宽，双髋稍外旋，将患者的胸腔向尾骶部按压成呼气时的位置，然后去除对腿的支撑，患者主动保持这一姿势。（图 4-53）

评估标准

0 分——疼痛。

1 分——不能完成动作。直立测试时肋廓上移。仰卧三屈曲测试，提示后仍然肋廓上移。反常呼吸：仰卧，吸气收腹，呼气鼓腹。

2 分——能够完成动作，但有代偿。下部肋弓没有向两侧扩张，仰卧-胸式呼吸占优势，仰卧三屈曲测试，提示前肋廓上移。

3 分——能够完成动作，无代偿。

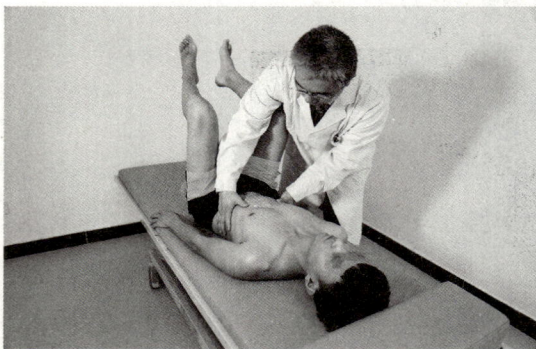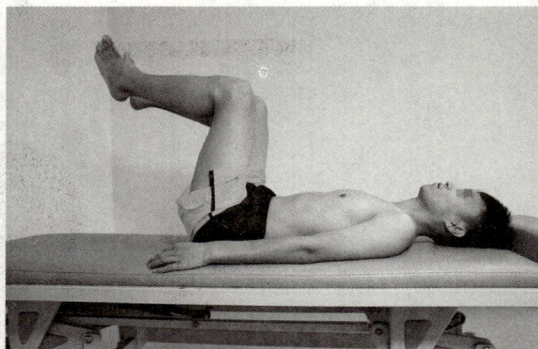

A.第1步　　　　　　　　　　　　　　　　B.第2步

图 4-53　呼吸模式评估

功能障碍产生的原因：通常错误的呼吸模式发生在皮质下，是对外伤或疼痛的补偿。膈肌在核心稳定中起关键作用。当膈肌功能不良时，脊柱会受到影响。反之，若颈或腰部疼痛也会出现异常的呼吸模式。呼吸模式的测试是整体功能测试的一个部分，因为错误的呼吸模式会导致不良的功能动作模式。在做呼吸测试时，尽量不要提醒患者正在做此测试，因为患者在自然而无意识状态下的呼吸才是最佳的观察。一旦其注意到呼吸，呼吸力学即会发生变化。在患者关注其他动作，注意力不在呼吸上时，呼吸评估得到的信息才最佳。

对患者采取任何治疗手段之前，必须先对运动系统进行筛查。没有两个相同的患者，其任意一种疼痛都有特定的原因。功能性动作评估是对单双腿支撑及呼吸和核心多平面的功能动作测试。目的是分析损伤机制，找到造成姿势控制不良和平衡失调的原因，为动作纠正性训练提供依据。

在测试时发现疼痛和不对称是最重要的。得 0 分就需要对局部进行临床检查，还需要进一步对相邻部位进行测评。因为相邻部位的无痛功能障碍或异常动作控制可能导致其疼痛，或是疼痛的根本原因。得 1 分或者出现无疼痛的动作不对称，或者是无疼痛的动作异常，就需要进行功能性纠正训练，包括稳定性训练和灵活性训练。如果在评估过程中犹豫不决是打 1 分还是打 2 分，就低不就高，那么就打 1 分。因为评估的目标不是教患者做完美动作，而是找到和纠正产生问题的关键因素。如果有一项测试是 0 分，就需要对疼痛进行功能动作分解来分析。如站立负重时功能动作测试出现疼痛，下一步就测试卧位不负重时的状态，看看疼痛有无改变；做主动动作时疼痛，测试被动动作时看看疼痛有无改变。如果测试结果至少一项是 1 分，提示存在损伤风险，需要进行稳定性训练和灵活性训练。

本体感觉是姿势控制和功能动作重要的信息来源，必须使结构正常化并使关节具有足够的灵活性以使为系统提供恰当的信息。这一阶段的康复目标就是重建神经肌肉功能，易化本体感觉通道，并使运动模式自动化。如果测试中有 2 分，提示动作有代偿。这个阶段需重建肌肉平衡，对紧张短缩的肌肉拉伸和放松，因紧张的肌肉会反射性地抑制主动肌；再对被抑制和失活的肌肉进行激活，并对肌肉的协调性、耐力和力量进行训练以提高动作反应能力。如果都是 3 分，说明身体功能良好，可以加强力量和爆发力训练，并附加测试，降低高强度的运动风险，提高运动表现。

【思考题】

1. 人体姿态会出现哪些异常？
2. 有哪些常用的姿态评估方法？

第五章　针刀治疗一般流程

针刀治疗一般流程包括调整患者体位、进针刀点的揣定、消毒与麻醉、进针刀规程、针刀入路、针刀松解方法、术后手法和康复技术等方面。

第一节　针刀治疗术前准备

一、患者的体位

针刀操作时患者应选择适当的体位。患者体位的选择是否适当，对于正确定点和操作都有很大的影响，而且还关系到治疗效果。如所选择的体位不适当，可造成医师治疗点确定困难，不便于操作，轻则引起患者疲劳，重则发生晕针。因此，针刀操作时体位的选择，一方面要便于医师施术，同时以让患者感到舒适自然为原则。尽量选用一种体位，使所选取治疗点都能操作治疗。临床常用的体位有仰卧位、侧卧位、俯卧位和俯伏坐位。凡体质虚弱、年老、精神过度紧张和初诊的患者，应首先考虑卧位。

（一）仰卧位（图 5-1）

仰卧位适用于定点位于头、面、颈、胸、腹部和四肢等身体前方部位的患者。患者仰卧，头下垫枕，双手放在腹部或者身体两侧，腘窝下方可垫枕，使膝关节适当屈曲。

图 5-1　仰卧位

（二）侧卧位（图 5-2）

侧卧位适用于定点位于侧头、侧胸、侧腹、臂和下肢外侧等部位的患者。患者侧卧，头下垫枕，上肢放在身体前方，髋关节和膝关节微屈。

图 5-2　侧卧位

（三）俯卧位（图 5-3）

俯卧位适用于定点位于头、项、肩、背、腰、骶和下肢后面等部位的患者。患者俯卧，面部可放在治疗床前方的洞里以使颈部放松，上肢放在体侧或者从床的两侧垂下。

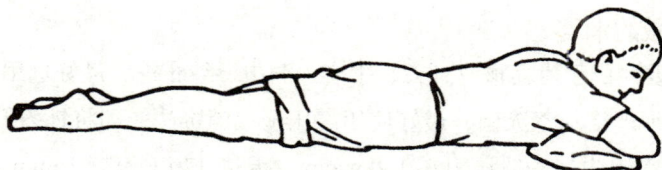

图 5-3　俯卧位

（四）俯伏坐位（图 5-4）

俯伏坐位适用于定点位于头顶、头后、项、肩、背部等部位的患者。俯伏坐位一般需要特制的针刀治疗椅或者靠背椅，令患者俯伏坐在特制的针刀治疗椅上，或者令患者倒坐在靠背椅上，双手并列放在椅背上，前额放在自己的手背上。

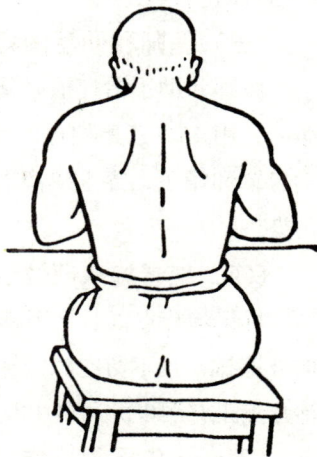

图 5-4　俯伏坐位

二、进针刀点的揣定

《难经·七十八难》载："知为针者信其左，不知为针者信其右。"即知晓针术的人重视押手的作用，不知晓针术的人只信赖刺手的作用，这里强调了揣穴的重要性。《灵枢·九针十二原》"右主推之，左主持而御之"，也强调了揣穴的重要性。"知为针者信其左"这一揣穴原则在针刀治疗中同样具有重要的指导意义，在保证针刀治疗安全性和有效性方面有着不可替代的作用。

（一）单指揣定

用左手拇指定位后，用指尖按压，适用于一般部位的操作，并要避开神经、血管及重要脏器。如肩胛骨喙突、腕管等处需用左手拇指推开神经血管；如需在肋骨面上操作时，左手拇指触诊确定肋骨骨面并用指甲切压，针刀刀口线与左手拇指指甲面平行缓缓刺入，待抵达骨面后行针刀松解操作。

（二）双指揣定

用左手拇、示指捏持固定需针刀松解的肌肉或病理性反应物，如条索、硬结等，适用于危险部位的病理性反应物，或者容易移动的病理反应物。如斜方肌中的条索结节常位于肺尖上方，且条索结节不容易固定，此时可用左手拇、示指捏持固定容易活动的条索结节，右手持针刀准确刺入条索结节。

三、消毒与无菌操作

针刀治疗是有创操作，并且常在较深的组织中操作，如深部的肌、腱、骨膜上，有时甚至深达关节腔、骨髓腔。因此在施术过程中，必须严格执行无菌操作要求。

（一）治疗室的消毒

进行针刀操作应具有专门的针刀治疗室，治疗室内应具备紫外线消毒灯、治疗床、治疗椅、器皿柜、操作台、急救设备等器具，应保证空气流动和合适的室温，地面和墙面应当容易清洁。治疗室内应保持清洁干燥，地面和治疗床可淋洒 0.1% 次氯酸钠溶液。治疗床上的床单要经常换洗、消毒，最好使用一次性床单。每日中午和晚上应紫外线空气消毒两次，每次不低于 30 分钟，每日工作结束后彻底洗刷地面，每周大扫除 1 次。

（二）治疗器械的消毒

针刀操作时需要用的手术器械有针刀、手套、洞巾、纱布等，最好选用一次性器械。如果重复使用器械，必须严格消毒灭菌，最好使用高压蒸汽消毒法，即将针刀等器械用纱布包扎，放在密闭的高压消毒锅内，一般压力在 $1.2kg/cm^2$，温度 $120℃$ 保持 15min 以上，即可达到消毒的目的。

（三）医师和助手消毒

医师和助手治疗前必须洗手，须先用刷子和肥皂充分洗刷手掌背面和指甲缝，用清水洗净后，用 75% 乙醇棉球涂擦全手。操作时，医师和助手必须戴无菌橡胶手套，同时应戴上消毒口罩和帽子，穿上隔离衣，助手递消毒巾及针刀时，均应用无菌镊子钳夹，千万勿使器械污染。

（四）患者施术部位消毒

标记治疗点以后，用碘伏棉球涂擦治疗点局部皮肤，应从中心点向外绕圈擦拭 2 遍，由内向外擦拭，且不留空隙，擦拭范围半径不低于 10cm，然后覆盖无菌小洞巾，露出治疗点，使治疗点正对洞巾的洞口中间。消毒之处须避免接触污物，以防重新污染。

（五）术中无菌操作

医师和护士均应严格执行无菌操作原则。医师洗手后不能接触未经消毒的物品，护士不可在治疗医师的背后传递针刀和其他用具。一支针刀只能在一个治疗点使用，一般不可在多个治疗点使用同一把针刀，以防感染。

（六）术后注意事项

治疗结束后，迅速用无菌敷料覆盖针孔，若同一部位有多个针孔，可用无菌纱布覆盖包扎。患者 24～48 小时内针孔不可沾水。

四、麻醉方法

针刀治疗前实施麻醉的作用是消除或减轻患者疼痛和不适感，以确保针刀治疗操作能够安全顺利地进行。针刀操作中以局部浸润麻醉较为常用。一般选用稀释后的 0.25%～1% 的利多卡因注射液，每个治疗点注射 1mL。一次治疗 2% 利多卡因总量不超过 400mg。局麻醉药过量有中毒风险。治疗点消毒后，选取合适的皮内注射针吸取局麻醉药液，针头斜面紧贴皮肤，进入皮内回抽无血以后推注局麻醉药液，造成白色的橘皮样皮丘，然后经皮丘刺入，分层注药，若需浸润远处组织，穿刺针应由上次已浸润过的部位刺入，以减少穿刺疼痛。注射局麻醉药液时应加压，使其在组织内形成张力性浸润，与神经末梢广泛接触，以增强麻醉效果。

【思考题】

1. 消毒和麻醉有哪些注意事项？

2. 如何揣定进针刀点？

第二节　针刀治疗技术

一、针刀握持方法

正确的针刀握持方法是针刀操作准确的重要保证。针刀在人体内可以根据治疗需求随时转动方向，而且对各种疾病的治疗刺入深度都有不同的规定。因此针刀的握持方法要求能够掌握针刀方向和控制刺入的深度。

术者的右手示指和拇指捏住针刀柄，因为针刀柄呈扁平状且和针刀刃在同一个平面内，针刀柄的方向即是刀口线的方向，所以拇指和示指可控制刀口线的方向。术者中指托住针刀体，置于针刀体的中上部位，如果把针刀总体作为一个杠杆，中指就是杠杆的支点，便于针刀体根据治疗需要改变进针刀角度。环指、小指置于施术部位的皮肤上，作为针刀刺入时的一个支撑点，以控制针刀刺入的深度。在针刀刺入皮肤的瞬间，环指、小指的支撑力和拇、示指的刺入力的方向是相反的，以防止针刀在刺入皮肤的瞬间，因针刀刺入的惯性的作用而刺入过深。另一种方法是在刺入较深部位时使用长型号针刀，其基本握持方法和前者相同，只是要用左手拇示指捏紧针刀体下部。一方面起扶持作用，另一方面起控制作用，防止在右手用力刺入时，由于针体过长而发生针体发生弓形变，引起进针刀方向改变。

以上两种是基本的握持针刀方法，适用于大部分的针刀治疗。治疗特殊部位时，根据具体情况持针方法也应有所变化。（图 5-5、图 5-6）

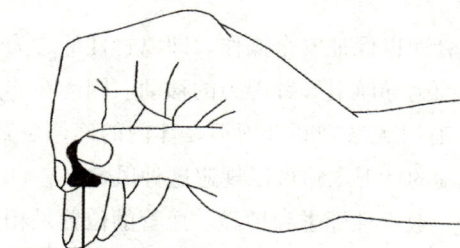

图 5-5　单手进针刀法　　　　　　　　　　图 5-6　夹持进针刀法

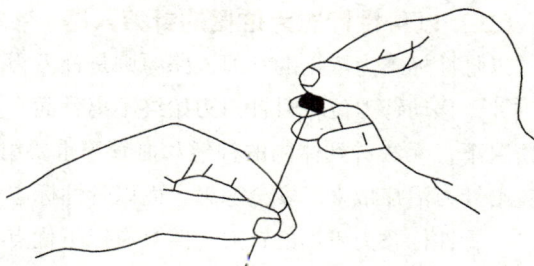

二、进针刀四步规程

（一）定点

定点即确定进针刀点，在进针刀部位用记号笔标记。针刀治疗的时候针刀要刺穿皮肤到达目标位置，因此要选择最佳的进针刀点。要求进针刀点与目标位置的距离尽可能短，同时进针刀路径要避开神经、血管等重要组织。准确定点是基于对病因、病理的精确诊断，对进针刀部位解剖结构立体、微观的掌握。定点的正确与否，直接关系到治疗效果。

（二）定向

定向一方面是使刀口线尽可能和人体重要血管、神经及肌肉纤维等走向平行，以尽可能减小不必要的损伤。另一方面是使针刀体和人体结构成一定角度。定向是在精确掌握进针刀部位结构的前提下，采取适当的手术入路，有效地避开重要的神经、血管和脏器，确保手术安全。

NOTE

（三）加压分离

加压分离是在进针刀时以左手拇指下压进针刀点皮肤，同时横向拨动，使重要血管、神经在挤压的作用下尽可能地被分离在指腹一侧，此时右手持针刀紧贴左手拇指甲缘刺入。加压分离是在浅层部位有效避开神经、血管的一种方法。

（四）刺入

在加压分离的基础上，右手持针刀快速的、小幅度的用力下压，使针刀瞬间穿过皮肤。穿透皮肤以后，针刀以缓慢的速度推进至目标位置，在推进的过程中不断轻轻抖动针刀，使之避开神经、血管，然后在目标位置根据需要进行治疗。刺入时，防止针刀刺入过深而损伤深部重要神经、血管和脏器，或超过病灶而损伤到健康组织。

三、针刀的入路

针刀的入路是指从定点到达目标位置的路径，是将针刀由体外经皮肤、皮下组织、筋膜、肌肉等解剖层次刺入并达到目标位置的方法。

（一）一般针刀入路

一般针刀入路是避开神经和血管，遵循针刀进针四步规程，即定点、定向、加压分离、刺入，是治疗慢性软组织疾病普遍使用的入路方法。定好点后，将针刀放置在进针点，刀口线与施术部位的神经、血管走行方向平行，没有神经和血管的地方要求与肌肉纤维的走行方向平行，以左手的指端在进针点用力下压，由于神经和血管在活体组织中有一定的活动度，因此当指尖下压时，走行于其下方的神经、血管将向两侧移位，此时再将针刀快速刺入皮肤，进入体内，此时按压手仍保持按压状态，持针刀手持住针刀柄，边抖动边下压针身使针刀缓慢深入，做到边探索边进针，切忌鲁莽进针刀。

（二）以骨性标志为依据的针刀入路

以骨性标志为依据的针刀入路原则是针刀刃不离骨面以保证安全操作。即以骨性标志为依据进针，移动针刀位置时针刀刃始终不离骨面，以骨面为导航引导针刀刃的移动。因为在非直视情况下，无法看到体内的神经和血管等重要组织，有时无法判断针刀刃在体内的确切位置，这就给针刀治疗带来了安全隐患，而以骨性标志为依据的针刀入路可以规避这种风险。

以骨性标志为依据的针刀入路具有以下优点：①一般骨性标志和神经、血管的位置是相对固定的，骨性标志可以用手在体表精确触知，或用针刀在体内精确触知，有利于避开神经和血管。②以骨性标志为依据，可以精确判断针刀刃在体内的位置，不至于造成因为位置不清而引起的意外，如针刀刃始终不离开肋骨骨面可有效地避免气胸。

1. 以骨突标志为依据　骨突一般是肌肉和韧带的起止点，也是慢性软组织损伤的好发部位。如果骨突处附着的软组织（肌腱或韧带）病变，可以以骨突为依据，针刀直达骨面，然后再将针刀刃移至肌腱或韧带的附着处进行治疗。（图5-7）

如针刀治疗腕管综合征，是以手舟骨结节、豌豆骨、大多角骨和钩骨钩为依据来切开腕横韧带的附着点。进针时，

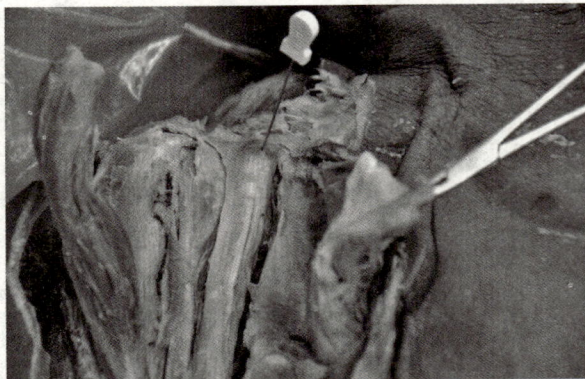

图5-7　以喙突标志为依据的手术入路

以辅助手拇指按在进针刀点处，使针刀垂直于进针点皮肤表面，针刀刃与上肢纵轴平行，使针刀刃快速穿过皮肤、掌腱膜等组织到达腕横韧带在上述四块骨的附着点处。

在掌根部确定手舟骨结节、豌豆骨体表投影处、大多角骨体表投影处和钩骨钩体表的投影。以骨突为依据，使针刀垂直于进针点皮肤表面，针刀刃与上肢纵轴平行，使针刀刃快速穿过皮肤、掌腱膜等组织到达腕横韧带在上述四块骨的附着点切开腕横韧带。（图 5-8）

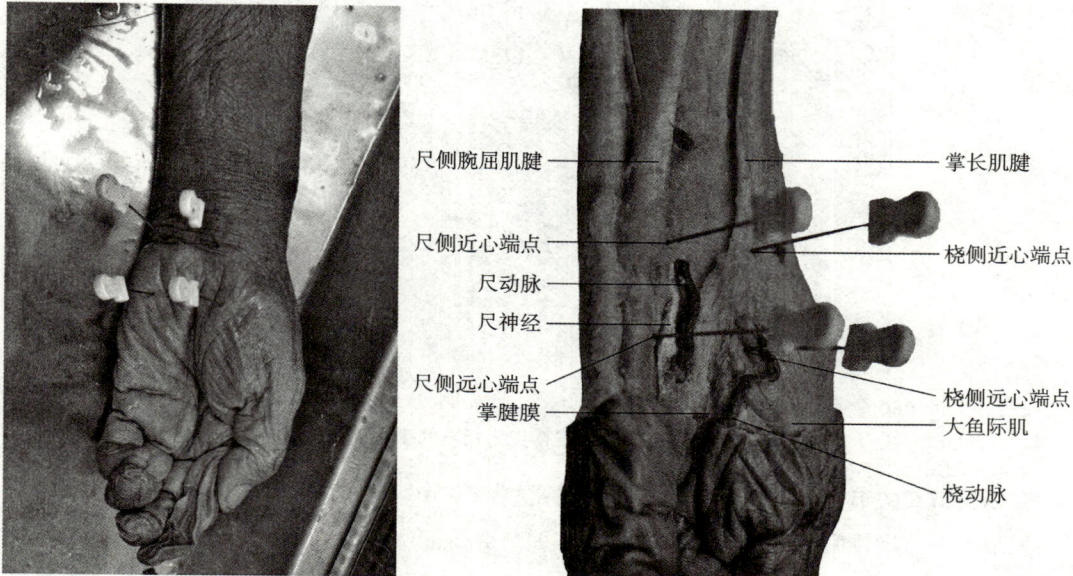

A.松解层次一：针刀刺入皮肤层

B.松解层次二：针刀穿过皮扶进入掌浅横韧带

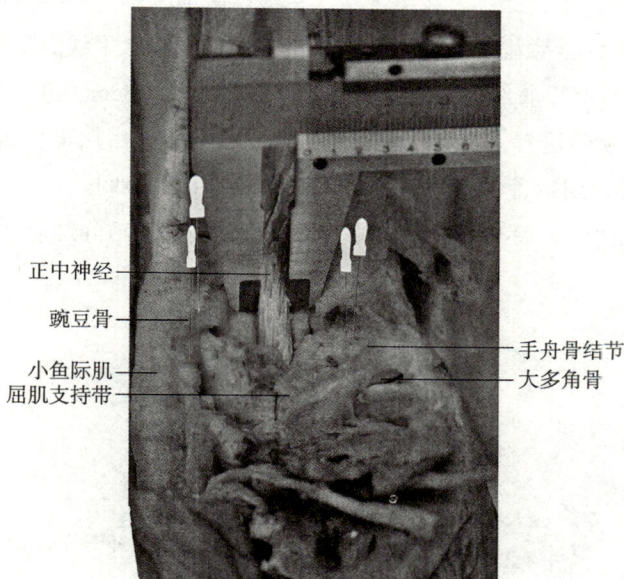

C.松解层次三：针刀切割腕横韧带

图 5-8　针刀切割腕横韧带手术入路

2. 以肋骨标志为依据　在治疗胸背部疾病时，多以肋骨标志为依据。在针刀刺入浅层后即可到达肋骨平面，此时可以以肋骨为依据。但如果胸部的慢性软组织损伤疾病不在肋骨表面，而在肋骨的上下缘时，应先根据病变部位在最靠近的肋骨缘确定进针刀部位，然后再移动针刀刃到病变部位，这样能掌握进针刀深度，不会使针刀刃失控刺入胸腔。

NOTE

3. 以横突为依据　治疗脊柱两侧及颈、胸、腰部慢性软组织损伤疾患时，以横突为依据。在病变组织附近根据横突定位，将针刀刺入，当针刀刃到达横突后，再移动针刀刃到病变组织部位进行治疗。这样易掌握深度，不会使针刀刃刺入胸腔、腹腔，也不会损伤颈椎横突前方的重要组织。（图 5-9）

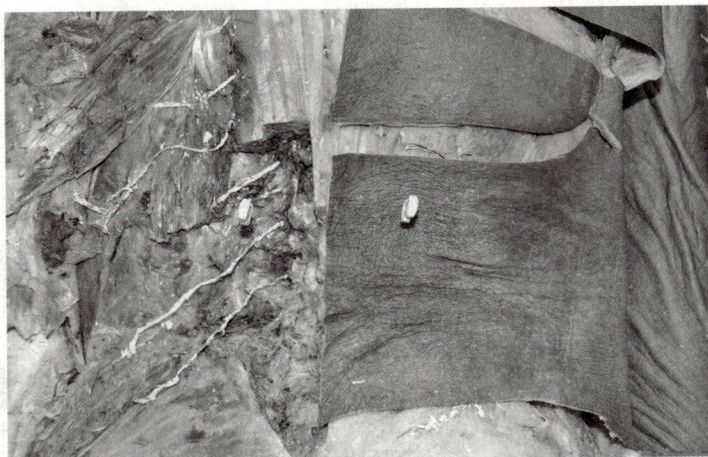

图 5-9　以第 3 腰椎横突为标志的手术入路

4. 以关节突关节为依据　颈椎、腰椎病需要松解关节囊时，多以关节突关节为依据进针。

关节突关节即椎间关节，由上位脊椎的下关节突与下位脊椎的上关节突构成。颈椎关节突的内侧缘距正中线 1.5cm，外侧缘距正中线 2.5cm，宽度约 1cm。颈椎关节突关节的体表投影：第 1~2 颈椎关节突关节，位于第 2 颈椎棘突上缘水平线。其他颈椎关节突关节位于相应下位颈椎的棘突水平线，如第 2~3 颈椎关节突关节位于第 3 颈椎棘突水平线。腰椎关节突关节位于相应上位椎体棘突水平，呈垂直纵向方向，距正中线距离约为 1.5cm。进针刀时，先按照关节突关节在体表的投影区确定进针刀点，快速将针刀刺入皮肤，然后探索、摆动，缓慢进针，边进针刀便寻找骨性组织，到达骨性组织后边下切遍探索寻找关节间隙，颈椎关节突关节的关节间隙为水平位，腰椎关节突关节的关节间隙为垂直位，找到关节间隙后才能松解关节囊。（图 5-10）

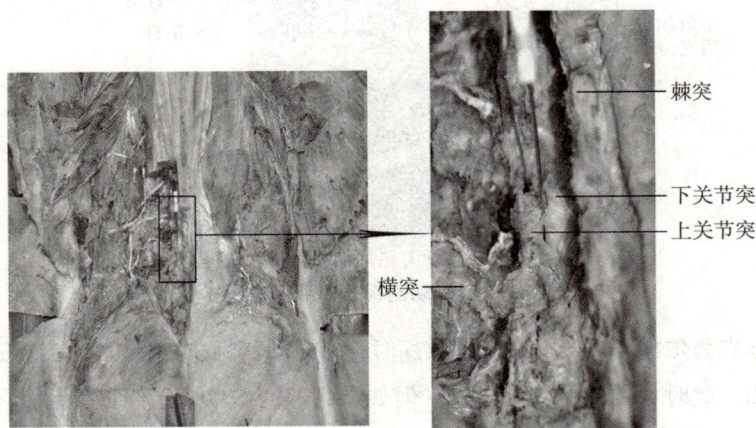

棘突

下关节突
上关节突

横突

图 5-10　以关节突关节为依据的手术入路

（三）以腱性标志为依据

松解浅表的韧带及肌腱，多以腱性标志为依据。进针时，术者用手触清目标肌腱或韧带以确定进针点。进针刀时，使针刀刃快速刺入皮肤直达肌腱或韧带表面，此时手下有坚韧的阻力感，然后按照治疗目的进行操作。如对尖足畸形的脑瘫患者，松解跟腱可以有效地矫正尖足畸形。（图 5-11）

（四）以腱附着点为依据

多用于对肌腱与骨连接处的松解，是在骨缘松解肌附着点，针刀刃不离骨面，术后充分压迫止血。松解腱与骨的连接处可以降低肌肉的张力，有利于因目标肌肉张力过高而致的有关疾病的康复，如对头半棘肌在枕骨上附着处的松解等（图 5-12）；松解腱的附着点还可以治疗肌止点的损伤。进针时，首先确定腱的附着区域为进针刀点，针刀刃到达骨面后，轻提针刀至腱表面，切开松解腱起止点。肌与骨的附着点经常是劳损点，也是针刀治疗的松解点。

（五）以组织层次为依据

通常治疗点没有明确的骨性标志，没有骨面依托的部位需以组织层次为依据进针刀。

因人体不同部位组织厚度差异很大，需要针刀松解的组织层次深浅不一，针刀穿过不同组织时，医师手下感觉也不一样，因此对组织层次应该有清楚地把握。如屈指肌腱鞘炎，因屈指肌腱鞘位置表浅，需要切开松解的是腱鞘而不是肌腱，针刀治疗原则是有效切开腱鞘，避免损伤肌腱。治疗方法：按一般方法刺入，针刀穿过腱鞘时可有落空感，继续进针达肌腱时针下可有针刀刃碰触坚韧组织的感觉，此时令患者屈伸患指，术者可感觉到针刀刃与运动的肌腱之间所产生的摩擦感，此时停止进针。在此位置轻提针刀至腱鞘表面，依定点标志行腱鞘切开。（图 5-13）

对于深层组织，首先要找准深层组织的体表投影，然后找准病变位置，并清楚覆盖于病变组织上的神经、血管、肌肉、韧带等各种组织的解剖层次关系，以浅层组织为依据，按一般方法刺入，到达病变部位以后，根据治疗目的决定是否调转刀口线，原则是保持刀口线与神经血管的走行相一致，然后再进行各种治疗操作。

图 5-11　（跟腱挛缩）以韧带、肌腱结构为依据的手术入路

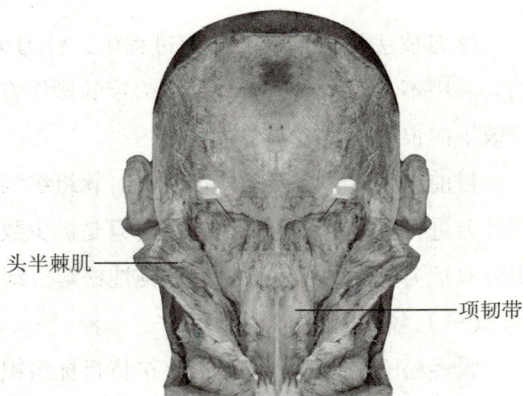

头半棘肌————　　————项韧带

图 5-12　头半棘肌的止点松解

NOTE

如果松解目标在深层，而浅层组织又比较松弛，则可以用手推开浅层组织，直接进入深层。如治疗肱桡关节滑囊炎时，因肱桡关节滑囊位于肱桡肌上端的深面，且深层尚有诸多神经、血管，为了手术安全，用手将肱桡肌扳开，用左手拇指下压，将深层的神经、血管分开，推挤到两侧，针刀刃紧贴左手拇指甲刺入，这样针刀刃可以穿过皮肤到肱二头肌止腱，穿过肱二头肌止腱即达桡肱关节滑囊，再进行治疗。

上面介绍的五种基本针刀入路，适用于大多数疾病的针刀治疗，另外有些特殊疾病将根据病情选择特殊的针刀入路。随着针刀临床技术的发展，还将不断对针刀入路进行补充。

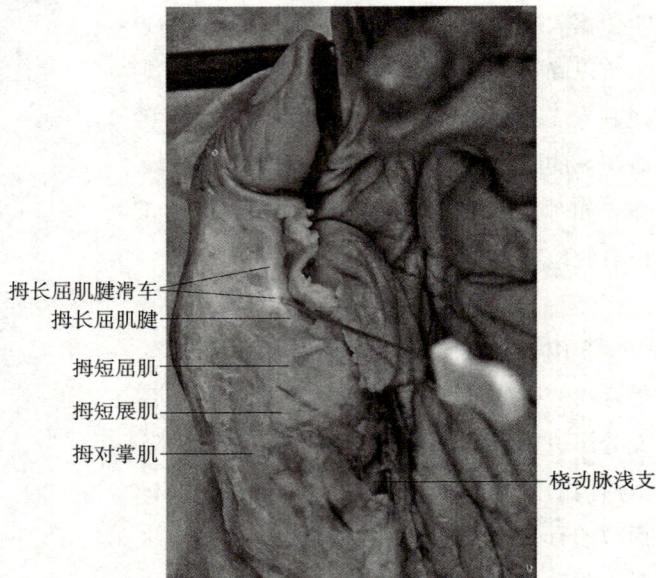

拇长屈肌腱滑车
拇长屈肌腱
拇短屈肌
拇短展肌
拇对掌肌
桡动脉浅支

图 5-13   治疗腱鞘疾患手术入路

四、常用针刀治疗技法

针刀技法是指在针刀治疗过程中，针刀刃和针刀体作用于病灶组织，根据不同的治疗目的，采用不同的术式，实施具体治疗的操作方法。它是针刀操作技术的核心部分，也是取得治疗效果的根本手段。

目前绝大多数针刀操作都是针对软组织病变进行松解，虽有针刀骨减压技术的报道，也有用针刀进行骨折复位的报道，但这只是极少数，故本教材不予介绍。一般来说，针刀松解软组织可概括为两类——锐性松解和钝性松解，即切开和牵拉，此外还有神经触激术。

（一）锐性松解

锐性松解是指通过针刀刃直接将目标组织切开的方法。针刀前端的平刃很窄，具有有限的切开作用，能够对紧张的筋膜、韧带等病变组织进行小范围的切开减压，或者把挛缩的组织切开延长，或者把相互粘连的组织切开分离，这些都是锐性松解。根据刀口线方向与组织纤维走行方向的关系，锐性松解可分为纵行切开法、横行切开法和铲切法，一般横行切开法的松解作用较强，故多在病变严重的病例中使用，同时此法对组织也有一定的损伤。临床上，多根据患者病情选用适当的方法。

1. 纵行切开法   将针刀刀口线与肌肉、韧带或肌筋膜走行方向平行，在快速刺穿皮肤直达病变组织后，刀口线方向仍保持与肌纤维、韧带或肌筋膜走行方向一致，纵行切割部分病变软组织的手术操作方法。（图 5-14）

2. 横行切开法   将针刀刀口线与肌肉、韧带或肌筋膜走行方向平行，在快速刺破皮肤直达病变组织后，感觉持针手下有硬结、条索感，再调转刀口线 90°，使其垂直于病变组织的肌纤维、韧带或肌筋膜的走行方向，横行切开部分病变软组织的手术操作方法。（图 5-15）

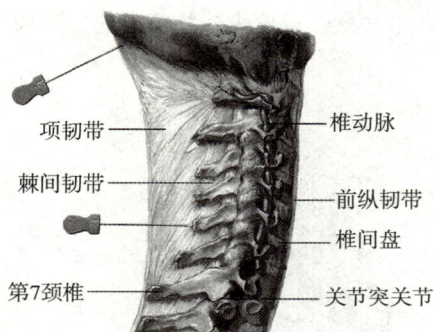

图 5-14　纵行切开法

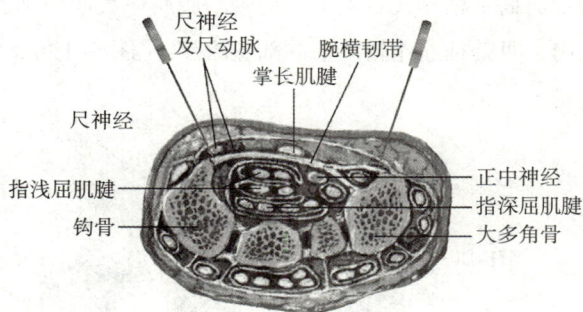

图 5-15　横行切开法

3. 铲切法　针刀到达病损部位时，针刀刃紧贴病损表面施行铲切的方法。如将粘连在骨面上的肌肉、韧带从骨面上铲起，或将肌腱表面的粘连铲开，或水平铲断浅筋膜中的粘连，当觉得针下有松动感时即出针。（图 5-16）

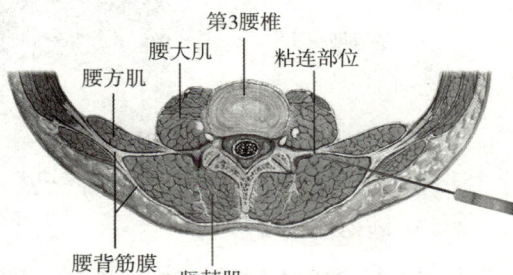

图 5-16　铲切法

锐性松解在临床上的用途有很多，可根据病情灵活选用与操作。如因挛缩变形的肌筋膜引起顽固性疼痛时，可将针刀刀口线与肌纤维成 45°～90° 角切断少量肌筋膜，即可缓解症状。屈指肌腱狭窄性腱鞘炎时，可将针刀刀口线与滑车纤维垂直，切开狭窄的腱鞘，使受卡压的肌腱得以松解。当神经途经骨性纤维管受卡压时，可用针刀将骨性纤维管的纤维部分横行切开以解除卡压。当滑液囊等囊腔内有较多炎性积液而呈高张力状态时，可用针刀把囊腔做十字切开，使液体流出在周围组织中吸收。当组织缩短而影响功能活动时，可对缩短的组织进行横行切开，并配合牵拉手法使之延长。

（二）钝性松解

钝性松解是指用针刀的针体通过杠杆原理对软组织进行撬拨，以钝性牵拉的方式加强切开减压、延长、分离等作用。锐性松解和钝性松解可以互相促进，切开是牵拉的前提，不切开则难以有效牵拉；针刀切开的范围非常有限，牵拉可有效增强切开松解效果。

1. 纵行摆动法　行锐性松解后，为了进一步加强松解效果，拇、示指持针刀柄作为力点，中指托住针体作为支点，通过杠杆原理沿纤维走行方向进行撬拨，使针体对软组织形成强有力的牵拉作用。（图 5-17）

2. 横行摆动法　行锐性松解后，为了进一步加强松解效果，拇、示指持针刀柄作为力点，中指托住针体作为支点，通过杠杆原理垂直于纤维走行方向进行撬拨，使针体对软组织形成强有力的牵拉作用。（图 5-18）

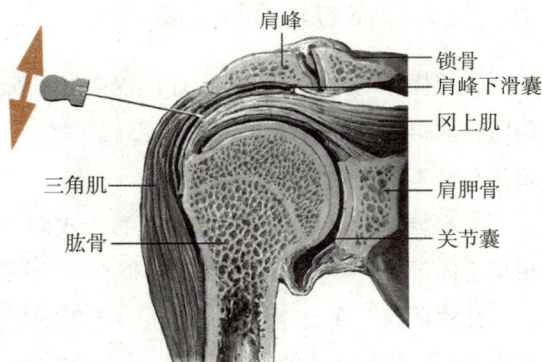

图 5-17　纵行摆动法

3. 通透剥离法　针刀达病损部位后，在相邻组织之间，与相邻组织界面水平摆动针刀以达到分离粘连的目的。适用于相邻组织平面之间发生的粘连进行分离治疗，如肌肉与韧带粘连、韧带与韧带粘连或膝关节髌韧带与脂肪垫大面积粘连处。本法操作幅度大，松解彻底，适用于肌肉、肌腱粘连比较严重的部位治疗。（图5-19）

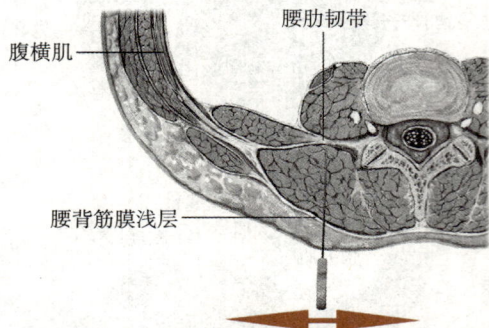

图5-18　横行摆动法

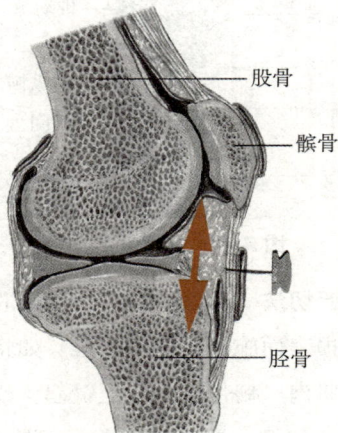

图5-19　通透剥离法

（三）神经触激术

神经触激术适用于神经病变。将刀口线和神经纵轴平行，针刀刺入直达神经干表面并触激神经，患者出现放电感即止的方法。操作中不可过度触激而损伤神经，有条件者可选用钝头针刀进行操作。（图5-20）

虽然在临床上针刀治疗的行针方法很多，但总体来说不外乎上述两类松解法及神经触激法，更多的是将这些方法在不同部位或不同疾病上的灵活运用而已。如病变层次深时可用直刺的方法进入深层病灶进行治疗，病变层次较浅时可以用平刺的方法在皮下病灶处进行松解。

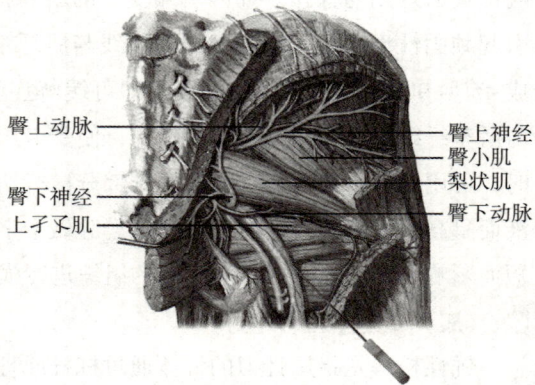

图5-20　神经触激术

五、针刀操作的角度和深度

针刀操作的角度是针刀治疗过程中保证安全和取得疗效的关键，精准的针刀方向可以直至病所，取得明显疗效而不伤及治疗局部其他脏器及血管、神经。因此，在进行针刀治疗时一定要注意针刀操作的角度。

大部分针刀操作的角度要求垂直于皮面，也就是说针体与身体的纵轴或横轴成90°角，但根据不同部位、不同治疗目的、不同松解范围，针刀操作的角度会发生变化。

1. 枕项部　在治疗枕部枕骨上、下项线之间及枕下三角区域时，患者俯卧位，医师坐于患者头侧，针体与身体的纵轴夹角应小于90°角，使针刀刃朝向头顶部，可以保证治疗过程中针刀不会损伤脊髓。项部的治疗要求针刀体与身体的纵轴成30°～60°角，使针刀刃朝向足部，因为颈椎棘突成向下排列状，这样的角度可以保证在操作时，有棘突的阻挡针刀不至于误入脊髓腔。

2. 胸腹部、腰背部及臀部　针刀治疗一般要求针刀体与身体的纵轴或横轴成90°角。如在治疗肩胛提肌损伤时，针刀刃朝肩胛骨内侧角，针刀体方向朝外下，在俯卧位时针刀体与身体的纵轴和横轴成 30°～60°角；在处理冈上肌损伤时，则针刀刃朝下，即针刀体与身体纵轴成 30°～60°角；在治疗冈下肌、大圆肌、小圆肌时，针刀刃朝对侧，即针刀体与身体横轴成 30°～60°角。

3. 肩及四肢部　在肩部，针刀松解喙突治疗肱二头肌短头时，左手按住喙突，针刀刃朝下外不离喙突，即针刀体与身体横轴成 30°～60°角。在肘关节进行针刀治疗时，针刀刃一般垂直于皮面或朝外侧；在膝关节治疗时针刀刃一般垂直于皮面。

在针刀治疗过程中，一般要求针刀必须到达治疗部位的骨面。进针刀时根据患者的体型肥瘦、不同部位和治疗需要，治疗深度要求不一，总的原则是必须使针刀刃到达所要治疗的肌肉、肌腱和韧带。四肢部尤其是上肢部，肌肉比较薄弱，针刀治疗宜浅；胸部进针刀宁浅勿深，并且在治疗时针刀刃一定要顶着肋骨骨面，以免进入胸腔。腰背部肌肉比较丰厚，一般进针刀稍深 2～4cm 即可。臀部有比较粗大的肌肉覆盖，故进针刀深度宜深，一般在 3～6cm。

六、出针刀法

出针刀法是治疗完毕后，将针刀拔出并覆盖无菌敷料的操作方法。

出针刀时应先以左手持纱布按压住针孔周围皮肤，将针刀轻巧地直接垂直于皮肤向外拔出。动作应轻巧，随势提出，不能妄用强力，以免发生意外。若拔针刀后，针孔有出血，可用消毒纱布或无菌干棉球在针孔处轻轻按压片刻即可。最后用创口贴或无菌敷料覆盖针孔。

【思考题】

1. 针刀入路有哪些？

2. 针刀治疗技法有哪些？

第三节　针刀术后手法

针刀术后手法是在行针刀术后，医师根据病情需要，通过手法加强针刀治疗作用的一种辅助疗法，是经过几十年临床反复实践所形成的精细入微、疗效可靠的一整套手法治疗体系。

针刀治疗对病变部位难以做到彻底松解，需要手法松解配合以达到最佳疗效。另外，涉及小关节微小移位的疾病也必须施以恰当的整复及松动手法进行辅助治疗。

一、牵拉手法

（一）颈前肌群牵拉手法

1. 颈阔肌　患者取仰卧位，嘱其头颈部侧屈并旋转至健侧，医师一手在患侧锁骨下窝处下压固定，另一手压住患侧颞部做反向推动，持牵张状态，并嘱患者向患侧旋转头部，与医师牵拉运动做对抗。保持 10 秒钟后放松，反复操作 2～3 次。操作时注意手法固定，头部不要过度后屈，防止造成颈动脉或椎动脉血流受阻从而出现眩晕、呕恶症状，如患者有颈部动脉硬化症或动脉血管内的斑块则不适合长时间作牵拉下的对抗运动。（图 5-21）

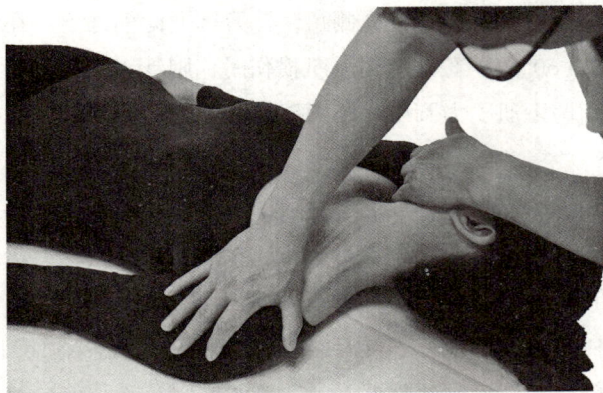

图 5-21   颈阔肌牵拉手法

2. 前斜角肌   患者取仰卧位，医师将一手放于患者枕后部做固定，另一手的拇指或第一掌骨按在胸锁交界处，将患者头部抬起，使颈椎前屈、旋转并侧屈至健侧。保持 10 秒钟后放松，反复操作 2~3 次。（图 5-22）

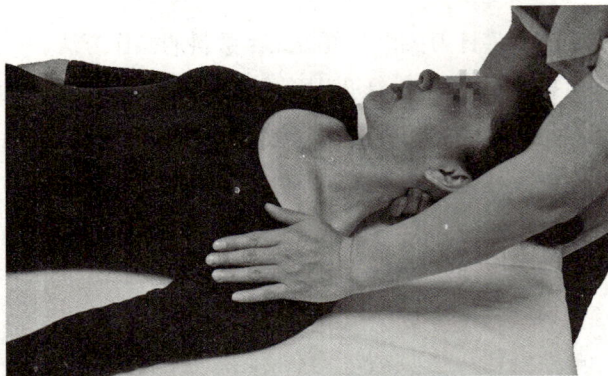

图 5-22   前斜角肌牵拉手法

（二）颈后肌群牵拉手法

1. 颈半棘肌   患者取俯卧位，嘱患者将头颈部轻微侧屈至健侧，医师双手交错，一手手掌大鱼际按在患侧第 2~5 颈椎横突处，斜向上推至头枕部，另一手手掌大鱼际按在同侧第 1~6 胸椎横突处，斜向下推做反向推动，持牵张状态。保持 10 秒钟后放松，反复操作 2~3 次。（图 5-23）

图 5-23   颈半棘肌牵拉手法

2. 头夹肌　患者取仰卧位，头部略前屈侧弯至健侧，医师一手环抱患者乳突与枕骨以支撑患者头部做固定，另一手自第 5~7 颈椎横突处斜向下至第 1~3 胸椎逐节段拉伸，双手同时向两侧用力拉伸持牵张状态。同时利用身体与固定手将患者头颈部侧弯至对侧，保持 10 秒钟后放松，反复操作 2~3 次。（图 5-24）

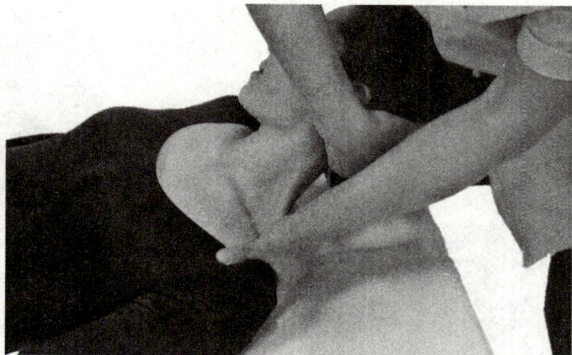

图 5-24　头夹肌牵拉手法

（三）背部肌群牵拉手法

1. 斜方肌中部　患者取俯卧位，双手自然下垂于身体两侧，医师立于床头，双手交叉置于对侧肩胛骨嵴，下压肩胛骨向对侧推动，持牵张状态。保持 10 秒钟后放松，反复操作 2~3次。（图 5-25）

2. 斜方肌下部　患者取俯卧位，双手上举过头，医师立于床头，双手置于双侧肩胛骨嵴，身体前倾下压肩胛骨向下向外牵拉，持牵张状态。保持 10 秒钟后放松，反复操作 2~3 次。（图 5-26）

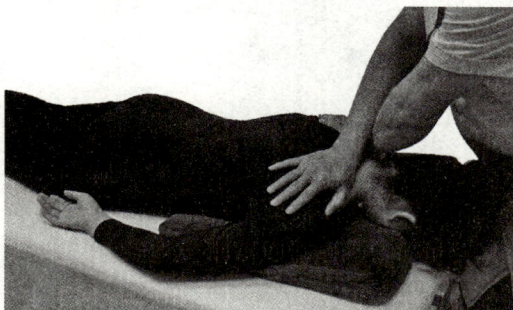

图 5-25　斜方肌中部牵拉手法

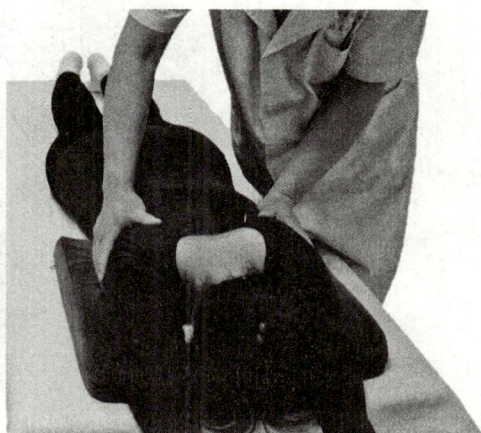

图 5-26　斜方肌下部牵拉手法

（四）下肢肌群牵拉手法

1. 臀中肌　患者取俯卧位，健侧自然伸直，患侧脚落于地面，令髋关节可完全屈曲，医师以对侧手掌根部置于健侧髂骨嵴以固定骨盆，另一手按压在患侧髂骨嵴处向下向外牵拉，持牵张状态。保持 10 秒钟后放松，反复操作 2~3 次。（图 5-27）

2. 梨状肌　患者取仰卧位，患侧屈髋屈膝，医师一手全掌覆盖患侧膝关节面以固定膝关节，略下压以防止髋部抬起，令髋关节尽可能屈曲并外展外旋45°～60°，另一手以全掌按压于患侧股骨大转子前内侧面处，向肌腹方向逐步牵拉，持牵张状态。保持10秒钟后放松，反复操作2～3次。（图5-28）

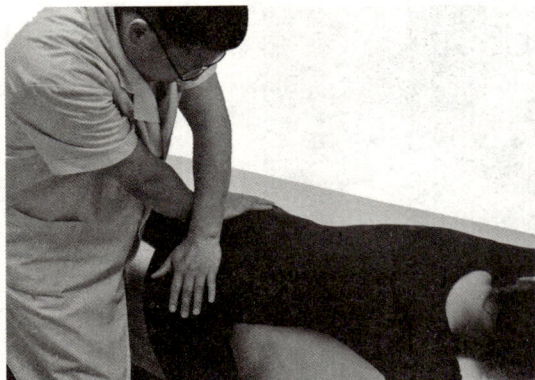

图5-27　臀中肌牵拉手法

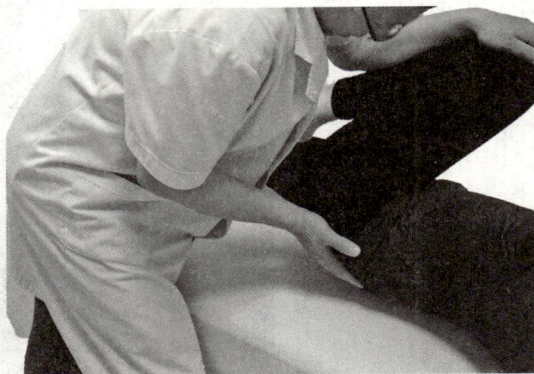

图5-28　梨状肌牵拉手法

3. 缝匠肌　患者取仰卧位，嘱患者健侧屈髋屈膝并双手合抱膝关节，另一脚悬放床外，伸直髋膝关节，医师一手握住患侧踝关节外侧，带动患者小腿内旋至最大角度以固定，另一手掌根部自胫骨粗隆内侧向肌腹方向逐步按压，持牵张状态。保持10秒钟后放松，反复操作2～3次。（图5-29）

图5-29　缝匠肌牵拉手法

4. 股薄肌　患者取仰卧位，嘱患者健侧屈髋屈膝并双手合抱膝关节，患侧脚悬放于床外，伸直髋膝关节，医师一手握住患侧踝关节外侧，带动患肢髋关节外展外旋以固定，另一手自胫骨粗隆内侧向肌腹方向逐步牵拉，此过程防止患侧髋部屈曲，并下压髋部使其后伸外展，持牵张状态。保持10秒钟后放松，反复操作2～3次。（图5-30）

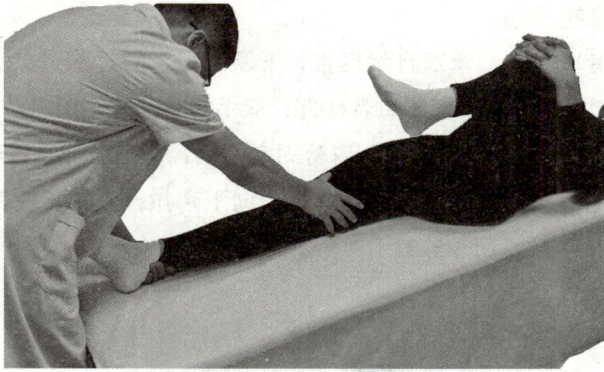

图 5-30　股薄肌牵拉手法

5. 半腱肌　患者取仰卧位，医师站立于患侧，令患肢髋膝关节伸直并将足部上抬至医师外侧肩部，一手固定膝关节，令患肢外展外旋 30°~45°，另一手自胫骨内髁向肌腹方向逐步牵拉，持牵张状态。保持 10 秒钟后放松，反复操作 2~3 次。（图 5-31）

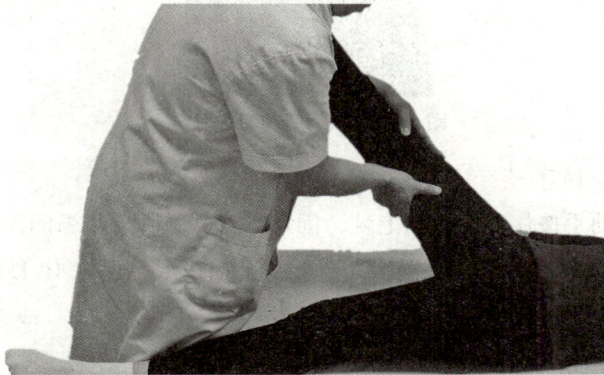

图 5-31　半腱肌牵拉手法

（五）臂丛神经牵拉手法

患者取坐位，医师一手按压患侧颈部，使头部稍偏向对侧，一手握住患肢腕部，使其伸直，双手同时向两侧用力拉伸，保持 10 秒钟后放松，反复操作 2~3 次。（图 5-32）

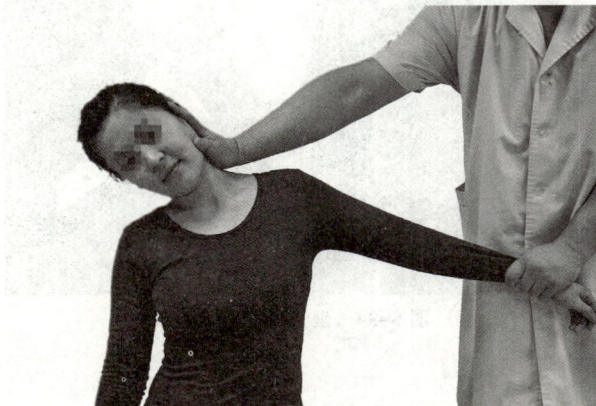

图 5-32　臂丛神经牵拉手法

（六）颈肩肌肉牵拉手法

以左侧为例，患者取坐位，背部自然挺直，下颌部尽量靠近胸壁，头部向右旋转约 45°，医师左手压住患者左侧肩部，右手置于患者枕部，双手同时向外侧用力拉伸左侧肩胛提肌，持续约 10 秒钟后放松；然后令患者仰卧位，肩膀固定不动，左上肢伸直置于体侧并尽量伸向足部，医师立于患者左侧，双手握住患者腕部并尽力向下牵拉，以拉长左侧斜方肌上部，约 10 秒钟后放松，可重复 2～3 次。（图 5-33）

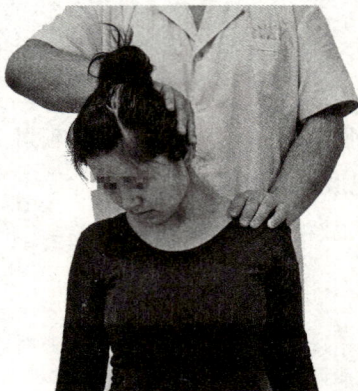

图 5-33　颈肩肌肉牵拉手法

（七）坐骨神经牵拉手法

患者取仰卧位，助手按住双侧髂前上棘，固定骨盆；医师立于患侧，一手握住踝关节，一手扶住膝关节前方，保持伸膝位，缓慢抬高患肢至上抬极限，保持 10 秒钟后放松，回到起始抬高角度，反复 2～3 次。（图 5-34）

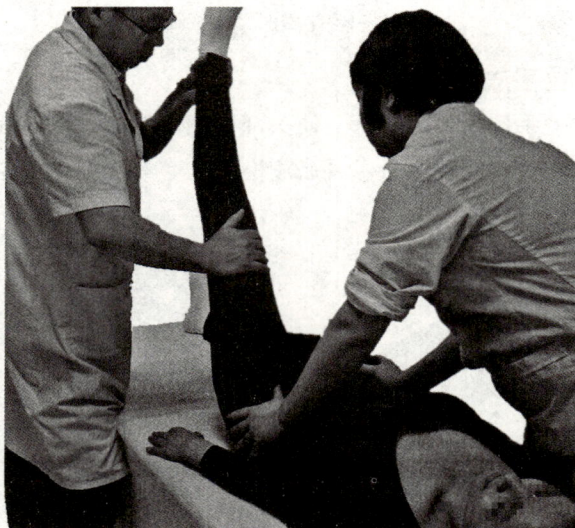

图 5-34　坐骨神经牵拉手法

（八）腰背肌肉牵拉手法

患者取侧卧位，下位下肢伸直，上位下肢屈曲，医师面对患者站立，一肘部抵住患者肩前部，另一肘部抵住髂后上棘部位，相对用力使腰椎被动旋转至最大限度后持续用力，向上下牵拉 10 秒钟，施术时可闻及关节弹响声，反复 2～3 次后再对另一侧斜向拉伸。（图 5-35）

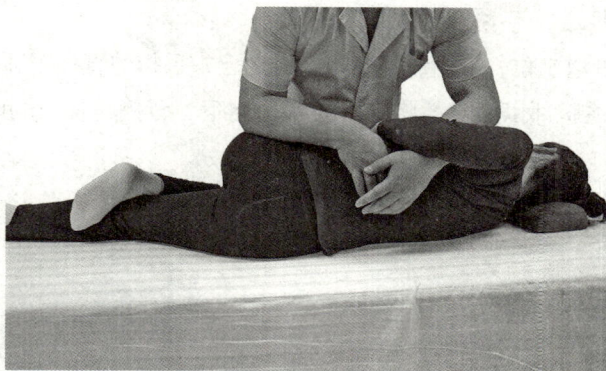

图 5-35　腰背肌肉牵拉手法

（九）肱二头肌牵拉手法

患者取坐位，嘱患者屈曲肘关节，医师立于患侧，一手握住腕部，一手固定肩关节，和患者做对抗牵拉，此时医师缓慢拉伸患者前臂使肘关节拉直后，保持10秒钟，反复2~3次。（图 5-36）

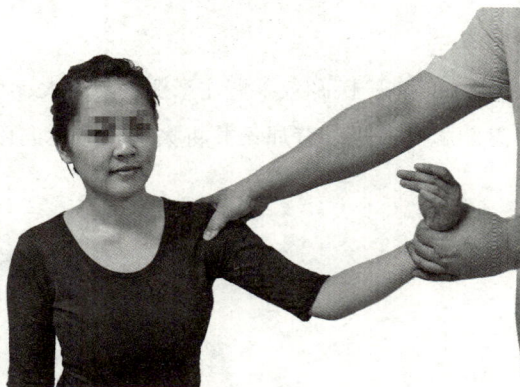

图 5-36　肱二头肌牵拉手法

（十）前臂伸肌牵拉手法

以左侧为例，患者取坐位，左上肢伸直，掌心向下，医师立于对面，左手握住其手掌，右手握住其手腕使其肘关节处于伸直状态；然后将其左手掌向下、后侧拉伸，同时向外侧旋转，反复2~3次。（图 5-37）

图 5-37　前臂伸肌牵拉手法

（十一）前臂屈肌牵拉手法

以左侧为例，患者取坐位，左上肢伸直，掌心向上，手指伸直，医师立于患者对面，左手握住其手掌，右手握住腕部以固定，将患者左手掌向下、背侧拉伸，同时向内侧旋转，反复2～3次。（图5-38）

图 5-38　前臂屈肌牵拉手法

（十二）腕横韧带牵拉手法

患者取坐位，前臂伸直掌心向下。医师双手握住患侧手掌的大、小鱼际，并令患者伸直五指，缓慢拔伸的同时，将患侧腕关节极度背屈，并将大、小鱼际向两侧振动，反复2～3次。（图5-39）

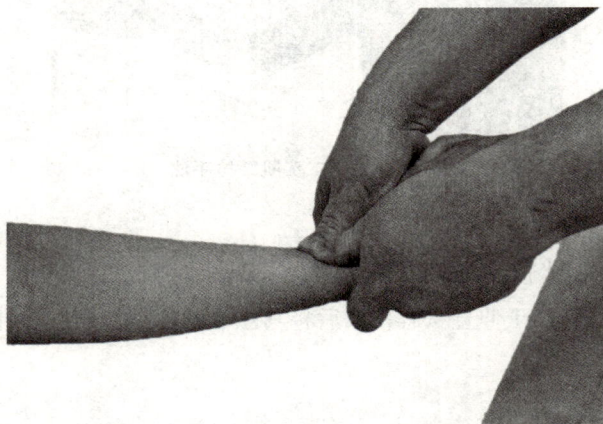

图 5-39　腕横韧带牵拉手法

（十三）股四头肌牵拉手法

患者取俯卧位，患肢尽可能屈曲。医师站立于患侧，面向患者足部，双手交叉置于患肢踝部，轻压腿部使其足跟靠近臀部，直到患者感觉到股四头肌受到牵拉，保持该体位10秒钟，但不要向膝盖施压，然后嘱患者深吸气并放松，使患肢回到起始屈曲状态，如此反复2～3次。如患者腰部有不适感，要立即停止，并在髋部下方垫枕，以减少腰部的压力，再重新开始牵拉。（图5-40）

NOTE

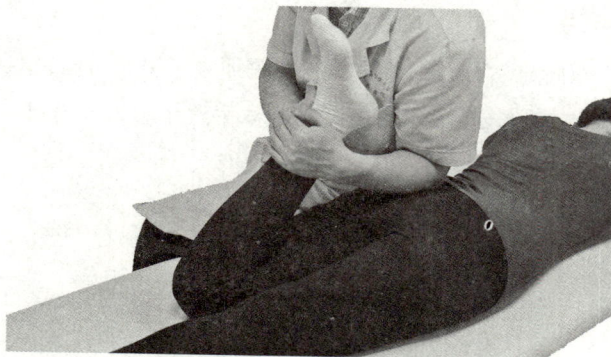

图 5-40　股四头肌牵拉手法

（十四）跟腱牵拉手法

患者取仰卧位，下肢伸直，医师用一手托住患肢足跟部，另一手握住患足的掌趾结合处，两手同时拔伸踝关节，并使踝关节极度背屈，保持 10 秒钟，反复 2~3 次。（图 5-41）

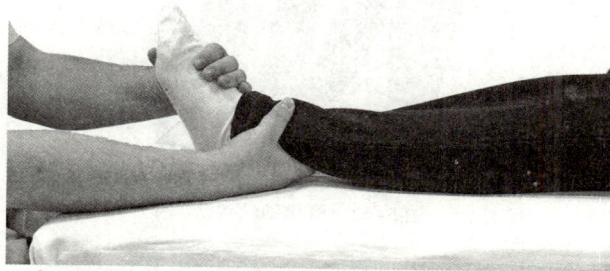

图 5-41　跟腱牵拉手法

二、助动手法

针刀术后的助动手法，是在医师的辅助下，患者主动运动终末关节附属运动受限时，给予其完成关节全范围活动的手法。此类手法能够瞬间牵张挛缩或粘连的纤维组织，进一步改善关节的活动度，恢复其生理功能。但仍需注意，手法操作时，不可超过关节活动的生理范围；瘢痕粘连较重者，需反复进行针刀松解后，再配合手法治疗。

（一）颈椎助动手法

患者取坐位，双手垂于体侧，颈肩部放松。医师一手扶住患者的头枕部，另一手托住患者下颌，嘱患者做缓慢地前屈、后伸、左侧屈、右侧屈的动作，在患者主动运动受限时，顺势给予轻巧快速推按以改善颈部的活动范围。（图 5-42）

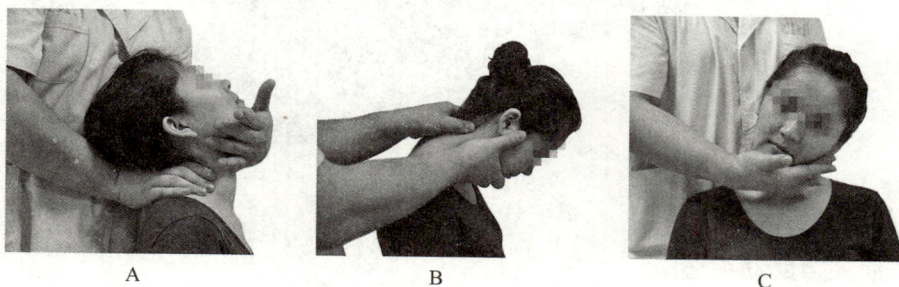

A　　　　　B　　　　　C

图 5-42　颈椎助动手法

NOTE

（二）腰椎助动手法

1.患者取站立位，双脚自然分开，弯腰前屈，医师立于患者对面，双手置于患者身体两侧以保护患者，嘱患者身体前倾，至极限角度时医师双手置于患者肩背部，轻轻向前弹压一下，以增大前倾的角度。（图 5-43）

图 5-43　腰椎助动手法

2.患者取俯卧位，一助手立于患者头侧固定患者腋下。医师双手托住患者双踝关节，两臂伸直，身体后仰，与助手相对用力做反向拉伸，使患者腰部持牵张状态，待患者腰部放松后，医师身体先向前，然后后仰，瞬间用力，上下抖动 3～5 次，使患者腰部抖动的幅度至极限。（图 5-44）

图 5-44　腰椎助动手法

（三）肩关节助动手法

1.患者取坐位，上臂外展，医师立于患者患侧，一手托握住患者腕部，一手置于肩关节处固定，令患者主动的分别做外展、内收、背伸动作，在主动运动至受限角度时顺势做上抬、内推、上提患肢，以扩大患侧肩关节的活动度。（图 5-45）

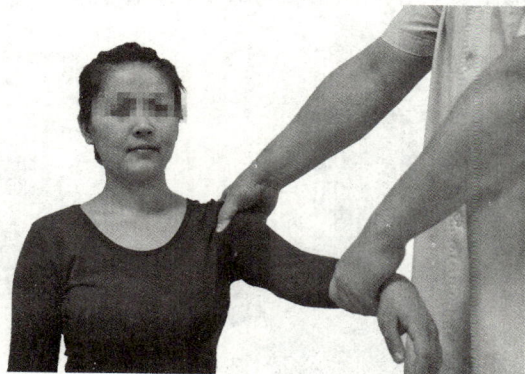

图 5-45　肩关节助动手法

2. 患者取坐位，以右肩为例。医师站立于患侧后方，左手扶按患者的右肩，右手握住患者的右腕部以固定，环旋摇动患者的肩关节。亦可用右手托住患者的右肘，环旋摇动患者的肩关节。（图 5-46）

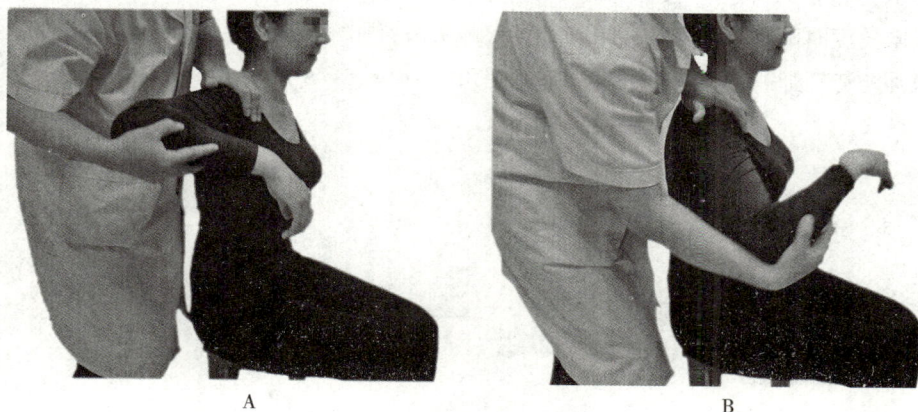

A B

图 5-46　肩关节助动手法

（四）肘关节助动手法

患者取坐位，医师立于患者患侧，一手握住患者腕部，一手托住患者肘关节，嘱患者自然伸直前臂，至极限角度时医师顺势轻弹一下，以扩大肘关节活动角度；同时在患者屈肘至受限时，顺势弹压以扩大肘关节屈曲角度。（图 5-47）

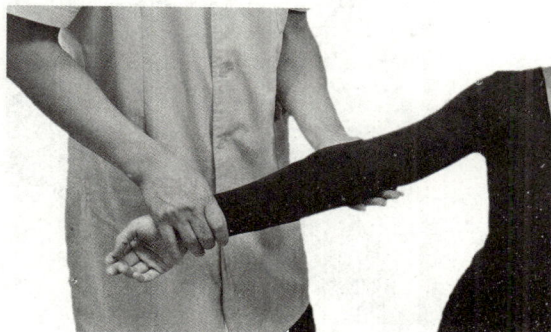

图 5-47　肘关节助动手法

NOTE

（五）前臂助动手法

患者取坐位，医师立于患者患侧，一手握住患者腕部，一手托住患者肘关节，带动患肢做肘部屈曲、前臂旋转运动，旋转至极限角度时医师顺势进一步轻轻旋转，以助患者扩大前臂旋前运动角度。（图 5-48）

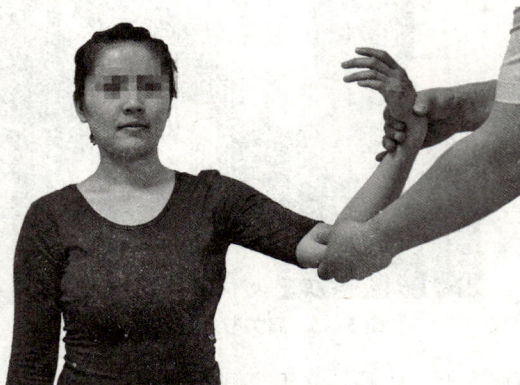

图 5-48　前臂助动手法

（六）腕关节助动手法

患者取坐位，医师立于患者患侧，一手握住患者手掌，一手托住患者前臂，嘱其手掌背屈，至受限角度时医师顺势轻弹一下，以扩大腕关节背屈角度；而后嘱患者手掌掌屈，至极限角度时医师顺势轻弹一下，以扩大腕关节掌屈角度。（图 5-49）

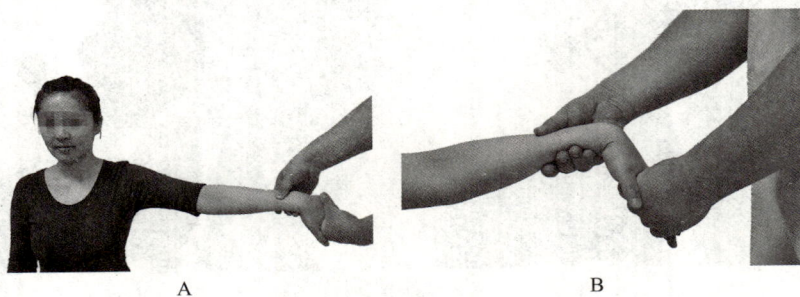

A　　　　　　　B

图 5-49　腕关节助动手法

（七）手指助动手法

患者取坐位，医师立于患者患侧，一手握住患者手掌，一手拉住其患指，嘱患者伸直患指，至受限角度时医师顺势轻弹牵拉一下，以恢复其伸指功能；反之，患者在屈指至受限角度时，给予顺势按压一下，以恢复其屈指功能。（图 5-50）

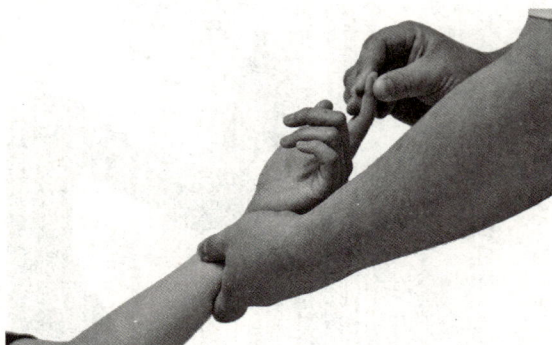

图 5-50　手指助动手法

（八）髋关节助动手法

以左侧髋关节为例，患者取仰卧位，医师立于患者左侧，嘱患者先主动左下肢屈髋屈膝，医师左手握住左踝，右手置于患者胫骨上端，带动髋关节进行外展、外旋运动，使髋、膝关节极度屈曲，再使髋关节极度内收、内旋，最后伸直左下肢，待辅助运动受限时顺势快速加大按压力量，以扩大髋关节活动范围。（图 5-51）

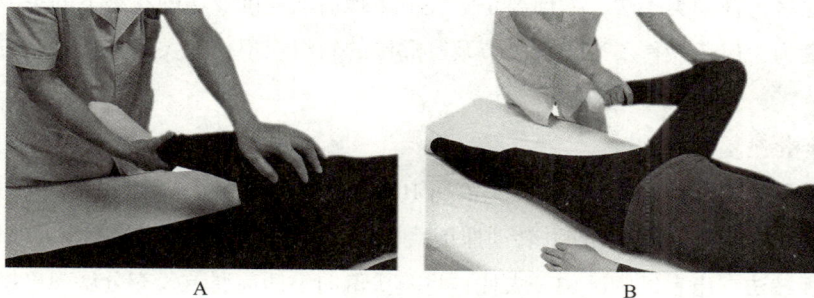

A　　　　　B

图 5-51　髋关节助动手法

（九）膝关节助动手法

患者取仰卧位，医师立于患者患侧，患者屈髋屈膝，医师一手卧住患者踝部，一手置于膝关节上，嘱患者主动伸直膝关节，待到伸膝受限时，双手分别给予快速牵拉、按压力，以恢复膝关节伸膝功能；患者俯卧位尽量屈曲膝关节，至关节受限时医师顺势按压小腿趋向臀部，以改善屈膝功能。（图 5-52）

图 5-52　膝关节助动手法

（十）踝关节助动手法

患者取仰卧位，医师一手托住患者患侧足跟部，一手握住患侧足背，待患者充分背屈至受限角度时，顺势按压一次；当患足跖屈至最大受限角度时，医师加大力度，顺势牵拉足背，促使关节恢复正常活动角度。（图 5-53）

图 5-53　踝关节助动手法

三、整复手法

针刀术后的整复手法，是以医师手法为主的各种术式作用于脊柱关节及其周围肌肉以达到治疗目的的一种手法，起到纠正脊椎及骨盆解剖位置失常、解除痉挛及松解粘连、缓解和消除疼痛等作用。

此类手法多为被动类手法，术前要了解关节生理活动范围及病理状态下的关节活动度，不可突然使用猛力，以免操作不当导致关节及其周围的软组织损伤。关节被动运动应当在生理范围内进行。

（一）颈椎整复手法

1. 侧头摇正手法　患者侧卧去枕，头前屈 10°~30°，医师一手托其头部，一手拇指"定点"于患椎关节下方，将头抬起做侧屈并转动摇正。临床适用于钩椎关节旋转式错位。（图 5-54）

2. 挎角扳按法　患者健侧卧位，去枕，将其头偏向健侧前屈位，充分展现患椎关节，医师双手拇指轻弹其下位颈部紧张之肌肉，做滑膜嵌顿的诱导松解（肩胛提肌或夹肌），使嵌顿之滑膜推出。揉捏颈肌使其放松后，医师一拇指"定点"于患椎关节隆起之下方，另一手扶其头顶或额部，先将头扳向健侧，向前外侧 45°方位，后斜向后外侧 45°方位，如此斜向扳动按压关节面。临床适用于第 2~4 颈椎后关节滑膜嵌顿并错位者。（图 5-55）

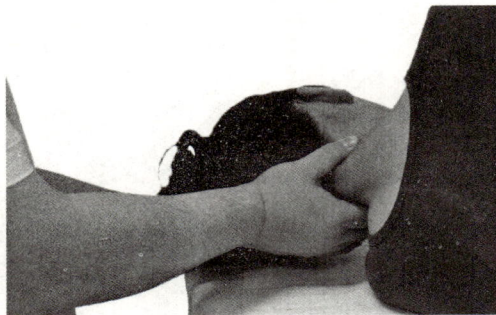

图 5-54　侧头摇正手法

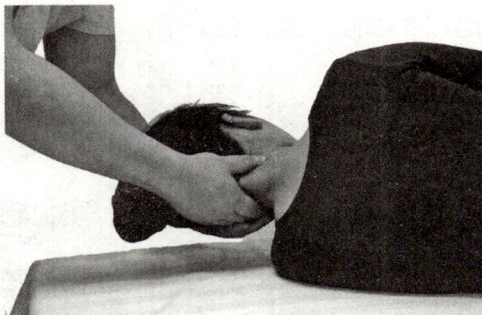

图 5-55　挎角扳按法

3. 仰头推正法　患者俯卧去枕，医师用拇、示二指夹持其向后突起的棘突两旁椎板处作为"定点"，另一手托其下颌，将其头做前屈后仰活动。当仰头时，"定点"之手稍加力向前推动，使之在运动中推正。有滑脱错位者，推正时双手加力将头向头顶方向牵引，复位效果更好。临床适用于各颈椎前后滑脱式错位，尤其对颈轴反张者有效。（图 5-56）

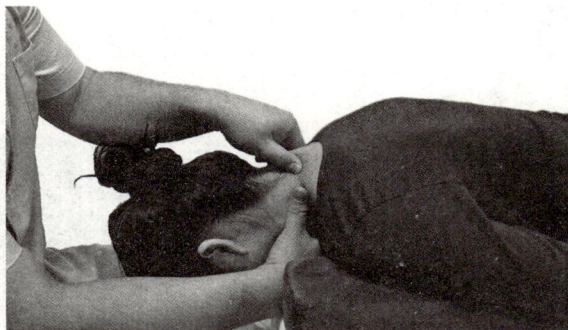

图 5-56　仰头推正法

4. 仰头牵抖法　患者仰卧平枕，医师一手托其下颌，一手托枕部向头顶方向牵引，同时两手托其头部做上下抖动。边牵引边抖动，最后将患者从仰卧位向上牵抖至坐位。临床适用于颈椎前后滑脱式错位，尤其是颈椎后滑脱者。（图 5-57）

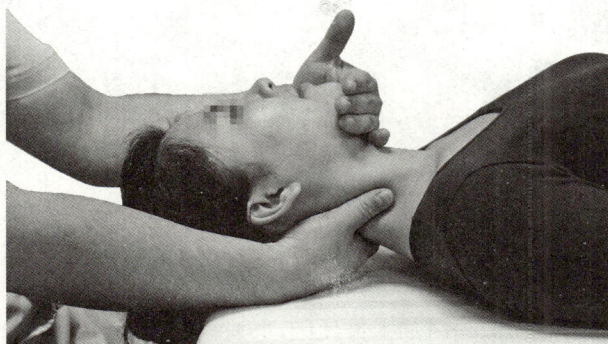

图 5-57　仰头牵抖法

（二）胸椎整复手法

1. 俯卧高垫胸扳按法　患者取俯卧位，头颈伸出床外并前屈，胸下垫枕。医师面对其头部而坐，以第 1 胸椎棘突左偏为例，医师左手扶托其头部，将其面向左转，右手拇指按于第 1 胸椎棘突左侧。当医师左手把患者头向左扳的同时，右手拇指将患难棘突向右推。可重复 2~3 次。临床适用于颈胸交界处或第 1~2 胸椎左右旋转式错位。（图 5-58）

2. 按胸椎法　患者取俯卧位，医师双掌相叠置于患者第 1 胸椎处，嘱患者先吸气，当呼气末向下按压，自上而下有节律地进行按压。本法操作时，常可闻及"嚓""嚓"弹响声。临床适用于背部软组织劳损、粘连、颈项肩背痛、胸闷、气短等。（图 5-59）

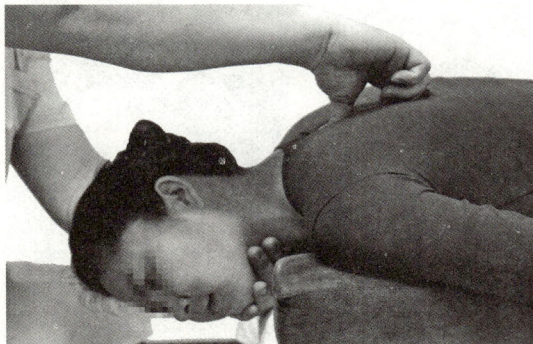

图 5-58　俯卧高垫胸扳按法

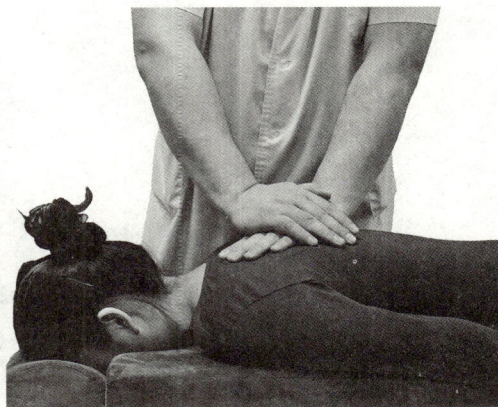

图 5-59　按胸椎法

3. 坐位旋转复位法　以右侧病变为例。患者取坐位，身体放松，两臂自然下垂，助手位于患者左前方，用双腿固定患者下肢，双手固定患者两侧髂嵴。医师位于患者右侧后方，右手从患者胸前向左握住患者左肩上方，右肘部卡住患者右肩部，左手拇指顶按于偏向右侧之棘突。嘱患者做前屈、右侧弯及旋转动作，待脊柱旋转力传到左手拇指时，用力把棘突向左上方顶推，即可感到指下椎体轻微错动，且常伴响声，表示复位。临床适用于有棘突偏歪者。（图 5-60）

NOTE

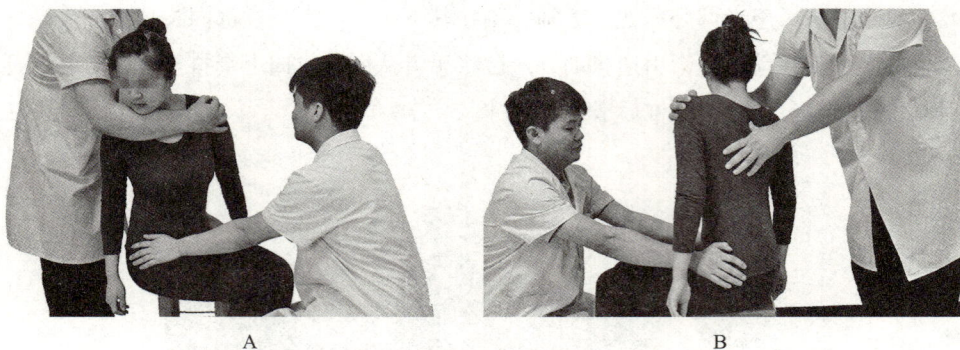

图 5-60　坐位旋转复位法

（三）腰椎整复手法

1. 双手重叠直接冲压法　患者取俯卧位，医师两手叠掌置于施术部位，双肘垂直，利用上身重量垂直按压，当患者腰肌放松时加上冲压闪动力，重复 2～4 次。亦可用两个枕头把冲压处悬空，腰部所需冲压力大些。临床适用于腰椎后凸及侧弯者。（图 5-61）

2. 坐式旋转摇扳法　以第 3 腰椎棘突偏左，第 4 腰椎棘突偏右为例。患者取坐位，助手坐于患者左前方，用双膝双手夹持患者左大腿，医师立于患者背后，嘱患者双手互抱，医师右手从患者右肩侧伸出，抓住患者左肩臂部，左手扶按于患者左侧腰骶关节右侧，拇指按住第 5 腰椎棘突左旁，嘱患者腰背放松，徐徐将患者拉动向前弯腰并向右转，先左右摇动 2～3 下，使患者适应后，将其转至右侧最大角度时，再加一闪动力转动，左拇指在"定点"处加阻力。按以上方式做左转方向复位。助手固定患者右腿，医师右拇指"定点"于患者第 4 腰椎棘突右旁固定，其余操作同上述程度，将第 3～4 腰椎后关节复正。此法如无助手，可令患者骑坐于床上或抵靠木椅上而将其下肢固定即可。临床适用于左右旋转式腰椎后关节错位者，胸腰椎其他错位类型可作为辅助手法。（图 5-62）

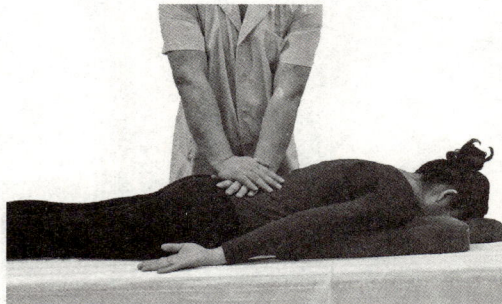

图 5-61　双手重叠直接冲压法

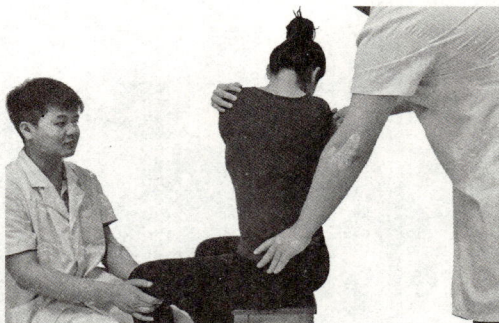

图 5-62　坐式旋转摇扳法

3. 侧卧扳按法（又称斜扳法）　以第 4 腰椎棘突偏右为例（第 3 腰椎棘突左突、第 4 腰椎棘突右突、第 5 腰椎棘突左突）。患者取右侧卧位（先做健侧），右下肢伸直，左下肢屈髋、屈膝，放于右大腿内侧上，右手放于枕上，左手屈肘放于身旁，头略后仰。医师面对患者立于床边，左手伸直抓扶患者左肩锁骨部，右手掌按扶于患者第 3～4 腰椎，右肘稍屈按压于左臀部，嘱其全身放松，医师双手同时轻松地将患者左肩、左臀部做前后扭转推摇 2～3 次，待感到患者已放松后，左手将其肩推向后固定，右肘用力将其臀部向前扳至最大角度，医师紧收右肘，加上身按压的闪动力，常可听到腰后关节"咔嚓"响声或在右手掌触及其第 3～4 腰椎后关节还纳时的弹跳感。患者转为左侧卧位，重复上述扳按法，此时医师以左手按扶其第 4～5 腰椎棘突上，复位方法相同。临床适用于左右旋转式腰椎后关节错位者，其余错位类型做复位辅助手法。（图 5-63）

4. 俯卧按腰扳腿法　以第 4 腰椎棘突棘突偏左后突为例（第 3 腰椎棘突右突、第 4 腰椎棘突左后突、第 5 腰椎棘突右突）。患者取俯卧位，双下肢伸直，医师立其左侧，左手掌按于第 4 腰椎棘突后突的棘突左旁，右手将患者右膝及大腿托起后伸，并渐扳向左后方，医师两手同时徐徐用力，并抬起放下往返 2～4 次，待其适应、腰部放松后，将其右下肢扳至左后方最大角度时，左掌加大按压力，右前臂加"闪动力"将其右下肢再加大而有限制的扳动一下，复位动作完成。其余类型可参阅此法类推。临床适用于旋转并反张的腰后关节错位、腰椎间盘突出症。（图 5-64）

图 5-63　侧卧扳按法　　　图 5-64　俯卧按腰扳腿法

（四）骨盆整复手法

1. 骶髂关节后伸运摇法

（1）俯卧后伸运摇法：患者取俯卧位，医师立于患侧，用一手按压在骶髂关节之处，另一手由患侧大腿下段前面穿入，用前臂上段托住，使患腿离床 10cm 左右，使患者骶髂关节处于后伸状态，伸到一定程度之后，再施弹性冲击法，有时可有移动感或发出"喀"的响声，再缓缓放下。（图 5-65）

（2）侧卧后伸运摇法：患者取健侧卧位，患侧在上，全身放松。医师立于患者背后，用一手推抵住骶髂关节处，另一手把住患者膝关节处，使患者骶部后伸到一定程度之后，再加用弹性冲击力 1 次，然后轻轻放下。（图 5-66）

以上两法临床适用于骶髂关节半脱位。

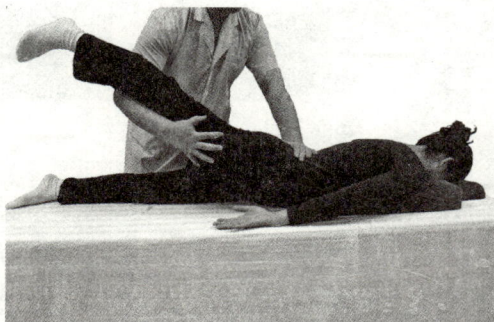

图 5-65　骶髂关节后伸运摇法　　　图 5-66　侧卧后伸运摇法

NOTE

2. 骶髂关节外旋运摇法 患者取仰卧位，将患者髋关节屈曲到120°。医师站在床尾，用一手按住健侧髂前上棘处，以做固定，另一手按住患侧髂前上棘处，约1分钟后，再做弹性冲击1~2次。临床适用于骶髂关节半脱位。（图5-67）

3. 骶髂关节内旋运摇法 患者取侧卧位，卧于床边沿，患侧屈髋屈膝。医师面对患者，一手扶住患侧大腿下段外侧，另一手按压住患侧髂前上棘处，两手同时下压1分钟后，再用弹性冲击力1~2次，然后缓缓松开结束。临床适用于骶髂关节半脱位，还可治疗耻骨联合分离、梨状肌痉挛、慢性损伤引起的坐骨神经痛。（图5-68）

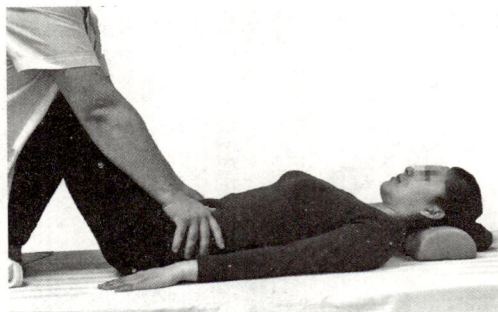

图5-67 骶髂关节外旋运摇法

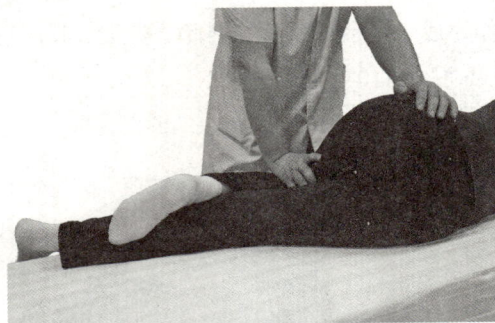

图5-68 骶髂关节内旋运摇法

4. 骶髂关节前屈运摇法 患者取仰卧位，患侧髋、膝关节尽力屈曲，医师站于患侧，右手按压屈曲的膝关节前下侧，左手扶住患侧臀上部位，医师右手用力向患侧的后方、下方按压1分钟左右，再用弹性冲击力1~2次，然后缓缓放下。临床适用于骶髂关节半脱位。（图5-69）

（五）膝关节整复手法

患者取俯卧位，医师立于患者患侧，医师用固定手的虎口处对准患肢腘窝处，将患者膝部固定在治疗床上，用手指触摸关节间隙，用活动手抓住患侧足踝上方，微微上抬足踝使膝关节屈曲，令活动手的手臂与患者小腿成一直线，沿小腿方向做拔伸运动，使膝关节松动，反复2~3次，然后缓缓放下。临床适用于膝关节活动受限。（图5-70）

（六）肩关节整复手法

1. 以右肩关节为例。患者取仰卧位，医师立于患者患侧，将左手拇指和鱼际肌高处放于锁骨外1/3，肩胛骨尖峰与内缘下部，用右手鱼际肌高处放在左手拇指上，以加强握力。双臂伸直，向头部方向行拿法；而后左手手指放在患侧锁骨头表面，用右手手指加强握力，医师身体向后移动，用伸直的手向患者足部做牵拉。临床适用于肩关节上提和下压受限。（图5-71）

2. 以右肩关节为例。患者取仰卧位，医师立于患者患侧，以右手小鱼际高处的压力来固定

图5-69 骶髂关节前屈运摇法

图5-70 膝关节整复手法

胸骨上端，左手手指置于锁骨上窝及锁骨下窝以握紧锁骨，并向上提升锁骨，感受到锁骨轻微松动，反复 2~3 次；而后在锁骨上做反向牵拉动作，增加肩胛骨回缩度，把左手拇指和鱼际肌高处放在患者锁骨腹面，用右手加在左手拇指上加强握力，医师身体前倾并透过伸直的手臂做反向牵拉动作。临床适用于肩关节前突和后缩受限。（图 5-72）

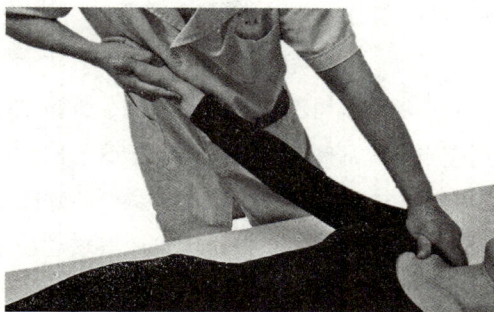

图 5-71　肩关节整复手法 1

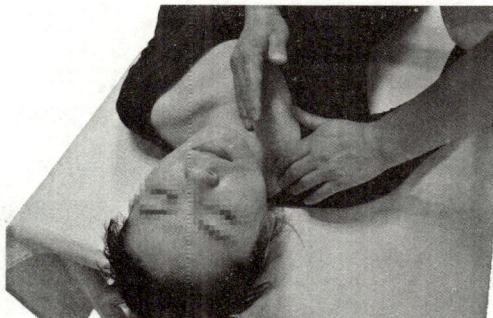

图 5-72　肩关节整复手法 2

第四节　针刀术后康复技术

康复治疗与训练是针刀医学的重要组成部分。针刀对组织间的粘连与关节活动受限的一些病理因素具有良好的治疗效果，还会对神经及肌肉、筋膜组织产生触激与激活，为疾病康复打下良好基础。康复的任务是优化运动控制程序，改善神经与肌肉或肌肉组织之间的功能协调。运动程序将各运动系统连接成为一个整体，使各系统之间协调统一，其通过正常的神经控制来完成。所以，康复的目标就是使运动控制更加精准，关节活动更加稳定、灵活，肌肉之间、肌肉与神经之间、肌肉与骨关节之间的关系更加协调。对于肌肉骨骼系统疾病康复而言，康复技术包含主动训练技术与被动调整技术，具体示例如下。

1. 抑制技术　筋膜释放技术、肌肉松弛技术、触发点清除技术。

2. 伸长技术　静态拉伸技术、肌肉能量技术、关节松动技术、神经松动技术。

3. 激活技术　等长收缩技术、等张收缩技术、离心收缩技术。

4. 整合技术　整合性动态动作训练技术，如动态神经肌肉稳定技术（DNS，Dynamic Neuromuscular Stabilization）、医学训练治疗技术（MTT，Medical Training Therapy）等。

本节重点介绍康复技术中的主动训练与激活技术，如呼吸训练、核心稳定性训练、神经肌肉激活训练等。并从功能稳定性训练入手，重建运动控制与核心稳定。另外，肌肉骨关节的疼痛有可能源于其功能障碍而非组织结构的病理变化。这一观点应给予足够重视，因为针刀善于解决组织的结构问题而不是功能异常。功能本身发生改变可能产生无组织病理变化的临床症状，解决这一问题就非针刀所宜，而须功能训练。临床表现主要与功能变化有关，而与组织结构性病理变化联系相对较少，如骨质增生、椎间盘突出等大多没临床表现。所以，若功能未受损害，即使存在病理变化也不会有明显表现。当然，病理变化若使正常功能受到损害，即会出现临床表现。功能是不同部位、不同结构之间作为一个整体相互关联，相互作用的结果。功能障碍是运动程序或结构间相互关联发生异常的表现。厘清损害源于功能障碍抑或组织结构病

NOTE

理变化非常重要。在康复训练中，注重训练动作的质量而不是运动的数量。注意正确的姿势控制，正确的呼吸模式与运动模式，还要避免疲劳与动作代偿产生。康复训练在针刀治疗前与治疗后均可进行。针刀治疗前的康复训练可以使针刀治疗的目标更加明确，治疗部位更加精准；针刀治疗后的康复训练可以进一步提高并巩固疗效且可减少复发，康复训练后组织的含氧量增加还可以促进组织的术后修复并促进肌肉骨关节正常功能的恢复。

一、呼吸训练

呼吸模式对姿势及核心控制发挥关键作用，呼吸力学的紊乱可产生神经、肌肉、骨骼系统的失衡，引起诸多功能障碍与疼痛。正常的呼吸模式应当是腹部和胸廓的圆筒状扩张与回缩而不仅仅是前后或上下运动，要像一个被吹起的气球在各个方向充盈。在膈式占主导的呼吸模式，呼吸频率一般在 8 ~ 12 次 / 分，呼气相时长为吸气的 2 倍。呼吸运动训练可改善核心稳定和运动控制；放松肌肉，降低肌张力；改善肌肉骨关节疼痛；增强肌肉耐力与体适能等。

呼吸训练方法简单易行，主要介绍以下 4 种训练方法。

（一）吹气球呼吸训练

1. 训练方法　仰卧屈髋屈膝 90°，双足蹬墙，膝间夹一个 10cm 大小的球。左手持气球，右臂伸展于头上方。鼻吸口呼，尾骨微微上卷上抬，骨盆后旋，下背贴于床面。不要用足踏墙而是足跟蹬住墙面。双膝夹紧球，应感到大腿后和内侧肌肉紧张。下面的动作应维持这一体位。

用鼻子吸气，缓缓吹起气球，气尽后舌抵上腭，勿使气外泄，并保持 3 秒。保持舌抵上腭，唇箍紧气球颈环，用左手辅助持稳气球再吹起。吹球时颈颊勿紧张。吹 4 次后捏住气球放气。放松后再次吹起，反复 4 次。每日训练 3 次。（图 5-73）

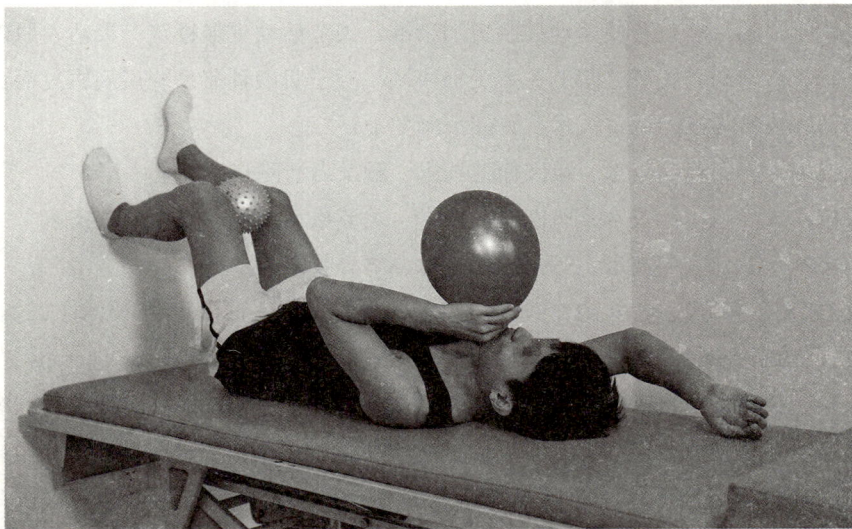

图 5-73　吹气球呼吸训练

2. 作用　易化腹肌活性同时抑制伸肌；在呼气终末时仍然激活腹肌以增加对合区；气球吹起后再次吹入，吸气时需同时抵抗原有气球空气压力，即 IAP，此将易化对合区。

3. 适应证　头颈痛，腰背疼痛，大转子滑囊炎，骶髂关节疼痛，哮喘，慢性阻塞性肺疾病，髋臼盂唇撕裂，膝前疼痛，胸廓出口综合征，坐骨神经疼痛等。

（二）坐姿呼吸训练

医师将手置于患者下肋部，在吸气时两手相对轻轻加压，提示患者对抗压力吸气，呼气时松手，以促进侧肋的扩张。（图5-74）

（三）仰卧呼吸训练

医师一手置于背部第9胸椎的位置，另一手相对置于剑突下，在吸气时两手相对轻轻加压，呼气时松手，以促进膈肌的运动。患者也可将一手放置于上腹部，另一手放置于下腹部，吸气时鼓腹抵抗手的压力，呼气时腹部自然放松。提示患者缓缓呼气，不要求腹部的过度活动。（图5-75、图5-76）

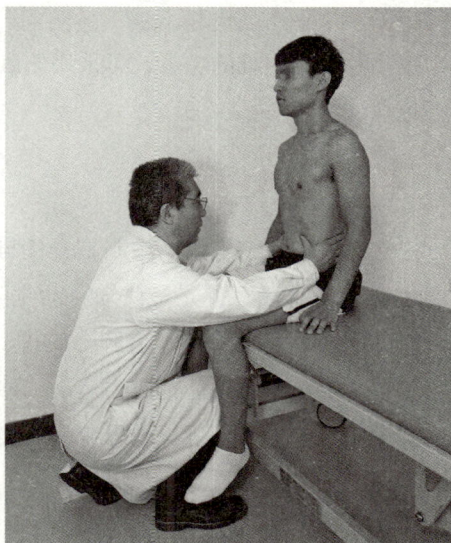

图5-74　坐姿呼吸训练

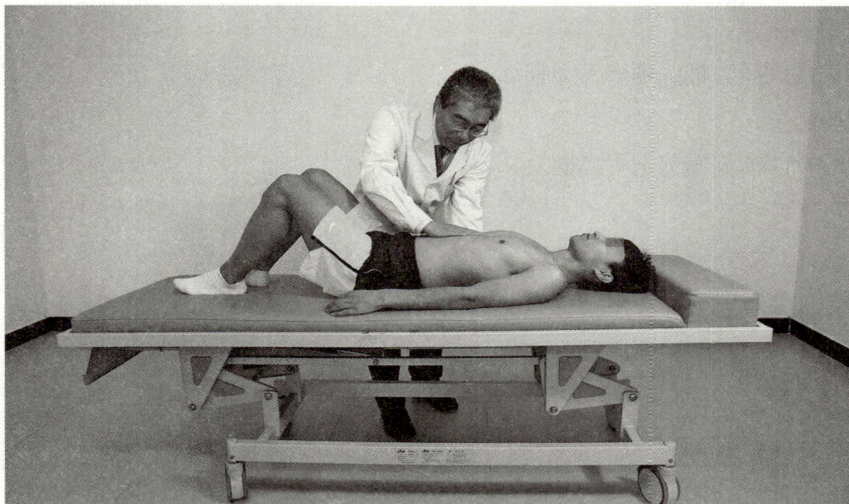

图5-75　卧位呼吸训练

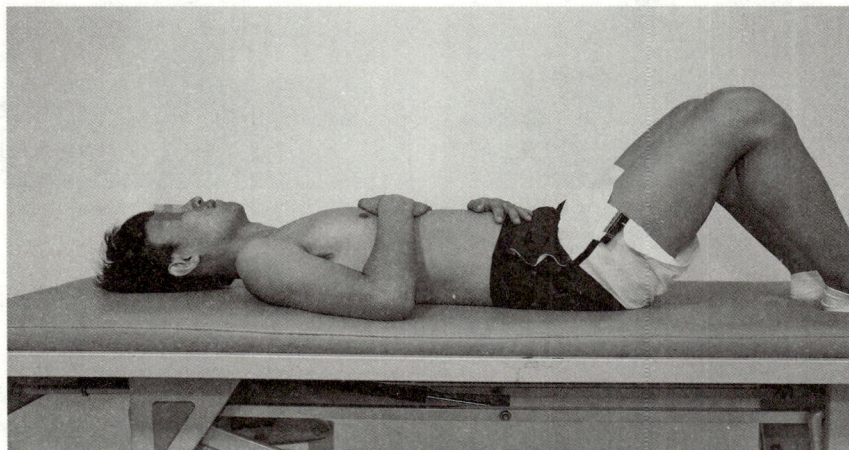

图5-76　卧位自我呼吸训练

（四）俯卧呼吸训练

腹式呼吸有困难的患者，可采用俯卧位训练。如采用鳄鱼式呼吸训练或俯卧在健身球上进行呼吸训练。

二、核心稳定性训练

正常的核心稳定与运动控制是脊柱与肢体实现功能的基础，核心稳定与控制的习得遵循固定的运动学习阶段。首先是认知－动觉阶段，也就是患者对运动控制能力的学习与感知。在此阶段，需感知腰－骨盆、肩胛－胸椎、颈－头枕等关键部位的运动；其次是运动学习阶段。要求患者学习在正常功能范围内运动，并且可使用关键部位进行更为复杂的训练；最后阶段是自主阶段，即不再需要意识或思考就能实现正常的活动。

（一）训练进阶原则

1. 从不负重到负重（重力）训练。

2. 简单到复杂，即从单平面运动到多平面运动；从等长收缩训练到向心收缩，再到离心收缩训练。

3. 速度由慢到快。

4. 耐力训练到肌力训练到爆发力训练。

5. 增加阻力。

6. 从稳定支撑面到不稳定支撑面。

（二）训练方法

1. cat-camel 式

适应证：热身或颈肩腰背疼痛或僵硬不适。

训练方法：四点跪位，正常呼吸，肩、肘、腕成一垂线，髋、膝上下垂直，手、膝分开与肩同宽，脊柱缓慢屈伸牵拉。（图 5-77）

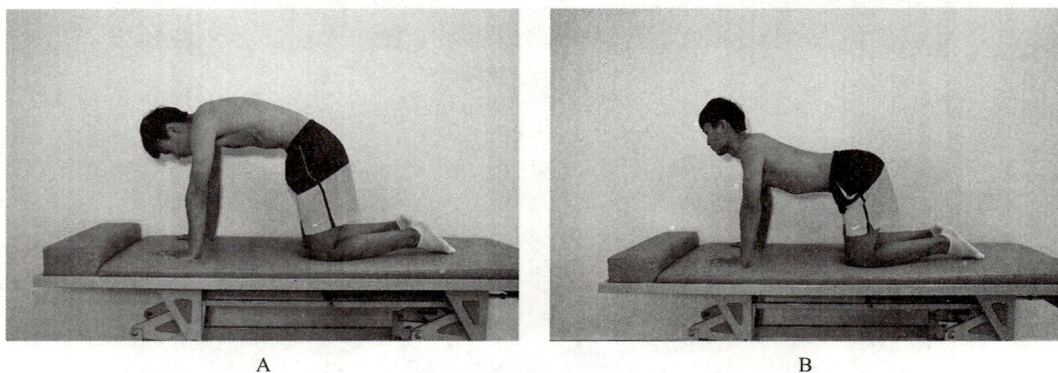

图 5-77　cat-camel 式

2. bird-dog 式

适应证：头颈肩疼痛及胸腰髋疼痛与伸展受限。

训练方法：四点跪位，腹壁绷紧，自然呼吸，一侧下肢或上肢伸展，或上下肢交叉相对伸展。要求腰背伸直，伸展的肢体与腰背呈直线，脊柱和骨盆无旋转及侧移，无腰背紧张。（图 5-78）

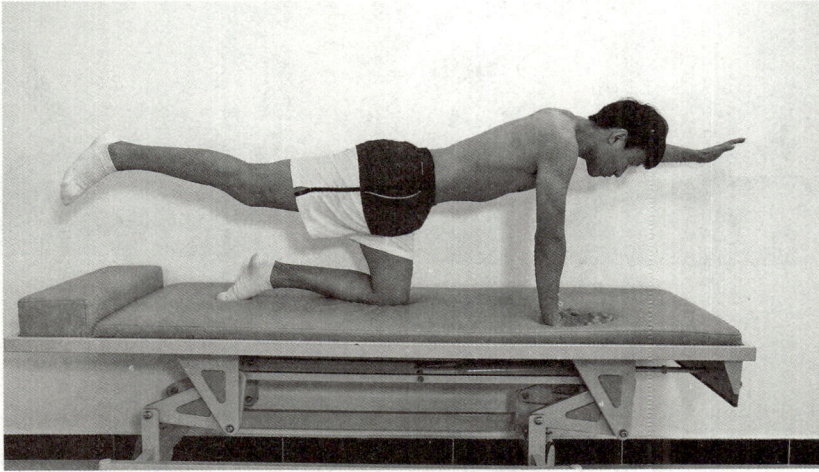

图 5-78　bird-dog 式

3. 侧桥

适应证：腹肌耐力差，腰痛。

训练方法：膝位或踝位侧桥，腹壁绷紧，髋、膝、肩成一直线。踝位侧桥可左右滚动。（图 5-79）

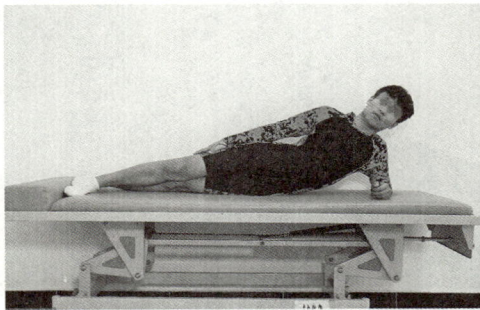

A.起始

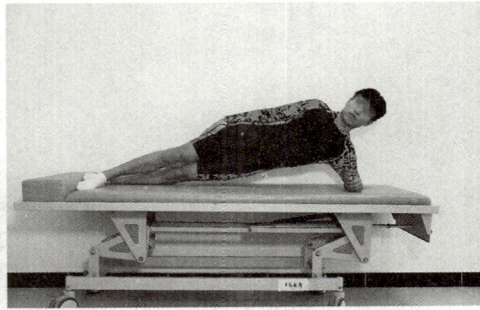

B.侧桥

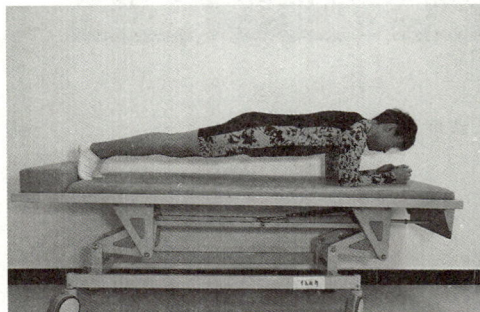

C.侧桥旋转为平板支撑

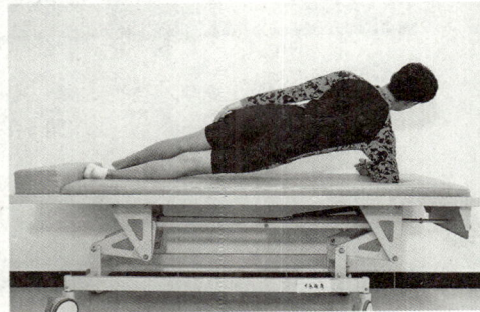

D.平板支撑旋转为侧桥

图 5-79　侧桥

4. dead-bug 式

适应证：慢性或亚急性腰痛，腹桥或侧桥功能障碍。

训练方法：仰卧位屈髋屈膝，手臂伸向天花板，保持腹壁收紧，腰椎平直贴于支撑面，自然呼吸。进阶可保持这一体位，双手持球，左右滚动；或交替对侧肘膝相碰；或手掌撑住头顶墙面，下肢交替伸屈；或躺在泡沫滚轴上足部着地，持球过头。（图 5-80）

NOTE

图 5-80　dead-bug 式

5. 背桥

适应证：亚急性或慢性腰痛、髋膝踝疼痛、臀大肌及臀中肌力量不足，改良 Thomas 试验阳性。

训练方法：仰卧，屈膝抬臀，大腿轻度外旋。若激活臀肌需在大腿部使用弹性带或在大腿外侧施加阻力对抗外展外旋；也可单腿搭桥，一腿伸直，两侧交替；或单腿搭桥，两侧交替抬起放下。注意骨盆不得偏移倾斜，肩、髋、膝保持一条直线，脊柱无旋转，腰部无过伸，腹壁需紧绷，双臀有足够挤压。（图 5-81）

图 5-81　背桥

三、局部稳定性训练

（一）颈椎的稳定性训练

颈椎稳定性训练包括局部肌群的激活与训练，如头长肌、颈长肌、斜方肌中下束及前锯肌训练等；其次是颈椎的静态训练与动态训练；最后是反应性训练。

1. 头长肌、颈长肌（颈深屈肌）训练

训练方法1：仰卧，用压力计或血压计气囊置于颈枕部，收下颌下压，从 20～30mmHg，每隔 2mmHg 为一压力保持点，在此压力点保持 10 秒钟，逐步增加。（图 5-82）

训练方法2：站位或坐位，双拇指托住下颌，下颌抗阻下压。注意不能激活胸锁乳突肌。（图5-83）

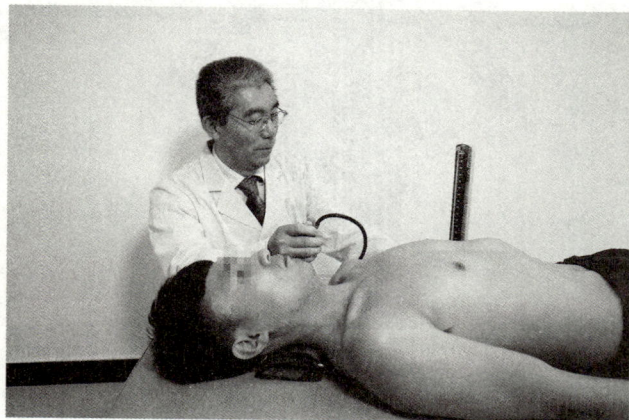

图5-82 颈深屈肌压力表训练

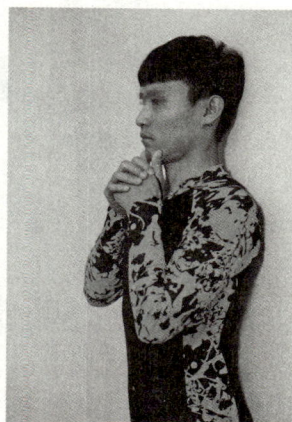

图5-83 颈深屈肌训练

2. 头颈屈肌群、伸肌群训练 站立位，弹性带置额部或枕部，抗阻前屈或后伸；或训练球置额与墙面间顶住球做点头或旋转动作。（图5-84）

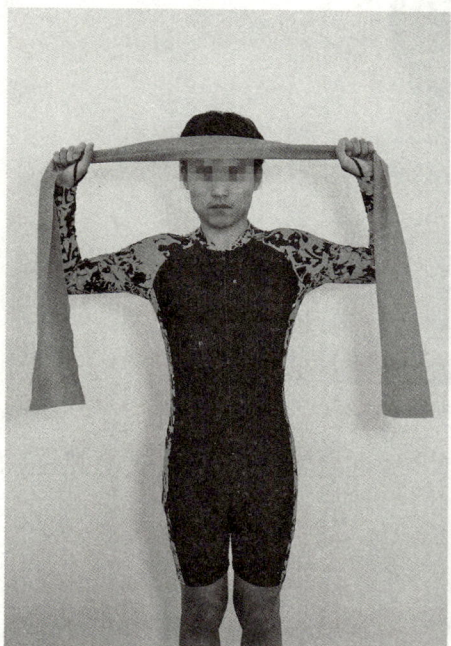

A.颈屈肌群弹力带训练

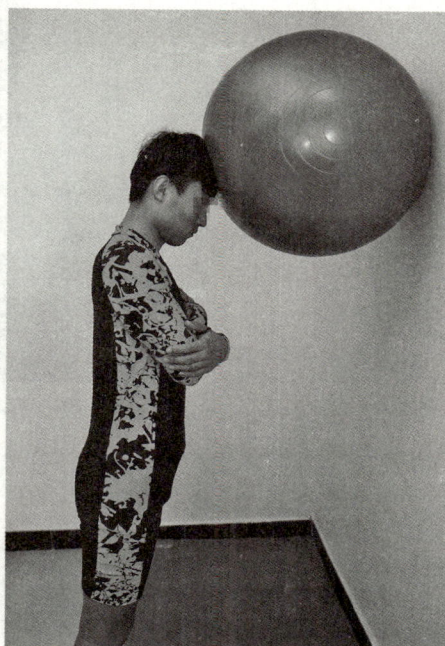

B.颈屈肌群头滚动球训练

图5-84 颈屈肌群训练

3. 反应稳定性训练

训练方法1：投掷。（图5-85A）

训练方法2：杠铃上举过头。（图5-85B）

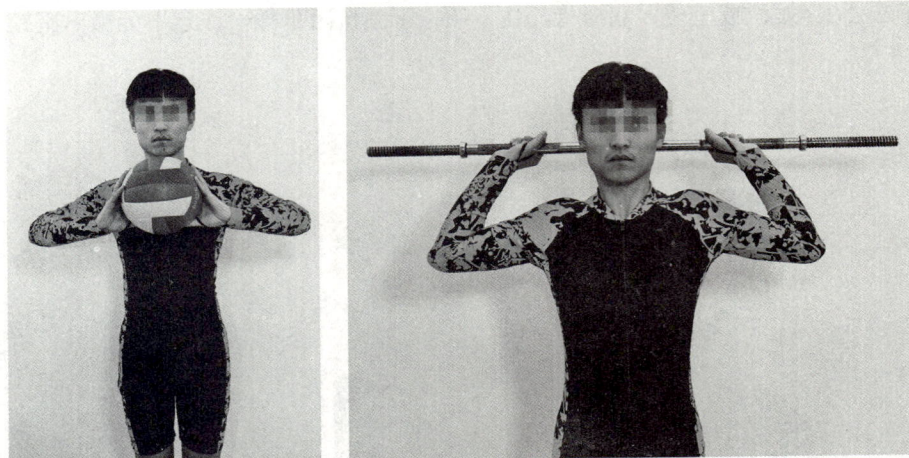

A.投掷训练　　　　　B. 杠铃上举过头训练

图 5-85 反应稳定性训练

（二）肩关节稳定性训练

1. 前锯肌激活训练

训练方法 1：屈肩 90°置床边，肩带前移。注意不得耸肩及胸廓旋转。（图 5-86）

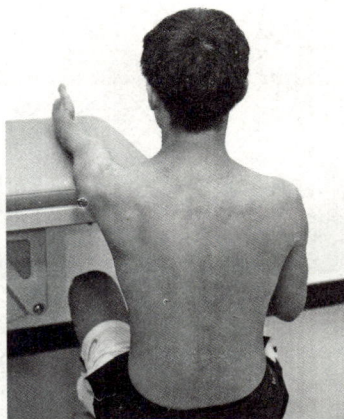

图 5-86 前锯肌激活训练 1

训练方法 2：双手撑墙或俯卧撑起。注意双臂撑起身体重量并保持，肩胛骨不能翘起。（图 5-87）

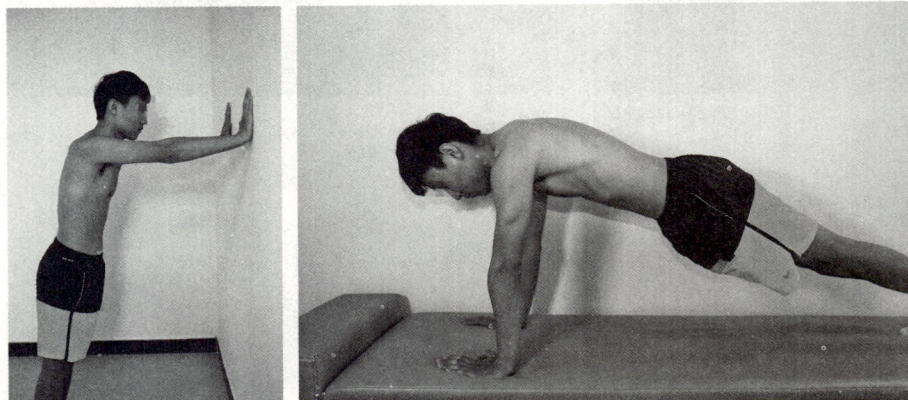

A.站立撑墙训练　　　　　B.俯卧撑起训练

图 5-87 前锯肌激活训练 2

训练方法 3：用弹力带，双臂抗阻前伸。

训练方法 4：持哑铃屈肩肘做内收外旋动作。（图 5-88）

2. 斜方肌中下束激活训练

训练方法 1：手臂外展 70° 置于床边，肩胛骨向脊柱方向内收。注意不得耸肩及胸廓旋转。（图 5-89）

训练方法 2：手臂从身后床面撑起。（图 5-90）

训练方法 3：俯卧持哑铃后伸。（图 5-91）

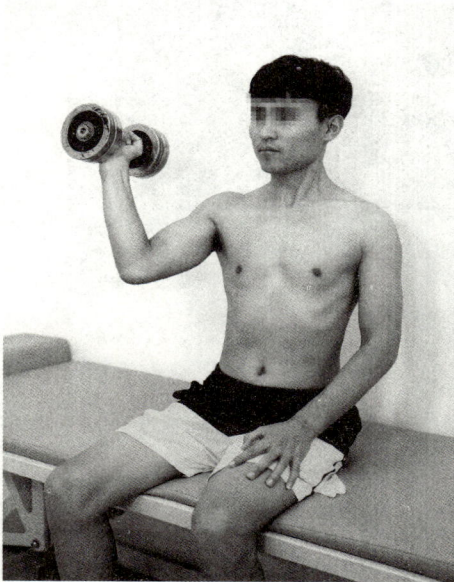

持哑铃内收外旋训练

图 5-88　前锯肌激活训练 3

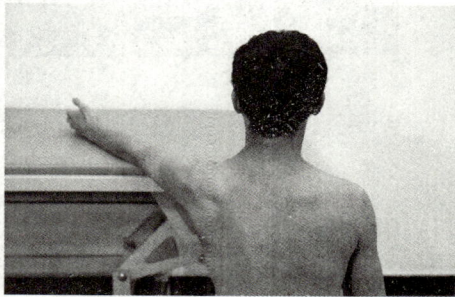

图 5-89　斜方肌中下束激活训练 1

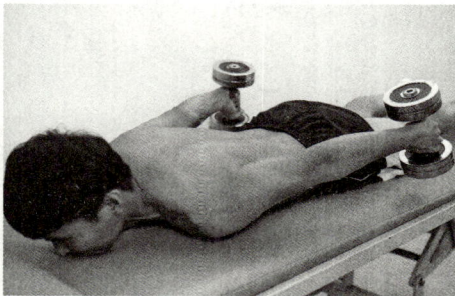

俯卧持哑铃后伸训练

图 5-91　斜方肌中下束激活训练 3

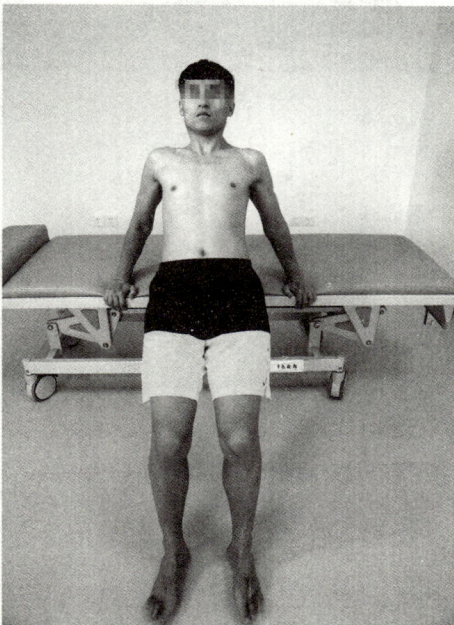

上肢身后撑起训练

图 5-90　斜方肌中下束激活训练 2

（三）腘绳肌训练

仰卧位足跟支撑于训练球或悬吊带上搭桥，保持桥式双膝或单膝做屈膝伸膝动作。将注意力集中于腘绳肌与小腿三头肌，腰椎不得过伸。可用于膝关节疼痛，腘绳肌紧张。（图5-92）

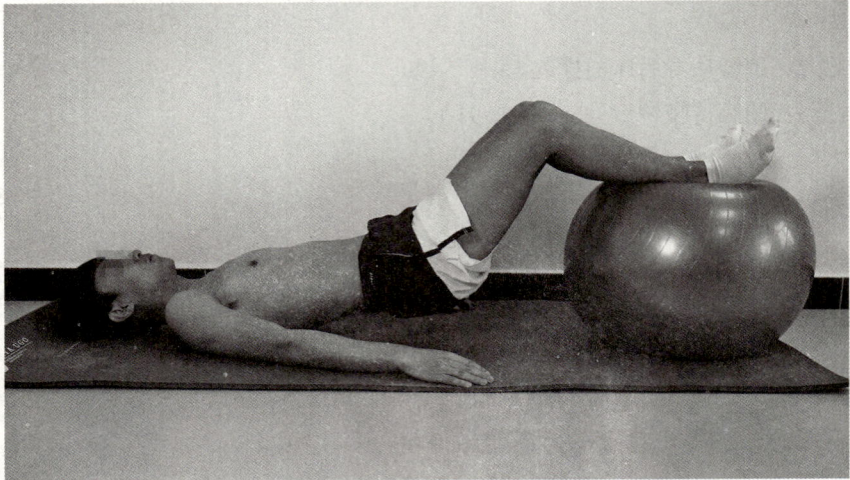

图 5-92　腘绳肌训练

（四）臀中肌激活训练

侧卧位屈髋屈膝，双足内缘相并，做开合动作。或膝间夹一个10cm大小的球，上侧髋做内旋动作。（图5-93）

A.侧卧位下肢开合训练　　　　　　　　　　B.侧卧位伸髋内旋训练

图 5-93　臀中肌激活训练

（五）臀大肌激活训练

单腿站立，微微屈膝，膝不超过足尖，屈髋俯身，一腿后伸，尽量保持站立稳定。两腿交替支撑，躯干可以旋转以增加难度。

四、感觉运动刺激训练

感觉运动刺激训练可以训练肌肉的协调性以及反应速度，增强平衡功能，增加臀肌活动以稳定骨盆，重建良好的核心控制，显著提高身体运动的协调功能。

适应证：慢性颈腰背疼痛，创伤后及术后康复，不良呼吸与姿势，脊柱、骨盆、膝、踝不稳或不灵活，产后骨盆带肌肉康复，轻中度脊柱侧弯，预防老年人跌倒以及神经性疾病康复。

（一）静态训练

1. 患者首先需学会缩足。医师用手指在足底横弓最高点（第2跖骨）轻轻向上推挤以促进足底横弓塑形，再推挤足舟骨加强纵弓塑形；保持此姿势，医师从膝上方施加压力，足底抗阻训练，加强缩足塑形；然后在缩足姿势下做下肢内旋和外旋动作。一般在屈膝70°~100°区间训练，角度越大，难度越大。注意避免膝关节侧方运动以及训练时屈曲足趾、抬起第1跖骨头，还要避免足内旋。（图5-94）

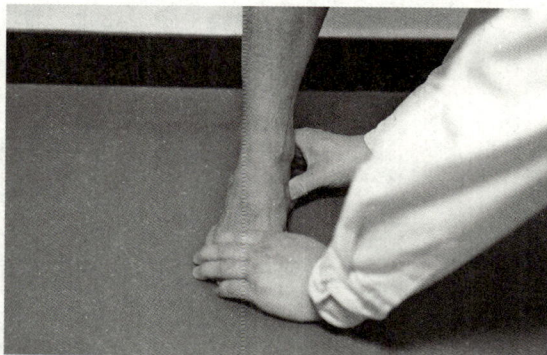

图 5-94　被动缩足

2. 在不稳定支撑面保持站立平衡。可使用泡沫垫、平衡板或充气垫等器械，其不稳定程度可逐步提高。

3. 可以通过重心转移、摇晃、闭眼、增加头部运动以提高难度；也可由双足过度到单足站立。

（二）动态训练

训练方法1：在维持缩足以及腰椎、骨盆、颈椎中立位姿势下躯干前倾跨半步向前。注意不得腰椎过伸及下肢内旋。（图5-95）

训练方法2：双足站在平衡垫上，进行闭眼、重心转移训练；或附加上下肢动作或扰动等方式，在提高难度增加不稳定性等条件下训练。（图5-96）

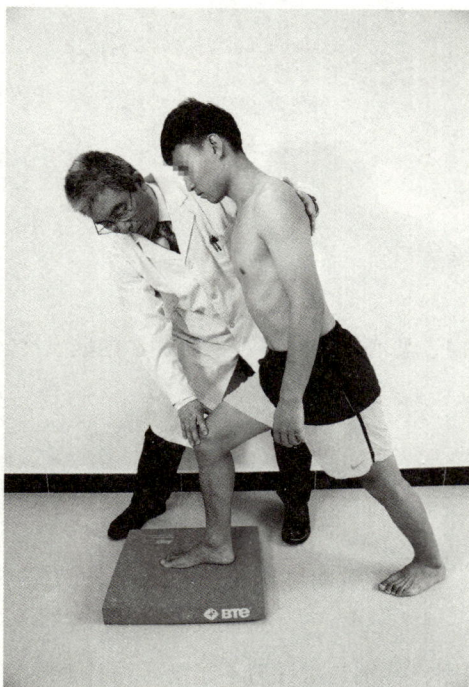

图 5-95　前倾跨步训练

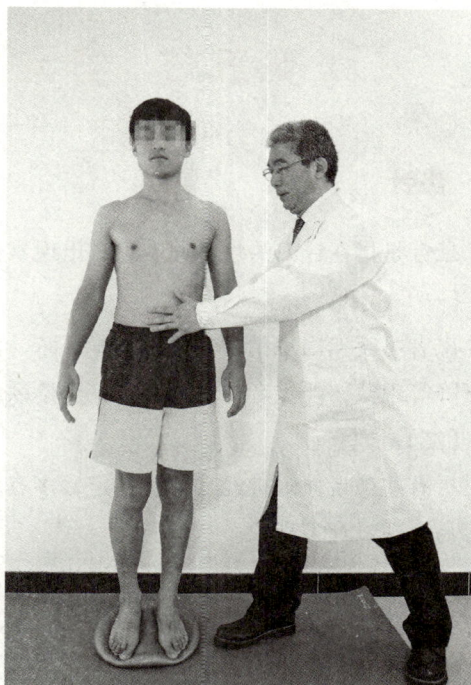

图 5-96　不稳定支撑面上进行平衡训练

NOTE

（三）功能性训练

在不稳定支撑面上完成蹲、跳、跨步、推、拉等功能性动作。（图 5-97）

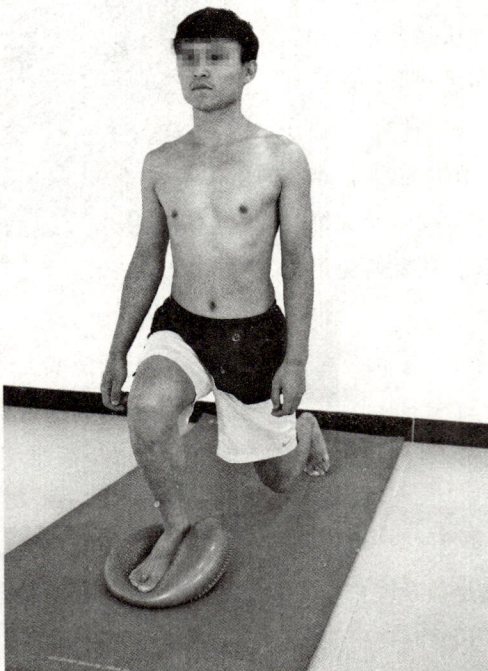

图 5-97　不稳定支撑面功能性训练

第五节　异常情况的处理和预防

一、晕针

晕针是指在针刀治疗过程中患者出现晕厥的现象。

（一）表现

患者可突然出现精神疲倦、头晕目眩、面色苍白、恶心欲吐、多汗、心慌、四肢发冷、血压下降等现象，严重者神志不清，甚至晕厥。

（二）原因

1. 有些患者血管神经功能不稳定，多有晕厥史或肌肉注射后的类似晕针史，采用针刀治疗时容易出现晕针刀现象。

2. 在饥饿、过度疲劳、大汗、泄泻、大出血后，患者正气明显不足，此时接受针刀治疗容易导致晕针刀。

3. 因患者恐惧、精神过度紧张是不可忽略的原因，特别是对针刀不了解、怕针刀的患者，对针刀治疗过程中出现的正常针感（酸、胀、痛）和发出的响声往往使其情绪紧张加剧。

4. 正坐位、卧坐位、仰靠坐位、颈椎牵引状态下坐位针刀治疗时，晕针发生率较高。卧位治疗时晕针发生率低。

（三）处理

1.立即停止治疗，将针刀迅速拔出。

2.扶患者去枕平卧，抬高双下肢，松开衣带，盖上薄被，打开门窗。

3.症状轻者静卧片刻，或给予温开水送服即可恢复。

4.症状重者，在上述处理的基础上，点按或针刺人中、合谷、内关穴。必要时温灸关元、气海，一般 2～3 分钟即可恢复。

5.如果上述处理仍不能使患者苏醒，可考虑吸氧或做人工呼吸、静脉推注 50% 葡萄糖 10mL，或采取其他急救措施。

（四）预防

1.初次接受针刀治疗的患者要先行做好解释工作，打消其顾虑。

2.选择舒适持久的体位，一般都可采取卧位治疗。

3.治疗前应询问病史、过去史，对有晕针史的患者及心脏病、高血压病患者，治疗时应格外注意。

4.选择治疗点要精、少，操作手法要稳、准、轻、巧。

5.患者在大饥、大饱、大醉、大渴、疲劳、过度紧张、大病初愈或天气恶劣时，暂不宜做针刀治疗。

6.对个别痛觉敏感部位，如手、足、膝关节，或操作起来比较复杂、较费时间的部位，可根据情况用利多卡因局麻。必要时也可配合全麻、硬膜外麻醉等。

7.对体质较弱者、术中反应强烈者、术后感到疲乏者，应让患者在候诊室休息 15～30 分钟，待恢复正常后再自行离开，以防患者在外面突然晕倒而危险。

二、针刀折断

在针刀手术操作过程中，针刀突然折断没入皮下或深部组织里，是针刀治疗意外之一。

（一）表现

针刀折断，残端留在患者体内，或部分针体露在皮肤外面，或全部残端陷没在皮肤、肌肉之内。

（二）原因

1.针具质量不好，韧性较差。

2.针刀反复多次使用，在应力集中处易发生疲劳性断裂。针刀操作中借用杠杆原理，以中指或环指作为支点，手指接触针刀处是针体受剪切力最大的部位，也是用力过猛容易造成弯针的部位，也是断针易发部位，而此处多露在皮肤之外。

3.长期使用消毒液造成针身有腐蚀锈损，或因长期放置而发生氧化反应，致使针体生锈，或术后不及时清洁刀具，针体上附有血迹而发生锈蚀，操作前又流于检查。

4.患者精神过于紧张，肌肉强烈收缩，或针刀松解时针感过于强烈，患者不能耐受而突然大幅度改变体位。

（三）处理

1.术者一定要保持冷静，切勿惊慌失措。嘱患者不要紧张，切勿乱动或暂时不要告诉患者针断体内。保持原来体位，以免使针体残端向肌肉深层陷入。

2. 若断端尚留在皮肤之外一部分，应迅速用止血钳夹紧慢慢拔出。

3. 若残端与皮肤相平或稍低，但仍能看到残端，可用左手拇、示指下压针孔两侧皮肤，使断端突出皮外，然后用止血钳夹持断端拔出体外。

4. 针刀断端完全没入皮肤下面，若断端下面是坚硬的骨面，可从针孔两侧用力下压，借骨面作底将断端顶出皮肤。如断端下面是软组织，可用手指将该部捏住将断端向上托出。

5. 若针刀断在腰部，因肌肉较丰厚，深部又是肾脏，加压易造成断端移位而损伤内脏，如能确定断针位置，应迅速用左手绷紧皮肤，用 2% 利多卡因在断端体表投影点注射 0.5cm 左右大小的皮丘及深部局麻。手术刀切开 0.5cm 小口，用刀尖轻拨断端，断针多可自切口露出。若断针依然不外露，可用小镊子探入皮肤内夹出。

6. 若断针部分很短，埋入人体深部，在体表无法触及和感知，必须采用外科手术探查取出。手术宜就地进行，患者不宜搬动移位。必要时，可借助 X 线定位。

（四）预防

1. 术前要认真检查针具是否有锈蚀、裂纹，用左手垫小纱布捋一下针体，并捏住针体摆动一下试验其钢性和韧性。不合格的针刀坚决不用。

2. 针前应叮嘱患者，针刀操作时绝不可随意改变体位，尽量采取舒适耐久的姿势。

3. 针刀刺入深部或骨关节内治疗应避免用力过猛，操作时阻力过大时，绝不可强力摆动。

4. 医师应熟练手法，常练指力，掌握用针技巧，做到操作手法稳、准、轻、巧。

5. 术后应立即仔细清洁针刀，洗去血污，除去不合格针刀。一般情况下多次性针刀使用两年应报废。

三、出血

因细小的毛细血管无处不在，针刀刺入体内寻找病变部位，切开、剥离病变组织，出血是不可避免的。但刺破大血管或较大血管引起大出血，或造成深部血肿的现象在基层临床中仍亦有出现，应引起临床工作者的高度重视。

（一）临床表现

1. 表浅血管出血　针刀拔出，针孔迅速涌出色泽鲜红的血液，多是因刺中浅部较小动脉血管。若刺中浅部小静脉血管，针孔溢出的血多是暗红色，有时血液不流出针孔而瘀积在皮下则形成青色瘀斑，或局部肿胀，活动时疼痛。

2. 肌层血管出血　针刀治疗刺伤四肢深层的血管后多造成血肿。损伤较严重、血管较大者出血量也会较大，血肿明显，致局部神经受压而引起症状，可表现局部疼痛、麻木，活动受限。

3. 胸腹部血管出血　如刺破胸腹部血管，血液可流入胸腹腔，引起胸闷、咳嗽、腹痛等，失血过多可引起休克。

4. 椎管内出血　针刀松解黄韧带时，如果用力过猛或刺入过深可刺破椎管内动脉，易在椎管内形成血肿压迫脊髓。因压迫部位不同而表现不同的脊髓节段压迫症状，严重者可致截瘫。若在颈椎上段损伤，可影响脑干血供，导致生命危险。

（二）原因

1. 对施术部位血管分布情况了解不够，或对血管分布情况的个体差异估计不足。

2. 在血管比较丰富的地方施术不按四步进针规程操作，也不问患者感受，强行操作，一味追求快。

3. 血管本身病变，如动脉硬化使血管壁弹性下降，壁内因附着粥样硬化物而致肌层受到破坏，管壁变脆，受到突然刺激容易破裂。

4. 血液本身病变，如有些患者血小板减少，出、凝血时间延长，血管破裂后，出血不易停止。凝血功能障碍的患者，一旦出血，用常规止血方法难以遏制。

5. 某些肌肉丰厚处，深部血管刺破后不易被发现，针刀术后又行手法治疗或在针孔处再行拔罐，造成血肿或较大量出血。

（三）处理

1. 表浅血管出血　用消毒干棉球压迫止血。手、足、头面、后枕部等小血管丰富处，针刀松解后，无论出血与否，都应常规按压针孔 1 分钟。若少量出血导致皮下青紫瘀斑者，不必特殊处理，一般可自行消退。

2. 较深部位血肿　局部肿胀疼痛明显或仍继续加重，可先做局部冷敷止血或肌注酚磺乙胺（止血敏）。24 小时后，局部热敷、理疗、按摩，外用活血化瘀药物以加速瘀血的消退和吸收。

3. 有重要脏器的部位出血　椎管内、胸腹内出血较多或不易止血者，需立即进行外科手术。若出现休克，则先做抗休克治疗。若出现急腹症则对症处理。

（四）预防

1. 熟练掌握治疗局部的解剖知识，清楚周围血管运行的确切位置及体表投影。

2. 严格按照四步进针规程操作，施术过程中密切观察患者反应，认真体会针下的感觉。若针下有弹性阻力感，患者有身体抖动、避让反应，并诉针下刺痛，应将针刀稍提起，略改变进针方向再行刺入。

3. 术前应耐心询问病情，了解患者出、凝血情况，有无血小板减少症、血友病等，必要时，先做出、凝血时间检验。若是女性，应询问是否在月经期，平素月经量是否较多。

4. 术中操作切忌粗暴，应中病则止。若手术部位在骨面，松解时针刀刃应避免离开骨面，更不可大幅度提插。

需要说明的是，针刀松解部位少量渗血有利于病变组织修复的可改善局部的血液循环状态。

四、神经损伤

临床治疗时，针刀多在神经、血管周围进行操作，如对各种神经卡压综合征的治疗。临床医师对神经的分布、走行等一般都掌握较好，因此针刀损伤周围神经的案例并不多见，只有少数因医师针刀操作不规范，术后手法过于粗暴而出现神经损伤，大多数只引起强烈的刺激反应，遗留后遗症者极少。

（一）临床表现

1. 在针刀治疗过程中，突然有触电感，或出现沿外周神经末梢或逆行向上放散的一种麻木感。若有损伤，多在术后 1 日左右出现异常反应。

2.轻者可无其他症状，较重者可同时伴有该神经支配区内的麻木、疼痛、温度觉改变或运动功能障碍。

（二）发生原因

1.操作的医师解剖知识不全面，立体概念差，没有充分考虑人体生理变异。

2.麻醉（局麻、神经阻滞麻醉、全身麻醉）后实施针刀手术，特别是在肌肉丰厚处，如腰、臀部的治疗时，如针刀刺中神经干，患者没有避让反应或避让反应不明显而被忽视。

3.盲目追求快针，强刺激，采用重手法操作而致损伤。

4.针刀术后，用手法矫形时过于粗暴，夹板固定太紧、时间太久。

（三）处理

1.出现神经刺激损伤现象，应立即停止针刀操作。若患者疼痛、麻木明显，可局部先行以麻醉药、类固醇类药、维生素 B 族药配伍封闭。

2.24 小时后，给予热敷、理疗、口服中药，按照神经分布区行针灸治疗。

3.局部轻揉按摩，在医师指导下加强功能锻炼。

（四）预防

1.严格按照四步进针规程操作。病变部位较深者，治疗时宜摸索进针，若刺中条索状坚韧组织，患者有触电感沿神经分布路线放射时，应迅速提起针刀，稍移动针刀位置后再进针。

2.在神经干或其主要分支循行路线上治疗时，不宜局麻，也不宜针刀手术后向手术部位注射药物，如普鲁卡因、氢化可的松、酒精等，否则可能导致周围神经损害。

3.术前要检查针具是否带钩、毛糙、卷刃，如发现有上述情况应立即更换。

4.术后手法治疗一定不能粗鲁，特别是对患者在腰麻或全麻下进行手法矫形，患者没有应有的避让反应等，最易造成损伤。

五、气胸

针刀引起创伤性气胸是指针具刺穿了胸膜腔甚至及肺组织，气体积聚于胸膜腔，从而造成气胸，出现呼吸困难等现象。

（一）表现

患者突然胸闷、胸痛、气短、心悸，严重者呼吸困难、发绀、冷汗、烦躁、恐惧，到一定程度会发生血压下降、休克等危急现象。患侧肋间隙变宽，胸廓饱满，叩诊鼓音，听诊肺呼吸音减弱或消失，气管可向健侧移位。如气窜至皮下，患侧胸部、颈部可出现握雪音，X 线胸部透视可见肺组织被压缩现象。

（二）原因

主要是针刀刺入胸部、背部和锁骨附近的穴位过深，针具刺穿了胸膜腔甚至伤及肺组织，气体积聚于胸膜腔而造成气胸。

（三）处理

一旦发生气胸，应立即拔出针刀，采取半卧位休息，要求患者心情平静，切勿恐惧而反转体位。一般漏气量少者，可自然吸收。同时要密切观察，随时对症处理，如给予镇咳、消炎药物，以防止肺组织因咳嗽扩大创孔，加重漏气和感染。对严重者，如有呼吸困难、发绀、休克等现象需组织抢救，如胸腔排气、少量慢速输氧、抗休克等。

（四）预防

针刀治疗时，术者必须集中精力，选则适当体位，根据患者体型肥瘦，掌握进针深度，施行手法的幅度不宜过大。对于胸部、背部的施术部位，不宜过深，以免造成气胸。

六、感染

在针刀治疗过程中，针刀闭合性手术都是深入肌腱、关节间隙、软组织深部进行操作，容易造成表皮及深层组织感染，因此无菌操作非常重要。

（一）表现

1.术后 3～4 天后切口疼痛不减轻反而增重，或者切口疼痛一度减轻后又加重。

2.体温升高，术后有微热已经下降，而后体温又有上升者。

3.切口组织发硬，水肿紧胀感，有压痛，逐渐增重，或切口部皮肤已有红肿。组织深部反应筋膜以下的感染有特殊性，即切口表面只有轻度发红，或根本无发红，但局部肿胀压痛和自觉痛明显；如果体温持续不降或温度再度升高，切口肿胀表现有增无减，体温却不再升高，甚至反有下降者，可能脓肿已经形成。

（二）原因

1.适应证选择不当，患者全身状态不佳，对疾病抵抗力及抗感染能力低下，如体质衰弱，患有糖尿病、贫血等疾病，切口有污染时造成感染。

2.患者已有深部或浅部感染灶，如深部原有炎症，或浅部有毛囊炎、窦道等未被发现或未予重视。

3.在治疗过程中，无菌操作不严格，有污染的可能。手术器械、手套、敷料、棉球、泡镊桶、镊子等物灭菌未达到要求。戴手套时有菌区与无菌区区分不严格，穿戴过程中被污染。又如在刀具、敷料传递过程中被污染。皮肤消毒不严格，消毒面积较小，消毒次数不够。碘酊、酒精、器械浸泡液等浓度不够。

（三）处理

1.全身处理，给予敏感的抗生素，用量要足够，时间也要足够。

2.外敷用碘伏、消炎药、罗红霉素软膏，定时换药。

3.必要时做脓肿试穿，有脓者予以及时切开引流。凡切开引流者，引流口一定要足够大，且要"底小口大"才能引流充分。如果只切小口，则引流不畅，不仅拖延病程，对组织的破坏会更大。

4.如对感染处理的经验不足，应请专业医师来处理。

（四）预防

对待切口感染的态度，最根本的是预防，而不是治疗。要从杜绝污染着手，术前消毒，术后用无菌敷料，嘱患者 3 日内切口不可沾水，若切口有红肿者，应口服或外敷消炎药。针刀手术切口小，几乎不见裂痕，本不易感染，但是，针刀术后确有感染者，因此对感染问题必须认真对待。

1.室内定期用紫外线消毒灭菌，治疗台上的床单要经常换洗、消毒。

2.针刀术中使用的所有器械均需高压蒸汽消毒灭菌。一支针刀只能一个患者使用，不可一支针刀给多个患者进行治疗，以防不同患者交叉感染。一次性针刀只能一个患者应用，用后应

NOTE

废弃。

3. 术时医师、护士应穿干净的工作服、戴帽子和口罩，医师要戴无菌手套。连续给不同患者做针刀治疗时，应更换无菌手套。术野皮肤充分消毒，选好治疗点，以定点为中心开始逐渐向周围至少 10cm 以上涂擦，不可由四周再返回中心。术中护士递送针刀等手术用具时，均应严格按照无菌操作规程进行，不可在手术人员的背后传递针刀及其他用具。术毕迅速用无菌敷料覆盖针刀口，若同一部位有多个针刀口，可用无菌纱布覆盖、包扎。嘱患者 3 日内不可在施术部位洗擦。3 日后，可除去包扎。

七、内脏损伤

针刀引起内脏损伤是指针刀刺入内脏周围过深，针具刺入内脏引起内脏损伤，出现各种内脏损伤的症状。

（一）表现

1. 刺伤肝、脾时，可引起内出血，患者可感到肝区或脾区疼痛，有的可向背部放射；如出血不止，腹腔内聚血过多，会出现腹痛、腹肌紧张，并有压痛及反跳痛等急腹症症状。

2. 刺伤心脏时，轻者可出现强烈的刺痛；重者有剧烈的撕裂痛，引起心外射血，立即导致休克、死亡。

3. 刺伤肾脏时，可出现腰痛，肾区叩击痛，呈血尿，严重时血压下降、休克。

4. 刺伤胆囊、膀胱、胃、肠等空腔脏器时，可引起局部疼痛、腹膜刺激征或急腹症症状。

（二）原因

主要是术者缺乏解剖学知识，对施术部位及其周围脏器的解剖关系不熟悉，加之针刀刺入过深。

（三）处理

损伤严重或出血明显者，应密切观察，注意病情变化，特别是要定时检测血压。对于休克、腹膜刺激征，应立即采取相应措施进行抢救。

（四）预防

掌握重要脏器部位的解剖结构，明了躯干部施术部位的脏器组织。操作时，注意凡有脏器组织、大的血管神经处都应避免深刺。肝、脾、胆囊肿大及心脏扩大的患者，胸、背、胁、腋的部位不宜深刺。

下 篇 各 论

第六章 针刀治疗概述

掌握针刀治疗的适应证和禁忌证是针刀治疗的关键，也是针刀技术规范化和保证治疗安全的基础。随着针刀技术的发展，针刀的适应证也会发生变化，本章所列举的适应证和禁忌证是被大多数人公认的。此外，针刀治疗属于有创治疗手段，要求保证整体与局部兼顾，控制治疗量与度，与手法康复相结合。

第一节 适应证和禁忌证

针刀治疗具有针对软组织的切开和牵拉作用，同时也有类似针灸治疗的机械刺激作用。因此，针刀治疗具有明确的适应证和禁忌证。

一、适应证

（一）慢性软组织损伤

四肢和躯干肌、腱、腱围结构、筋膜、韧带等组织的慢性损伤，如肌筋膜炎、第 3 腰椎横突综合征、肱骨外上髁炎、屈指肌腱狭窄性腱鞘炎、髌下脂肪垫炎、跟痛症、肩周炎、陈旧性踝关节扭伤等。

（二）骨关节疾病

四肢、脊柱骨和关节疾病，如颈椎病、腰椎间盘突出症、骨性关节炎、缺血性股骨头坏死、关节僵直、类风湿性关节炎、强直性脊柱炎等。

（三）周围神经卡压综合征

各个部位的周围神经卡压综合征，如梨状肌综合征、腕管综合征、踝管综合征、枕神经卡压综合征、臀上皮神经炎等。

（四）其他

脊源性疾病、三叉神经痛、面肌痉挛、过敏性鼻炎、陈旧性肛裂、痉挛性脑瘫、痛经、美容、瘢痕、腋臭等。

二、禁忌证

（一）全身禁忌证

1. 严重内脏病的发作期　此时患者应积极行内科治疗，待病情稳定后再择期行针刀治疗，如糖尿病、心脏病、高血压等。

2. 有出血倾向者　如选择针刀治疗，可能出现治疗部位止血困难，甚至形成血肿；长期使用华法林、阿司匹林等抗凝药物者，接受针刀治疗时应向医师说明，以使医师做出恰当的处理。

3. 体质极度虚弱不能耐受者　相对而言，针刀治疗刺激量要比针灸更大，虽然医师通常会采用局部麻醉措施，但还是会有一些不适感，因此体质极度虚弱者不能实施针刀治疗。

4. 妊娠妇女　如接受针刀治疗，可因疼痛刺激有流产的风险。

5. 精神紧张不能合作者　如勉强接受针刀治疗，可能出现晕针或者相反的治疗效果。

（二）局部禁忌证

1. 施术部位有感染、坏死、血管瘤或肿瘤　若施术部位有感染、坏死则容易加重；若有血管瘤则容易出现大量出血；若有肿瘤可能造成肿瘤增生、扩散。

2. 施术部位有红肿、灼热，或在深部有脓肿者　施术部位有红肿、灼热，说明患者局部可能有急性感染，应积极查明原因，对症治疗。若深部有脓者，针刀治疗可使脓肿扩散到周围软组织，使病情加重

3. 施术部位有重要神经、血管，或有重要脏器，在施术时无法避开时　不能采用针刀治疗，避免损伤重要神经、血管。

第二节　基本原则

一、整体与局部兼顾

经筋痹证的治疗原则是"以痛为输"，与之相似，针刀治疗运动系统慢性损伤经常遵从"以痛为输"的治疗原则，也就是寻找病灶部位的压痛点进行针刀治疗，这是针刀治疗最常用的定点方式。但人体是一个各部位互相联系的有机整体，在生理功能上各个部位互相关联，在病理变化上可以互相影响，在运动系统尤其如此。因为人体两足直立行走，力线从足一直贯穿身体到头，一个部位的结构或功能出现异常很可能通过力线影响到其他部位，如长期存在的腰椎侧弯可带来颈椎侧弯代偿，颈椎长期侧弯会使面部两侧不对称。再如股四头肌肌力失衡可造成髌股关节吻合不良，出现膝关节疼痛，此时不应单纯从膝关节本身考虑问题，而需要从股四头肌入手治疗。所以对常见的针刀治疗适应证来说，出现症状的部位一定是病变部位，但病变部位不一定表现出明显症状。

因此，"以痛为输"对针刀治疗而言是一条非常有价值的经验，但针刀治疗需要在"以痛为输"之外考虑症状出现的部位和人体整体之间的关系。局部和整体建立联系的渠道有全身的神经网络、血管网络，同时还有全身的肌筋膜网络，肌筋膜网络具有传递、调整全身力线的作

用。据此有专家提出了网眼理论和弓弦学说。针刀治疗要兼顾整体和局部，既要针对出现症状的部位进行治疗，也要通过神经、血管、肌筋膜网络究其根源，对根源问题进行治疗。

二、控制针刀治疗量度

1. 控制针刀治疗次数　针刀治疗运动系统慢性损伤，虽然与外科手术相比，治疗伤口小得多，但在治疗过程中也不可避免地产生一定损伤，因此要求根据具体病情选择适当的治疗次数，在达到最佳治疗效果的同时尽可能减小伤害。一般情况下，同一部位针刀治疗每周 1 次，非同一部位针刀治疗可每日连续治疗，一般 4 次为 1 个疗程，疗程根据病情、病种而异。

2. 控制针刀刺入深度　针刀治疗要求对患者病变情况有足够清晰的认识，对病变层次要有明确的把握。如果病变层次在浅筋膜，针刀刺入的深度就要限制在浅筋膜；如果病变层次在肌组织，针刀刺入的深度就要限制在肌组织层次；如果病变层次紧贴骨面，针刀刺入深度一定要到达骨面，避免损伤浅层组织。控制针刀刺入深度的目的是为了避免盲目操作，减小不必要的伤害，同时做到定点的准确性。《素问·刺齐论》也表达了相似的观点，即"刺骨者无伤筋，刺筋者无伤肉，刺肉者无伤脉，刺脉者无伤皮，刺皮者无伤肉，刺肉者无伤筋，刺筋者无伤骨"。

3. 控制针刀松解程度　针刀松解包括对组织的切开和牵拉，虽然可以对病变组织起到松解作用，但是切开和牵拉的程度必须控制。针刀刺入人体本身就是一个损伤，在针刀治疗后往往会出现不同程度的针刀伤口附近组织水肿，一次治疗松解的程度越高，水肿也就越严重，持续时间也就越长，因此，减少不必要的治疗操作可以有效地减轻术后反应。人体肌、腱、腱围、筋膜、韧带等组织大多承担一定程度的外力，在体内起稳定关节的作用，当这些组织出现慢性损伤后，本身的功能是下降的，如进行针刀松解则不可避免地切断部分组织，切断过多势必影响组织稳定关节的能力，因此，针刀治疗只要达到减轻病痛的目的即可，不要对这些组织松解过多。针刀松解这些组织采取以下原则：即能采用牵拉方式松解就不用切开方式松解，能少切开几次就不多切开几次，能纵向切开就不横向切开。

三、针刀治疗与手法和康复等相结合

针刀治疗非常重要的一个原则就是与必要的其他方法相结合，即"针刀为主、手法为辅、药物配合、器械辅助"。

针刀术后手法是在针刀治疗以后，根据患者病情需要，通过手法加强针刀治疗作用的一种辅助方法。因为针刀刃一般只有 1mm 左右，形成的切口很小，对其些患者来说松解作用有限，所以在针刀治疗达不到松解要求时，需要手法牵拉被松解组织以增强松解作用。如针刀术后针对软组织的牵拉手法和针对关节的助动手法。

针刀治疗与术后手法治疗相辅相成、互相促进。如对挛缩严重的软组织，只用针刀治疗松解效果有限，只用手法起效缓慢，或者疗效不持久。当两者结合起来则可以把松解效果发挥到最大，即先用针刀切开挛缩组织，然后对被切开的挛缩组织施加牵拉手法，可以起到最佳的松解延长作用。另外，如涉及关节微小移位的疾病也必须施以恰当的手法进行辅助治疗，才能去除病理因素。

在术后手法的施术过程中遵循以下操作：第一，手法操作定位准确，使之能准确地作用到病变位置。第二，手法操作要以安全为前提，不允许盲目和过度使用手法。某些手法具有一定风险性，并也有一定的禁忌证，如整脊手法存在一定的风险性，骨病患者不适合接受手法治疗。第三，术后手法不注重手法外形，而是关注手法对人体组织结构产生的作用，通常要根据治疗所需要的作用来选择或设计手法，要求医师对解剖结构和人体力学有充分了解。

康复训练可最大程度地恢复和发展患者的身体和心理等方面的潜能，对运动系统慢性损伤而言，很多患者都存在肌肉和神经功能不良的情况，存在运动能力和运动控制方面的问题，如椎间盘突出患者可能存在核心肌肉力量不足，膝骨关节炎患者可能存在股四头肌力量不足，陈旧性踝关节扭伤患者存在踝关节不稳。这种情况，要求在针刀和手法治疗后，要配合康复训练，以使神经和肌肉功能恢复到较好状态。

另外，针刀治疗后，适当应用药物可以达到促进组织渗出和出血的吸收，促进微循环恢复，预防感染等的目的。具体药物有以下三大类：①非甾体类抗炎药，广泛用于骨关节炎、类风湿关节炎、各种疼痛症状的缓解治疗。②抗生素，用于针刀术后预防感染。③活血化瘀药物，即用温热的药物配合活血化瘀药物，以温经通络散寒化瘀，驱散阴寒凝滞之邪，使经脉舒通血活瘀化。

第七章　慢性软组织损伤

针刀治疗的适应证中最常见的是慢性软组织损伤，慢性软组织损伤是运动系统慢性损伤的最重要的组成部分。中医学的经筋病、痹证通常可对应于慢性软组织损伤。

第一节　斜方肌慢性损伤

【概述】

斜方肌慢性损伤是临床的常见病，斜方肌覆盖了颈、肩后部，因颈部活动幅度较大，频率较高，故斜方肌上部损伤较多，临床主要表现为颈、肩部疼痛。多缓慢发病，以单侧损伤多见，如延误治疗，病情常会继续发展。

【相关解剖】

斜方肌为位于项区与胸背区上部的三角形的扁阔肌，在后正中线两侧各一块。斜方肌以腱膜形式起于上项线内 1/3 部至枕外隆凸、项韧带全长、第 7 颈椎棘突、全部胸椎棘突及棘上韧带。其止点可分为三部分：上部纤维向下方止于锁骨外 1/3 部的后缘及其附近的骨面；中部纤维平行向外止于肩峰的内侧缘和肩胛冈上缘的外侧部；下部纤维斜向外上止于肩胛冈上缘的内侧部。

斜方肌上部肌纤维收缩，使肩胛骨上提、上回旋、后缩靠近脊柱；中部肌纤维收缩，使肩胛骨后缩；下部肌纤维收缩，使肩胛骨下降、上回旋和后缩。如一侧肌纤维收缩，使头向同侧屈和对侧旋转；两侧同时收缩，使头后仰和脊柱伸直。斜方肌宽大且富含血供，受第 3 ~ 4 颈神经前支和副神经支配。该肌的主要营养动脉是颈横动脉、肩胛上动脉，其次来自枕动脉及节段性的肋间动脉。

【病因病理】

跌落摔伤或者车祸时的挥鞭式损伤，以及暴力撞击等都可使斜方肌颈段拉伤，日久迁延变成慢性损伤。

急性创伤可使上斜方肌拉伤，但造成上斜方肌病损的更为常见的原因是过度负荷或不明显的微小创伤，以及劳损造成的慢性损伤，其中慢性劳损性损伤是最主要的致病因素。斜方肌上、中、下三部分中上部最容易损伤疼痛。生活和工作中的不正确姿势，久坐无靠背的座椅、高键盘操作、不正确的驾车姿势、反复快速投篮动作、长期背单肩包，以及一些习惯性动作，如习惯性头前倾姿势、长时间接听电话、拉小提琴等均容易使斜方肌上部出现慢性损伤。

此外身体畸形，如在骨盆倾斜、身体两侧不对称的情况下，斜方肌上部代偿性持续收缩可造成损伤。

NOTE

【临床表现】

1. 症状   患侧颈、肩、背部酸痛、沉紧，活动颈部时患处有牵拉感，甚至伴有头痛、上肢痛，喜向患侧做后仰运动，按压、捶打患处有舒服感并可缓解症状。病情严重者低头、旋颈等活动障碍。

2. 体征   触诊检查可发现明确的痛点和条索、结节。

【辅助检查】

X 线片一般无明显变化，病程长者，枕后肌肉在骨面附着处可有骨赘生成。

【针刀治疗】

1. 体位   俯卧位或俯伏坐位。

2. 体表标志   上项线、枕外隆凸、第 7 颈椎棘突、胸椎棘突、锁骨、肩峰、肩胛冈。

3. 定点

（1）斜方肌在枕外隆凸和上项线附着点的阳性反应点。

（2）斜方肌在第 7 颈椎棘突附着点的阳性反应点。

（3）斜方肌在第 12 胸椎棘突附着点的阳性反应点。

（4）斜方肌在肩胛冈上下缘止点的阳性反应点。

（5）斜方肌肩峰止点的阳性反应点。

（6）斜方肌肌腹阳性反应点，多见于上斜方肌垂直走行部分和水平走行部分交界处。

4. 消毒与麻醉   常规消毒，铺无菌洞巾，0.5% 利多卡因局部麻醉，每点注射 1~2mL，注入麻醉药时，必须先回抽注射器确认无回血。

5. 针刀器械   Ⅰ型 4 号针刀。

6. 针刀操作

（1）斜方肌在枕外隆凸和上项线附着点处阳性反应点：刀口线与人体纵轴一致，针刀体向脚侧倾斜 30°，按四步规程进针刀达枕外隆凸骨面，调转刀口线 90°，向下铲切 3 次，范围 0.5cm。

（2）斜方肌在第 7 颈椎棘突附着点阳性反应点：刀口线与人体纵轴一致，针刀体与皮肤垂直，按四步规程进针刀达第 7 颈椎棘突顶点骨面，纵横摆动 1~3 次，范围 0.5cm。

（3）斜方肌在第 12 胸椎棘突附着点阳性反应点：刀口线与人体纵轴一致，针刀体与皮肤垂直，按四步规程进针刀达第 12 胸椎棘突顶点骨面，纵横摆动 1~3 次，范围 0.5cm。

（4）斜方肌在肩胛冈上下缘止点的阳性反应点：刀口线与斜方肌肌纤维一致，针刀体与皮肤垂直，按四步规程进针刀达肩胛冈骨面，纵横摆动 1~3 次，范围 0.5cm。

（5）斜方肌肩峰止点的阳性反应点：刀口线与斜方肌肌纤维方向一致，针刀体与皮肤垂直，按四步规程进针刀达肩峰骨面，纵横摆动 1~3 次，范围 0.5cm。

（6）斜方肌肌腹阳性反应点：在定点位置触知阳性反应点、结节、条索并用拇、示指将其固定，如果可能将其捏起使之与深层组织分离。刀口线和肌纤维平行，针刀与皮面垂直，针刀经皮肤刺入达结节、条索表面，将结节、条索表面筋膜切开并纵横摆动即可。

术毕，拔出针刀，局部压迫止血 1 分钟后，无菌敷料覆盖伤口。

7. 疗程   每次治疗的治疗点数量视患者病情而定。如患者耐受能力差可分多次完成治疗。同一治疗点治疗间隔 3~7 天，不同定点可于次日治疗。一般 4 次为 1 个疗程，视患者病情确定疗程。

【术后手法及康复】

1. 术后手法　斜方肌上部牵拉术。

2. 纠正习惯姿态　纠正驼背和身体的左右不对称，纠正生活和工作中不正确的姿态，不合适的桌椅都要予以调整更换。长期伏案工作人员应调整座位，寻求合适的肘部和背部支撑，并降低键盘高度。站立或行走时手插进裤袋可缓解上斜方肌张力。此外游泳和跳绳是有助于放松斜方肌的有效的康复训练方式。

3. 康复训练　中下斜方肌激活训练。

【思考题】

1. 斜方肌慢性损伤的原因是什么？
2. 斜方肌慢性损伤针刀治疗方法？

第二节　头夹肌慢性损伤

【概述】

头夹肌慢性损伤，又称"扁担疙瘩"，是由于长期反复定向低头工作，使头夹肌在附着点出现损伤、粘连，因而机化，形成瘢痕、挛缩和增生。患者常有外伤史，或伏案工作，或长时间看电视、打电脑，或以往有长期挑担劳损史。

【相关解剖】

头夹肌起于第 3 颈椎至第 3 胸椎棘突及棘上韧带（项韧带），止于上项线外侧端及乳突后缘，它和枕部肌肉共同在上项线外侧端交织附着，枕部肌肉又移行于帽状腱膜，与额肌呈前后状态共同紧张帽状腱膜。单向收缩使头转向同侧，双侧收缩使头后仰。

【病因病理】

头夹肌的上面有斜方肌、背阔肌，下面有竖脊肌，它是使头部后仰的主要肌肉之一。头颈部的活动以第 1 胸椎为支点，而第 1 胸椎本身活动幅度较小，头颈部在频繁大幅度活动时，第 7 颈椎棘突成为应力集中点。因此头夹肌第 7 颈椎的附着处极易受损。

头夹肌的附着处损伤后，头颈部其他肌肉活动可影响头夹肌的修复，即使是肌腱处在制动状态下，肌腹也会在其他肌肉的活动下不停收缩运动。因此，头夹肌损伤后，其修复和损伤同时进行，进而损伤点的瘢痕组织越来越厚。

【临床表现】

1. 症状　患侧枕骨缘的上项线或第 7 颈椎棘突处疼痛，转头或仰头受限，颈项部有僵硬感。热敷可使颈项松弛，但附着处疼痛始终存在。不适感随气候变化而加重，更有严重者引起上肢麻木感、头晕、目眩等症状。

2. 体征　在第 7 颈椎棘突处或枕骨上项线单侧或双侧压痛；用手掌压住枕部，使其低头，令患者努力抬头后伸，即引起疼痛加剧；第 7 颈椎棘突处有隆起的包块。

【针刀治疗】

1. 体位　俯卧位或俯伏坐位。

2. 体表标志　枕骨上项线、乳突、第 2 颈椎棘突、第 7 颈椎棘突。

3. 定点

（1）上项线阳性反应点。

（2）第 7 颈椎棘突阳性反应点。

4. 消毒与麻醉　常规消毒，铺无菌洞巾，0.5% 利多卡因局部麻醉，每点注射 1 ~ 2mL，注入麻醉药时，必须先回抽注射器确认无回血。

5. 针刀器械　Ⅰ 型 4 号针刀。

6. 针刀操作

（1）上项线阳性反应点：针刀刃与头夹肌纤维一致，针刀体与骨面垂直，按四步规程进针刀达骨面，纵横摆动 3 ~ 4 次，必要时可将反应点处腱纤维十字切开。

（2）第 7 颈椎棘突阳性反应点：刀口线与肌纤维一致，针刀体与皮面垂直，按四步规程进针刀达病灶即可，不可超过棘突根部，纵行切开 2 ~ 3 次。

术毕，拔出针刀，局部压迫止血 1 分钟后，无菌敷料覆盖伤口。

7. 疗程　每次治疗的治疗点数量视患者病情而定。如患者耐受能力差可分多次完成治疗。同一治疗点治疗间隔 3 ~ 7 天，不同定点可于次日治疗。一般 4 次为 1 个疗程，视患者病情确定疗程。

【术后手法及康复】

1. 术后手法　头夹肌牵拉术。

2. 康复训练　颈部稳定性训练。

【思考题】

头夹肌慢性损伤的针刀治疗方案？

第三节　肩胛提肌慢性损伤

【概述】

肩胛提肌损伤，又称为肩胛提肌综合征，是以肩背部及项部疼痛不适，有酸重感，严重时影响颈、肩及上肢活动为主要表现的病症。慢性发病者为多，常反复发作、经久不愈，是临床较为常见的一种颈肩部软组织损伤疾病。本病以中青年患者居多，患者多有长期使用电脑或伏案工作史。

肩胛提肌损伤在临床常被诊断为颈部损伤、肩颈痛、肩胛痛，也有被误诊为颈椎病、肩周炎或落枕等。

【相关解剖】

肩胛提肌位于项部两侧，其上 1/3 位于胸锁乳突肌的深面，下 1/3 位于斜方肌的深面，为带状长肌。起自第 1 ~ 4 颈椎横突后结节，肌纤维斜向后下稍外方，止于肩胛骨上角和肩胛骨内侧缘上部，收缩时，使肩胛骨上提内收，并向内旋转。若将肩胛骨固定，该肌单侧收缩可使头颈侧后屈，两侧同时收缩，可使头后仰。肩胛提肌受肩胛背神经（$C_{3 ~ 5}$）支配。

【病因病理】

肩胛骨与胸廓相连的骨关节为肩锁关节、锁骨、胸锁关节，而另一重要连接是靠许多肌肉将肩胛骨悬吊在胸廓上，其中主要的是肩胛提肌。人坐位或站位时，肩胛骨由于重力向下坠，需要肩胛提肌等向上牵拉，使肩胛提肌经常处于高张力状态，同时肩胛提肌是头部旋转活动的应力集中处，因而容易造成损伤。

本病急性损伤多由突然性动作造成。颈部过度前屈时，突然扭转颈部易使肩胛提肌起点（第1~4颈椎横突后结节部）的肌纤维撕裂；上肢突然过度后伸，使肩胛骨迅速上提和向内上旋，肩胛提肌突然强烈收缩，因肩胛骨受到多块不同方向肌肉的制约，从而使肩胛骨与肩胛提肌不能达到同步配合，导致肩胛提肌止点（肩胛骨内上角）肌腱撕裂，引起瘀血、肿胀和局部肌痉挛，出现颈肩疼痛，后期受损组织通过自身修复、机化、粘连而形成瘢痕。

慢性损伤与长期低头并稍转向一侧的姿势、长期过度负重用力、急性损伤未有效治疗，以及局部感受风、寒、湿侵袭等有关，如长期伏案工作、织毛衣、睡眠时枕头过高等，导致肩胛提肌痉挛、缺血、水肿、代谢产物淤积等病理改变，形成条索、结节等，从而引起疼痛。

【临床表现】

1. 症状　颈肩背部酸胀疼痛，沉重不适感可向头颈部或肩背部放散，严重者可见颈部活动受限，或患侧耸肩畸形。多累及单侧，亦可双侧受累。疼痛部位以肩胛骨内上角最为明显，伴有颈部肌肉僵硬，耸肩或活动肩关节，肩胛骨内上方可有弹响声。低头、受凉或提拿重物时症状加重。病久者可有头痛、头晕、心烦等症状。

2. 体征　在肩胛提肌体表投影范围内有明显的压痛点，主要分布在肩胛骨内上角、肩胛提肌抵止前的肋骨面，以及第1~4颈椎横突部的后结节上，尤以肩胛骨上角最为多见。触诊可有组织紧张、僵硬，并伴有硬结和条索状物，活动肩关节肩胛骨上角有摩擦音，重按弹拨有弹响声。让患者尽力后伸患侧上肢，上提并内旋肩胛骨，可使疼痛加剧，或根本不能完成此动作。

【辅助检查】

颈胸椎X线检查排除骨性病变，排除内脏病变引起的肩部牵涉痛。

【针刀治疗】

1. 体位　患者取俯卧位或俯伏坐位。

2. 体表标志　肩胛骨内侧缘、肩胛骨内上角。

3. 定点　术者以拇指在肩胛骨上角按压寻找阳性反应点。

4. 消毒与麻醉　常规消毒，铺无菌洞巾，0.5%利多卡因局部麻醉，每点注射1~2mL，注入麻醉药时，必须先回抽注射器确认无回血。

5. 针刀器械　Ⅰ型4号针刀。

6. 针刀操作　刀口线与肌纤维方向一致，针刀体垂直于肩胛上角边缘骨面，按照四步规程进针刀达肩胛上角骨面，缓慢移动针刀刃至肩胛上角边缘，在此位置轻提针刀3~4mm，至骨缘，切断少量肩胛提肌附着点纤维，每点切开4~5次。（图7-1）

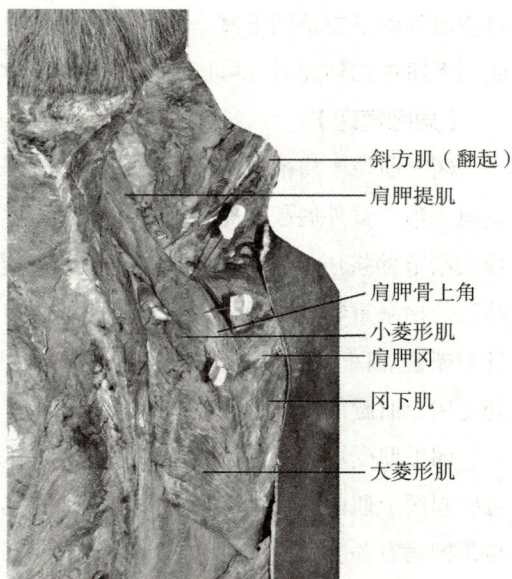

斜方肌（翻起）
肩胛提肌
肩胛骨上角
小菱形肌
肩胛冈
冈下肌
大菱形肌

图7-1　针刀治疗肩胛提肌损伤

术毕，拔出针刀，局部压迫止血 1 分钟后，无菌敷料覆盖伤口。

7. 疗程   每周治疗 1 次，4 次为 1 个疗程，视患者病情确定疗程。

【术后手法及康复】

1. 术后手法   肩胛提肌牵拉术。

2. 康复训练   颈部稳定性训练。

【思考题】

针刀治疗肩胛提肌慢性损伤的定点有哪些？

第四节   冈上肌慢性损伤

【概述】

冈上肌慢性损伤是指冈上肌因受到喙肩韧带与肩峰部的摩擦、牵拉和卡压等造成损伤，发生疼痛、渗出和粘连等无菌性炎症改变。冈上肌损伤较常见，好发于中年体力劳动者，有肩部劳损或外伤史。患者常因肩痛或背痛就医，针刀治疗适用于冈上肌的慢性损伤。一般情况下损伤时间愈长，针刀治疗的疗效愈明显。

【相关解剖】

冈上肌是肩部较小的肌肉，位于斜方肌下，起于冈上窝，向外行于喙肩弓之下，以扁阔的肌腱（腱宽 2.3cm）止于肱骨大结节最上方的骨面上。与冈下肌、肩胛下肌、小圆肌肌腱共同组成肩袖，附着于肱骨解剖颈，形如马蹄，其作用为将肱骨头固定于肩盂中，协同三角肌动作使上肢外展。冈上肌是肩关节外展活动开始 15° 的发动者。因此，它对肩关节的主动外展运动有着特殊的意义。冈上肌受肩胛上神经（$C_{5\sim6}$）支配。

肩胛上神经是臂丛上干的分支，行向后外侧，在肩胛横韧带下方经过肩胛切迹入冈上窝，再绕肩胛颈下方至冈下窝，支配冈上肌和冈下肌。其神经末梢的分布则紧贴骨面，故当冈上肌或冈下肌损伤粘连时，可压迫肩胛上神经的末梢而产生剧烈疼痛。

【病因病理】

冈上肌位于肩袖最中央，在肩关节肌群中是肩部四方力量之集汇点，因此是较容易劳损的肌肉。当上臂外展起动时，冈上肌腱须通过肩峰与肱骨头之间的狭小间隙，经常处于肩峰与肱骨大结节的挤压、摩擦与撞击之中，极易受损退变而钙化，是全身最常发生钙化的肌肉之一。摔跤、抬举重物或其他体力劳动时，上肢突然猛烈外展而致冈上肌损伤或撕裂，严重者冈上肌腱可断裂。冈上肌撕裂的部位多在肱骨大结节以上 1.25cm 处，即经常受到撞击的腱末端，此处是冈上肌腱的高应力点，故易于损伤。

冈上肌受肩胛上神经支配，该神经来自颈 5～6 节段，当颈椎损伤、颈椎病波及该节段时，可引起冈上肌的放射性疼痛、酸、麻、胀感等症状，故当有冈上肌损伤症状时，亦应考虑是否与颈椎病有关。

【临床表现】

1. 症状　肩上部或外侧疼痛，有时向颈部或上肢放射。

2. 体征　肱骨大结节上方压痛，肩关节自动外展运动时小于60°和大于120°疼痛不明显，于60°~120°时出现疼痛加剧，称为疼痛弧试验阳性。这是冈上肌损伤的特异体征。

【辅助检查】

1. X 线检查　一般无异常，有时可见肱骨大结节处有钙化、毛糙和骨质疏松，为组织变性后的一种晚期钙化性冈上肌损伤，治疗时要防止肌腱断裂。

2. MRI 检查　可见冈上肌局部信号异常。（图 7-2）

A.冈上肌异常信号

B.冈上肌腱周围异常信号1

C.冈上肌腱周围异常信号2

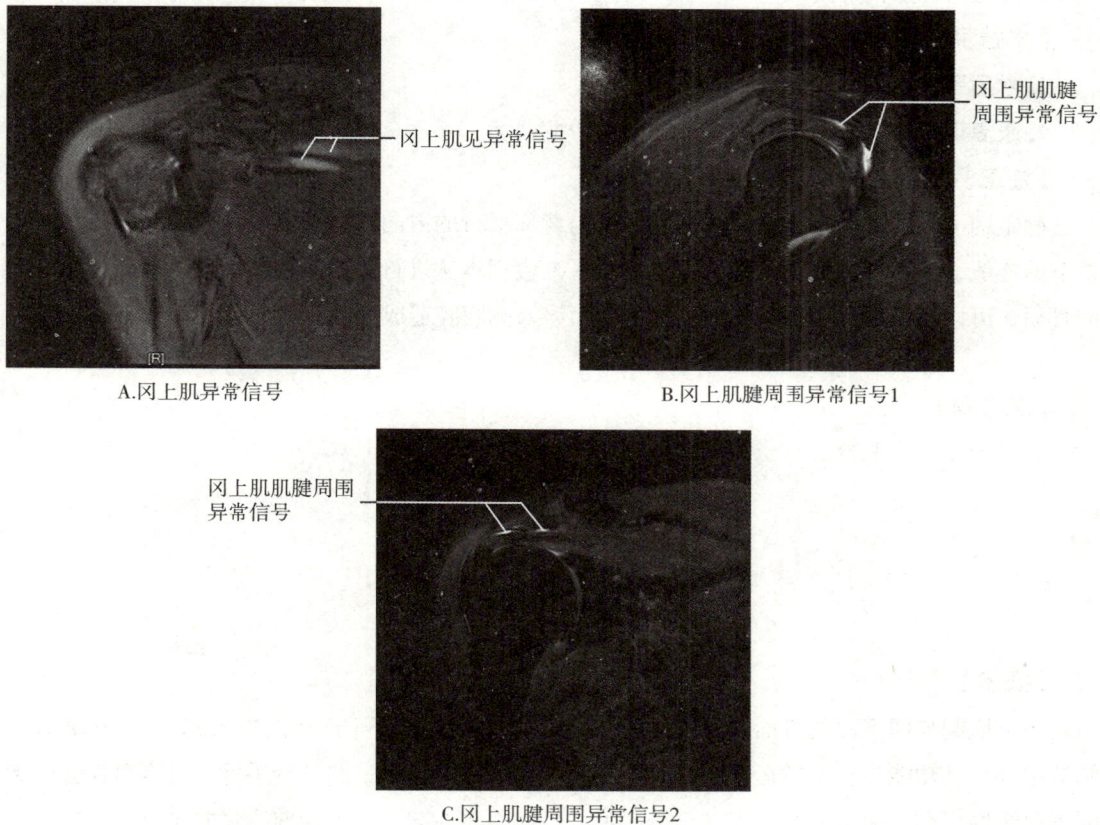

图 7-2　冈上肌 MRI 片

【针刀治疗】

1. 体位　俯卧位、侧卧位或俯伏坐位。

2. 体表标志　肩胛冈、肩峰、肱骨大结节。

3. 定点

（1）肱骨大结节上份阳性反应点。

（2）冈上窝阳性反应点。

4. 消毒与麻醉　常规消毒，铺无菌洞巾，0.5% 利多卡因局部麻醉，冈上窝麻醉时扪清痛点的骨面，以手指压住，注射针长轴应与背部平面几乎平行，直达冈上窝的骨面上，回抽注射器确认无回血、无气方可注入麻醉药，每点注射 1~2mL。

5. 针刀器械　Ⅰ型 4 号针刀。

6. 针刀操作

（1）肱骨大结节上份阳性反应点：刀口线和冈上肌纵轴平行，针刀体与骨面垂直，针体与上肢成135°，按四步规程进针刀达骨面。提起针刀切开肌腱止点 1~2 次，然后纵横摆动 1~2 次。

（2）冈上窝阳性反应点：刀口线和冈上肌纵轴平行，针刀体与人体纵轴一致，由头端朝向足端。按四步规程进针刀达冈上窝骨面，提起针刀至结节、条索表面，从结节、条索表面切至骨面 1~2 次，然后纵横摆动 1~2 次。

术毕，拔出针刀，局部压迫止血 1 分钟后，无菌敷料覆盖伤口。

7. 疗程　每周治疗 1 次，4 次为 1 个疗程，视患者病情确定疗程。

【术后手法及康复】

1. 术后手法　冈上肌牵拉术。

2. 康复训练　肩部稳定性训练、胸椎灵活性训练。

【注意事项】

确定冈上窝痛点时，应在肩胛冈上方，与背部平行的方向扣压痛点。这样体表定点与痛性结节的连线，就与背部皮面几乎呈平行的关系。应用本法进行针刀操作，针刀落点应达冈上窝的骨面，可以避免因针刀刃指向胸膜腔方向而误入胸膜腔造成气胸。

【思考题】

针刀治疗冈上肌慢性损伤的定点有哪些？

第五节　冈下肌慢性损伤

【概述】

冈下肌起自冈下窝的骨面，肌束向外跨过肩关节后方，相当于天宗穴的位置，止于肱骨大结节中部。其功能是在上肢运动的时候稳定肱骨头于关节盂中，并外旋手臂。过度负荷会引起冈下肌慢性损伤，冈下肌慢性损伤十分多见，且损伤多在起点，慢性期疼痛非常剧烈，针刀治疗此病疗效显著。

【相关解剖】

冈下肌为肩带肌，位于肩胛冈下部，揭开皮肤皮下组织即可见到。其内上方为斜方肌覆盖，外下方为小圆肌、大圆肌和被部分背阔肌覆盖。冈下肌起自冈下窝及肩部筋膜，形似三角形，向上外聚集形成扁腱，经肩关节后方止于肱骨大结节的中份骨面，构成内肩袖的后份，冈下肌和小圆肌联合腱腱宽 4.7cm，止点腱下有滑液囊。冈下肌的作用为内收上臂和外旋肩关节，由肩胛上神经（$C_{5~6}$）支配，该神经以丰富的神经末梢止于冈下窝。肩胛骨常有变异，有的冈下窝骨面菲薄，有的在骨面中间为空洞样的缺损，这种先天异常应引起注意。

【病因病理】

冈下肌慢性损伤通常为突然或反复超负荷应力所致，如一些体育项目中的频繁屈伸手臂、击球或支撑，以及不良体位和职业性操作姿势等。冈下肌与肩胛骨骨面之间没有滑囊，肩关节活动时，冈下肌肌纤维与骨面发生摩擦，易出现损伤。此外，除冈下肌受到损伤外，还可使肩胛上神经受到过度牵张而导致受损。冈下肌损伤疼痛剧烈的原因是：一是冈下窝的肩胛上神经末梢十分丰富；二是冈下肌损伤时，粘连、结瘢可能较重，挤压神经末梢。如果在大结节下方1.0cm处疼痛，多为冈下肌腱滑液囊炎所致，两种病变可并存。

【临床表现】

1.症状 损伤早期，疼痛严重，多发生在冈下窝或肱骨大结节处，可连及肩峰的前方，上肢不能自由活动。慢性期痛觉减退，冈下窝有麻木感。喜做肩胛上提的动作，冈下窝及肱骨大结节处明显电击样疼痛或胀痛，可牵涉拇指，为酸胀痛，也可为麻痛，肩部活动受限，上臂上举不完全，手后伸摸背困难。病程较长者可于冈下窝处触及块状或条索状物，压痛明显，并可向患侧上肢尺侧放射。

2.体征 患肢内收位主动外展时，引起疼痛加剧或根本不能完成此动作。

【辅助检查】

1. X 线检查 一般无异常。

2. MRI 检查 可见冈下肌局部信号异常。（图 7-3）

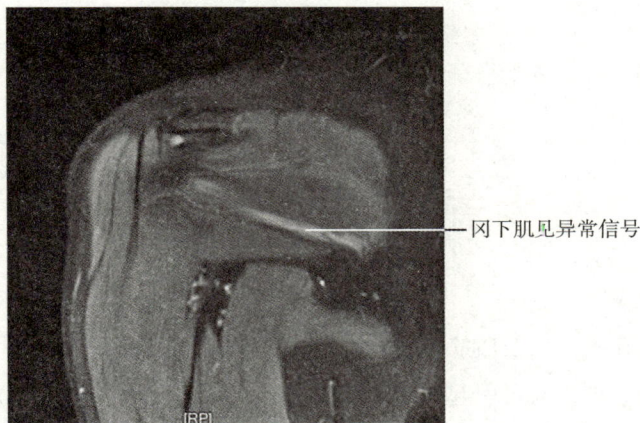

—冈下肌见异常信号

图 7-3 冈下肌 MRI 片

【针刀治疗】

1.体位 俯卧位，患侧胸部垫枕。术野暴露好，可同时处理起、止点部位的损伤。

2.体外标志 肩胛冈、肩胛骨内侧缘、肩胛骨外侧缘、肱骨大结节。

3.定点

（1）冈下窝阳性反应点。

（2）肱骨大结节中份阳性反应点。

4.消毒与麻醉 常规消毒，铺无菌洞巾，0.5% 利多卡因局部麻醉，每点注射 1~2mL，注入麻醉药时，必须先回抽注射器确认无回血。

5.针刀器械 Ⅰ型 4 号针刀。

6.针刀操作

（1）冈下窝阳性反应点：刀口线与冈下肌纤维平行，针刀体与皮面垂直，按四步规程进针刀达骨面，纵横摆动 3 次。

NOTE

（2）冈下肌止点：刀口线与三角肌纤维平行，针刀体与上臂成135°角，按四步规程进针刀达骨面。调转刀口线与冈下肌纤维平行，调整针刀刃到大结节中份骨面的内侧腱末端处，继续推进针刀穿过冈下肌腱附着与游离的交界处的骨缘，纵横摆动3次。

术毕，拔出针刀，局部压迫止血1分钟后，无菌敷料覆盖伤口。

7. 疗程　每周治疗1次，4次为1个疗程，视患者病情确定疗程。

【术后手法及康复】

1. 术后手法　冈下肌牵拉术。

2. 康复训练　肩部稳定性训练、胸椎灵活性训练。

【注意事项】

1. 针刀定点不得超出肩胛骨缘的范围。因肩胛骨可随肩、上肢活动而有所移动。一定要摆好位置，扪清冈下窝骨而后再定点，定点后不允许再变动体位。而在进刀之前，应再次确认定点无误，即确认定点在肩胛骨缘之内。这样可避免误伤胸膜而导致气胸并发症。

2. 据解剖观察，肩胛骨体有先天缺损及骨内有空洞者，应注意X线片及物理检查，以免造成失误。

【思考题】

冈下肌慢性劳损的临床表现有哪些？

第六节　臀中肌慢性损伤

【概述】

臀中肌损伤发生于臀中肌及肌筋膜，有急性、慢性两种。急性损伤者，局部肿痛明显，一般无复杂的临床症状，严重时可引起臀部麻木、发凉等症状。慢性损伤者临床多见，肿胀不明显，但出现的症状较为复杂，还可累及梨状肌引起坐骨神经疼痛，使行走受限。

【相关解剖】

臀肌属髂肌后群，分为三层。浅层有臀大肌与阔筋膜张肌，中层由上而下依次是臀中肌、梨状肌、闭孔内肌和股方肌，深层为臀小肌和闭孔外肌。臀中肌为臀中层肌肉，起于髂骨翼外侧的臀前线和臀后线，前三分之二肌束呈三角形，后三分之一肌束呈羽翼状，在下端集中止于大转子外面及后面，为主要的髋关节外展肌，并参与外旋及伸髋关节。站立时可稳定骨盆，从而稳定躯干，特别是在步行支撑相尤为重要。臀中肌前部被阔筋膜覆盖，后部被臀大肌覆盖，其深层有臀小肌，由臀上神经（$L_4 \sim S_1$）支配，血供主要是臀上动、静脉，臀上神经和臀上动、静脉出于梨状肌上孔。梨状肌与臀中肌相邻，起于第2～4骶椎前面，穿过坐骨大孔，止于大转子尖，其下孔有坐骨神经穿出。因此，臀中肌病变累及梨状肌时，会影响关联的神经与血管。

【病因病理】

急性损伤一般有明显的外伤史、突然体位改变，或慢性损伤受诱因刺激引起臀中肌撕裂，引起炎症反应，刺激神经导致疼痛，疼痛可引起肌肉痉挛，持续的肌肉、筋膜痉挛又可导致组织缺血、缺氧，释放致痛、致炎物质，使疼痛加重。在臀中肌处能摸到病理反应物（如肿块、条索状物等）。

慢性损伤，因长期行走、下蹲、弯腰等动作，引起慢性积累性损伤，使臀中肌在髂嵴附着区及其与臀大肌的结合部，以及大转子止点受到反复的应力牵拉和摩擦作用，以致产生无菌性炎症反应，释放炎性介质，致使肌肉痉挛，局部血液循环障碍，有害代谢产物积聚，刺激神经血管束，产生相应疼痛症状，久之产生粘连、挛缩，进一步引起局部循环障碍及卡压周围神经，引起疼痛及麻木。当病变波及梨状肌时可出现梨状肌综合征。

【临床表现】

臀中肌损伤可根据损伤波及的范围和病理变化，分为单纯型和臀梨综合型。

1. 单纯型

（1）症状：臀中肌局部疼痛，下肢偶有散在疼痛和麻木感，但无神经根性刺激症状，无真正的放射痛。有些仅表现为足踝部疼痛和不适，足底麻胀，跖跗关节疼痛，局部无明显压痛

（2）体征：直腿抬高试验局限于臀部痛，小腿神经系统检查阴性。臀中肌前外侧或后侧纤维处疼痛及压痛，可触及痛性条索，压之疼痛并可往同侧膝关节及远肢体放散，下肢主动外展引起症状加重。

2. 臀梨综合型

（1）症状：臀部疼痛，伴有下肢放射性疼痛或麻木。

（2）体征：臀中肌、梨状肌有压痛点及筋束，疼痛可及下肢。梨状肌牵拉试验阳性，直腿抬高试验阳性。

【针刀治疗】

1. 体位　俯卧位或侧卧位，健侧腿在下伸直，患侧在上屈髋、屈膝。

2. 体表定位　髂前上棘、髂后上棘、梨状肌体表投影（髂后上棘到大转子尖连线中内 2/3 为梨状肌上缘）。

3. 定点

（1）臀中肌起点阳性反应点。

（2）臀中肌与梨状肌交界处：髂后上棘与尾骨尖连线的中点与大转子连线的中内 1/3。

4. 消毒与麻醉　常规消毒，铺无菌洞巾，0.5% 利多卡因局部麻醉，每点注射 1~2mL，注入麻醉药时，必须先回抽注射器确认无回血。

5. 针刀器械　Ⅰ型 4 号针刀。

6. 针刀操作

（1）臀中肌起点：刀口线与臀中肌纤维平行，针刀体与皮面垂直，按四步规程进针刀达骨面，提起到达痛性条索、结节表面，纵行切开 1~2 次，然后纵横摆动 1~2 次，此时局部有酸胀或酥麻感，并可牵涉患侧下肢。

（2）臀中肌与梨状肌交界处：刀口线与下肢纵轴方向平行，针刀体与皮肤垂直，按四步规程进针刀到达梨状肌附近，当患者有麻木感时，退针刀 2cm，针刀体向外倾斜 10°~15°，再进针刀，手下有坚韧感时，平行梨状肌肌纤维切开 1~2 次，再纵横摆动 1~2 次。

术毕，拔出针刀，局部压迫止血 1 分钟后，无菌敷料覆盖伤口。

7. 疗程　每周治疗 1 次，4 次为 1 个疗程，视患者病情确定疗程。

NOTE

【术后手法及康复】

1. 术后手法　臀中肌和梨状肌牵拉法。

2. 康复训练　臀中肌激活训练。

【思考题】

1. 简述臀中肌的解剖结构?

2. 臀中肌慢性损伤针刀治疗定点有哪些?

第七节　棘上韧带慢性损伤

【概述】

脊柱的弯曲活动常使棘上韧带劳损或损伤，突然外伤也常使棘上韧带损伤。腰段的棘上韧带最易受损。陈旧性的慢性损伤，针刀治疗效果较理想。

【相关解剖】

棘上韧带为一狭长韧带，起于第 7 颈椎棘突，向下沿棘突尖部止于骶正中嵴，作用是限制脊柱过度前屈。

【病因病理】

脊柱在过度前屈时棘上韧带负荷增加。如果把脊柱前屈时的人体看作一个弯曲的物体，那么棘上韧带处在弯曲物体的凸面，腹部处于弯曲物体的凹面。根据力学原理，凸面所受到的拉力增大。因此，棘上韧带在脊柱过度前屈时最易牵拉损伤。如果脊柱屈曲位突然受到外力的打击，棘上韧带也会受损，脊柱屈曲受到暴力扭转也易损伤棘上韧带。

棘上韧带损伤点大多在棘突顶部的上下缘。如损伤时间较长，棘上韧带棘突顶部上下缘形成瘢痕挛缩，可引起顽固性疼痛。

【临床表现】

1. 症状　腰背部有损伤或劳损史，腰椎棘突疼痛，弯腰加重。

2. 体征　在腰椎棘突上有明显压痛点，且都在棘突顶部的上下缘，其痛点浅在皮下。

【针刀治疗】

1. 体位　俯卧位。

2. 体表定位　棘突顶点。

3. 定点　病变节段棘突顶点。

4. 消毒与麻醉　常规消毒，铺无菌洞巾，0.5% 利多卡因局部麻醉，每点注射 1~2mL，注入麻醉药时，必须先回抽注射器确认无回血。

5. 针刀器械　Ⅰ型 4 号针刀。

6. 针刀操作　刀口线和脊柱纵轴平行，针刀体和背面垂直，按四步规程进针刀达棘突顶部骨面。将针刀体倾斜，如痛点在进针刀点棘突上缘，使针刀体和下段脊柱成 45°角，如疼痛在进针刀点棘突下缘，使针刀体和上端脊柱成 45°角，先纵行切开 1~2 次，再纵横摆动 1~2 次。然后沿脊柱纵轴使针刀体向相反方向移动 90°，使其与上段脊柱或下段脊柱成 45°角，先纵行切开 1 ~ 2 次，再纵横摆动 1 ~ 2 次。

术毕，拔出针刀，局部压迫止血 1 分钟后，无菌敷料覆盖伤口。

7.疗程　每周治疗 1 次，4 次为 1 个疗程，视患者病情确定疗程。

【术后手法及康复】

1.术后手法　腰背肌牵拉术。

2.康复训练　核心稳定性训练。

【思考题】

1. 棘上韧带的解剖结构和生理功能有哪些?

2. 针刀治疗棘上韧带的方法?

第八节　第 3 腰椎横突综合征

【概述】

第 3 腰椎横突综合征，又称第 3 腰椎横突周围炎或第 3 腰椎横突滑膜炎，是引起腰腿痛的常见病因之一。本病是由于腰部软组织劳损、筋膜增厚、粘连等病理变化，对通过第 3 腰椎横突的腰脊神经后外侧支卡压，导致的以腰、臀部酸痛及腰部活动受限为主的一系列症状。好发于青壮年体力劳动者，患者可有腰部外伤史，或超负荷弯腰负重致使腰部损伤史，或长时间弯腰劳作史。针刀治疗本病比手术治疗创伤小，临床效果比较可靠。

【相关解剖】(图 7-4)

第 3 腰椎横突位于第 2、3 腰椎棘突间水平，距正中线约 3.6cm（不恒定）。第 1 腰神经后支（参与组成臀上皮神经）自内上而外下穿行于胸最长肌肌腹中，由于此处与第 3 腰椎横突尖部距离很近，当第 3 腰椎横突尖部附着的软组织（肌肉、韧带、筋膜等）发生病变时，可对此处的胸最长肌造成牵拉进而使臀上皮神经受到刺激，这是第 3 腰椎横突综合征患者可能同时出现（膝以上）下肢痛的解剖学基础。

图 7-4　第 3 腰椎横突及周围结构

【病因病理】

腰椎呈正常生理性前凸，第 3 腰椎位于这个前凸的顶点。在人类的 5 个腰椎中，第 3 腰椎是活动中心，是腰椎前屈、后伸、左右旋转时的活动枢纽。如前所述，在腰椎的横突上，有多条肌肉、筋膜附着，这些肌肉的收缩可以左右腰椎的活动。两侧横突所附着的肌肉和筋膜有着相互拮抗或协同的作用，以维持脊柱活动时人体重心的相对稳定。因为第 3 腰椎横突最长，它所受的杠杆作用最大，所以附着在此的韧带、肌肉、筋膜等所受的拉力也最大，也容易受到损伤。

当第 3 腰椎横突部出现肌肉或筋膜损伤时，可导致走行此处的臀上皮神经可受到刺激。可出现臀上皮神经支配区域（臀及大腿）的疼痛。

【临床表现】

1. 症状　腰、臀部酸痛，腰部活动受限，部分患者可有臀部及下肢（膝关节水平以上）放射痛或麻木，极少数患者疼痛或麻木可放射至小腿外侧，但疼痛或麻木不因腹压增高（如咳嗽、喷嚏等动作）而加重。

2. 体征　压痛位置局限于第 3 腰椎横突尖端（一侧或两侧），部分患者可在此触及硬结或条索。部分患者在臀中肌后缘与臀大肌前缘交界处可触及条索状物（系臀中肌紧张或痉挛所致），并有明显压痛。部分患者股内收肌紧张，触之呈条索状。

【辅助检查】

腰椎 X 线片表现并不一致：多数患者可观察到第 3 腰椎两侧横突不等长（图 7-5），腰部压痛多位于横突较长的一侧。部分患者第 3 腰椎两侧横突长度无明显差别或一侧横突表现为非水平位（向上方翘起），另有部分患者可表现为腰椎侧弯。

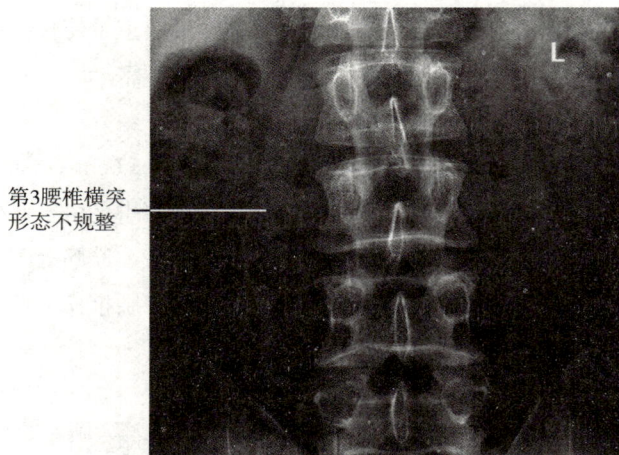

第3腰椎横突
形态不规整

图 7-5　第 3 腰椎横突综合征患者 X 线片

【针刀治疗】

1. 体位　患俯卧位，腹部垫枕。

2. 体表标志　肋弓下缘、髂嵴、腰椎棘突。

3. 定点　第 3 腰椎横突尖阳性反应点。

4. 消毒与麻醉　常规消毒，铺无菌洞巾，0.5% 利多卡因局部麻醉，每点注射 1~2mL，注入麻醉药时，必须先回抽注射器确认无回血。

5. 针刀器械　Ⅰ 型 3 号针刀。

6. 针刀操作（图 7-6）　刀口线与躯干纵轴平行，针刀体与皮面垂直，按四步规程进针刀达第 3 腰椎横突骨面，调整针刀刃到达横突尖端边缘，此时调整刀口线方向，沿横突边缘弧形切割胸腰筋膜与横突连接处 4～5 次。

术毕，拔出针刀，局部压迫止血 1 分钟后，无菌敷料覆盖伤口。

图 7-6 第 3 腰椎横突综合征针刀治疗

7. 疗程 每周治疗 1 次，4 次为 1 个疗程，可视患者病情确定疗程。

【术后手法及康复】

1. 术后手法 行局部弹拨手法、腰背部牵拉术。

2. 康复训练 核心稳定性训练。

【思考题】

1. 第 3 腰椎横突局部有哪些解剖结构？

2. 针刀治疗第 3 腰椎横突综合征的方法？

第九节 肩关节周围炎

【概述】

肩关节周围炎，简称肩周炎，俗称五十肩、肩凝症，是以肩痛伴肩关节运动障碍的一组证候群。本病是由于肩关节周围软组织广泛粘连和瘢痕引起的。好发于 50 岁左右的人群，女性多于男性，发病较慢。理论上，肩周炎属于有自愈倾向的自限性疾病，其自然病程在不同个体差异较大，从数月到数年不等。

【相关解剖】

肩关节没有强劲的韧带，靠包裹在其周围的肌肉来维护，因而肩关节又被称为"肌肉依赖关节"。以下介绍与肩关节有关的软组织结构。

1. 盂肱关节（图 7-7） 由肱骨头和肩胛骨的关节盂构成，属球窝关节，是上肢最大的关节，全身运动最灵活的关节。特点是关节头大，关节窝小（仅为关节头面积的 1/3）。

2. 肩峰（图 7-8） 是肩胛冈向外的直接延续，突出于肩胛盂之上，形成肩的顶峰。峰尖有喙肩韧带附着。

3. 喙突（图 7-8） 是肩胛骨的一部分，为弯曲的指状突起，自肩胛颈凸向前、外、下，弯曲做环抱肱骨头状。在喙突与肩峰之间有喙肩韧带相连，该韧带内侧起于喙突上外侧，十分坚强，形成喙肩弓。

4. 喙肱韧带（图7-8） 起自喙突根部（水平部外缘），纤维呈放射状达关节囊，延伸至大、小结节及其间的肱骨横韧带。喙肱韧带加强关节的上部，好似肱骨头的悬吊韧带，其近侧纤维在外旋时紧张，有约束外旋的作用。

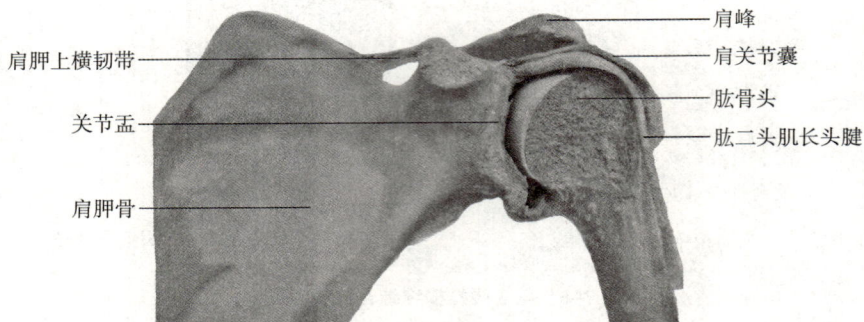

图7-7　盂肱关节

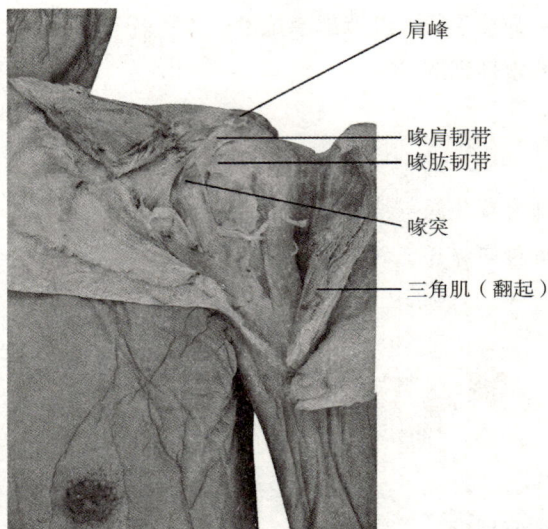

图7-8　喙肱韧带

5. 喙肩韧带（图7-9） 连于喙突与肩峰之间，凌驾于肩关节上方，与喙突、肩峰共同构成喙肩弓。喙肩韧带是肩肱关节上部强有力的屏障，可防止肱骨头向内上方脱位。

6. 肱骨横韧带（图7-10） 简称肱横韧带，为肱骨的固有韧带，厚度约1mm，横跨在结节间沟的上方，连接大、小结节，部分纤维与肩关节囊愈合。肱骨横韧带和结节间沟之间形成一骨纤维管，有肱二头肌长头腱通过。

7. 肩袖 在盂肱关节周围，由冈上肌、冈下肌、小圆肌与肩胛下肌彼此交织形成一半圆形马蹄状的扁宽腱膜，从前、上、后方牢固地附着于关节囊上，不易分离，这一结构即称为肩袖。肩袖对稳定肩关节具有特殊意义。

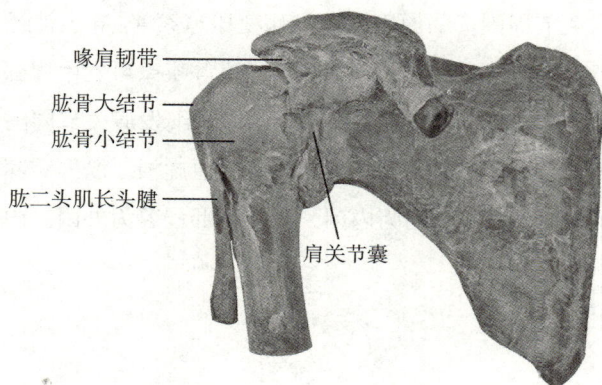

图 7-9　喙肩韧带

喙肩韧带
肱骨大结节
肱骨小结节
肱二头肌长头腱
肩关节囊

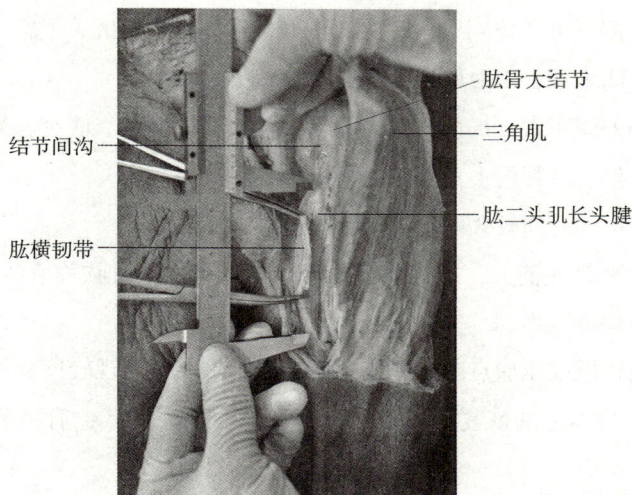

图 7-10　肱横韧带

结节间沟
肱横韧带
肱骨大结节
三角肌
肱二头肌长头腱

8. 肩峰下滑囊　简称肩峰下囊，位于肩峰与冈上肌腱之间，其上为肩峰，下为冈上肌腱的止点，由于冈上肌腱与关节囊相融合，所以可视作滑膜囊之底。该滑囊可随年龄的增长而出现退行性变，表现为囊壁增厚，可被厚而平滑的粘连分为数个腔隙。

【病因病理】

　　肩关节周围炎的发病原因，一般认为是在肩关节周围软组织退行性变的基础上，肩部受到轻微外伤，或累积性劳损，或受凉等，未能及时治疗和功能锻炼，造成肩部功能活动减少，导致肩关节周围软组织发生粘连，出现肩痛、活动受限，形成本病。发病过程主要与以下因素相关：①年龄及内分泌因素；②骨质疏松及肩关节退行性改变；③外伤与运动失稳；④颈椎退行性疾病；⑤感受风寒湿邪；⑥内脏牵涉痛长期不愈。主要病理变化为肩关节及其周围组织的损伤性、退行性的慢性炎症反应。如因冈上肌肌腱炎、肱二头肌肌腱炎、肩峰下滑囊炎、肩峰撞击症等造成肩部长期固定不动，或内分泌紊乱、慢性劳损、感受风寒湿邪等，均可继发肩关节周围炎，出现肩部肌腱、韧带、关节囊、滑液囊、韧带充血、水肿，炎性细胞浸润，组织液渗出，造成肩周围软组织广泛性粘连、疼痛、挛缩，进而造成关节活动严重受限。

颈椎病也是引起肩关节周围炎的原因，颈椎病变压迫第 4 ~ 6 颈神经，可造成肩部支配区软组织运动失调和神经营养障碍。另外，心、肺、胆道等疾患可发生肩部牵涉痛，如原发病长期不愈可使肩部肌肉持续性痉挛，造成肩关节活动受限，继发肩关节周围炎。

中医认为，本病多发生于老年人，因年老体衰，气血虚损，筋失濡养，风寒湿邪侵袭肩部致经脉拘急所致。气血虚损、血不荣筋为内因，风寒湿邪侵袭为外因。内外因相互作用，共同影响，引起肩关节周围炎。

【临床表现】

1. 急性炎症期

（1）症状：肩部疼痛，活动时加剧，如穿上衣时、耸肩或肩内旋时疼痛加重，不能梳头洗脸，患侧手不能摸背。可急性发作，大多数是慢性疼痛，有的只有肩部不适及束缚感。疼痛多局限于肩关节的前外侧，可延伸到三角肌的抵止点，常涉及肩胛区、上臂或前臂。有的患者疼痛迅速加重，尤以夜间为重，不敢取侧卧位。

（2）体征：肩部外观正常，局部压痛，痛点多位于结节间沟、喙突、肩峰下滑囊或三角肌附着处、冈上肌附着处、肩胛内上角等处。

2. 粘连渗出期　持续时间较久。

（1）症状：肩痛减轻或消失，肩关节活动度减小，严重时肩肱关节活动完全消失，梳头、穿衣、举臂、后背伸均感困难。

（2）体征：压痛轻微或压痛点减少，三角肌、肩胛带肌可出现轻度萎缩。

3. 缓解恢复期　为本症的恢复期或治愈过程。疼痛逐渐消减，肩关节挛缩、粘连逐渐消除，功能恢复正常。

【辅助检查】

1. X 线检查　对直接诊断肩关节周围炎无帮助，多为阴性，可以排除骨与关节疾病，有时可见骨质疏松、冈上肌腱钙化，或大结节处有密度增高的阴影。（图 7-11）

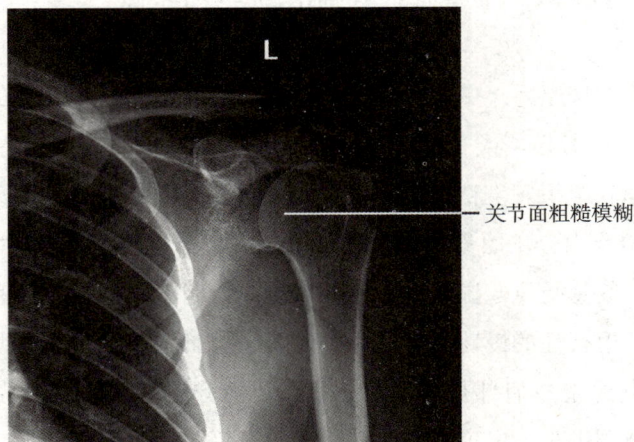

　　关节面粗糙模糊

图 7-11　肩关节 X 线片（正位）

2. MRI 检查　冈上肌、冈下肌、肱二头肌长头可见异常信号。（图 7-12）

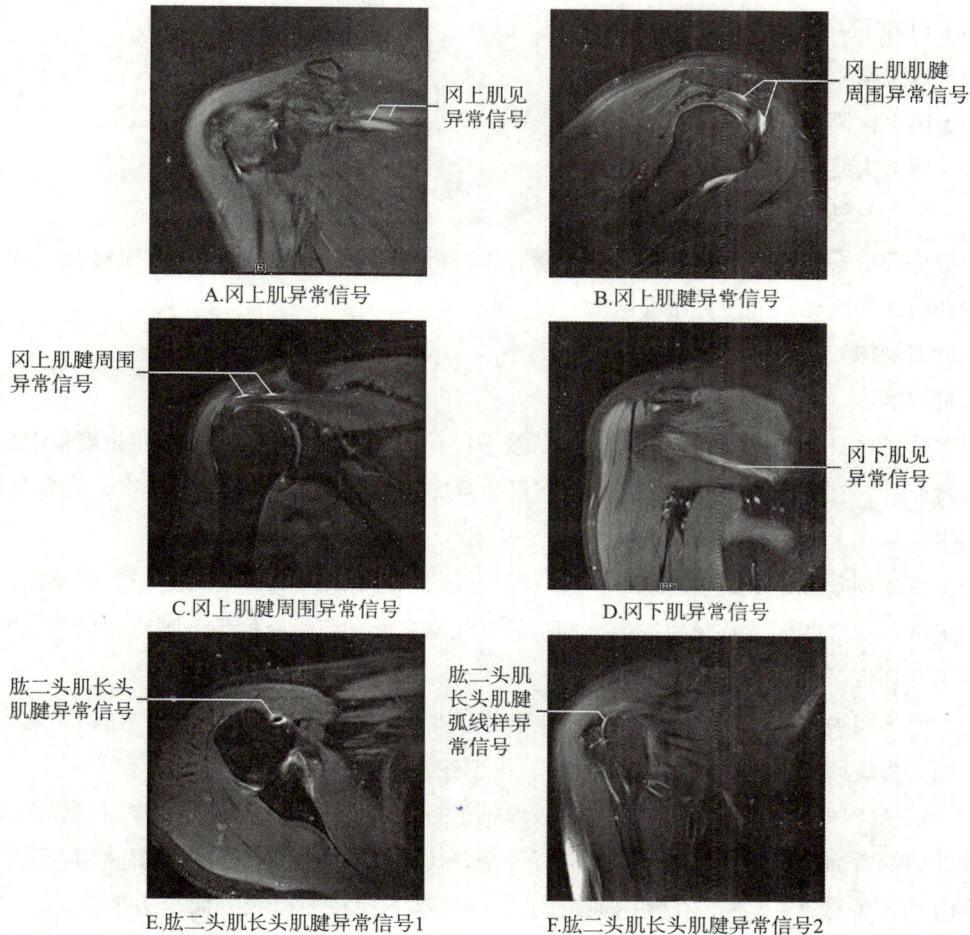

A.冈上肌异常信号
冈上肌见异常信号

B.冈上肌腱异常信号
冈上肌肌腱周围异常信号

C.冈上肌腱周围异常信号
冈上肌腱周围异常信号

D.冈下肌异常信号
冈下肌见异常信号

E.肱二头肌长头肌腱异常信号1
肱二头肌长头肌腱异常信号

F.肱二头肌长头肌腱异常信号2
肱二头肌长头肌腱弧线样异常信号

图 7-12　肩关节 MR

【鉴别诊断】

本病需与肩部骨、关节、软组织损伤，及由此引起的肩关节活动受限疾患相鉴别。此类患者都有明显的外伤史，且可查到原发损伤疾患，恢复程度一般较本病差。

与颈椎病相区别，颈椎病虽有肩臂放射痛，但在肩部往往无明显压痛点，仅有颈部疼痛和活动障碍，肩部活动度尚好。

【针刀治疗】

针刀治疗肩关节周围炎的效果因人而异，主要因为不同个体之间的病情差异较大，临床治疗首先应做到详细检查、明确病变位置，然后做出有针对性的针刀治疗。除了对患者的症状做出分析外，一般来说还应在喙突、喙肱韧带、结节间沟、冈上窝、冈下窝、大结节后外侧、肩胛骨外侧缘、肩峰下等位置寻找压痛点。

1.体位　仰卧位或侧卧位（患肩向上）。

2.体表标志　锁骨、肩峰、肩胛冈、喙突、大结节、小结节。

3.定点

（1）喙突阳性反应点。

（2）喙肱韧带与喙肩韧带阳性反应点。

（3）结节间沟阳性反应点。

（4）肩峰下阳性反应点。

（5）冈上窝阳性反应点。

（6）冈下窝阳性反应点。

（7）肱骨大结节阳性反应点。

（8）肩胛骨外侧缘阳性反应点。

4. 消毒与麻醉　常规消毒，铺无菌洞巾，0.5% 利多卡因局部麻醉，每点注射 1~2mL，注入麻醉药时，必须先回抽注射器确认无回血。

5. 针刀器械　Ⅰ型 3 号针刀。

6. 针刀操作

（1）喙突阳性反应点：刀口线与人体纵轴平行，针刀体与皮面垂直，按四步规程进针刀达喙突尖骨面后，在喙突尖部行十字切开，然后沿喙突尖外侧缘弧形切开 1~3 次，将喙肱韧带、喙肩韧带在喙突上的附着部切开。

（2）喙肱韧带与喙肩韧带阳性反应点：刀口线与人体纵轴平行，针刀体与皮面垂直，按四步规程进针刀达喙肱韧带及喙肩韧带，调整刀口线使之分别与喙肱韧带、喙肩韧带的纤维方向垂直，切开韧带至肱骨头骨面 1~3 次。

（3）结节间沟阳性反应点：刀口线与上肢纵轴平行，针刀体与皮面垂直，按四步规程进针刀达肱横韧带表面，切开肱横韧带 3~5 次，纵横摆动 1~2 次。

（4）肩峰下阳性反应点：刀口线与上肢纵轴平行，针刀体与皮面垂直，按四步规程进针刀达肩峰外侧端骨面，然后移动针刀刃至肩峰下缘，使针刀沿肩峰下缘向深部继续刺入肩峰下滑囊，充分切开囊壁 4~5 次，在囊内通透剥离 4~5 次。保持刀口线方向呈水平位，在与肩峰外侧端相对应的肱骨头上将冈上肌腱切开 4~5 次。

（5）冈上窝阳性反应点：刀口线与人体冠状面平行，针刀体与人体纵轴平行，按四步规程进针刀达冈上窝骨面，然后调整刀口线方向呈矢状位，在冈上窝骨面向外侧铲切 4~5 次，以切断少量冈上肌起点处纤维，再将针刀刃提至皮下，保持刀口线方向呈矢状位不变，缓慢切至冈上窝骨面 2~3 次，以切断少量冈上肌纤维。在操作过程中始终密切关注患者反应，一旦出现触电感则立即停止操作，并移动针刀刃。

（6）冈下窝阳性反应点：刀口线与冈下肌纤维一致，使针刀体与皮肤表面垂直，按四步规程进针刀达骨面，然后将针刀柄摆向脊柱侧，沿冈下窝骨面向外侧方向铲切 2~3 次，切断少量冈下肌起点肌纤维。因冈下窝骨面与冈下肌之间有旋肩胛动脉走行，铲切时必须注意针刀刃始终不离骨面操作，以免伤及该动脉。

（7）肱骨大结节阳性反应点：刀口线与冈下肌纤维一致，使针刀体与皮肤表面垂直，按四步规程进针刀达肱骨大结节后外侧骨面，轻提针刀 0.1~0.2cm，然后沿大结节骨面铲切 2~3下，将少量冈下肌、小圆肌在肱骨大结节后外侧部的止点纤维切断而充分松解其张力。

（8）肩胛骨外侧缘阳性反应点：刀口线与大、小圆肌纤维一致，使针刀体与皮肤表面垂直，按四步规程进针刀达小圆肌起点区，向外缓慢移动针刀刃至肩胛骨边缘，然后轻提针刀 0.1~0.2cm，沿骨面铲切 3~4 次以切断少量小圆肌纤维，有效降低其张力。

术毕，拔出针刀，局部压迫止血 1 分钟后，无菌敷料覆盖伤口。

7. 疗程　每次治疗的治疗点数量视患者病情而定，一般每次定点不超过 10 个，如患者耐受能力差可分多次完成治疗。同一治疗点治疗间隔 3 ~ 7 天，不同定点可于次日治疗。一般 4 次为 1 个疗程，视患者病情确定疗程。

【术后手法及康复】

1. 术后手法　肩关节助动手法。

2. 康复训练　胸椎灵活性训练、肩部稳定性训练。

3. 体操锻炼　功能锻炼极为重要，应在医师指导下进行积极锻炼，尤其是主动活动，即使是急性期也应做适当锻炼，以防止关节粘连。粘连期可忍着轻痛一日数次坚持锻炼。锻炼时间和强度因人而异，不论时间长短，有计划地进行，直至达到目的。常用练功方法如下。

（1）环绕甩肩法：患者早、晚做肩关节内旋、外旋、外展、环转上臂动作，反复锻炼，锻炼时必须缓慢持久，不可操之过急。

（2）爬墙法：患者侧面站立靠近墙壁，在墙壁上画一高度标志，以手指接触墙壁逐步向上移动，做肩外展上举动作，每日 2 ~ 3 次，每分钟 5 ~ 10 次，逐日增加上臂外展上举度数。

（3）手拉滑车法：可在屋柱上装一滑车。挂绳的一端系患肢，患者以健侧上肢向下牵拉另一端绳子，来帮助患侧关节的锻炼活动。

（4）握杆甩肩法：双手握住木棍或擀面杖两端，体前、左、右摇摆，以健肩推患肩尽力外展，再锻炼患肩后伸和上举功能。

【思考题】

1. 针刀治疗肩关节周围炎有哪些定点？

2. 肩关节局部解剖结构有哪些？

第十节　肱骨外上髁炎

【概述】

肱骨外上髁炎，又称肱骨外上髁证候群、网球肘等，是一组以肘外侧疼痛为主的综合征，好发于前臂劳动强度较大的中年人，如网球、羽毛球运动员，或家务劳动过多者。男女患病比例为 1:3，以右侧肢体多见。

【相关解剖】

肱骨外上髁是前臂伸肌肌群的起点，区域约为 11mm（宽）× 24mm（长），为不规则的箭头形崎性突起，突起高点呈条形，较锐，两侧延续为较平坦的骨面。与肱骨外上髁相连的肌有：肘肌、桡侧腕长伸肌、桡侧腕短伸肌、指伸肌、小指伸肌、尺侧腕伸肌、旋后肌等（图 7-13）。与肱骨外上髁相连

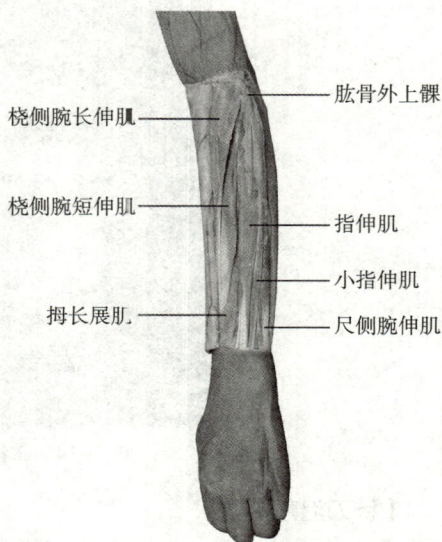

桡侧腕长伸肌
桡侧腕短伸肌
拇长展肌
肱骨外上髁
指伸肌
小指伸肌
尺侧腕伸肌

图 7-13　与肱骨外上髁相连的肌（部分示意）

NOTE

的韧带有：桡骨环状韧带、桡侧副韧带。

【病因病理】

肱骨外上髁为肱桡肌和伸肌总肌腱附着处，经常用力屈伸肘关节，或前臂反复做旋前、旋后动作，可引起这些肌腱，特别是桡侧腕短伸肌腱，在肱骨外上髁附着部的牵拉，甚至撕裂伤，使局部出现充血、水肿等损伤性炎症反应，在损伤肌腱附近发生粘连，以致纤维变性。

局部病理改变可表现为：桡侧副韧带、桡骨头环状韧带的退行性变，肱骨外上髁骨膜炎，前臂伸肌总腱深面滑囊炎，慢性肱桡关节的滑膜炎症，桡神经分支或前臂外侧皮神经分支神经炎，或局部滑膜皱襞过度增厚等。病理检查可发现局部瘢痕组织形成，及包裹在瘢痕组织中微小撕脱性骨折。

【临床表现】

1. 症状　病人常主诉肘关节外侧疼痛。早期感到肘外侧酸痛无力，在屈肘手部拿物、握拳旋转时，疼痛加重；肘部受凉时也会加重。严重者握物无力，疼痛可向上臂、前臂及腕部放射，但在提重物时疼痛不明显，休息时多无症状。部分患者夜间疼痛明显。

2. 体征　局限性敏感性压痛，压痛点位于肘关节外上方，即肱骨外上髁处，常为锐痛。检查肱骨外上髁部多无红肿，肘关节屈伸范围不受限，较重时局部可有微热，病程长者偶有肌萎缩，肘关节屈伸、旋转功能正常，但腕关节抗阻力背伸和前臂旋前、旋后均可引起患处疼痛。严重者局部可微肿胀。

【辅助检查】

1. MILL 试验阳性　令患者在前臂旋前位做抗阻力旋后动作，或伸肘、握拳，或于屈腕位用力做旋前动作时，引发或加重肱骨外上髁处疼痛。

2. X 线检查　多为阴性，有时可见肱骨外上髁处骨质密度增高，或在其附近见浅淡的钙化斑。

3. MRI 检查　可见异常信号。（图 7-14）

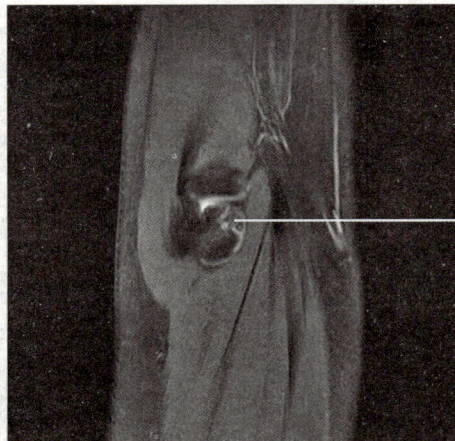

肱骨外上髁见不规则异常信号

图 7-14　肱骨外上髁 MRI 片

【针刀治疗】

1. 体位　患者仰卧位，患肘屈曲 90°平置于床面。

2. 体表定位　肱骨外上髁、鹰嘴、桡骨小头。

3. 定点　肱骨外上髁处阳性反应点（多少因人而异）。

4. 消毒与麻醉　常规消毒，铺无菌洞巾，0.5% 利多卡因局部麻醉，每点注射 1～2mL，注入麻醉药时，必须先回抽注射器确认无回血。

5. 针刀器械　Ⅰ 型 4 号针刀。

6. 针刀操作（图 7-15）　刀口线与前臂纵轴平行，针刀体与皮肤表面垂直，按四步规程进针刀达肱骨外上髁，提起针刀到达伸肌总腱表面，纵行切开伸肌总腱 3～4 次，再使针体向两侧倾斜约 45°，向其两侧铲切 2～3 次，调转刀口线 90°，横向切割肌腱 1～2 次。

术毕，拔出针刀，局部压迫止血 1 分钟后，无菌敷料覆盖。

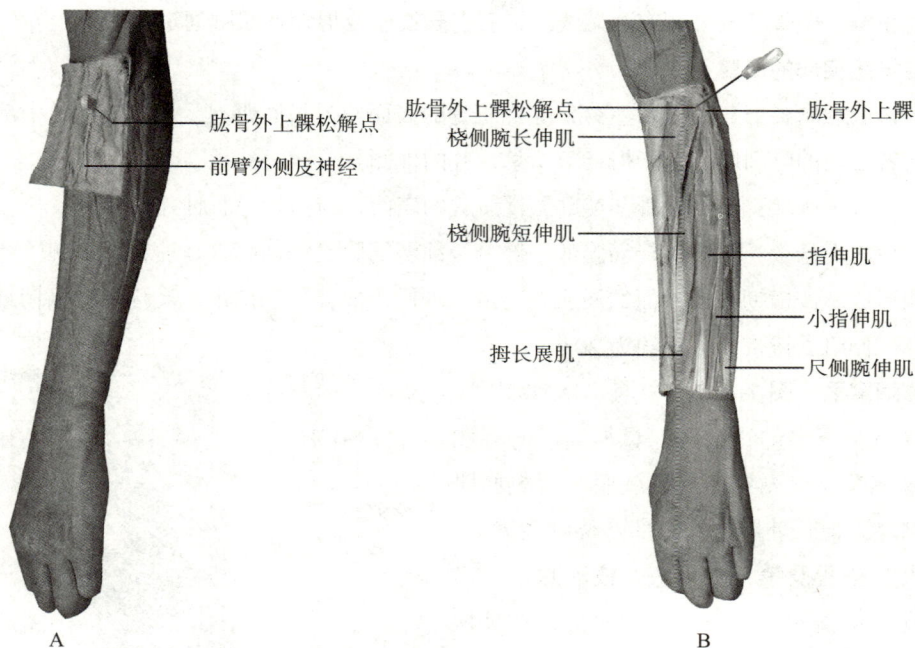

图 7-15　针刀治疗肱骨外上髁炎

7. 疗程　每 1～2 周治疗 1 次，4 次为 1 个疗程，视患者病情确定疗程。

【术后手法及康复】

1. 术后手法　松解点弹拨。术者以拇指在进针点一侧按压，推动皮下组织连同肌腱沿骨面向另一侧滑动，以扩大针刀松解范围，反复 3～5 次即可。弹拨过程中患者感觉局部疼痛为正常现象。

2. 康复训练　胸椎灵活性训练、肩部稳定性训练。

【思考题】

1. 肱骨外上髁炎的发病机理？

2. 针刀治疗肱骨外上髁炎的方法？

第十一节　桡骨茎突狭窄性腱鞘炎

【概述】

桡骨茎突狭窄性腱鞘炎以手腕桡侧疼痛为主，多见于看护小孩者、手工操作者及中老年人，女性多于男性。起病缓慢，有时也可突然发生。初次发作且病情较轻者，局部制动、热敷或类固醇药物鞘管内注射可缓解症状，病程较长、症状明显者，适合针刀治疗。

【相关解剖】

1. 桡骨茎突　桡骨下端外侧面粗糙，有一个向下方的锥形隆起，即为桡骨茎突，其基部为肱桡肌腱止点。桡骨茎突外侧有两条浅沟，有拇长展肌及拇短伸肌腱通过。

2. 桡骨茎突部的肌腱

（1）拇长展肌腱：位于桡骨茎突部肱桡肌腱的表面。拇长展肌起于尺骨和桡骨中部的背面及界于两者之间的骨间膜，止于拇指第 1 掌骨底的外侧。

（2）拇短伸肌腱：位于桡骨茎突部肱桡肌腱的表面，与拇长展肌腱并排。

（3）伸肌支持带：属于前臂筋膜的一部分。前臂筋膜是深筋膜，在前臂远端腕关节附近增厚，内侧形成掌浅横韧带及深面的屈肌支持带；外侧形成伸肌支持带，又称腕背侧韧带。在桡骨茎突部，伸肌支持带的宽度约为 20mm。

3. 鼻烟窝区（图 7-16）　所谓"鼻烟窝区"，是指桡骨茎突下方的小凹陷。鼻烟窝区的近侧界为桡骨茎突；桡侧界为拇长展肌和拇短伸肌腱；尺侧界为拇长伸肌腱；底部是桡骨茎突尖、舟骨、大多角骨及第 1 掌骨底。桡动脉在分出腕掌侧支后从腕前方经鼻烟窝的底部，在鼻烟窝区的底部可以扪及动脉跳动。桡骨茎突的背面稍上方有桡神经浅支在皮下通过，走向手背桡侧部皮下。

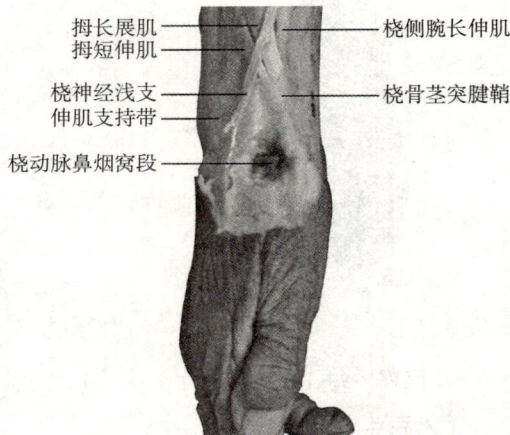

图 7-16　桡骨茎突周围解剖结构

拇长展肌　　　　　桡侧腕长伸肌
拇短伸肌
桡神经浅支　　　　桡骨茎突腱鞘
伸肌支持带
桡动脉鼻烟窝段

【病因病理】

拇长展肌腱及拇短伸肌腱在经过桡骨茎突到第 1 掌骨时，屈曲角度大约为 105°，拇指和腕关节活动时此处肌腱折角加大，增加了肌腱与鞘管的摩擦。持续过度活动及反复轻度外伤，如用手指握物、手指内收及腕部尺屈时，增加摩擦和挤压腱鞘，腱鞘受刺激后可以发生炎症样改变，如水肿、渗出。纤维管壁正常厚约 0.1cm，腱鞘炎时可增厚 2~3 倍，使本已狭窄的腱鞘变得更加狭窄，造成腱鞘内肌腱滑动障碍，日久该处腱鞘增生、肥厚，发生纤维样变。

因女性拇长展肌腱和拇短展肌腱从腕到手的折角较男性大，这可能是女性发病率较男性高的原因之一。而女性发病多在哺乳期，可能与经常双手举托小孩动作有关，因将小孩从床上举托时，拇长短展肌会处于持续紧张状态，反复重复该动作，会加重对桡骨茎突腱鞘的摩擦刺激，从而导致该病发生。从临床来看，凡参与看护小孩的人员都易患此病，说明反复的腕部负重桡屈动作是诱发该病的关键因素，其他以手工操作为主的职业，如反复重复此动作同样容易发病。

【临床表现】

1. 症状 腕部桡侧疼痛，握物无力，提重物时自觉手腕乏力，并使疼痛加重，不能做倒水动作。疼痛可向拇指和前臂扩散，严重者可放射至全手或肩、臂等处，甚至夜不能寐。受到寒冷刺激时，腕桡侧疼痛加重。活动腕关节和拇指时疼痛加剧，尤其是屈拇指同时腕尺偏时更加明显。严重者，拇指伸展活动受限。

2. 体征 桡骨茎突处可触及摩擦音，触之可摸到一豌豆大小的结节，似骨性突起，桡骨茎突桡侧部压痛明显。与对侧比较，可见患侧桡骨茎突处有一轻微隆起，但无红热现象。

芬克斯坦试验（又称握拳尺屈试验）阳性：拇指屈向掌心，其余四指握住拇指呈握拳状，向尺侧做屈腕动作，桡骨茎突处出现疼痛为阳性。

【鉴别诊断】

本病要与腕桡侧副韧带损伤相鉴别。一般桡侧副韧带损伤有急性外伤史，腕尺偏的疼痛与拇指内收掌心无关，与尺偏的程度和速度有关。该病压痛在桡骨茎突的尖部（远端），而腱鞘炎的压痛在桡骨茎突桡侧部。

【针刀治疗】

1. 体位 仰卧位，上臂平置于治疗床面，医师坐于患肢一侧。

2. 体表定位 桡骨茎突。

3. 定点 桡骨茎突处按压寻找压痛点并做好标记。

4. 消毒与麻醉 常规消毒，铺无菌洞巾，0.5% 利多卡因局部麻醉，每点注射 1~2mL，注入麻醉药时，必须先回抽注射器确认无回血。

5. 针刀器械 Ⅰ型 4 号针刀。

6. 针刀操作（图 7-17） 刀口线与患肢纵轴平行，针刀体与皮肤垂直，按四步规程进针刀达腱鞘表面，顺患肢纵轴方向倾斜针刀至皮肤表面成 15°角，依定点标志范围分别向近心端方向和远心端方向行腱鞘切开，针下有松动感时说明已达到松解目的。过程中必须始终保持刀口线与患肢纵轴平行，禁止调转刀口线以避免横断肌腱。

术毕，拔出针刀，局部压迫止血 1 分钟后，无菌敷料覆盖伤口。

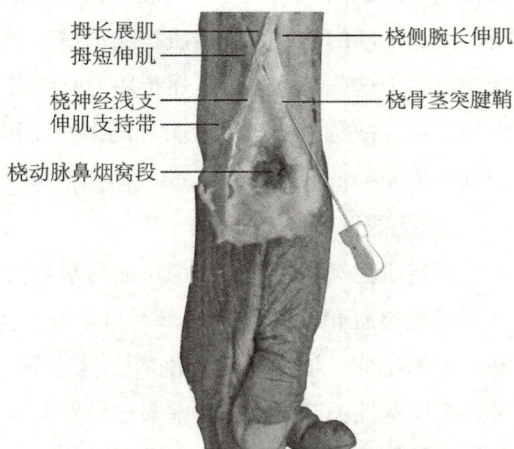

图 7-17 针刀治疗桡骨茎突狭窄性腱鞘炎

7. 疗程 每周治疗 1 次，4 次为 1 个疗程，视患者病情确定疗程。

【术后手法及康复】

1. 术后手法 腕部助动手法。

2. 康复训练 胸椎灵活性训练、肩部稳定性训练。

【思考题】

1. 桡骨茎突狭窄性腱鞘炎的发病机理?

2. 针刀治疗桡骨茎突狭窄性腱鞘炎的方法?

第十二节　屈指肌腱腱鞘炎

【概述】

屈指肌腱腱鞘炎又称弹响指，因多数患者患指屈伸时有弹响出现，故名。临床发病率较高，好发于与掌骨头相对应的指屈肌腱纤维管的起始部。多与职业有关，从事手工操作者（如木工）多发。

【相关解剖】（图7-18）

屈指肌腱腱鞘是分别包裹指浅、深屈肌腱和拇长屈肌腱的双层滑膜鞘，存在于肌腱通过腕管处，包裹拇长屈肌的为拇长屈肌腱腱鞘，包裹指浅、深屈肌腱的为屈肌总腱腱鞘。屈指肌腱腱鞘系深筋膜的增厚部，包裹屈指肌腱的前面与两侧，附着于指骨两侧，远侧止于远节指骨底。近侧止于掌指关节近侧2cm处。手指屈肌腱腱鞘与指骨共同形成骨纤维管，一方面有约束指屈肌腱于原位的作用，同时因其内面衬以滑膜鞘，又有润

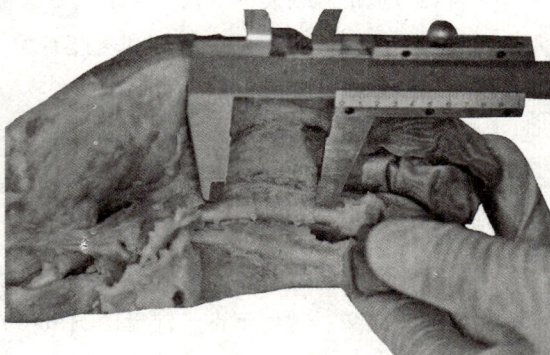

图7-18　屈指肌腱解剖结构

滑、便利活动的作用。屈指肌腱腱鞘在位于关节的部位（掌指关节或指间关节）可以出现增厚变化，因为这些部位常常是屈指用力时的着力点。腱鞘增厚的部位起着滑车作用，约束肌腱的滑动方向，故称滑车。掌骨头处的滑车又称指鞘韧带，其边缘十分明显，在第2~5指，滑车的宽度为4~6mm，厚约1mm，而拇指滑车的宽度和厚度均较其余四指略有增加。

【病因病理】

屈指肌腱腱鞘炎的发病部位在与掌骨头相对应的屈指肌腱纤维管的起始部，此处由较厚的环形纤维性腱鞘（即环形滑车）与掌骨头构成相对狭窄的纤维性骨管，手指长期快速用力活动，如织毛衣、演奏乐器、洗衣、打字等，容易造成屈指肌腱慢性劳损。患者先天性肌腱异常、类风湿性关节炎、病后虚弱也易发生本病。因屈指肌腱和腱鞘均有水肿、增生、粘连，使纤维性骨管狭窄，进而压迫本已水肿的肌腱成葫芦状，阻碍肌腱的滑动。用力伸屈手指时，葫芦状膨大部在环状韧带处强行挤过，产生了弹拨动作和响声，并伴有疼痛，故又称弹响指或扳机指。

狭窄性腱鞘炎也可能是某些静止型、亚临床型胶原疾病的后果。一些反复遭受轻微外伤的职业，如木工、餐厅服务员等，都容易发生狭窄性腱鞘炎。

【临床表现】

1.症状　拇指或中指及环指屈指时疼痛，伴有弹响，严重者不能屈伸，呈伸直固定位或呈

屈曲固定位。

2.体征 患指掌指关节掌侧压痛，并可触及硬结，患指屈伸弹响甚至屈伸不能。

【针刀治疗】

1.体位 患者取俯卧位，患手下垫敷无菌巾。

2.体表标志 掌远侧横纹、掌骨头。

3.定点 掌指关节掌侧阳性反应点。

4.消毒与麻醉 常规消毒，铺无菌洞巾，0.5% 利多卡因局部麻醉，每点注射 1~2mL，注入麻醉药时，必须先回抽注射器确认无回血。

5.针刀器械 Ⅰ型 4 号针刀。

6.针刀操作（图 7-19） 刀口线与患指纵轴平行，针刀体与皮肤表面垂直，按四步规程进针刀达腱鞘表面，将腱鞘切开 3~4 次，针刀下有松动感时说明已达到松解目的。

术毕，拔出针刀，局部压迫止血 1 分钟后，无菌敷料覆盖伤口。

7.疗程 每周治疗 1 次，4 次为 1 个疗程，视患者病情确定疗程。

【术后手法及康复】

1.术后手法 手指主动手法。

2.康复训练 胸椎灵活性训练、肩部稳定性训练。

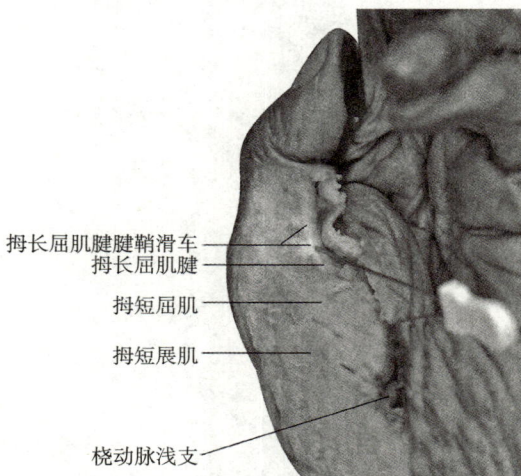

拇长屈肌腱腱鞘滑车
拇长屈肌腱
拇短屈肌
拇短展肌
桡动脉浅支

图 7-19 屈指肌腱狭窄性腱鞘炎针刀治疗

【思考题】

1. 针刀治疗屈指肌腱狭窄性腱鞘炎的定点有哪些？
2. 针刀治疗屈指肌腱狭窄性腱鞘炎的方法？

第十三节 内侧副韧带慢性损伤和鹅足滑囊炎

【概述】

膝关节周围软组织损伤是指构成膝关节的软组织（包括肌肉在膝关节处的起止点、膝关节表浅部韧带、膝关节的脂肪垫、膝关节周围的滑液囊等）所发生的应力性损伤，其主要表现是膝部的疼痛，严重者影响膝关节功能，甚至发生关节畸形，其中膝关节内侧韧带与鹅足滑囊炎是最常见的膝关节周围软组织损伤，可以发生在任何年龄段，中年以上肥胖者多见，更是老年女性的常见疾病。

【相关解剖】

1.内侧副韧带（图 7-20） 又称胫侧副韧带，扁宽而坚韧，位于关节的内侧。上方起自股骨内上髁，向下止于胫骨内侧髁及胫骨体的内侧面。

2. 鹅足滑囊（图 7-21） 鹅足区是指前以胫骨粗隆内缘为界，后至胫骨内侧缘，上距胫骨平台 5cm，下距胫骨平台 9cm 之间的区域。在此区域内有大腿肌前群的缝匠肌、内侧群的股薄肌、后群的半腱肌和胫侧副韧带附着。3 条肌腱逐渐愈合为一体共同附着于胫骨粗隆的内侧，愈合端的三条肌腱与愈合后的腱膜形成一鹅掌状的结构，故将此处命名为鹅足区。愈合后的肌腱分为两层：浅层是缝匠肌腱膜，深层为互相连接的股薄肌和半腱肌肌腱，该肌腱菲薄，覆盖两个滑液囊：即鹅足囊和缝匠肌腱下囊。鹅足囊大而恒定，其体积为 45mm×35mm，形状为卵圆形。

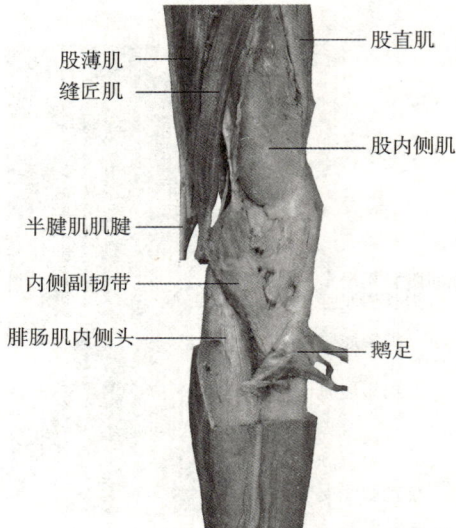

图 7-20　内侧副韧带　　　　　　　　　图 7-21　鹅足滑囊

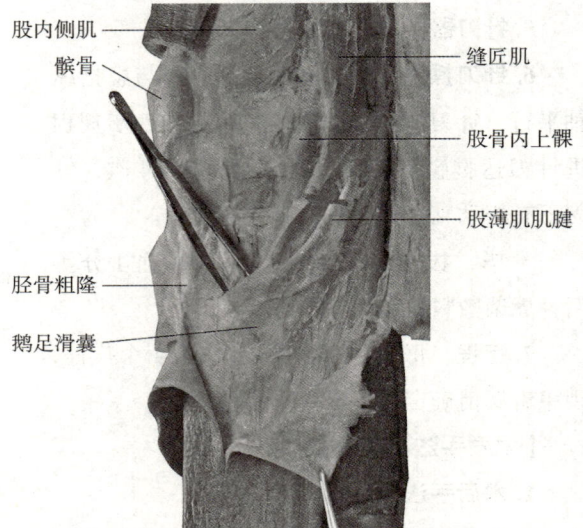

【病因病理】
膝关节周围的肌肉和韧带等组织起着稳定膝关节的作用，膝关节内侧的韧带包括内侧副韧带、髌内侧支持带等，它们在胫骨内侧髁上都有止点。胫骨内侧髁包括在鹅足区的范围内。这些组织在结构上互为愈着，功能上密不可分，因此也会一并出现损伤。

膝关节内侧韧带损伤与鹅足滑囊炎常发生于肥胖者、体力劳动者与运动爱好者或以运动为职业者。其损伤发生的机制是瞬间拉应力改变。最大的受力部位一般都位于韧带或肌肉的起止点处，因此内侧副韧带在股骨内侧髁和胫骨内侧髁的附着点容易损伤。具体情况如下。

1. 在体重超重或负重时，作为主要承重结构的膝关节周围软组织（包括膝内侧肌肉和韧带）处于应力超负荷状态，这种情况下，当患者改变身体姿势时，会导致膝周稳定装置的受力瞬间增高，造成韧带的撕裂伤；另外，膝周稳定装置长期超负荷工作本身也可能会造成慢性损伤的出现。

2. 当膝关节处于屈曲位时，膝关节外侧受到打击或压迫，使膝关节被迫外翻，膝关节内侧间隙瞬间被拉宽，可造成胫侧副韧带出现撕裂伤。

3. 在某些运动项目（如足球）中，当运动者因身体接触造成膝关节内侧拉应力瞬间增大时（如足球运动中出现双方"对脚"），可造成内侧副韧带与鹅足区的急性撕裂伤。

在撕裂伤发生时，损伤局部可能出现不同程度的内出血或渗出。在损伤修复过程中，撕裂部位慢慢愈合形成瘢痕，胫侧副韧带的起止点处，韧带和骨（膜）形成粘连病变。因出现瘢痕和粘连病变使韧带局部弹性降低，不能自由滑动，从而影响膝关节的功能，如果勉强行走，尤其是增加膝关节负重的行走，如上下楼梯、爬山等，会造成瘢痕和粘连部位受到牵拉，出现疼痛加重，并可能造成新的损伤发生。

从临床来看，内侧副韧带的中间部位也是常见的损伤点，这可能与内侧副韧带的受力特点有关。在膝关节做屈伸活动时，内侧副韧带要向前、后滑动，韧带中部的纤维会随之扭转、卷曲或突出等，增加了在韧带和胫骨之间的摩擦，从而出现损伤。

在鹅足区内，股薄肌、半腱肌和股骨内上髁处互相接近，在绕胫骨内侧髁时，两肌腱均贴近骨面，当肌肉收缩时，有可能与骨面发生摩擦，尤其是股薄肌。因此，胫骨内侧髁下方的股薄肌和半腱肌肌腱，是鹅足区最易发生损伤的部位。

【临床表现】

1. 症状　行走时或上、下楼梯时膝关节疼痛，疼痛位于膝关节内侧或无法确定准确位置，下蹲或由蹲（坐）位站起时疼痛加重，严重者行走跛行。

2. 体征　膝关节内侧多点压痛，压痛点多位于股骨内侧髁至胫骨内侧髁之间的区域内（包括鹅足区）。内侧副韧带分离试验阳性。

内侧副韧带分离试验（又称侧压试验）：令患者取仰卧位，伸直膝关节，检查者站立于患者患肢一侧床旁，一手握伤肢踝关节上方，以另一手之手掌顶住膝关节外侧，自膝外侧向其内侧持续推压，强力使小腿被动外展，此时膝内侧出现疼痛者为阳性。

【辅助检查】

X 线检查一般无异常，部分患者可见韧带钙化表现，严重者可见内侧关节间隙变窄。

【针刀治疗】

1. 体位　平卧位，患者膝下垫枕，使膝关节屈曲成 150° 角左右。

2. 体表标志　股骨内侧髁、胫骨内侧髁。

3. 定点　膝关节内侧股骨内侧髁至胫骨内侧髁之间的区域阳性反应点，分布可因人而异。

4. 消毒与麻醉　常规消毒，铺无菌洞巾，0.5% 利多卡因局部麻醉，每点注射 1~2mL，注入麻醉药时，必须先回抽注射器确认无回血。

5. 针刀器械　Ⅰ型 4 号针刀。

6. 针刀操作（图 7-22）　刀口线与下肢纵轴平行，针刀体与皮肤垂直，按四步规程进针刀达骨面，轻提针体 1~2mm，纵向切开 2~3 次，然后调转刀口线与下肢纵轴垂直，横行切开 2~3 次。

术毕，拔出针刀，局部压迫止血 1 分钟后，无菌敷料覆盖伤口。

7. 疗程　每次的治疗点数量视患者病情而定，一般每次定点不超过 10 个。如患者耐受能力差可分多次完成治疗。同一治疗点治疗间隔 3~7 天，不同定点可于次日治疗。一般 4 次为 1 个疗程，视患者病情确定疗程。

【术后手法及康复】

1. 术后手法　内侧副韧带拉伸手法。

2. 康复训练　呼吸训练、核心稳定性训练、感觉运动刺激训练、腘绳肌训练、股四头肌训练。

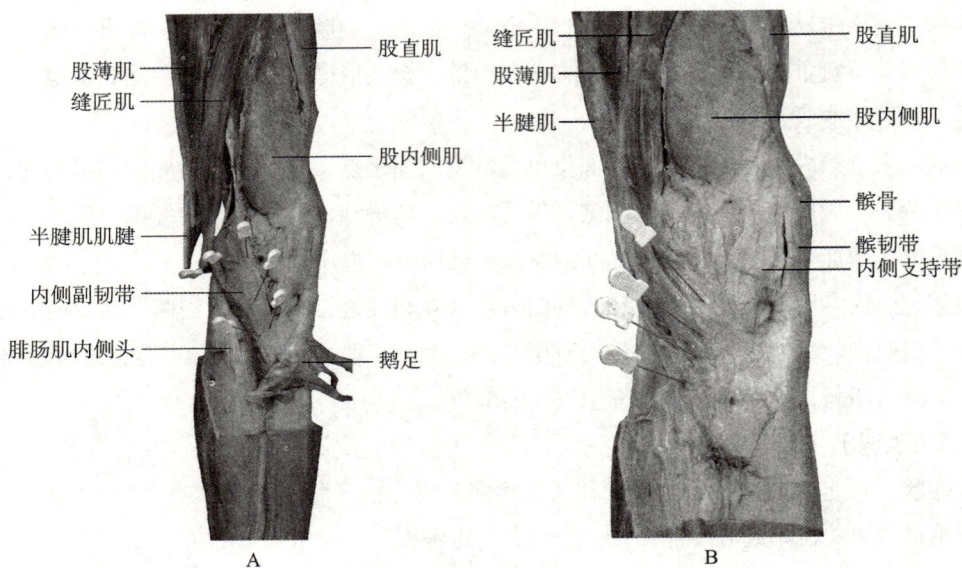

图 7-22   针刀治疗鹅足滑囊炎

【思考题】

1. 膝关节周围软组织损伤的临床表现有哪些?

2. 针刀治疗膝关节周围软组织损伤的方法?

第十四节   踝关节陈旧性损伤

【概述】

踝关节扭伤是常见的运动损伤,在关节韧带损伤中占第一位,在篮球、足球、滑雪、田径运动中最为多见。踝关节扭伤后应尽快治疗,如果迁延日久,容易造成受伤韧带慢性病变,影响踝关节的稳定性,出现反复的踝关节扭伤。踝关节扭伤的急性期与慢性期病理变化不同,相应的治疗原则和治疗方法也有很大区别。针刀治疗主要适用于慢性期病变,对于改善踝关节周围软组织的生物力学平衡及血运状态具有重要的临床价值,临床实践证明,针刀治疗可以使病程迁延多年的踝关节慢性损伤得以康复。

【相关解剖】(图 7-23)

1. 足踝部的支持带   在踝的前、内及外侧,深筋膜均增厚形成支持带以保护其下走行的肌腱、血管与神经。其中,前侧深筋膜增厚所形成的支持带称为伸肌支持带;外侧深筋膜增厚所形成的支持带称为腓骨肌支持带;内侧深筋膜增厚所形成的支持带称为屈肌支持带。

2. 踝部的关节与韧带   踝部关节包括胫腓关节和距小腿关节,胫腓关节是由胫骨下端的腓切迹与腓骨下端的内侧面构成,胫、腓骨连接内部没有关节软骨,关节腔不明显,仅以骨间韧带相连,包括胫腓前韧带、胫腓后韧带、骨间韧带和胫腓横韧带。距小腿关节指连接距骨和胫、腓骨的关节,该关节的韧带包括距小腿关节前、后侧关节囊韧带,距小腿关节内侧韧带,距小腿关节腓侧副韧带。

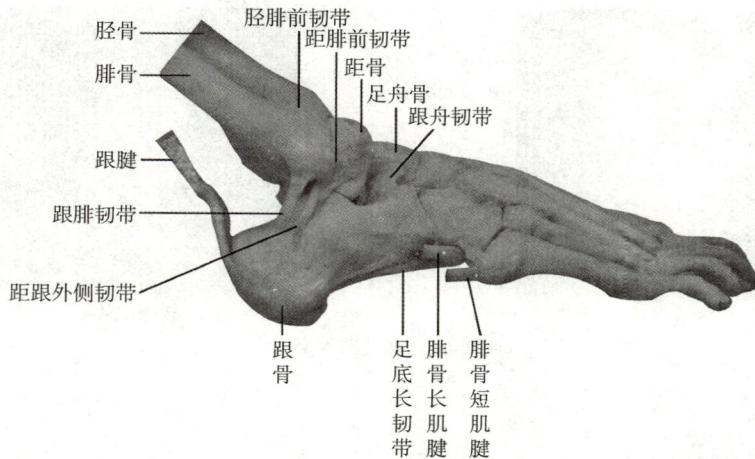

图 7-23　外踝周围解剖结构

【病因病理】

1. 病因　急性踝关节扭伤常发生于两种情况：一是身体由高处下落（下楼、跳起等）时踩空或落于不平地面及不规则物体之上，导致踝关节受到轴向暴力，受伤时以踝关节呈跖屈内翻位者居多，从而造成踝关节周围的韧带、支持带等软组织受到暴力牵拉而出现撕裂等损伤；二是运动过程中踝关节呈跖屈位时突然向内侧翻转，踝关节外侧韧带遭受暴力牵拉所致。

2. 病理变化　韧带、支持带等软组织受到过度牵拉损伤后，经自然恢复或积极治疗，组织间的出血、渗出液通过引流或自然吸收会逐渐消失，损伤组织进入修复期，通过机化、瘢痕化等过程获得修复。如果损伤轻微，修复后的组织在形态和功能上不会有明显异常，踝关节功能也不会受影响，患者也不会有异常感觉遗留。如果损伤较重，修复后的组织在形态上难以恢复如初，其瘢痕化将会导致组织挛缩。这种变化会带来多种后果：①修复后的韧带组织可能存在结构缺陷，从而导致其抗拉应力的能力减弱，对踝关节的保护作月下降，导致慢性踝关节不稳，易使患者发生反复的踝关节扭伤；②瘢痕化可导致韧带挛缩及对局部神经组织的卡压刺激，从而出现慢性疼痛等；③急性期损伤组织的出血、渗出等病理变化可能导致在后期修复过程中出现组织间的粘连，挤压局部小血管从而影响血供及静脉回流（可有长期的局部轻度肿胀），血供障碍又对组织的进一步修复产生不利影响，形成恶性循环。

【临床表现】

1. 踝关节外侧损伤

（1）症状：有多次反复踝关节扭伤病史，走行时感到踝关节前外侧隐痛，并在起步和停止时感觉不适。

（2）体征：检查可有踝关节前外侧明显压痛，部分患者可有局部轻度肿胀。

2. 踝关节内侧损伤　相对少见。

（1）症状：有踝关节内侧扭伤史，由于治疗不当遗留慢性疼痛，尤以走路时明显。

（2）体征：踝关节前内侧明显压痛。

【辅助检查】

踝关节外侧损伤，时间长者X线检查可见骨关节炎（图7-24）。

NOTE

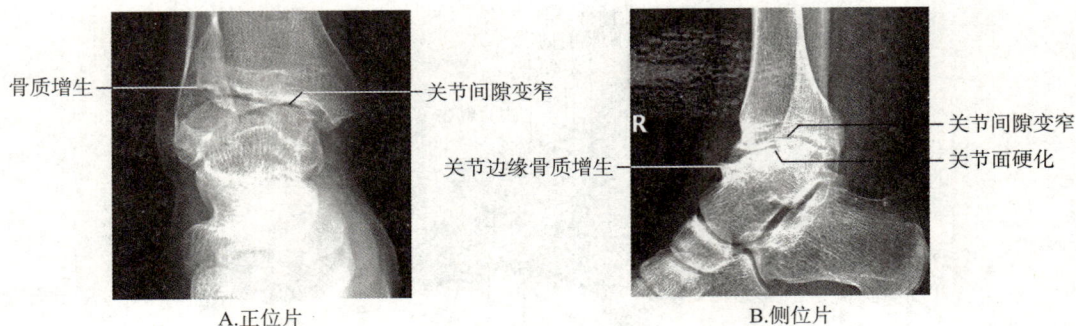

骨质增生 —— 关节间隙变窄
关节边缘骨质增生 —— 关节间隙变窄
关节面硬化
A.正位片   B.侧位片

图 7-24   踝关节 X 线片

【针刀治疗】

1.体位　仰卧位。

2.体表标志　内踝、外踝。

3.定点　踝关节前外侧及前内侧阳性反应点。

4.消毒与麻醉　常规消毒，铺无菌洞巾，0.5% 利多卡因局部麻醉，每点注射 1~2mL，注入麻醉药时，必须先回抽注射器确认无回血。

5.针刀器械　Ⅰ型 4 号针刀。

6.针刀操作（图 7-25）　刀口线与下肢纵轴平行，针刀体与皮肤垂直，按四步规程进针刀达骨面，轻提针体 1~2mm，纵向切开 2~3 次。

术毕，拔出针刀，局部压迫止血 1 分钟后，无菌敷料覆盖伤口。

7.疗程　每次治疗点数量视患者病情而定，一般每次定点不超过 10 个。如患者耐受能力差可分多次完成治疗。同一治疗点治疗间隔 3~7 天，不同定点可于次日治疗。一般 4 次为 1 个疗程，视患者病情确定疗程。

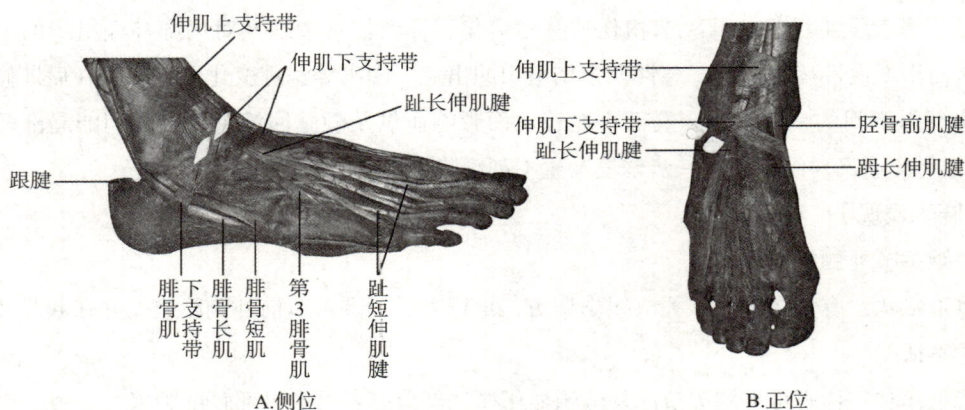

伸肌上支持带
伸肌下支持带
趾长伸肌腱
跟腱
腓下骨支持带   腓骨长肌   腓骨短肌   第3腓骨肌   趾短伸肌腱
A.侧位

伸肌上支持带
伸肌下支持带
趾长伸肌腱
胫骨前肌腱
姆长伸肌腱
B.正位

图 7-25   陈旧性踝关节扭伤针刀治疗

【术后手法及康复】

1.踝关节稳定性训练

（1）抗阻踝外翻：坐在凳子上，用弹力带套住两脚，患脚用力外翻。

（2）抗阻足内翻：弹力带远端固定作为阻力，用力内翻。

（3）抗阻勾脚：弹力带远端固定作为阻力，踝关节从伸直位到屈曲位。

（4）抗阻绷脚：以弹力带为阻力，手握近端固定，套在脚掌上从屈曲位尽量用绷到伸直。

2. 感觉运动刺激训练　在不稳定支持面上做踝关节深感觉训练。在不稳定支撑面保持站立平衡。可使用泡沫垫、平衡板或充气垫等器械，其不稳定程度可逐步提高。

【思考题】

针刀治疗慢性踝关节损伤的方法？

第十五节　跟痛症

【概述】

跟痛症又称足跟痛、跟骨痛，可见于多种慢性疾病。本病好发于中老年人，但 8 ～ 80 岁的人都可发生，女性及肥胖者更为多见。

【相关解剖】

1. 跟骨结节　跟骨是跗骨中最大的 1 块，跟骨后部的隆突为跟骨结节。在与其下面移行处有两个朝前的突起，称跟骨结节内、外侧突。跟腱止于跟骨结节的粗糙区。

2. 足底腱膜（图 7-26）　足底腱膜连接于跟骨结节和趾骨的足底面，系由足底深筋膜增厚形成。足底腱膜分为中间部、内侧部与外侧部。足底腱膜中间部很强大，自跟骨结节内侧突的跖面起始，向前分为 5 支，与足趾的屈肌纤维鞘及跖趾关节的侧面相融合。足底腱膜内侧部与外侧部都很薄弱，内侧部介于跟骨结节至鉧趾近节趾骨底，覆盖鉧展肌；外侧部起于跟骨结节内侧突或外侧突，止于第 5 跖骨粗隆，覆盖小趾展肌，其外侧另有坚强的纤维带。

足底腱膜为足底某些肌肉的起点，具有以下作用：保护足底肌肉及肌腱和足底关节；站立（静止）时，足底腱膜纤维紧张，以支撑纵弓和横弓。

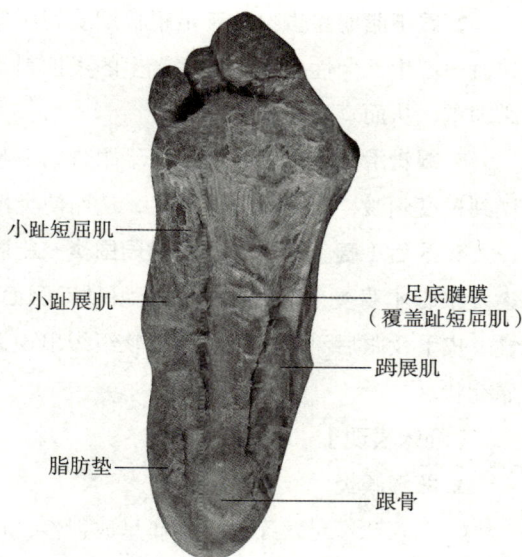

小趾短屈肌
小趾展肌
脂肪垫
足底腱膜（覆盖趾短屈肌）
鉧展肌
跟骨

图 7-26　足底腱膜

3. 足底脂肪垫（图 7-27）　足跟部有丰厚的弹性脂肪组织，介于皮肤与跟骨及跟腱之间，以抵抗体重对足跟的压力。在这些脂肪组织周围的间隙内，有由弹性纤维组织形成的致密间隔，每个间隔又为斜行及螺旋排列的纤维带所加强，这些被弹性纤维组织包围并充满脂肪的间隔如同水压缓冲器。

4. 足跟部的滑膜囊　有跟骨滑囊、跟腱囊与跟皮下囊。跟骨滑囊位于跖腱膜在跟骨上的止点周围、跟骨结节与脂肪垫之间。跟腱囊在跟骨与跟腱之间。跟皮下囊在跟腱与足跟皮肤之间。

NOTE

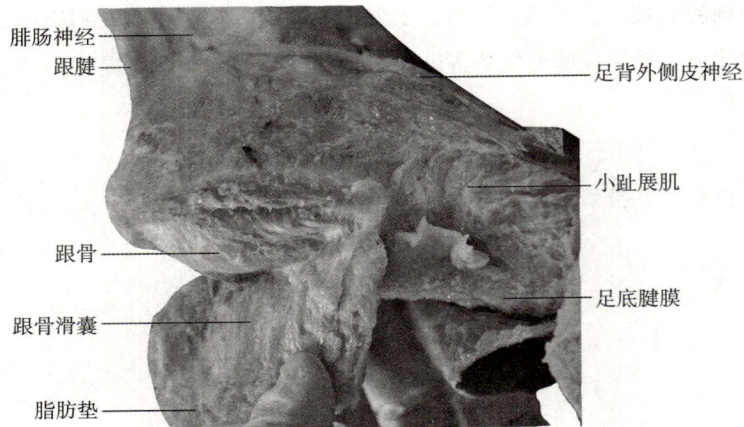

图 7-27　跟骨和脂肪垫

【病因病理】

引起足跟痛的常见原因有很多，如跖腱膜炎、足跟脂肪垫炎或萎缩、跟骨滑囊炎等。

1. 跖腱膜炎　跖腱膜在跟骨上的止点周围有滑囊存在，用于缓冲因跖腱膜紧张所形成的对跟骨跖腱膜止点的拉应力。当这种拉应力持续增高时，可能造成滑囊的无菌性炎症，形成跖腱膜炎。炎症所产生的炎性因子刺激神经末梢会造成足跟疼痛。

2. 跟下脂肪垫炎　由于足跟长期受到压迫和感受风寒，造成跟下脂肪垫血运不畅，脂肪垫缺血，产生无菌性炎症。炎症产生的炎性因子刺激神经末梢会产生疼痛，重力刺激会使这种刺激加重，从而直接加重疼痛。

3. 跟骨滑囊炎　跟骨滑囊位于跟骨结节与脂肪垫之间，在跳跃或体重过重时，容易使滑囊受到过度刺激，出现无菌性炎症，从而使炎性因子刺激滑囊壁的神经末梢而产生疼痛。

4. 跟后（腱）滑囊炎及跟腱周围炎　肥胖、运动过度及穿高跟鞋、低鞋帮都可能使跟腱滑囊及跟腱本身受刺激过度，造成跟骨后侧面、跟腱附丽点发生骨刺，跟腱发生肥厚，跟腱滑囊、皮下及跟后滑囊、跟腱周围软组织出现无菌性炎症，从而使炎性因子刺激神经末梢产生疼痛症状。

【临床表现】

1. 跖腱膜炎

（1）症状：足跟疼痛，疼痛呈放射性，持续时间从数周、数月到数年不等。在晨起或长时间站立时疼痛明显，稍微活动后减轻，傍晚加重。相关的神经感觉异常少见。

（2）体征：跟骨结节内下侧疼痛和局限性压痛，有轻微肿胀及发红。

2. 跟下脂肪垫炎

（1）症状：多在跟骨跖侧负重面疼痛，长时间站立症状明显加重，休息和穿厚跟软底鞋可缓解。疼痛大多为刺痛，少部分为钝痛。

（2）体征：跟骨跖侧有压痛点，但并不局限，有僵硬、肿胀，按之没有囊性感。

3. 跟骨滑囊炎

（1）症状：跟骨跖侧负重面、跟骨结节附近疼痛，长时间站立症状会明显加重，休息和穿厚跟软底鞋可缓解症状，大多为刺痛，少部分为钝痛。

（2）体征：跟骨结节下方肿胀、压痛，按之有囊性感。

4. 跟后（腱）滑囊炎及跟腱周围炎

（1）症状：跟骨后上部跟腱附着部疼痛。

（2）体征：跟腱附丽点处有压痛、肿胀及胖胀。如跟腱区滑囊有感染，也可形成溃疡。跟腱炎合并有跟骨后滑囊炎时，跟腱部可有轻肿胀与压痛。

【辅助检查】

1. 跖腱膜炎　足侧位 X 线片可见骨刺。（图 7-28）

2. 跟下脂肪垫炎　X 线片有时会显示有脂肪垫钙化。

3. 跟骨滑囊炎　部分患者 X 线片可显示有跟骨骨质增生形成。

4. 跟后（腱）滑囊炎及跟腱周围炎　X 线片可见跟腱区钙化，骨刺形成。

【针刀器械】

Ⅰ型 4 号针刀。

【针刀操作】

1. 跖腱膜炎

（1）体位：俯卧位，垫高患足。

（2）定点：足跟部阳性反应点。

（3）消毒与麻醉：常规消毒，消毒范围覆盖整个足跟部皮肤。回抽无回血，每点注射 1% 利多卡因 1 ~ 1.5mL。

（4）针刀操作：刀口线与足弓长轴平行刺入皮肤，针刀体与皮肤垂直，按四步规程进针刀达骨面，纵向切开 3 ~ 4 次，然后调转刀口线与足弓长轴成 90°角，横行切开 3 ~ 4 次。出针按压止血，无菌敷料外敷。（图 7-29）

（5）术后手法：①双手拇指重叠，用力推术点深层组织。扩大针刀切割点松解范围。②拇指用力推压足弓。牵拉足底腱膜，进一步松解跖腱膜跟骨结节附丽点。③掌根用力推压患足足底前方使患足背屈。

2. 跟下脂肪垫炎

（1）体位：俯卧位，垫高患足。

（2）定点：足跟部阳性反应点。

（3）消毒与麻醉：常规消毒，消毒范围覆盖整个足跟部皮肤。回抽无回血，每点注射 1% 利多卡因 1 ~ 1.5mL。

（4）针刀操作：刀口线与足弓长轴平行刺入皮肤，针刀体与皮肤垂直，按四步规程进针刀

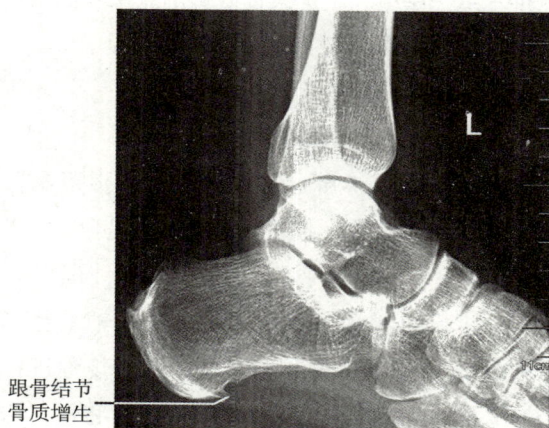

跟骨结节骨质增生

图 7-28　跟骨 X 线片

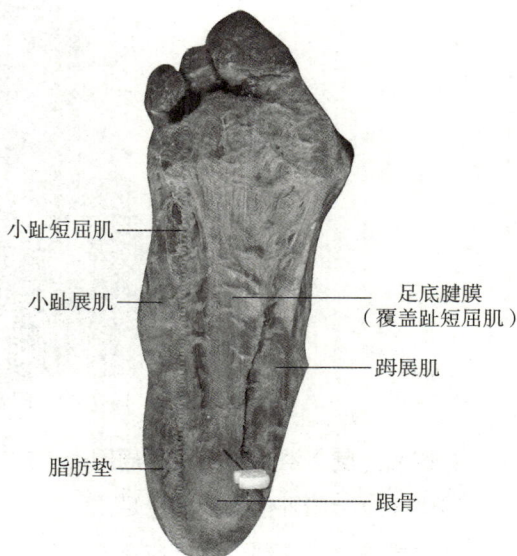

小趾短屈肌

小趾展肌

脂肪垫

足底腱膜（覆盖趾短屈肌）

蹬展肌

跟骨

图 7-29　跖腱膜炎针刀治疗

达骨面，然后提针刀至皮下，再将针刀切至骨面，使针刀切透脂肪垫全层，纵向切开 3 ~ 4 次，然后调转刀口线与足弓长轴成 90°角，横行切开 3 ~ 4 次。出针，按压止血，无菌敷料外敷。（图7-30）

（5）术后手法：术后双手拇指重叠，用力侧推术点深层组织。扩大针刀切割点松解范围。

3. 跟骨滑囊炎

（1）体位：俯卧位，垫高患足。

（2）定点：足跟部阳性反应点。

（3）消毒与麻醉：常规消毒，消毒范围覆盖整个足跟部皮肤。回抽无回血，每点注射 1% 利多卡因 1 ~ 1.5mL。

（4）针刀操作：刀口线与足弓长轴平行刺入皮肤，针刀体与皮肤垂直，按四步规程进针刀达骨面，然后轻提针刀 3 ~ 4mm，再将针刀切至骨面，行十字切开 3 ~ 4 次以切开跟骨滑囊。出针，按压止血，无菌敷料外敷。（图 7-31）

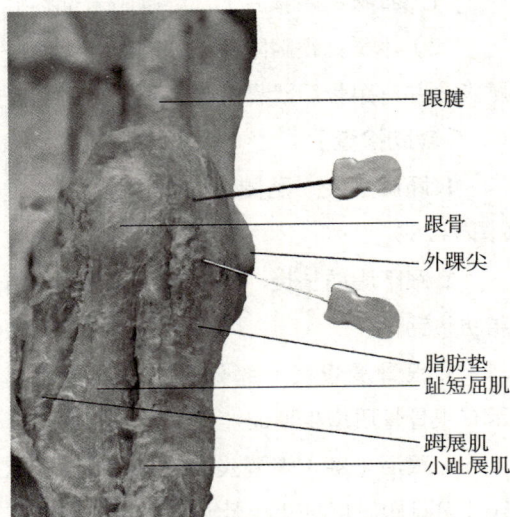

图 7-30 跟下脂肪垫炎针刀治疗点

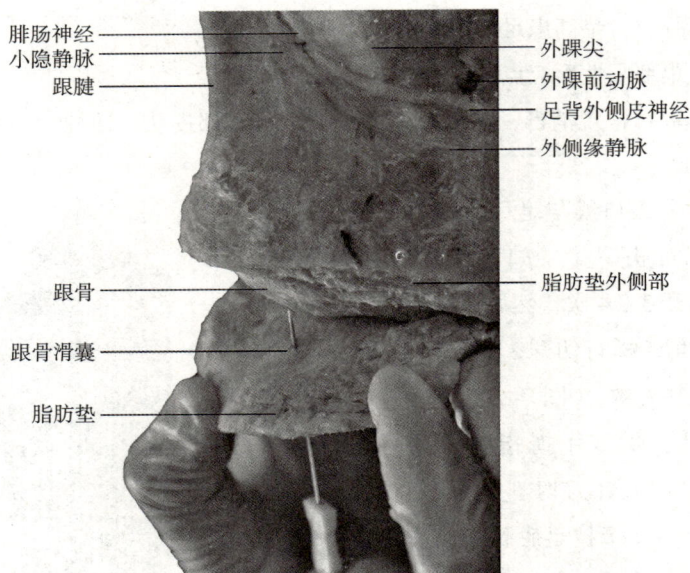

图 7-31 跟骨滑囊炎针刀治疗点

4. 跟后（腱）滑囊炎及跟腱周围炎

（1）体位：俯卧位，垫高患足。

（2）定点：足跟部阳性反应点。

（3）消毒与麻醉：常规消毒，消毒范围覆盖整个足跟部皮肤。回抽无回血，每点注射 1% 利多卡因 1 ~ 1.5mL。

（4）针刀操作：刀口线与跟腱垂直刺入皮肤，针体与皮肤垂直，按四步规程进针刀达骨面，横行切开 3 ~ 4 次以切断少量跟腱纤维，并向两侧铲切 2 ~ 3 次。出针，按压止血，无菌

敷料外敷。（图 7-32）

（5）术后手法：术后双手拇指重叠，用力侧推跟腱及施术点周围组织，扩大针刀切割点松解范围。

【疗程】

每次治疗的治疗点数量视患者病情而定，一般每次定点不超过 10 个。如患者耐受能力差可分多次完成治疗。同一治疗点治疗间隔 3～7 天，不同定点可于次日治疗。一般 4 次为 1 个疗程，视患者病情确定疗程。

【术后手法及康复】

1.踝关节稳定性训练

（1）抗阻踝外翻：坐在凳子上，用弹力带套住两脚，患脚用力外翻。

（2）抗阻足内翻：弹力带远端固定作为阻力，用力内翻。

（3）抗阻勾脚：弹力带远端固定作为阻力，踝关节从伸直位到屈曲位。

（4）抗阻绷脚：以弹力带为阻力，手握近端固定，套在脚掌上从屈曲位尽量绷到伸直。

2.本体感觉训练　在不稳定支撑面保持站立平衡。可使用泡沫垫、平衡板或充气垫等器械，其不稳定程度可逐步提高。

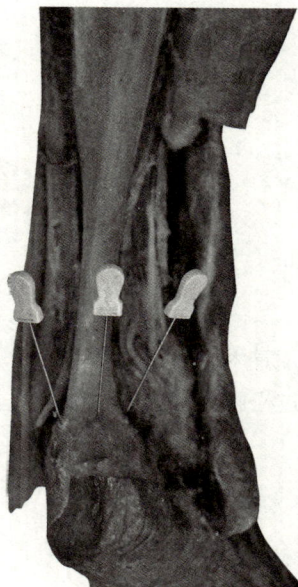

图 7-32　跟腱周围炎针刀治疗点

【思考题】

1.足跟痛分哪些类型？

2.针刀治疗各种类型足跟痛的方法？

第八章   骨关节病

骨关节病是另外一类常见的针刀适应证，针刀可以治疗关节周围的慢性软组织损伤，可以通过松解关节周围软组织改善关节的力学环境。针刀对该类疾病具有较好疗效。

第一节   颈椎病

【概述】

颈椎病又称颈椎综合征，是颈椎骨性关节炎、增生性颈椎炎、颈神经根综合征、颈椎间盘脱出症的总称，以颈椎椎间盘、椎体及其骨关节、韧带、肌肉等组织原发性或继发性退行性变为基础，造成相邻神经根、血管、交感神经、脊髓、椎动脉等组织受到压迫、刺激、失稳等损害，从而引起相应的临床症状与体征。

【相关解剖】

1. 关节突关节（图8-1） 自枢椎以下开始，由上位颈椎的下关节突与下位颈椎的上关节突构成，关节面较平，角度接近水平位，稳定性较差。关节面覆盖一层透明软骨，关节囊附着于关节软骨的边缘，较为松弛。椎间关节构成椎间孔的后壁，前与椎动脉、神经根相邻。下部颈椎的椎间关节所承受的压力较上部大，引起骨质增生的机会较多。

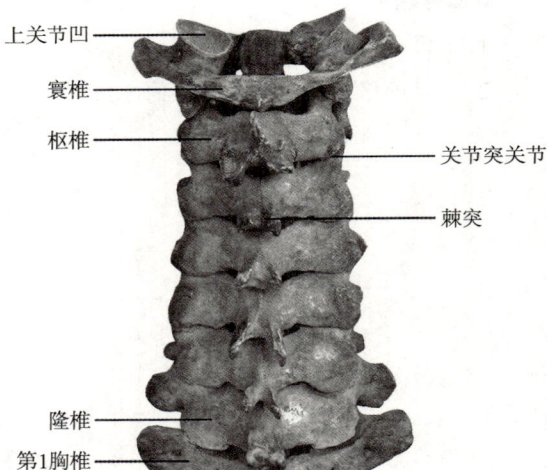

图8-1　颈椎椎骨关节

关节突关节的宽度约为10mm，其内侧缘连线距正中线约15mm，外侧缘连线距正中线约25mm，第1～2颈椎关节突关节位于第2颈椎棘突上缘水平线；其他的颈椎关节突关节位于相应下位颈椎的棘突水平线（如第2～3颈椎关节突关节位于第3颈椎棘突水平线），这一数据可作为针刀临床治疗时的参考。

2. 枕下小肌群（图8-2） 又称椎枕肌，位于枕骨和寰枢椎之间，头半棘肌的深面。包括头后大直肌、头后小直肌、头上斜肌和头下斜肌，具有使头颅旋转和后仰的作用。头后大直肌、头上斜肌和头下斜肌形成三角形间隙（枕下三角），枕动脉及枕下神经由此间隙穿出，第2颈神经的后支（枕大神经）由头下斜肌的下方穿出。

（1）头上斜肌：起自寰椎横突的后结节，斜向内上止于下项线外侧部稍上方，附着部呈内厚外薄的楔形，止点上缘平下项线，止点的中心约位于枕外隆凸与外耳道连线的中点。头上斜肌呈梭形，单侧收缩时头向对侧旋转，双侧同时收缩使头后仰。

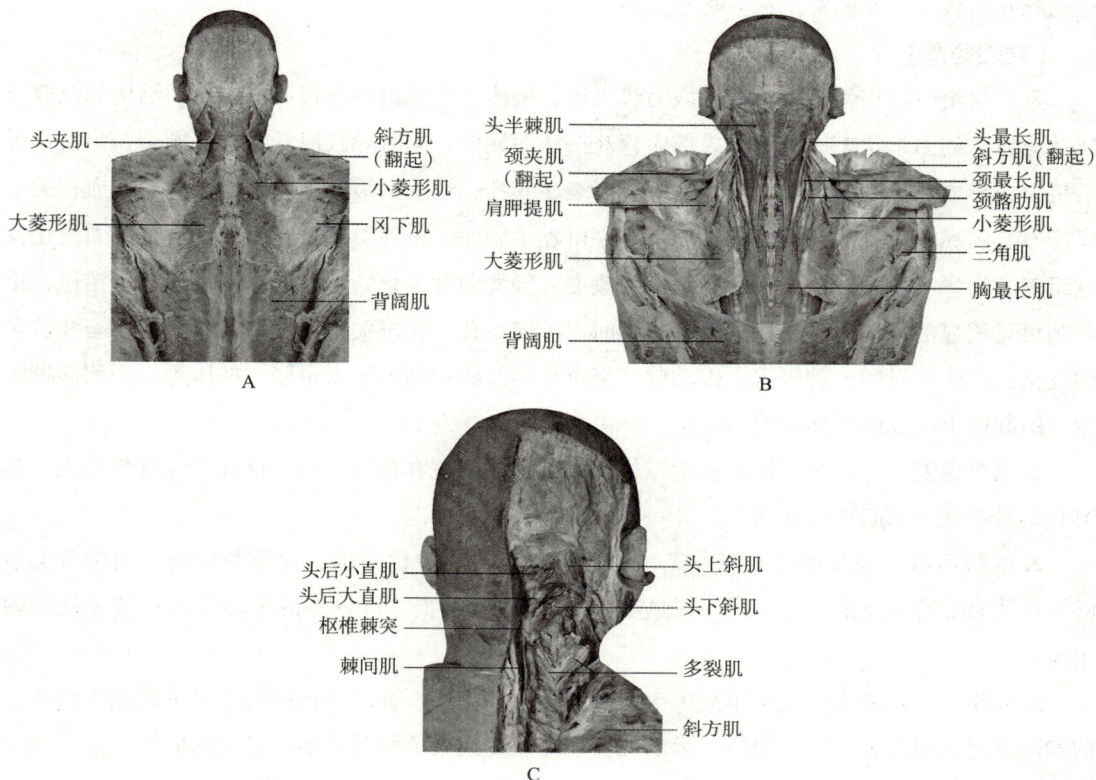

图 8-2　颈部肌肉

（2）头下斜肌：起自枢椎棘突，止于寰椎横突后缘，头下斜肌呈圆柱形，其作用为旋转寰枢关节，单侧收缩时头向同侧旋转，并向同侧屈。

（3）头后小直肌：起自寰椎后结节，止于下项线的内侧部，头后小直肌呈长条形，位于头后大直肌内侧并受其叠掩。单侧或双侧收缩均使头后仰。

（4）头后大直肌：起自枢椎棘突，止于下项线的外侧部，附着区的外侧缘被头上斜肌内侧缘所遮盖。附着区的中点位于耳垂中点水平线上，耳垂中点与后正中线连线的中内 1/3 交界处。头后大直肌呈三角形，单侧收缩时头向同侧旋转，双侧同时收缩时使头后仰。

3. 项韧带　由棘上韧带在颈部移行而成。项韧带为倒三角形弹力纤维膜，底部向上、尖端向下平铺于枕部及上颈部正中线两侧，上方附着于枕外隆凸和枕外嵴，尖部向下附着于寰椎后结节及以下 6 个颈椎棘突的尖部，后缘游离而肥厚。斜方肌附着在项韧带上，因此项韧带成为两侧项肌的纤维隔。项韧带有协助肌群支持头颈部的作用。颈神经后支从外上至内下穿行于项韧带与头半棘肌之间，部分穿行于项韧带内。

4. 棘间韧带　位于相邻两椎骨的棘突之间，向前与黄韧带融合，向后移行于项韧带。颈椎和上胸椎棘间韧带较松弛而薄弱。

5. 关节囊韧带　为包绕相邻椎体间关节突关节囊外面的韧带，较坚韧，增强了对关节突关节囊的保护作用。

6. 椎动脉　是锁骨下动脉的分支，多起自锁骨下动脉第 1 段的后上方，少数发自主动脉或无名动脉，正对前斜角肌和颈长肌外缘之间的间隙，上行进入第6颈椎横突孔，再上行达脑部。椎动脉供给大脑血流量的10%～15%，供应脊髓、脊神经根及附属组织90%的血流量。椎动脉左右各一，左侧常比右侧略粗。

【病因病理】

颈后软组织损伤长期处于高拉应力状态下，机体的代偿机制会对局部细微的结构加以改造以适应异常的力学状态。肌组织内部血管被挤压而缺血，同时导致肌纤维部分撕裂、出血，最后机化，形成粘连、瘢痕、挛缩；腱纤维断裂、变性，形成瘢痕；腱围结构水肿、充血；关节囊增厚，前纵韧带、后纵韧带、黄韧带等亦可发生肥厚、粘连、挛缩等改变。这种应力变化及软组织的痉挛和挛缩，必然引起骨结构的改变：轻者曲度变化，前后、左右、旋转等错位；重者则可见明显的椎体滑移，造成椎管、椎间管、横突孔、钩椎关节和关节突关节的形态和位置的变化，产生对脊髓、神经根、椎动脉、交感神经及相伴随的血管牵张、挤压等一系列病理改变。引起以上改变的具体原因如下。

1. 颈椎退变　椎间盘变性，韧带－椎间盘间隙的出现和血肿形成，椎体边缘骨赘形成，关节和韧带退变等引起相应症状。

2. 姿势不当　睡眠体位不当、工作姿势不当等造成慢性劳损，使椎旁肌肉、韧带及关节的平衡失调，张力大的一侧易疲劳并导致程度不同的劳损，椎管外的平衡失调可波及椎管内组织。

3. 外伤　颈部外伤、交通事故等引起的颈椎急性损伤，如高速行驶的车辆突然刹车所造成的颈部软组织损伤和关节半脱位，运动过程中高速度或大负荷对颈椎所造成的损伤。

4. 咽喉与颈部炎症　颈部炎症可直接刺激邻近的肌肉、韧带，或是通过淋巴组织使炎症在局部扩散造成该处的肌肉张力降低、韧带松弛和椎节内外平衡失调。

【临床表现】

1. 颈型颈椎病

（1）症状：颈部、肩部及枕部感觉酸、痛、胀等不适，患者常诉说头颈不知放在何种位置为好。头颈部活动因疼痛而受限制。常在早晨起床时发病。

（2）体征：颈部多取"军人立正体位"，患节棘突间或棘突旁可有压痛。

2. 神经根型颈椎病

（1）症状

①根性痛：该症状最为多见，其范围与受累椎节的脊神经分布区一致。多表现为劳累或轻伤后，或"落枕"后出现颈肩痛，疼痛呈放射性，几天后疼痛放射到一只手的2个或3个手指，感觉麻胀。患者间或有头晕、头痛，白天不能工作，夜间无法入睡；颈部活动受限，后伸时症状加重。根性痛以麻木、痛觉过敏、感觉减弱等为主，是该神经分布区的感觉障碍。

第3颈神经根受累：疼痛剧烈，疼痛表浅，由颈部向耳部、眼及颞部放射，患侧头部、耳及下颌部可有烧灼、麻木感。

第4颈神经根受累：以疼痛症状为主，疼痛由颈后向肩胛区及胸前区放射，颈部后伸可使疼痛加剧。

第5颈神经根受累：肩部疼痛、麻木，上肢上举困难，难以完成穿衣、进食、梳头等动作。

第 6 颈神经根受累：常见，仅次于第 7 颈神经根受累。疼痛沿肱二头肌放射至前臂外侧、手背侧（拇指与示指之间）及指尖。

第 7 颈神经根受累：临床最为常见，疼痛由颈部沿肩后、肱三头肌放射至前臂后外侧及中指。

第 8 颈神经根受累：环指及小指尺侧有麻木感，但很少超过腕部，疼痛症状常不明显。

②根性肌力障碍：该症状以前根受压者最为明显，早期肌张力升高，但很快即减弱并出现肌萎缩症状。其受累范围也仅局限于该神经所支配的区域，在手部以大、小鱼际肌及骨间肌为主。患肢有沉重感，握力减弱；随后不能提重物，手臂肌肉萎缩。

第 5 颈神经根受累：三角肌肌力减退，冈下肌、冈上肌及部分屈肘肌也可受累。

第 6 颈神经根受累：早期即可出现肱二头肌肌力减退，其他肌肉如冈下肌、冈上肌、前锯肌、旋后肌、拇伸肌及桡侧腕伸肌等也可受累。

第 7 颈神经根受累：肱三头肌肌力在早期即可减退，但常不被在意，偶尔在用力伸肘时方可察觉。有时胸大肌受累并发生萎缩，其他可能受累的肌肉有旋前圆肌、腕伸肌、指伸肌及背阔肌等。

③颈部症状：症状可依神经根受压原因不同而有所区别。因髓核突出所致者，多伴有明显的颈部痛、压痛，尤以急性期明显；而因钩椎关节退变及骨质增生所致者则症状较轻微或无特殊表现。

（2）体征

①臂丛神经牵拉试验阳性：患者取站位或坐位，头稍前屈，检查者立于患者之患侧，一手推压患侧头部，另一手握住患者腕部进行牵拉，两手向反方向用力。若患者出现上肢的反射性疼痛或麻木则为阳性，这是由于臂丛受牵拉、神经根受刺激所致。

加强试验：在上述检查动作的同时迫使患者做内旋动作。该试验对诊断以臂丛神经受累为主的中、下段神经根型颈椎病最为敏感。除颈椎病外，臂丛损伤、前斜角肌综合征等患者也可出现阳性。

②椎间孔挤压试验阳性：患者取坐位，头向患侧倾斜并后伸。检查者立于患者后面，以一手扶患者下颌，另一手掌压其头顶，若患者感觉颈部疼痛，且疼痛放射到上肢，即为阳性。这是由于在颈椎侧弯并后伸位置挤压头顶时可使椎间孔变小，从而使神经根受到挤压所致。

③感觉检查：病变早期，神经根受到刺激时，表现为其分布部位痛觉过敏，针刺时较正常一侧更为疼痛；病变中晚期表现为神经分布部位痛觉减退或消失。第 3 颈神经根受累检查可见颈后、耳周及下颌部感觉障碍；若上臂外侧、三角肌区感觉异常，表明第 5 颈神经根受到压迫或刺激；若前臂桡侧及拇指痛觉异常，表明第 6 颈神经根受压或受刺激；若为中、示指痛觉减退，表明第 7 颈神经根受压；若前臂尺侧及小指感觉异常，表明第 8 颈神经根受压或受刺激。

④腱反射异常：病变节段的神经根所参与的反射出现异常。如肱二头肌腱反射主要由第 6 颈神经根支配，肱三头肌腱反射主要由第 7 颈神经根支配，相关神经根受累，早期可呈现反射活跃或亢进，中后期则减弱或消失。

3. 椎动脉型颈椎病

（1）症状：主要症状有偏头痛、迷路症状、前庭症状、视力障碍、精神症状、发声障碍、

NOTE

猝倒等。

①偏头痛：偏头痛为多发症状，约占70%；常因头颈部突然旋转而诱发，以颞部为剧，多呈跳痛或刺痛状。一般均为单（患）侧。

②迷路症状：主要有耳鸣、听力减退等，发生率为80%～90%。

③前庭症状：多表现为眩晕，约占70%。有旋转感、浮动感、摇晃感或下肢发软、站立不稳、有地面倾斜或地面移动等感觉，并有头晕眼花等感觉，常伴有恶心、呕吐及出汗等症状。头颈部伸屈或左右侧弯及旋转，或转换体位后均可诱发眩晕或使其加重。有时眩晕为本病早期的唯一症状，在疾病发展过程中常夹杂其他症状和体征。

④视力障碍：约有40%的患者突然出现视力模糊、复视、幻视及短暂失明等，持续数分钟后视力逐渐恢复，还可表现为眼睛闪光、冒金星、黑蒙、幻视、视野缺损等现象。

⑤精神症状：约占40%，以抑郁为主要表现，还可主诉记忆力减退。

⑥发声障碍：症状较少见，约占20%。

⑦猝倒：也称倾倒发作，是本病的一种特殊症状，发生率占本型病例的5%～10%，多突然发作，并有一定规律性。发作前并无预兆，头部过度旋转或伸屈时易发生，反向活动后症状消失。患者倾倒前察觉下肢突然无力而倒地，意识清楚，视力、听力及语言均无障碍，并能立即站起继续活动。

⑧运动障碍：a.延髓麻痹症：讲话含糊不清、喝水反呛、吞咽困难、软腭麻痹等。b.肢体瘫痪：为偏瘫或四肢瘫，多数轻瘫，完全瘫者少见，有时患者并无肢体不适，但可查出锥体束征。c.面神经瘫；d.平衡障碍及共济失调：表现为躯体位置及步态的平衡失调、倾倒等。

⑨感觉障碍：可有面部感觉异常，如针刺感、麻木感等，偶有幻听、幻嗅或肢体感觉减退。

⑩意识障碍：偶见于头颈转动，可表现为晕厥、发作性意识障碍。

（2）体征：椎动脉扭曲试验阳性。患者取坐位，检查者立于患者身后，一手扶其头顶，另一手扶其后颈部，使其头后仰并向左或右旋转45°，约停顿15秒，若患者出现眩晕、视物模糊、恶心、呕吐等反应则为阳性。检查过程中切忌用力过猛，以防造成患者晕厥。

4. 脊髓型颈椎病　患者年龄在40～60岁，发病缓慢，有"落枕"史，约20%的患者有外伤史。

（1）症状：先从下肢双侧或单侧发麻、发沉，随之行走困难，下肢肌肉发紧（如缚绑腿感），抬步沉重，行走缓慢，有踩棉花感，重者步态不稳，渐至跛行，易跪倒、足尖不能离地、步态拙笨。颈发僵，颈后伸时易引起四肢麻木。出现一侧或双侧上肢麻木、疼痛，手无力，拿小物件常落地，不能系扣子；重者写字困难，甚至不能自己进食，部分患者出现排便或排尿障碍；间或有头晕、头痛、半身出汗等症状及"束胸感"，渐而呈现为典型的痉挛性瘫痪。

（2）体征

①四肢肌张力增强，可有折刀感。

②生理反射异常：视病变波及脊髓的不同节段而出现不同的生理反射异常，包括上肢的肱二头肌、肱三头肌和桡反射，下肢的膝腱反射和跟腱反射，早期多为活跃或亢进，后期则减弱或消失。此外，腹壁反射、提睾反射和肛门反射可减弱或消失。

③病理反射阳性：如上肢霍夫曼征，下肢巴宾斯基征、夏道克征、髌阵挛和踝阵挛等。

④感觉障碍：上肢或躯干部出现节段性分布的浅感觉障碍区，深感觉多正常。如果上肢腱反射减弱或消失，提示病损在该神经节段水平。

⑤屈颈试验阳性：突然将头颈前屈，双下肢或四肢可出现"触电"样感觉。这是由于椎管前方的骨性致压物直接"撞击"脊髓及其血管所致。

5. 交感型颈椎病

（1）症状：症状繁多，多数表现为交感神经兴奋症状，少数为交感神经抑制症状。

①头部症状：如头晕、头痛或偏头痛、头沉、枕部痛、记忆力减退、注意力不易集中等。偶有因头晕而跌倒者。

②眼部症状：眼胀、干涩、眼裂增大、视物不清、眼前好像有雾等。

③耳部症状：耳鸣、耳堵、听力下降。

④胃肠道症状：恶心甚至呕吐、腹胀、腹泻、消化不良、嗳气及咽部异物感等。

⑤心血管症状：心悸、心律失常、心前区疼痛、血压升高等。

⑥周围血管症状：因肢体血管痉挛，可出现肢体发凉、怕冷，局部温度稍低，或肢体遇冷时有瘙痒感，继而出现红肿或疼痛加重等，还可表现为头颈、颜面或肢体感觉疼痛、麻木，但其表现又不按神经节段或走行分布。

⑦出汗异常：面部或某一肢体多汗或无汗，也可局限于一个肢体或手足。

以上症状往往与活动有明显关系，坐位或站立时加重，卧位时减轻或消失。颈部活动多、长时间低头、在电脑前工作时间过长或劳累时明显，休息后好转。

（2）体征：颈部活动多正常，颈椎棘突间或椎旁小关节周围的软组织压痛，有时还可伴有心率、心律、血压等的变化。

【辅助检查】

1. 颈型颈椎病　X线片上可见颈椎生理曲度变直或消失，颈椎椎体轻度退变。侧位可见椎间隙松动，表现为轻度梯形变，或屈伸时活动度变大。CT或MRI检查可见病变节段椎间盘向侧方突出或后方骨质增生，并可借以判断椎管矢状径。MRI检查可发现椎体后方对硬膜囊有无压迫，若合并有脊髓损害者可见脊髓信号的改变。

2. 神经根型颈椎病

（1）X线检查（图8-3）：正位片可见颈椎侧斜、棘突水平移位（为相应椎体旋转移位所致）、Luschka关节骨刺形成等。

侧位片可见颈椎生理曲度前凸减小、变直或成"反曲线"，椎间隙变窄，椎体前后缘骨刺形成，后骨刺更为多见。一般有2个以上椎间隙改变。

侧位及过屈、过伸位片可见颈椎不稳（邻近两椎体后缘纵线平行，距离超过35mm），颈椎不稳尤以第4~5颈椎椎间多见。在病变间隙常见相应的项韧带骨化。

斜位片可见钩椎关节及关节突关节骨刺及神经根孔的改变，以第4、5颈椎最为多见。这些改变可随年龄增加而愈加明显，有时无临床症状者也可有上述表现。

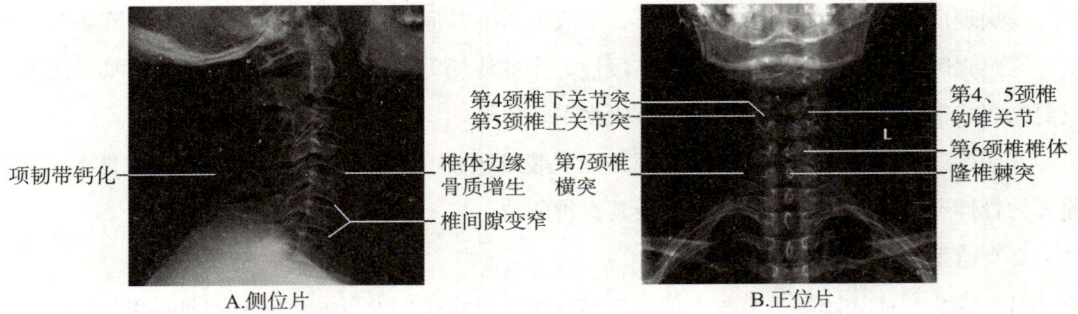

图 8-3　颈椎 X 线片

（2）CT 检查（图 8-4）：可发现病变节段椎间盘向侧方突出或后方骨质增生，并可借以判断椎管矢状径。

（3）MRI 检查（图 8-5）：可较准确地显示突出的颈椎椎间盘组织对神经根的压迫，其中以轴位相更具诊断价值。

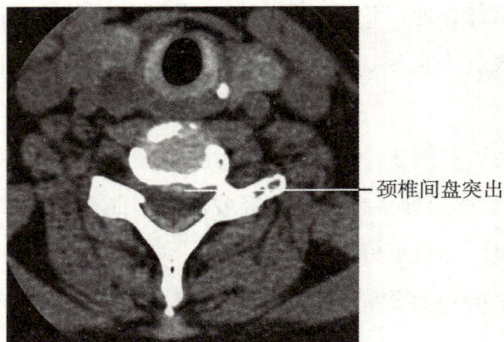

图 8-4　颈椎 CT 片

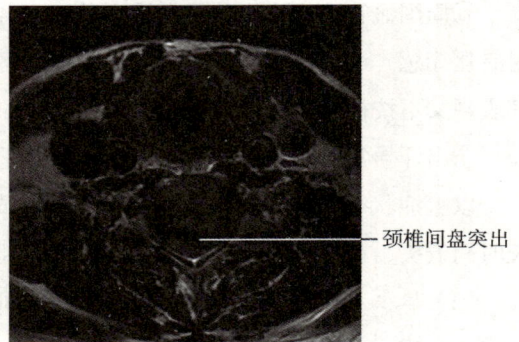

图 8-5　颈椎 MRI 片

3. 椎动脉型颈椎病

（1）MRA 检查：即磁共振血管造影，利用 MRA 检查可以清晰地显示椎动脉的形态、走行。椎动脉型颈椎病患者 MRA 可表现为椎动脉局限性折角扭曲、局限性弧形压迹、蛇形扭曲及椎动脉全段管腔变细等。

（2）TCD 检查：即经颅超声多普勒检查，利用 TCD 检查可以测定椎动脉及基底动脉的血流速度、血管阻力等指标，对于分析椎-基底动脉血流状态具有重要意义。

4. 脊髓型颈椎病

（1）X 线检查：正侧位 X 线片上可见颈椎变直或向后成角，多发性椎间隙变窄，骨质增生，尤以后骨刺更为多见。钩椎关节骨刺形成。颈椎侧位过屈过伸片可见颈椎不稳。

（2）CT 检查：可发现病变节段椎间盘向侧方突出或后方骨质增生，并可以判断椎管矢状径。

（3）MRI 检查：可发现脊髓有无受压、是否变细等。若合并有脊髓功能受损者，尚可看到脊髓信号的改变。

5. 交感型颈椎病

（1）X 线检查：可显示颈椎节段性不稳定。

（2）CT 及 MRI 检查：表现为颈椎间盘及周围组织有不同程度的退变。

【针刀治疗】

1. 体位　俯卧位，上胸部垫枕，头低位，项部暴露好，保证鼻呼吸畅通。

2. 体表标志　第 1 颈椎横突、第 2 颈椎棘突、第 7 颈椎棘突、关节突关节、颞骨乳突、枕外隆凸、枕骨上项线。

3. 定点

（1）头上斜肌止点：枕外隆凸与外耳门连线的中点。

（2）头后大直肌止点：耳垂中点水平线上、耳垂中点与后正中线连线的中内 1/3 交界处。

（3）寰椎横突点：乳突尖与下颌角连线的中点，乳突下触摸到的第 1 个骨性突起即为寰椎横突。

（4）枢椎棘突点：枕外隆凸沿后正中线向颈部触摸到的第 1 个骨性突起即为枢椎棘突。

（5）枕部浅中层肌肉及项韧带止点：枕外隆凸下缘 1 点，两侧上项线上、枕外隆凸两侧 25mm 各 1 点。

（6）各颈椎棘突点：从枢椎棘突沿后正中线向下触摸，可扪及第 3 ~ 7 颈椎棘突。

（7）关节突关节点：后正中线旁开 20mm 处。第 1 ~ 2 颈椎关节突关节位于第 2 颈椎棘突上缘水平线，其他的颈椎关节突关节位于相应下位颈椎的棘突水平线（如第 2 ~ 3 颈椎关节突关节位于第 3 颈椎棘突水平线）。

4. 消毒与麻醉　常规消毒，铺无菌洞巾，0.5% 利多卡因局部麻醉，每点注射 1 ~ 2mL，注入麻醉药时，必须先回抽注射器确认无回血。

5. 针刀器械　Ⅰ型 4 号针刀

6. 针刀操作（图 8-6）

（1）头上斜肌止点：刀口线与矢状面平行，针体垂直于颅骨切面，按四步规程进针刀达颅骨骨面，然后调转刀口线 90° 并向上摆动针刀柄，使针刀刃向下并紧贴颅骨骨面，沿骨面铲切 3 ~ 4 次，幅度为 3 ~ 4mm。

（2）头后大直肌止点：刀口线与矢状面平行，针体垂直于颅骨切面，按四步规程进针刀达颅骨骨面，然后调转刀口线 90° 并向下摆动针刀柄，使针刀刃向下并紧贴颅骨骨面，沿骨面铲切 3 ~ 4 次，切割幅度为 3 ~ 4mm。

（3）寰椎横突点：刀口线与躯体纵轴平行，针体垂直于寰椎横突尖端骨面之切面，按四步规程进针刀达寰椎横突骨面，移动针刀刃至寰椎横突上缘，同时调整刀口线方向使之平行于横突边缘，轻提针刀 1 ~ 2mm，沿骨缘切开 2 ~ 3 次以松解头上斜肌张力；然后移动针刀刃至寰椎横突下缘，重复上述操作以松解头下斜肌张力。

（4）枢椎棘突点：刀口线与躯体矢状面平行，针体垂直于皮肤表面，按四步规程进针刀达枢椎棘突骨面，移动针刀刃至棘突分叉处骨面外侧缘及上缘，同时调整刀口线方向使之平行于骨突缘，轻提针刀 1 ~ 2mm，沿骨突之上缘及外侧缘分别切开 2 ~ 3 次以松解头后大直肌与头下斜肌的张力。

（5）枕外隆凸下缘：刀口线与矢状面平行，针体垂直于皮肤表面，按四步规程进针刀达颅骨骨面，调转刀口线方向 90°，将针刀提至皮下，再切至骨面 3 ~ 4 次。

（6）枕外隆凸外侧 25mm 处：刀口线与矢状面平行，针体垂直于皮肤表面，按四步规程进针刀达颅骨骨面，调转刀口线方向 90°，将针刀提至皮下，再切至骨面 3 ~ 4 次。

（7）各颈椎棘突点：刀口线与矢状面平行，针体垂直于皮肤表面，按四步规程进针刀达棘突，然后调转刀口线方向 90°，将针刀提至皮下再切至棘突尖骨面，并继续沿棘突上缘或下缘切割棘间肌，幅度 2 ~ 3mm，以上过程反复 3 ~ 4 次。

（8）关节突关节点：刀口线与矢状面成 45°角，针体垂直于皮肤表面，按四步规程进针刀达关节突关节骨面，将针刀提至皮下再切至骨面 3 ~ 4 次。然后在关节突关节骨面调转刀口线方向约 45°，使之与水平面平行至关节突关节缝隙，轻提针刀 2 ~ 3mm 至关节囊表面，再切开至骨面 2 ~ 3 次。

术毕，拔出针刀，局部压迫止血 1 分钟后，无菌敷料覆盖伤口。

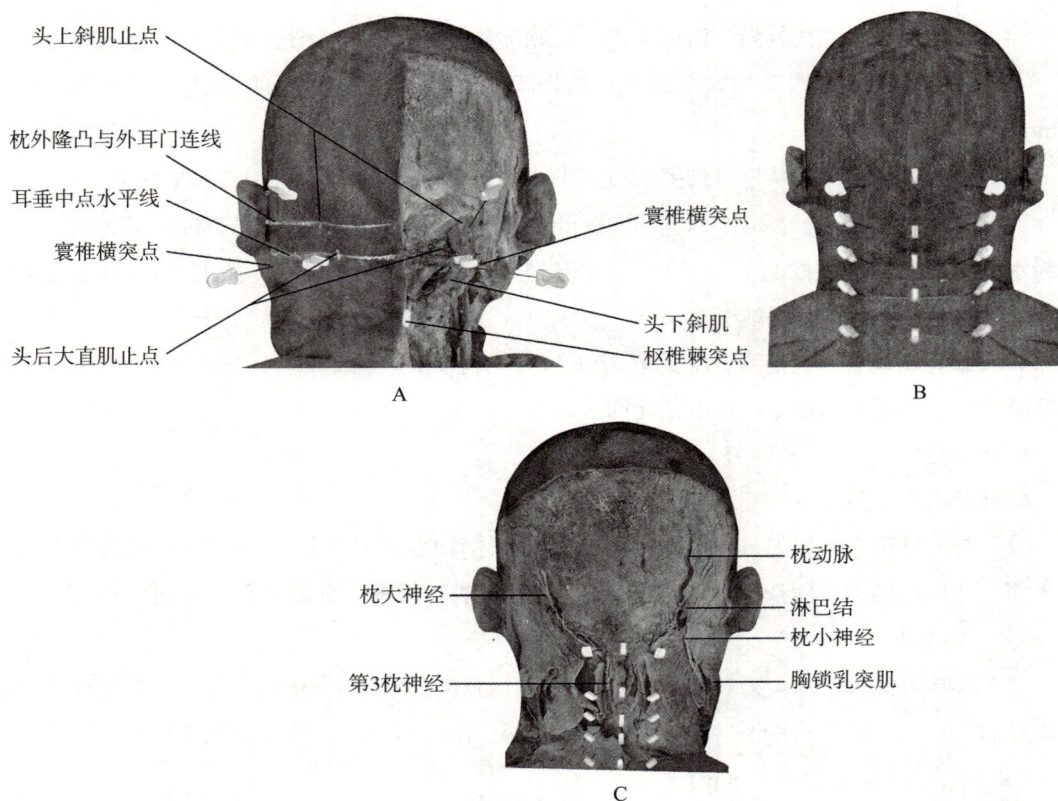

图 8-6 颈椎病针刀治疗

7. 疗程 每次治疗的治疗点数量视患者病情而定，一般每次定点不超过 10 个。如患者耐受能力差可分多次完成治疗。同一治疗点治疗间隔 3 ~ 7 天，不同定点可于次日治疗。一般 4 次为 1 个疗程，视患者病情确定疗程。

【术后手法及康复】

1. 术后手法 颈部整复手法、颈肌牵拉手法。

2. 康复训练 呼吸训练、核心稳定性训练、感觉运动刺激训练、颈部稳定性训练。

【思考题】

1. 颈部有哪些重要的解剖结构？

2. 颈椎病分哪些类型？

第二节 腰椎间盘突出症

【概述】

腰椎间盘突出症是腰椎间盘因外伤或腰部软组织慢性劳损所致纤维环破裂，髓核从破裂处突出或脱出，压迫脊神经或者马尾神经，而出现的以腰腿放射性疼痛、下肢及会阴区感觉障碍为主要症状的疾病，严重时可引起下肢瘫痪。多发生于 30~50 岁的青壮年，男女无明显区别。患者多有反复腰痛发作史。

【相关解剖】

1. 椎骨

（1）腰椎棘突（图 8-7）：位于椎弓后方正中，走向略偏下，呈竖板状，中上部较薄，后下部较厚，末端相对膨大，内含少量骨松质。

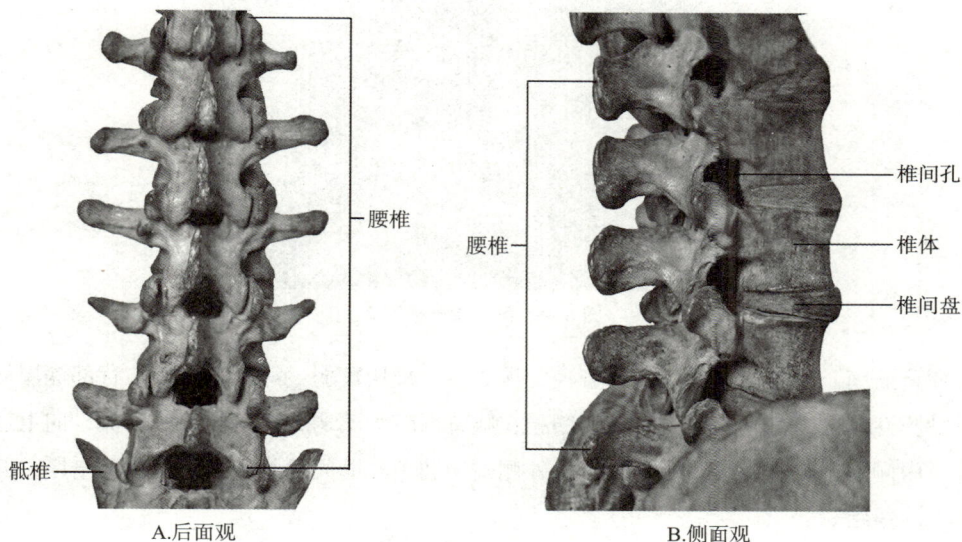

图 8-7 腰椎

（左图标注）腰椎、骶椎、A.后面观
（右图标注）腰椎、椎间孔、椎体、椎间盘、B.侧面观

（2）腰椎横突：位于椎弓根与椎弓板联合处两侧，并略偏斜向后延伸。横突近端偏后为副突，内上方是乳突。腰椎横突较颈椎、胸椎横突均长，且其大小、形状变异较大。一般第 3 腰椎横突最长，第 4 腰椎横突上翘，第 5 腰椎横突宽大，俗有"3 长 4 翘 5 肥大"之说。横突骨松质相对较多。

第 3 腰椎横突（图 8-8、图 8-9）解剖形态特点具有特殊生理和临床意义。第 3 腰椎是腰椎的中点，骨骼肌附着最集中的部位，在腰椎运动时承受牵拉和应力最大，容易造成劳损。临床上第 5 腰椎横突变异和畸形更为多见，是腰椎疾患多发原因的解剖学基础。

（3）关节突与关节突关节：每个腰椎各有一对上、下关节突。上关节突自椎弓根后上方发出，扩大并斜向后外方，关节面凹向后内侧；下关节突由椎板下外方发出，凸隆，伸向前外方，与上关节突关节面相对应并构成关节突关节，亦称椎弓关节或椎小关节。关节面有软骨覆盖，具有一小关节腔，周围有关节囊包绕，其内层为滑膜，能分泌滑液，以利于关节活动，如

NOTE

屈伸、侧弯及旋转等。滑膜外方有纤维层，其增厚部分称为韧带。

竖脊肌
第12胸神经后支
第3腰椎横突
第1腰神经后支
第2腰神经后支
第3腰神经后支

胸最长肌
胸腰筋膜
第3腰椎横突
第1腰神经后支
臀上皮神经

图 8-8　第 3 腰椎横突 1

棘间韧带
棘突
第3腰椎横突
椎间孔
关节突关节

脊神经后支

棘肌

图 8-9　第 3 腰椎横突 2

2. 腰背筋膜　腰骶尾部的深筋膜分浅、深 2 层。浅层薄弱，深层较厚，与背部深层筋膜相续，呈腱膜性质，合称胸腰筋膜。胸腰筋膜在胸背部较为薄弱，覆于竖脊肌表面，向上连接于项筋膜，内侧附于胸椎棘突和棘上韧带，外侧附于肋角和肋间筋膜，向下至腰部增厚，并分为前、中、后 3 层。

（1）前层：又称腰方肌筋膜，覆盖于腰方肌前面，内侧附于腰椎横突尖，向下附于髂腰韧带和髂嵴后份，上部增厚形成内、外侧弓状韧带。前层在腰方肌外侧缘处同腰背筋膜中、后层愈合，形成筋膜板，由此向外侧方，是腹横肌的起始腱膜。

（2）中层：位于竖脊肌与腰方肌之间，内侧附于腰椎横突尖和横突之间韧带，外侧在腰方肌外侧缘与前层愈合，形成腰方肌鞘，向上附于第 12 肋下缘，向下附于髂嵴，此层上部附于第 12 肋和第 1 腰椎横突之间的部分增厚，形成腰肋韧带。此韧带的锐利边缘是胸膜下方返折线的标志。

（3）后层：在竖脊肌表面，与背阔肌和下后锯肌腱膜愈合，向下附着于髂嵴和骶外侧嵴，内侧附于腰椎棘突、棘上韧带和骶正中嵴，外侧在竖脊肌外侧缘与中层愈合，形成竖脊肌鞘，后层与中层联合成一筋膜板续向外侧方，也加入至腰方肌外侧缘前层，共同形成腹横肌及腹内斜肌的腱膜性肌肉起始。腹横肌的起始腱膜比腹内斜肌的起始筋膜宽很多。

3. 韧带

（1）棘上韧带：为一狭长韧带，起于第 7 颈椎棘突，向下沿棘突尖部止于骶中嵴，作用是限制脊柱过度前屈。

（2）棘间韧带：位于相邻两个椎骨的棘突之间，棘上韧带的深部，前方与黄韧带延续，向后与棘上韧带移行，除腰骶部的棘间韧带较发达外，其他部位均较薄弱。棘间韧带以胶原纤维为主，与少量弹力纤维共同组成，其间夹有少量脂肪组织。

（3）横突间韧带：连接上、下椎骨的横突，在腰部比较发达，可分内、外两部分，内部厚，外部呈片状，其间有脊神经后支和伴行血管穿出。

4. 坐骨神经（图 8-10） 是全身最粗大的脊神经，穿梨状肌下孔出盆腔，在臀大肌深面、股方肌浅面，经坐骨结节与股骨大转子之间入股后区，沿中线经股二头肌长头和大收肌之间下降，在腘窝上角分为胫神经和腓总神经。

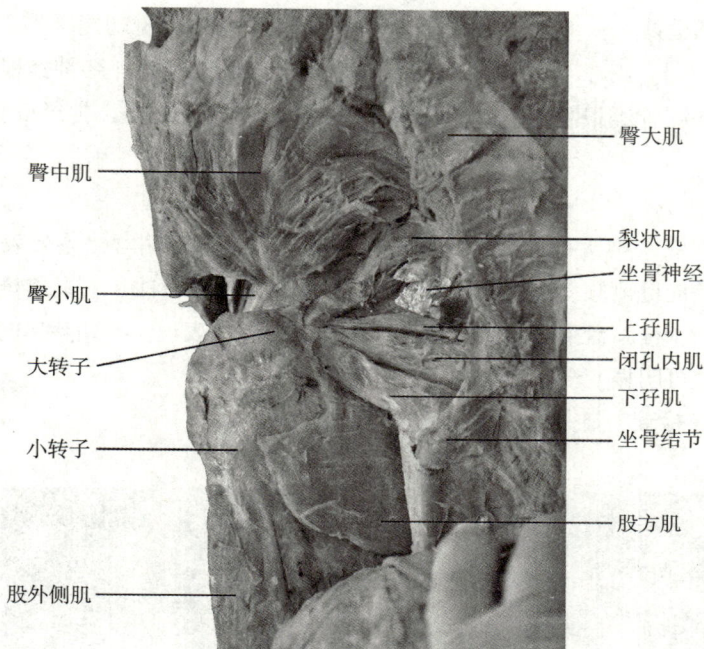

图 8-10 坐骨神经

【病因病理】

腰椎的解剖结构造成腰椎间盘容易突出。

1. 纤维环前外厚，后方薄，受到外力后髓核容易向后侧突出。

2. 前纵韧带厚宽，后纵韧带薄窄，容易导致髓核向后突出。

3. 椎间盘退变。①髓核退变：含水量下降、胶原减少，纤维软骨组织增多、髓核组织整体组成不均，柔韧性下降，不再能均匀传力。②纤维环退变：纤维环经常受到不均匀力的作用而变得薄弱，导致断裂裂隙及弹性下降。

在反复挤压、扭曲、扭转等负荷，使脊柱运动失衡，同时导致腰椎椎体周围肌肉、韧带等软组织的力学改变，纤维环的后部由里向外产生裂隙，纤维环逐渐薄弱。较重的外伤，或累积性损伤，也可导致髓核突出，压迫神经根或马尾神经。

【临床表现】

1. 症状

（1）腰痛：疼痛常局限于腰骶部附近，程度轻重不一。常伴单侧坐骨神经痛，疼痛沿大腿

NOTE

后侧向下放射至小腿外侧、足跟部或足背外侧。行走时间长、久站或咳嗽、打喷嚏、排便等腹压增高时均可使症状加重，休息后可缓解。疼痛多为间歇性，少数为持续性。

（2）下肢麻木：多局限于小腿后外侧、足背、足外侧缘。

（3）脊柱侧弯：多突向健侧。

2. 体征

（1）压痛伴放射痛：棘突旁常有压痛，并向患侧下肢放射。

（2）患侧直腿抬高试验阳性：患者仰卧，两下肢放平，先抬高健侧，记录能抬高的最大度数；再抬高患侧，当抬高到产生腰痛和下肢放射痛时，记录其抬高度数，严重者抬腿在15°～30°。再降低患侧至疼痛消失时，将踝关节背屈，症状立即出现，此为加强试验阳性，可与其他疾病引起的直腿抬高试验阳性相鉴别。

（3）反射和感觉改变：神经根受累后，可发生运动功能和感觉功能障碍。腓肠肌肌张力减低，拇背伸肌力减弱。第2～3腰神经根受累时，膝反射减低；第4腰神经根受累时，膝、跟腱反射减弱；第5腰神经根和第1骶神经根受累时，跟腱反射减弱。神经根受累严重或过久，相应腱反射可消失。

【辅助检查】

1. X线检查 在腰椎X线正位（图8-11A）平片上，腰椎侧弯是重要表现，侧弯多数是由突出的间隙开始向健侧倾斜，患侧间隙较宽；侧位片（图8-11B）可见腰椎生理前凸减小或消失，甚至向后凸，椎间盘突出的后方较宽，所谓前窄后宽表现。早期突出的椎间隙多无明显改变，晚期椎间隙可明显变窄，相邻椎体边缘有骨赘生成。

2. CT和MRI检查 显示椎间盘突出（图8-12、图8-13）。

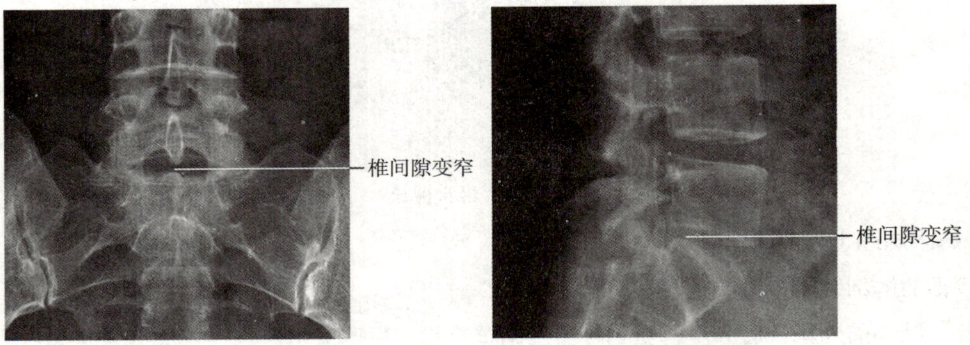

A.正位　　　　　　　　　　　　B.侧位

图8-11 腰椎X线片

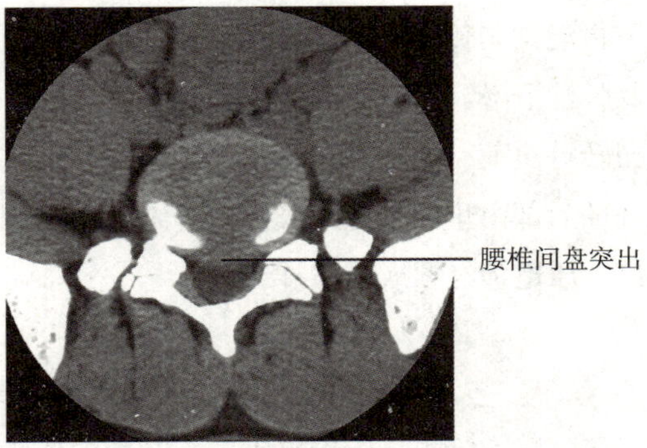

图8-12 腰椎CT片

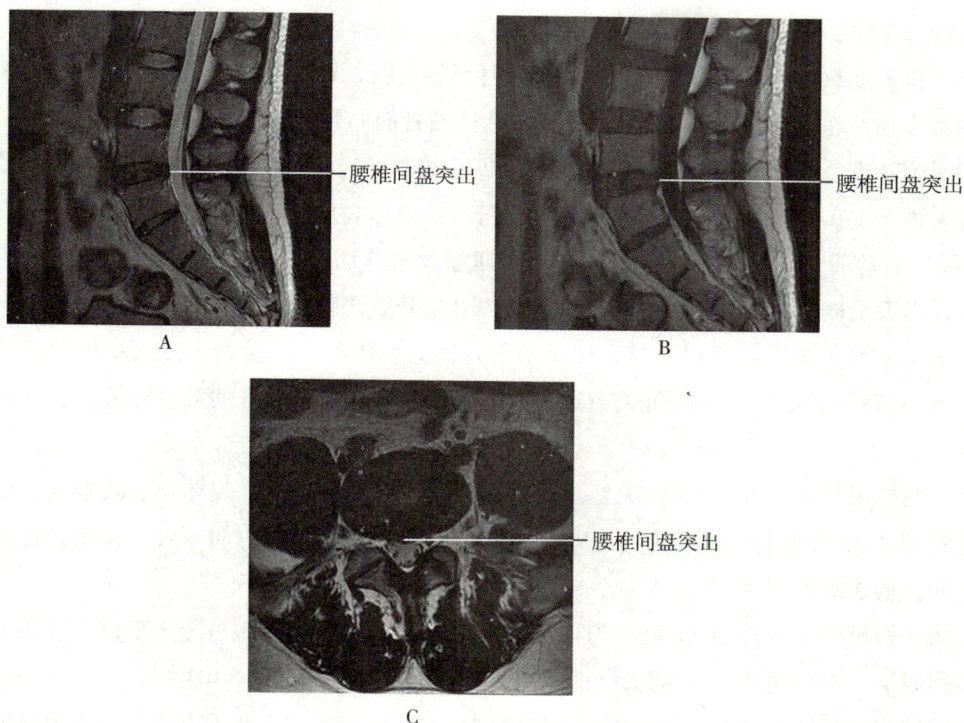

图 8-13 腰椎 MRI 片

【针刀治疗】

1. 体位 俯卧位，腹部置棉垫，使腰椎前屈缩小。

2. 体表标志 髂嵴、腰椎横突、骶正中嵴、腰椎棘突。

3. 定点

（1）棘突上和棘突间阳性反应点。

（2）横突尖阳性反应点。

（3）关节突关节点：第 4～5 腰椎棘突顶点旁开 2～2.5cm 进针刀。

（4）胸腰筋膜点：第 12 肋尖阳性反应点、第 3 胸椎棘突旁开 8～10cm 阳性反应点、髂嵴中份阳性反应点。

（5）坐骨神经行经路线点

①梨状肌处坐骨神经的粘连点：在髂后上棘和尾骨尖连线中点与股骨大转子尖连线中内 1/3 交点处，以松解梨状肌处坐骨神经的粘连。

②在股骨大粗隆与坐骨结节连线中点处阳性反应点：松解臀横纹处坐骨神经的粘连、瘢痕、挛缩。

③在大腿中段后侧正中线上阳性反应点：松解大腿中段坐骨神经的粘连、瘢痕、挛缩。

④在腓骨头下 5cm 处阳性反应点：松解腓总神经行经路线上的粘连、瘢痕、挛缩。

⑤腓骨头与外踝尖连线的中下 1/3 处阳性点：松解腓浅神经行经路线上的粘连、瘢痕、挛缩。

4. 消毒与麻醉 常规消毒，铺无菌洞巾，0.5% 利多卡因局部麻醉，每点注射 1～2mL，注入麻醉药时，必须先回抽注射器确认无回血。

5. 针刀器械 Ⅰ型 4 号针刀、Ⅰ型 3 号针刀。

6. 针刀操作

（1）棘突上和棘突间压痛点：刀口线与脊柱纵轴平行，针刀体与皮面垂直，按四步规程进针刀达棘突顶，在骨面上纵向切开 1～2 次，然后贴骨面向棘突两侧分别用纵向切开 1～2 次，以松解两侧棘肌。调整针刀刃到达棘突顶，调转刀口线 90°，沿棘突上缘用横行切开 1～2 次。

（2）横突尖压痛点：刀口线与躯干纵轴平行，针刀体与皮面垂直，按四步规程进针刀达第 3 腰椎横突背侧骨面，在横突尖端背面将此处肌筋膜组织切开 1～2 次；移动针刀刃到达横突尖端，针刀刃沿横突尖端的边缘与软组织的交界处切开肌筋膜 3～5 次。

（3）关节突关节点：刀口线与脊柱纵轴平行，针刀体与皮肤垂直，按四步规程进针刀达骨面，针刀刃移动到第 4～5 腰椎关节突关节、第 5 腰椎和第 1 骶椎的关节突关节，纵向切开 1～3 次。

（4）胸腰筋膜点：在第 12 肋尖处，刀口线与人体纵轴一致，针刀体与皮肤垂直，按四步规程进针刀达第 12 肋骨，调转刀口线 45°，使之与第 12 肋骨走行方向一致，在肋骨骨面上向左右方向铲切 3 次。

在第 3 腰椎棘突旁开 10cm 处，刀口线与人体纵轴一致，针刀体与皮肤垂直，按四步规程进针刀达肌层，当有突破感时即到达胸腰筋膜移行处，在此切开筋膜 3 次。

在髂嵴中份阳性反应点，刀口线与人体纵轴一致，针刀体与皮肤垂直，按四步规程进针刀达髂嵴，调转刀口线 90°，在髂嵴骨面上切开 3 次。

（5）坐骨神经行经路线点：在髂后上棘和尾骨尖连线中点与股骨大转子尖连线中内 1/3 的交点处进针刀，刀口线与人体纵轴一致，针刀与皮肤垂直，按四步规程进针刀达梨状肌下孔处，沿坐骨神经方向纵向切开 3 次。如患者有下肢窜麻感，说明针刀碰到了坐骨神经，此时停止针刀操作，退针刀 2cm，稍调整针刀方向，再进针刀，即可避开坐骨神经。

在股骨大粗隆与坐骨结节连线中点处进针刀，刀口线与人体纵轴一致，按四步规程进针刀达股骨骨面坐骨神经周围，纵向切开 3 次。如患者有下肢窜麻感，稍调整针刀方向。

在大腿中段后侧正中线上进针刀，刀口线与人体纵轴一致，按四步规程进针刀达股骨骨面坐骨神经周围，纵横摆动 3 次。如患者有下肢窜麻感，稍调整针刀方向。

在腓骨头下 5cm 处进针刀，刀口线与人体纵轴一致，按四步规程进针刀达腓骨面，纵横摆动 3 次。

术毕，拔出针刀，局部压迫止血 1 分钟后，无菌敷料覆盖伤口。

7. 疗程　每次治疗的治疗点数量视患者病情而定，一般每次定点不超过 10 个。如患者耐受能力差可分多次完成治疗。同一治疗点治疗间隔 3～7 天，不同定点可于次日治疗。一般 4 次为 1 个疗程，视患者病情确定疗程。

【术后手法及操作】

1. 术后手法　腰椎整复手法、腰背肌牵拉手法。

2. 康复训练　呼吸训练、核心稳定性训练。

【思考题】

针刀治疗腰椎间盘突出症如何定点？

第三节　膝关节骨性关节炎

【概述】

膝关节骨性关节炎是指由于各种原因（创伤、持续劳损、肥胖等）所致关节软骨出现原发性或继发性退行性改变，并伴有软骨下骨质增生，从而使关节面逐渐被破坏及产生畸形，影响膝关节功能的一种退行性疾病。临床分为继发性和原发性两种。继发性是指该病继发于关节的先天或后天畸形及关节损伤，而原发性则多见于老人，发病原因多为遗传和体质虚弱等。针刀治疗原发性骨质增生有较好的效果。

【相关解剖】

1. 髌上囊　是膝关节最大的滑囊。位于髌骨上方，股四头肌腱和股骨前面之间，成年后此囊常与关节腔相通。

2. 髌下脂肪垫　是全身最大的脂肪垫之一。位于髌韧带与膝关节囊的滑膜之间的区域内，为一三角形的脂肪组织，脂肪垫向两侧延伸，体积逐渐变薄，超出髌骨两侧缘约 10mm。

3. 髌骨内、外侧支持带　位于髌骨内、外侧。检查时，嘱被检查者充分伸膝，股四头肌松弛，将髌骨向内推，使髌外侧支持带处于紧张状态，髌外侧支持带可在垂直于其径路的平面上触诊到；向外牵引髌骨时，髌内侧支持带突起，髌内侧支持带可横向触诊。

4. 膝关节外侧副韧带　向上附着于股骨外侧髁，紧靠腘肌沟上方；向下后止于腓骨头稍前。此韧带与其浅面的股二头肌腱和髂胫束有加强和保护膝关节外侧部的作用。屈膝时该韧带松弛，伸膝时韧带紧张。

5. 膝关节内侧副韧带（图 8-14）　上方起自股骨内上髁收肌结节处，向下止于胫骨内侧髁的内侧面。在膝关节半屈曲位时可于膝关节内侧皮下触及该韧带。

6. 鹅足滑囊（图 8-15）　位于膝关节内侧，胫侧副韧带与半腱肌腱、股薄肌腱、缝匠肌腱之间，由于三个肌腱有致密的纤维膜相连，形似鹅足，有时此囊与缝匠肌腱下囊相通。鹅足滑囊具有润滑膝关节和减少膝关节运动时肌腱相互摩擦的作用。

7. 髌韧带（图 8-16）　位于膝关节前部，为股四头肌腱的延续部分，附着于髌骨底及两侧缘，上方起自髌骨尖和髌关节面的下方，向下止于胫骨粗隆及胫骨前嵴的上部。作用是把股四头肌收缩的力传达给胫骨，使膝关节伸直。

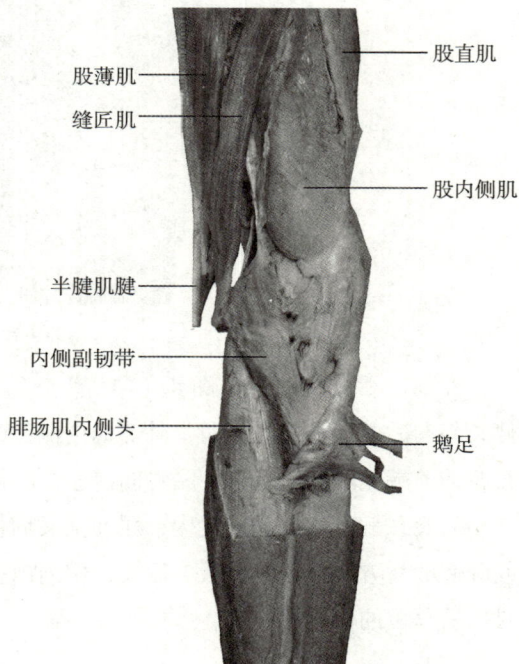

图 8-14　内侧副韧带

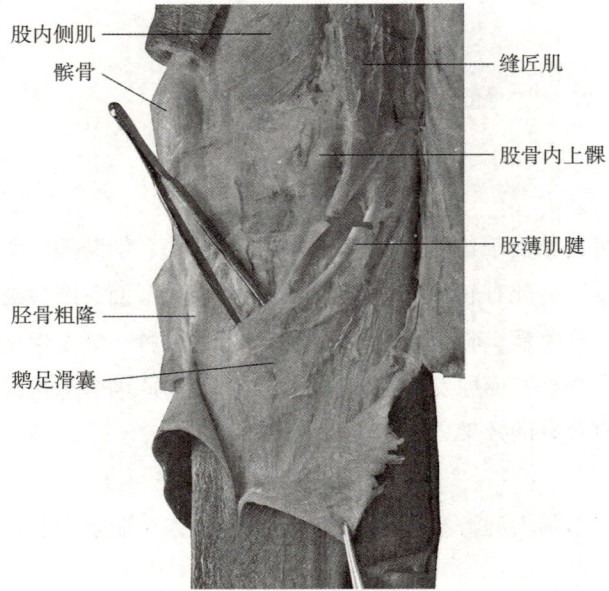

股内侧肌

髌骨

缝匠肌

股骨内上髁

股薄肌腱

胫骨粗隆

鹅足滑囊

图 8-15　鹅足滑囊

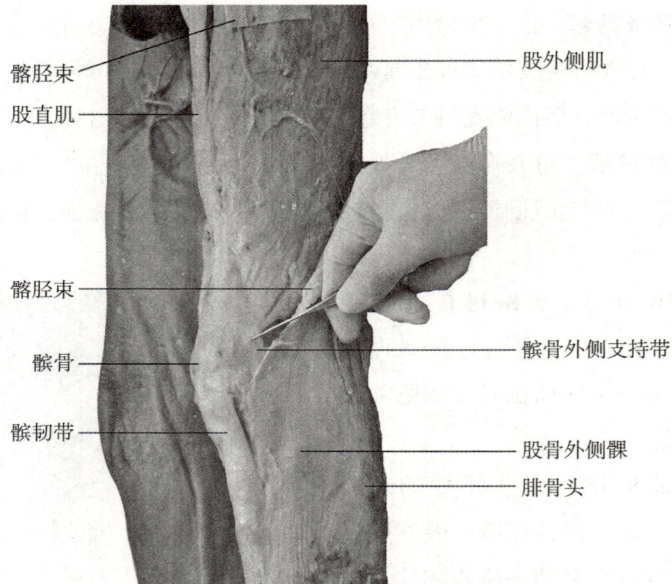

髂胫束

股直肌

股外侧肌

髂胫束

髌骨

髌骨外侧支持带

髌韧带

股骨外侧髁

腓骨头

图 8-16　髌韧带

8. 前、后交叉韧带（图 8-17）　前交叉韧带位于关节囊内，起自胫骨髁间隆起的前方内侧，斜向后外上方，止于股骨外侧髁内侧面的上部。此韧带分别与内侧半月板的前端和外侧半月板的前端相融合，有限制胫骨向前移位的作用。

后交叉韧带位于关节囊内，居前交叉韧带的后内侧，较前交叉韧带短而坚韧。起自胫骨髁间隆起的后方及外侧半月板的后端，斜向内上方，止于股骨内侧髁的外侧面。此韧带有限制胫骨向后移位的作用。

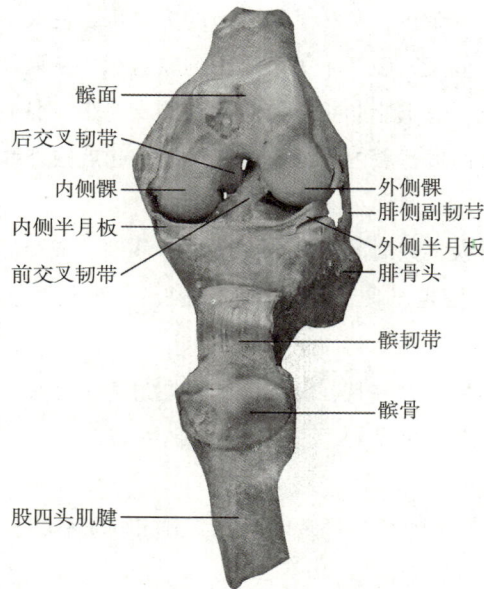

图 8-17　前、后交叉韧带

9. 腓骨头（图 8-18） 腓骨头为腓骨上端的锥形膨大，又称腓骨小头。腓骨头的顶部呈结节状称腓骨头尖，有股二头肌腱及腓侧副韧带附着。坐位或者仰卧位时，腓骨头位于胫骨外侧髁后外稍下方，与胫骨粗隆在同一平面上，当膝关节屈曲时，可在膝关节的外侧下方看见腓骨头形成的隆起。

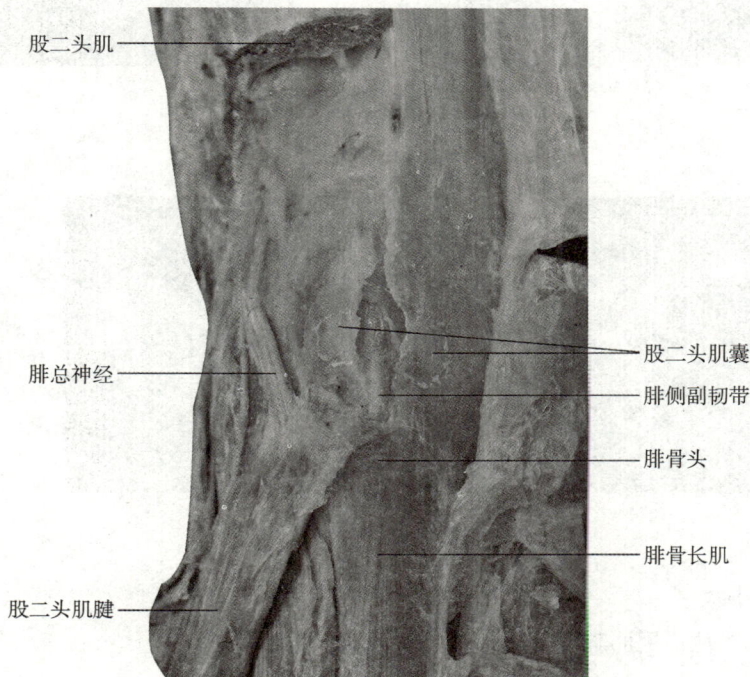

图 8-18　腓骨头

【病因病理】

膝关节骨性关节炎的根本病因主要是继发性的，是由于膝关节周围软组织损伤后，引起膝关节的力平衡失调。有研究证实，膝关节骨性关节炎是受外在因素影响而形成的：一是膝关节

NOTE

周围的软组织损伤引起粘连、牵拉，破坏了膝关节的力平衡，使关节内产生了高应力点；二是由于某种疾病，如类风湿关节炎，破坏了关节周围的软组织，从而使关节内力平衡失调而出现了骨刺。病变点包括髌上囊、髌下脂肪垫、髌骨内外侧支持带、腓侧副韧带、胫侧副韧带、鹅足囊、髌韧带止点、前交叉韧带起点内外缘及后交叉韧带起点内外缘等。

【临床表现】

1. 症状　就诊前 1 个月大多数时间有膝痛。膝关节疼痛，或突然活动时有刺痛，膝关节伸直到一定程度时引起疼痛，行走不便，关节伸屈受限，下蹲及上下楼困难，并常伴有腿软的现象。

2. 体征　关节周围有压痛点，并且在膝关节的伸屈过程中往往发出捻发音，并可出现关节积液。严重者甚至有肌肉萎缩。可见 O 型腿或 X 型腿。

【辅助检查】

1. X 线片（图 8-19）　可见膝关节骨质增生，关节间隙狭窄。

2. MRI（图 8-20）　可见异常信号。

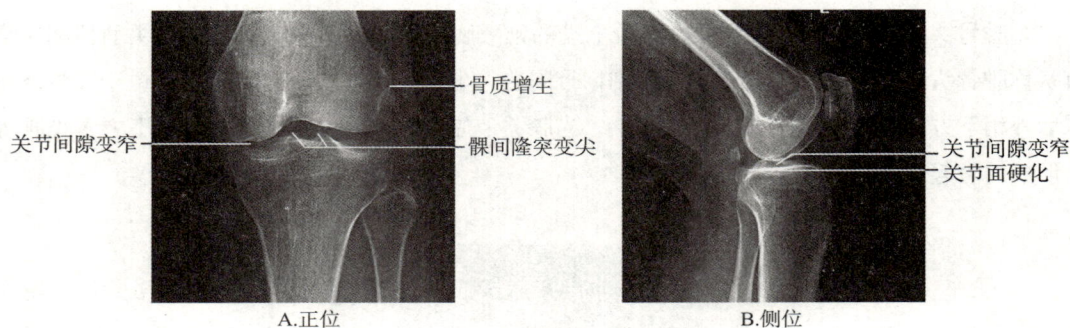

A.正位　　　　　　　　　　　B.侧位

图 8-19　膝关节 X 线片

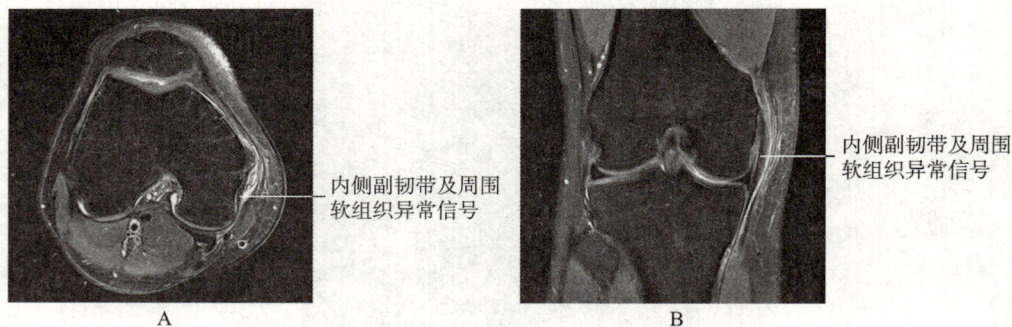

A　　　　　　　　　　　B

图 8-20　膝关节冠状位 MRI

【针刀治疗】

1. 体位　仰卧位，屈曲膝关节 70°～80°，使足平稳放于治疗床上。

2. 体表标志　股骨内上髁、收肌结节、膝关节内侧间隙、胫骨粗隆、胫骨内外侧髁、髌骨。

3. 定点　胫侧副韧带、髌内侧支持带、髌韧带及周围、髌外侧支持带、腓侧副韧带及髂胫束、股四头肌腱及髌上囊、鹅足滑囊等处阳性反应点。

4. 消毒与麻醉　常规消毒，铺无菌洞巾，0.5% 利多卡因局部麻醉，每点注射 1~2mL，注入麻醉药时，必须先回抽注射器确认无回血。

5. 针刀器械　I 型 4 号针刀。

6. 针刀操作（图 8-21）

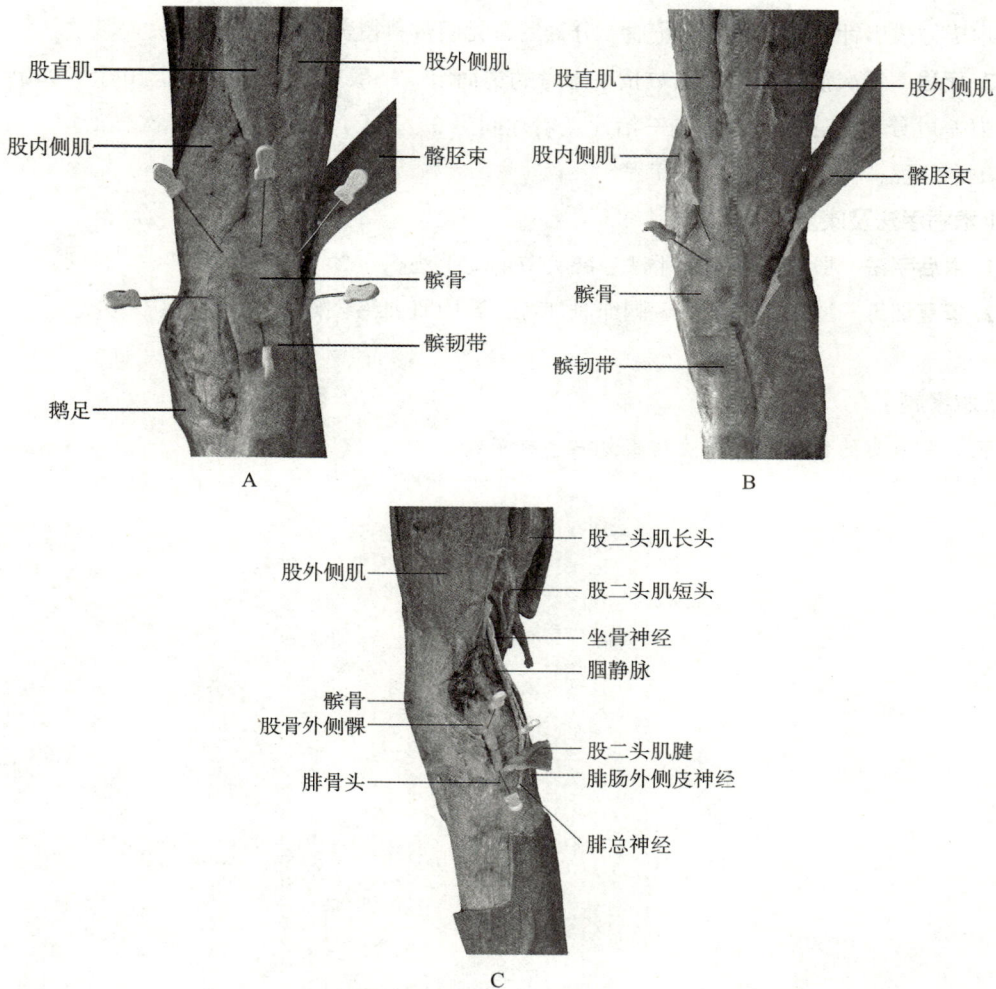

图 8-21　膝骨关节炎针刀治疗

（1）胫侧副韧带点：刀口线与下肢纵轴方向一致，针刀体与皮肤垂直，按四步规程进针刀达胫侧副韧带，先纵横摆动 2~3 次，然后调转刀口线 90°，横行切开 2~3 次。

（2）髌内侧支持带点：刀口线与下肢纵轴方向一致，针刀体与皮肤垂直，按四步规程进针刀达髌内侧支持带，先纵横摆动 2~3 次，然后调转刀口线 90°，十字切开 2~3 次。

（3）髌韧带点：刀口线与下肢纵轴方向一致，针刀体与皮肤垂直，按四步规程进针刀达髌韧带，进针刀 1cm，纵横摆动 2~3 次。

（4）髌外侧支持带点：刀口线与下肢纵轴方向一致，刀体与皮肤垂直，按四步规程进针刀达髌外侧支持带，先纵横摆动 2~3 次，然后调转刀口线 90°，十字切割 3 次。

（5）腓侧副韧带及髂胫束点：刀口线与下肢纵轴方向一致，针刀体与皮肤垂直，按四步规程进针刀达腓侧副韧带和髂胫束，纵横摆动 2~3 次。

NOTE

（6）股四头肌腱及髌上囊点：刀口线与下肢纵轴方向一致，针刀体与皮肤垂直，按四步规程进针刀达股四头肌腱，先纵横摆动 2~3 次，再调转刀口线 90°，十字切开 2~3 次，然后继续进针刀，当刀下有落空感时即已穿过股四头肌腱，纵横摆动 2~3 次，范围 0.5cm。

（7）鹅足滑囊点：刀口线与下肢纵轴方向一致，针刀体与皮肤垂直，按四步规程进针刀达骨面，纵横摆动 2~3 次。

术毕，拔出针刀，局部压迫止血 1 分钟后，无菌敷料覆盖伤口。

7. 疗程　每次治疗的治疗点数量视患者病情而定，一般每次定点不超过 10 个。如患者耐受能力差可分多次完成治疗。同一治疗点治疗间隔 3~7 天，不同定点可于次日治疗。一般 4 次为 1 个疗程，视患者病情确定疗程。

【术后手法及康复】

1. 术后手法　股四头肌牵拉手法、膝关节助动手法。

2. 康复训练　股四头肌训练、腘绳肌训练、臀中肌训练、臀大肌训练。

【思考题】

膝骨关节炎的针刀治疗方法和康复方法有哪些？

第九章　周围神经卡压综合征

周围神经卡压综合征是指周围神经受到周围组织的压迫，引起疼痛、感觉障碍、运动障碍及电生理学改变。神经周围的软组织是造成神经受压的重要因素之一，针刀松解神经周围的软组织是治疗周围神经卡压综合征的有效手段之一。

第一节　枕大神经卡压综合征

【概述】

枕大神经卡压综合征是指因劳损、外伤等原因导致枕项部软组织渗出、粘连和痉挛，刺激、卡压或牵拉枕大神经，引起所支配区出现疼痛及感觉障碍的病症。好发于长时间低头伏案工作者，如教师、财务工作人员、银行职员、电脑操作员等。本病发病较急，容易反复发作。

【相关解剖】（图 9-1）

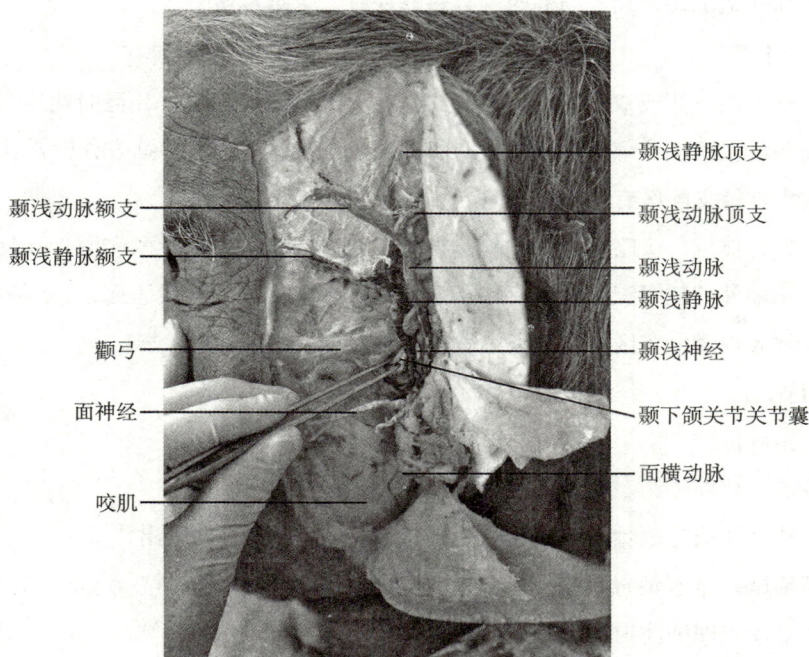

图 9-1　枕大神经周围解剖结构

枕大神经，即第 2 颈神经后支的内侧支。其自第 2 颈神经后支发出，于寰椎后弓与枢椎椎板之间，绕过寰枢关节后向上行，穿过头半棘肌、斜方肌及枕后腱弓，在枕外隆凸旁、上项线处，离颈后正中线 2.5～3cm 处穿出斜方肌腱膜及项部深筋膜，至皮下上行，分成数支，与枕动、静脉的分支伴行。枕大神经分支较多，并相互交织成网状，分布于上项线以上至颅顶部的皮肤，支配后头部皮肤的感觉。

枕大神经在穿过头半棘肌与斜方肌之间的筋膜出处的小孔，称枕大神经筋膜出口，枕大神经常在此处卡压。枕大神经筋膜出口体表定位方法：枕外隆凸与两侧颞骨乳突连线的内 1/3 处；或两侧颞骨乳突连线与斜方肌外缘线交点稍偏外的软组织凹陷中，近似于"天柱"穴。

【病因病理】

本病主要是由于枕大神经长期受到炎性物质刺激，牵拉或筋膜卡压，产生神经支配区域的疼痛。

1. 筋膜无菌性炎症　如由于长期伏案工作，导致颈后部深筋膜的无菌性炎症，引起深筋膜炎性渗出、粘连，从而刺激和压迫枕大神经。

2. 骨关节错位　枕大神经绕行寰枢关节，当寰枢关节损伤、半脱位或脱位时，局部的炎性反应可以刺激或直接牵拉神经而引起症状。

3. 颈部肌肉病变　枕项部软组织长期劳损，颈肌挛缩，局部炎症渗出、粘连，结缔组织增生，枕大神经在穿经斜方肌、半棘肌时受到卡压。

4. 其他　枕大神经在穿出深筋膜时其周围有淋巴结分布，如果感冒等引起淋巴结肿大，可卡压枕大神经引起临床症状。上颈椎的炎性疾病，如风湿、椎间盘炎或肌腱、筋膜、韧带、软骨的炎性水肿，紧张挛缩，组织粘连，均可导致枕大神经受炎症刺激而产生症状和体征。

枕大神经在枕大神经筋膜出口处容易卡压，因为在穿出斜方肌腱膜和深筋膜时，其周围有大量的腱纤维和筋膜束从不同方向缠绕，且紧贴枕骨，不易分离。

【临床表现】

1. 症状　枕颈部一侧或双侧自发性疼痛，性质为针刺样、刀割样，可向枕顶部放射，有时甚至放射到前额或眼眶，头部活动、咳嗽时可以诱发或加重疼痛。疼痛发作时常伴有局部肌肉痉挛，偶见枕大神经支配区有感觉障碍。

2. 体征　强迫体位，头略向后侧倾斜，枕大神经筋膜出口，以及两侧颞骨乳突连线与斜方肌外缘线交点稍偏外的软组织凹陷中有深压痛，在其他上项线处有浅压痛，各压痛点可向枕颈放射，有时在枕大神经分布区尚有感觉过敏或感觉减退。

【针刀治疗】

1. 体位　俯卧位。

2. 体表标志　枕外隆凸、颞骨乳突、上项线。

3. 定点　枕外隆凸与颞骨乳突连线的内 1/3 处（即枕大神经筋膜出口）。

4. 消毒与麻醉　常规消毒，铺无菌洞巾，0.5% 利多卡因局部麻醉，每点注射 1～2mL，注入麻醉药时，必须先回抽注射器确认无回血。

5. 针刀器械　I 型 4 号针刀。

6. 针刀操作　刀口线与人体纵轴一致，保持针刀体向脚侧倾斜 45°，与枕骨垂直，按四步规程进针刀达枕骨骨面，在骨面切开 2～3 次。调整刀口线 90°，铲切 2～3 次，范围 0.5cm。

术毕，拔出针刀，局部压迫止血 1 分钟后，无菌敷料覆盖伤口。

7. 疗程　每周治疗 1 次，4 次为 1 个疗程，视患者病情确定疗程。

【术后手法及康复】

1. 术后手法　颈椎整复手法，颈肌牵拉手法。弹拨枕大神经、枕小神经周围肌筋膜，使其松弛。

2. 康复训练　颈部稳定性训练。

【思考题】

1. 枕大神经的分布特点？

2. 枕大神经卡压的好发部位？为什么？

第二节　臀上皮神经卡压综合征

【概述】

　　臀上皮神经卡压综合征，又称"臀上皮神经损伤""臀上皮神经炎"，是指臀上皮神经经过髂嵴骨纤维管处，由于各种原因造成的卡压或嵌顿等损伤而引起的疼痛，是引起腰腿痛的常见原因之一。臀上皮神经大部分行走在软组织中，其卡压部位好发于行程中的出孔点、横突点、入臀点等处。过去对该病没有清楚的认识，笼统的称为腰痛。该病通过腰部康复理疗可缓解症状，但疗效欠佳。针刀技术出现后，对于诊断明确的臀上皮神经卡压综合征有着确切的疗效。

【相关解剖】

　　臀上皮神经由第 12 胸神经～第 3 腰神经后外侧支的皮支组成。腰神经的后外侧支的分支分布于椎间关节连线外侧方的多个部位，如横突间韧带、髂腰韧带、胸腰筋膜和竖脊肌等，第12 胸神经～第 3 腰神经后外侧支分出皮支，这些皮支在竖脊肌外侧缘邻近髂嵴处穿出胸腰筋膜后层，组成臀上皮神经，然后越过髂嵴进入臀部浅筋膜层，支配臀部皮肤。

　　臀上皮神经一般分为前、中、后三支，它们从不同平面贯穿包括胸腰筋膜后层在内的不同结构后浅出，最终都进入臀部。高位穿出者位于最外侧，低位穿出者位于最内侧，其中中支最粗大，分布于臀中间大部，最长者可至股后部腘窝平面之上。从起始到终点，臀上皮神经大部分行走在软组织中，其循行过程可分为"四段""六点""一管"。"六点"和"一管"是容易被卡压而出现临床症状的位置，尤其是横突点、入臀点。这"六点"也是针刀松解治疗臀上皮神经卡压综合征的常用治疗点。

1. 四段

骨表段：椎间孔发出后，沿横突背面行走并被纤维束固定。

肌内段：进入竖脊肌，向下、向外走行于肌内，走出竖脊肌。

筋膜下段：走行于腰背筋膜浅层深面。

皮下段：走出深筋膜，与筋膜下段成一钝角转折，向下外走行，穿行于皮下浅筋膜。此段跨越髂嵴，经过由竖脊肌、腰背筋膜在髂嵴的上缘附着处所形成的骨纤维性扁圆形隧道进入臀筋膜。

2. 六点

出孔点：腰神经后支的外侧支自发出后到进入骨纤维孔处。

横突点：后外侧支出孔后沿横突的背面和上面走行，在横突处被纤维束固定。

入肌点：后外侧支离开横突后进入竖脊肌的入口处。

出肌点：从竖脊肌逐渐浅出至胸腰筋膜处。

出筋膜点：由胸腰筋膜浅层深面穿出至皮下浅筋膜处。

入臀点：越过髂嵴进入臀部处。（图9-2）

3. 一管　由竖脊肌、腰背筋膜在髂嵴上缘附着处所形成的骨纤维性扁圆形隧道。其组成包括上、下、内、外壁。上壁由竖脊肌骨筋膜鞘、背阔肌筋膜和深筋膜的横行纤维所组成，下壁由髂嵴缘组成，内侧壁由竖脊肌处髂骨软骨突起组成，外侧壁由背阔肌处的软骨突起组成。前开口于竖脊肌筋膜鞘，后开口于深筋膜。

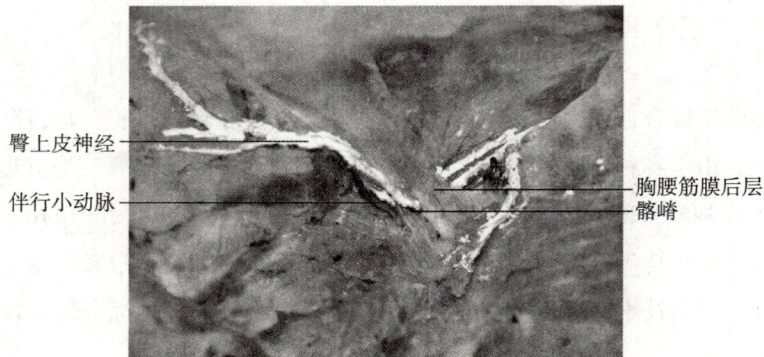

臀上皮神经

伴行小动脉

胸腰筋膜后层
髂嵴

图 9-2　臀上皮神经入臀点

【病因病理】

1. 病因

（1）解剖因素：在臀上皮神经损伤的发病过程中占有十分重要地位。臀上皮神经在行程中转折较多，角度较锐，神经又被相对固定在筋膜鞘及骨纤维管和臀部浅筋膜的神经鞘中，在竖脊肌受损和痉挛时，容易受到牵拉与挤压，尤其是在髂嵴处。臀上皮神经在穿出骶髂筋膜形成的卵圆形孔隙处是一个薄弱环节，一旦腰部损伤，臀肌强力收缩可导致局部压力增高，使筋膜深部脂肪组织从孔隙处向浅层疝出、嵌顿等引起腰痛。

另外，当躯体做突然旋转、仰、俯等运动时，皮肤和浅筋膜等浅层结构活动度较大，深层筋膜活动度则较小，臀上皮神经容易被深筋膜裂隙或其固定边缘挤压或牵拉，从而损伤。

（2）损伤因素：除了外力直接作用导致神经损伤外，躯干向健侧过度弯曲或旋转时，臀上皮神经受牵拉，可发生神经的急、慢性损伤，或向外侧移位，造成神经水肿、粘连而出现卡压。

筋膜后层大多数由横行纤维组成，少量纵行纤维止于髂嵴后缘和竖脊肌腱膜，因此承受横行的力较大，而纵行的力较小。当暴力作用时，筋膜在髂嵴的止点处易撕裂，神经在这些撕裂处移位时可受到卡压。病程迁延，撕裂的组织形成瘢痕、与神经发生粘连，躯体活动时神经即可被牵拉而移位，受到刺激发生疼痛。

2. 病理　临床上触及的痛性筋束，肉眼观察呈小片状，较触及的短小，与臀中肌及臀腱膜粘连，为纤维性粘连。全部束状物均非神经，与肉眼所见的神经支也无粘连。这些束状结节，光镜下观察均系纤维脂肪组织，其中有小血管壁增厚、炎性细胞浸润。可见横纹肌纤维，偶尔夹有神经纤维。

【临床表现】

1. 症状 主要表现为一侧或两侧腰臀部或大腿外上方疼痛，呈弥散性刺痛、酸痛或撕裂样疼痛，疼痛常是持续发生的，很少有间断发生。一般疼痛部位较深，区域模糊，没有明确界限。急性期疼痛较剧烈，并向大腿后外侧放射，但常不超过膝关节；患侧臀部可有麻木感，但无下肢麻木；患者自诉起坐困难，弯腰时疼痛加重。

2. 体征 多数患者可以检查到固定的压痛点，其压痛点与臀上皮神经行程中的六个固定点基本相符，尤其在第 3 腰椎横突（横突点）和骶髂终点（入臀点）及其下方压痛明显，按压时可有胀痛或麻木感，并向同侧大腿后方放射，一般放射痛不超过膝关节。直腿抬高试验多为阴性，腱反射正常。

【针刀治疗】

1. 体位 俯卧位。

2. 体表标志 髂嵴、肋弓下缘、竖脊肌外侧缘。

3. 定点 第 3 腰椎横突、髂嵴中段阳性反应点。

4. 消毒与麻醉 常规消毒，铺无菌洞巾，0.5% 利多卡因局部麻醉，每点注射 1～2mL，注入麻醉药时，必须先回抽注射器确认无回血。

5. 针刀器械 Ⅰ型 3 号针刀。

6. 针刀操作（图 9-3）

（1）第 3 腰椎横突：刀口线与人体纵轴一致，针刀体与皮面垂直，按四步规程进针刀达横突骨面后，针刀体向外移动，当有落空感时即到达第 3 腰椎横突尖臀上皮神经的横突点，在此切开筋膜 2～3 次。

（2）入臀点松解：刀口线与人体纵轴一致，针刀体与皮面垂直，按四步规程进针刀达髂嵴上缘骨面后，针刀体向上移动当有落空感时，即到达髂嵴上缘臀上皮神经的入臀点，在此切开 2～3 次，深度 0.5cm。

术毕，拔出针刀，局部压迫止血 1 分钟后，无菌敷料覆盖伤口。

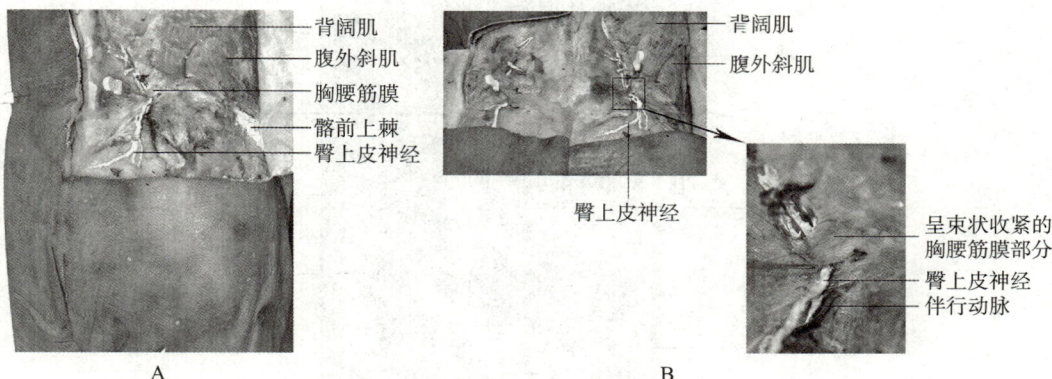

图 9-3 臀上皮神经卡压综合征针刀治疗

7. 疗程　每周治疗 1 次，4 次为 1 个疗程，视患者病情确定疗程。

【术后手法及康复】

1. 术后手法　腰椎整复手法，腰背肌牵拉手法。

2. 康复训练　核心稳定性训练、臀中肌和臀大肌训练。

【思考题】

1. 臀上皮神经的分布特点？

2. 臀上皮神经卡压的好发部位？为什么？

第三节　梨状肌综合征

【概述】

本病是由于间接外力使梨状肌受到牵拉而造成撕裂，引起局部充血、水肿、痉挛，刺激或压迫坐骨神经，引起局部疼痛并向下肢后外侧放射痛和功能障碍等一系列证候群，又称梨状肌损伤、梨状肌孔狭窄综合征。本病多见于青壮年，男女比例 2：1，劳累、感受寒湿可诱发本病。

【相关解剖】（图 9-4）

梨状肌位于臀部中层，起自第 2~4 骶椎骶前孔外侧，肌纤维向外下方穿过坐骨大孔出骨盆至臀部，形成狭窄的肌腱抵止于股骨大粗隆顶部；梨状肌为髋关节外旋肌，受骶丛神经支配，其功能是使髋关节外展、外旋。坐骨神经为全身最大的神经，起自腰骶神经丛，经坐骨神经通道穿至臀部，位于臀大肌和梨状肌的前面，上孖肌、闭孔内肌、下孖肌和股方肌的后面，

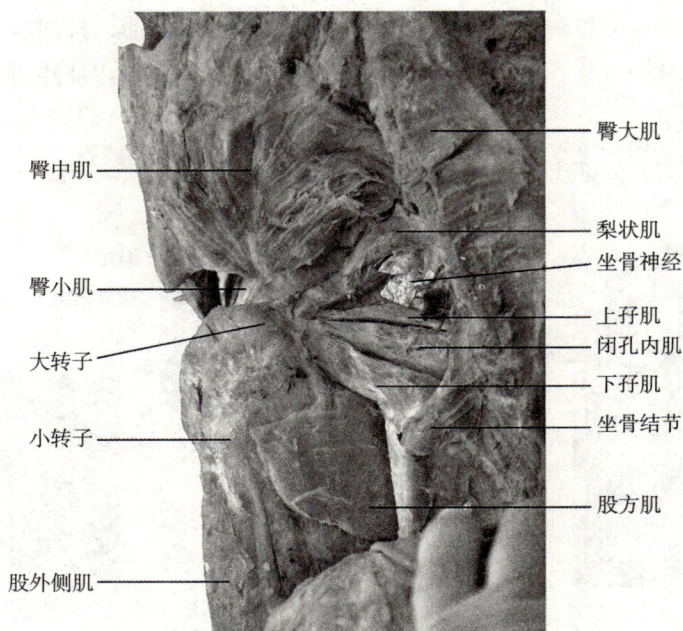

图 9-4　梨状肌与坐骨神经

向下至大腿。坐骨神经在臀部与梨状肌关系密切，二者间关系常有变异，坐骨神经与梨状肌的关系可分为以下9型。

Ⅰ型：坐骨神经总干穿梨状肌下孔至臀部，此型为常见型，占61.19%。

Ⅱ型：胫神经穿梨状肌下孔，腓总神经穿梨状肌肌腹，此型为常见变异型，占32.89%。

Ⅲ型：坐骨神经总干穿梨状肌肌腹，占0.61%。

Ⅳ型：坐骨神经在骨盆内已分为两大终支，即胫神经和腓总神经，两支同穿梨状肌下孔，占1.99%。

Ⅴ型：腓总神经穿梨状肌下孔，胫神经穿梨状肌肌腹，占0.26%。

Ⅵ型：坐骨神经总干穿梨状肌上孔至臀部，占0.08%。

Ⅶ型：胫神经穿梨状肌下孔，腓总神经穿梨状肌上孔，占2.6%。

Ⅷ型：腓总神经在盆内分为两支，一支穿梨状肌上孔，一支与胫神经同经梨状肌下孔出盆，占0.17%。

Ⅸ型：骶丛穿梨状肌肌腹至臀部后，再分出坐骨神经，占0.17%。

【病因病理】

1. 梨状肌损伤 梨状肌损伤多由间接外力所致，如闪扭、跨越、下蹲等，尤其在负重时，髋关节过度外展、外旋或下蹲猛然直立用力，梨状肌突然过度收缩或牵拉而致撕裂损伤，局部渗血、水肿，引起无菌性炎症，肌肉产生保护性痉挛，从而刺激或压迫周围的神经、血管而产生症状。

2. 梨状肌变异 在解剖学上，坐骨神经紧贴梨状肌下缘穿出为正常型。梨状肌变异是指坐骨神经和梨状肌的解剖位置发生改变。梨状肌变异有两种类型：一是坐骨神经从梨状肌肌腹中穿出；另一类是指坐骨神经高位分支，即坐骨神经在梨状肌处就分为腓总神经和胫神经，腓总神经从梨状肌肌腹中穿出，胫神经在梨状肌下穿出。在临床上梨状肌综合征好发于上述变异，显然和解剖结构上的异常情况有密切关系。一旦梨状肌损伤或感受风寒湿邪，即可使梨状肌痉挛收缩，导致梨状肌营养障碍，出现弥漫性水肿、炎症，使梨状肌肌腹钝厚、松软、弹性下降等，梨状肌上、下孔变狭窄，从而刺激或压迫坐骨神经、血管等出现一系列临床症状。

3. 骶髂关节的病变及滑液囊的炎症等 骶髂关节的病变或滑液囊的炎性病变可刺激梨状肌，引起痉挛，并可通过炎性刺激梨状肌和坐骨神经产生坐骨神经痛。当神经根周围有瘢痕或蛛网膜炎时，从椎间孔到臀部一段坐骨神经发生粘连，导致坐骨神经张力增大，移动范围缩小，易被梨状肌压迫。

【临床表现】

1. 症状

（1）大部分患者有外伤史，如闪、扭、跨越、负重下蹲，部分患者有受凉史。

（2）臀部深层疼痛，疼痛可呈烧灼样、刀割样或蹦跳样疼痛，且有紧缩感，疼痛逐渐沿坐骨神经分布区域出现下肢放射痛。偶有小腿外侧麻木，会阴部下坠不适。

（3）活动受限，患侧下肢不能伸直，自觉下肢短缩，步履跛行，或呈鸭步移行。髋关节内收、内旋活动受限。

2. 体征

（1）压痛：沿梨状肌体表投影区有明显压痛。

（2）肌痉挛：在梨状肌处可触及条索样改变或弥漫性肿胀的肌束隆起。日久可出现臀部肌肉萎缩、松软。

（3）患侧下肢直腿抬高试验：在60°以前疼痛明显，当超过60°时，疼痛反而减轻。

（4）梨状肌紧张试验阳性：患者仰卧位于检查床上，将患肢伸直，做内收内旋动作，如坐骨神经有放射性疼痛，再迅速将患肢外展外旋，疼痛随即缓解，即为梨状肌紧张试验阳性。

【鉴别诊断】

X线片可排除髋关节的骨性疾病。

1. 腰椎间盘突出症　腰椎疼痛伴一侧下肢放射痛或麻胀，当腹压增高（如咳嗽）时会加重麻木。病椎旁深压痛，叩击放射痛，直腿抬高试验和加强试验阳性，挺腹试验阳性。CT扫描可见腰椎椎间盘膨出或突出像。

2. 臀上皮神经损伤　疼痛以一侧臀部及大腿后侧为主，痛不过膝，在髂嵴中点下方2~3cm处有一压痛明显的条索状物，梨状肌紧张试验阴性。

【针刀治疗】

1. 体位　俯卧位。

2. 体表标志　髂后上棘、尾骨尖、股骨大转子。

3. 定点　坐骨神经出梨状肌下孔点，髂后上棘与尾骨尖连线的中点与股骨大转子连线的中内1/3交点处。

4. 消毒与麻醉　常规消毒，铺无菌洞巾，0.5%利多卡因局部麻醉，每点注射1~2mL，注入麻醉药时，必须先回抽注射器确认无回血。

5. 针刀器械　I型3号针刀。

6. 针刀操作　刀口线与下肢纵轴一致，针刀体与皮肤垂直，按四步规程进针刀经皮肤、皮下组织、浅筋膜、肌肉，当患者有麻木感时，已到坐骨神经在梨状肌下孔的部位，退针刀2cm，针刀体向内或者向外倾斜10°~15°再进针刀，有坚韧感时，即到坐骨神经在梨状肌下孔的卡压点，切开1~3次，范围0.5cm。

术毕，拔出针刀，局部压迫止血1分钟后，无菌敷料覆盖针孔。

7. 疗程　每周治疗1次，4次为1个疗程，视患者病情确定疗程。

【术后手法及康复】

1. 术后手法　梨状肌牵拉手法。

2. 康复训练　核心稳定性训练、臀中肌和臀大肌训练。

【思考题】

1. 什么是梨状肌紧张试验？

2. 梨状肌与坐骨神经的关系？

3. 梨状肌综合征的针刀治疗方法？

第四节　股外侧皮神经卡压综合征

【概述】

股前外侧皮神经在途经之处因某种致压因素卡压引起神经功能障碍，从而出现大腿部麻痛等一系列症状，称为股外侧皮神经卡压综合征。

【相关解剖】

股外侧皮神经系由第 1～3 腰神经发出，至近腹股沟韧带处即位于髂筋膜中，神经于髂前上棘内侧下方 1～1.5cm 处穿出腹股沟韧带的纤维性管道。纤维性管道长 2.5～4cm，此处的神经干较为固定。股外侧皮神经出腹股沟韧带的纤维性管道后行走于大腿阔筋膜下方，于髂前上棘下方 3～5cm 处穿过阔筋膜，在此点神经亦相对固定。（图 9-5）

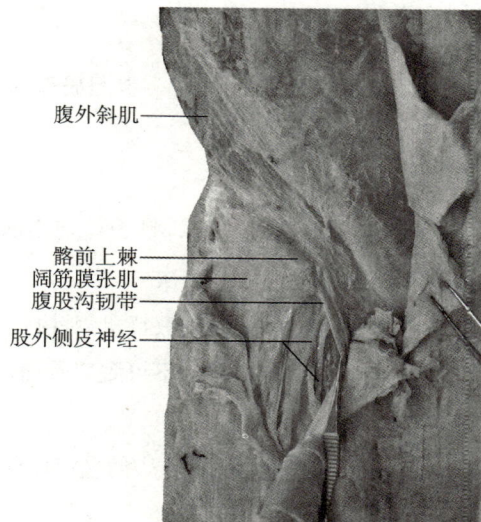

腹外斜肌

髂前上棘
阔筋膜张肌
腹股沟韧带
股外侧皮神经

图 9-5　股外侧皮神经

【病因病理】

股外侧皮神经在两处相对固定的神经段，正好位于髋关节的前方。随髋关节的屈伸，该段神经容易受到牵拉和挤压。另外，股前外侧皮神经在骨盆内行程长、出骨盆入股部时形成的角度大、穿过缝匠肌的途径有变异等，均可诱发神经卡压。

股外侧皮神经系第 1～3 腰神经发出，通过腰大肌外侧缘，斜过髂肌，沿骨盆经腹股沟韧带深面，在髂前上棘下穿出阔筋膜至股部皮肤。在股外侧皮神经行程过程中，任何一处都可因为急慢性外伤作用、先天解剖变异、骨盆骨折、妊娠、炎症、疝气、肿块、异物、衣裤过紧、受凉等导致股外侧皮神经受到压迫。此外，肥胖的中老年女性易发生骶髂脂肪疝嵌顿，压迫股前外侧皮神经。

【临床表现】

1. 症状

（1）常为单侧发生，少数双侧发病；病程缓慢渐进，迁延难愈。

（2）患者自觉大腿前外侧感觉异样，如蚁行、烧灼、麻木、寒凉和刺痛感等。症状以夜间更为明显，常影响睡眠。

（3）发病初时疼痛呈间断性，后逐渐变为持续性，急性发作时疼痛较为剧烈。

（4）站立或行走时间过长、下肢活动时衣服摩擦患部可使感觉异常加重。

（5）无明显肌肉萎缩和活动受限。

2. 体征　髂前上棘内下方有压痛，该处 Tinel 征阳性，股前外侧感觉减退或过敏。后伸髋关节、牵拉股外侧皮神经时，症状加重。

【鉴别诊断】

本病应当与腰椎间盘突出症、腰椎管狭窄症以及其他原因引起的坐骨神经痛等疾病相鉴别。

【针刀治疗】

1. 体位　仰卧位。

2. 体表标志　髂前上棘。

3. 定点　髂前上棘压痛点。

4. 消毒与麻醉　常规消毒，铺无菌洞巾，0.5% 利多卡因局部麻醉，每点注射 1～2mL，注入麻醉药时，必须先回抽注射器确认无回血。

5. 针刀器械　Ⅰ型 4 号针刀。

6. 针刀操作（图 9-6）　刀口线与下肢纵轴一致，针刀体与皮肤垂直，按四步规程进针刀达髂前上棘内侧骨面，针刀在骨面上向下纵向切开 3 次。

术毕，拔出针刀，局部压迫止血 1 分钟后，无菌敷料覆盖针孔。

在做针刀松解时，针刀松解一定在骨面上操作，不可脱离骨面，否则可能刺破腹壁，损伤腹腔内脏器官。

7. 疗程　每周治疗 1 次，4 次为 1 个疗程，视患者病情确定疗程。

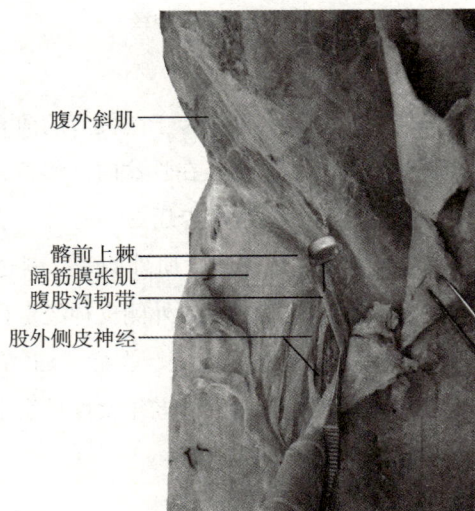

图 9-6　股外侧皮神经卡压综合征针刀治疗

【术后手法及康复】

1. 术后手法　弹拨神经出口周围肌筋膜，使其松弛。

2. 康复训练　核心稳定性训练、臀中肌和臀大肌训练。

【思考题】

1. 股外侧皮神经卡压的针刀治疗方法？

2. 股外侧皮神经卡压的临床表现有哪些？

第五节　腓总神经卡压综合征

【概述】

本病是因腓总神经在走行区域受到卡压或其他病理性刺激而引发相应临床症状的一个疾病。腓总神经与腓骨小头相邻，各种原因引起腓骨小头的变形或增大，以及解剖的变异，均可引起腓总神经卡压综合征的发生，是下肢较常见的一种周围神经卡压性疾病。

【相关解剖】

腓总神经由第 4 腰神经～第 2 骶神经发出的纤维组成，坐骨神经在大腿中下 1/3 处分出腓总神经，经过腘窝外侧沟沿股二头肌后缘下行至腓骨头的后外侧，位置较为表浅，绕腓骨颈向前进入腓骨长肌，并在肌内分成腓浅神经和腓深神经。

在腓骨头颈交界部与腓骨骨膜相连，并进入腓管。腓管是指腓骨长肌纤维与腓骨颈所形成的骨纤维管道，在腓管内腓总神经与腓骨颈的骨膜紧贴在一起，腓管的长度约为 27mm。腓管入口为腓骨长肌起始部及腘筋膜，一般均为腱性筋膜。腓管的出口可为腱性纤维，可为肌肉，也可为腱肌联合。（图 9-7）

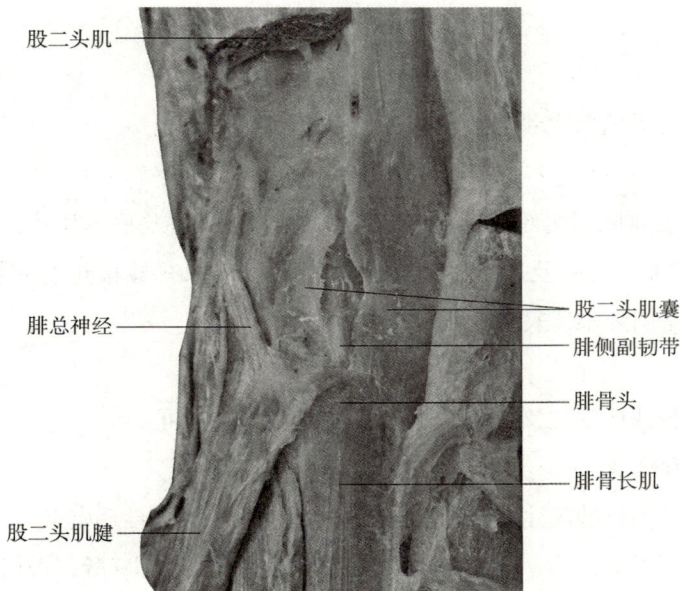

股二头肌

腓总神经

股二头肌腱

股二头肌囊
腓侧副韧带
腓骨头
腓骨长肌

图 9-7　腓总神经

【病因病理】

因为下肢运动较多且频繁，腓总神经卡压的概率较高，发病情况和患者的运动习惯及姿势关系较为密切，部分患者甚至回忆不起受到外伤史，或否认不良生活习惯等。临床较为常见的病因有如下几点。

1. 较长时间的不当体位或姿势而致受压，如不良坐姿，或膝关节反复的急剧屈伸，导致腓总神经反复被腓骨长肌纤维弓挤压、摩擦，发生水肿而致受压，局部结缔组织增生会加重卡压症状。

2. 局部的急慢性软组织损伤，如长时间的运动引发局部的软组织劳损，或腓骨小头附近遭受外力损伤而出现局部的炎性水肿，时间较长后出现。

3. 局部的占位性病变，如胫腓关节的腱鞘囊肿、腓骨上端的肿瘤、股二头肌腱腱鞘囊肿、外侧半月板囊肿等均可压迫腓总神经而致病。

4. 小腿上端骨折，如腓骨颈骨折、胫骨平台骨折等，关节结构紊乱，晚期可在骨痂形成过程中直接或间接地对腓总神经形成压迫。膝关节内侧脱位可引起腓总神经离断。

5. 踝关节内翻位扭伤，由于腓总神经被固定于腓骨颈上方腓骨长肌深面，强力的踝内翻引起突然的牵拉可损伤腓总神经使之发生水肿而被卡压。

6. 医源性损伤，如全膝关节成形术后引起的腓总神经麻痹，石膏或小夹板使用不当，在妇科检查或分娩过程中受脚架压迫等。

【临床表现】

1. 症状　以小腿酸软无力、前外侧麻木或足下垂等为主要临床表现。严重者，出现足下垂者，行走时需高抬膝、髋关节，足向上甩的特有动作。

2. 体征　在腓总神经走行区域容易受到损伤及卡压部位常常可以发现异常压痛点，胫前肌、趾长肌、长伸肌、腓骨长肌肌力减弱，小腿外侧及足背部皮肤感觉减退。部分患者在腓骨头周围可扪及肿块，腓骨颈部 Tinel 征呈阳性。蹋伸功能往往表现微弱和不完全麻痹，可以通过双侧对比来确定。

【辅助检查】

肌电图检查可见无随意活动电位，刺激诱发电位可正常。

【鉴别诊断】

该病的诊断需要排除因腰部病变引起的腓总神经区域的疼痛麻木症状，如腰椎间盘突出、第 4～5 腰椎椎体骨折、骨病及局部占位病变等，临床上很多的腰椎间盘突出是以腓总神经走行区域的疼痛麻木为首要临床表现。

【针刀治疗】

1. 体位　仰卧位或侧卧位，患膝屈曲约 60°或伸直下肢均可。

2. 体表标志　腓骨头。

3. 定点　腓骨头附近的阳性反应点、腘窝外侧及胫前筋膜阳性反应点。

4. 消毒与麻醉　常规消毒，铺无菌洞巾，0.5% 利多卡因局部麻醉，每点注射 1～2mL，注入麻醉药时，必须先回抽注射器确认无回血。

5. 针刀器械　Ⅰ型 4 号针刀。

6. 针刀操作（图 9-8）

（1）腓骨头附近的阳性反应点：刀口线与腓骨纵轴成 45°，与腓总神经走行方向平行，针刀体与皮肤垂直，按四步规程进针刀达腓骨头颈交界骨面，纵行切开 2～3 次。

（2）腘窝外侧及胫前筋膜阳性反应点：刀口线与腓骨纵轴成 45°，与腓总神经走行方向平行，针刀体与皮肤垂直，按四步规程进针刀达筋膜层，纵行切开 2～3 次。

术毕，拔出针刀，局部压迫止血 1 分钟后，无菌敷料覆盖针孔。

7. 疗程　每周治疗 1 次，4 次为 1 个疗程，视患者病情确定疗程。

【术后手法及康复】

1. 术后手法　弹拨神经出口周围肌筋膜，使其松弛。

2. 康复训练　核心稳定性训练、臀中肌和臀大肌训练。

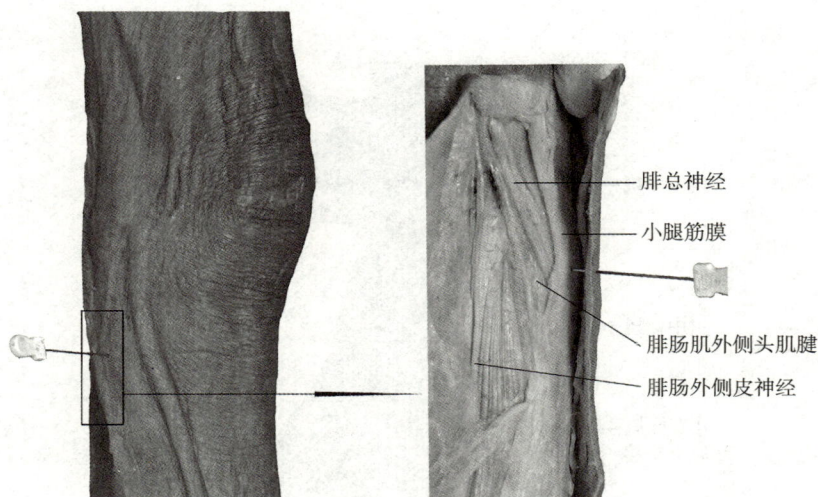

腓总神经
小腿筋膜
腓肠肌外侧头肌腱
腓肠外侧皮神经

图 9-8　腓总神经卡压综合征针刀治疗

【思考题】

1. 腓总神经卡压的临床表现？

2. 腓总神经卡压的针刀治疗方案？

第六节　腕管综合征

【概述】

本病在临床上多发，是周围神经卡压中最常见的一种。多以重复性手部运动，特别是握抓手部运动者多见，如家庭妇女、用充气钻的工人、木工、铁匠等。该病好发于中年女性，多为 40～60 岁。

NOTE

【相关解剖】

腕管是由腕横韧带及腕骨形成的一个管道。腕骨的桡侧界由手舟骨结节、大多角骨和覆盖于桡侧腕屈肌的筋膜隔组成，尺侧界由豌豆骨、三角骨和钩骨钩组成。腕横韧带起自舟状骨结节和多角骨桡侧突起，止于豌豆骨和钩骨钩尺侧。腕骨内容物包括正中神经，以及屈指浅肌（4 根肌腱）、屈指深肌（4 根肌腱）、拇指长屈肌（1 根肌腱），共 9 根肌腱。（图 9-9）

【病因病理】

腕管内压升高时，可减慢或中断神经的轴浆运输，使神经束膜水肿，而当压力成为持续的压迫状态时，可发生神经内膜水肿，神经内膜、束膜的通透性下降，从而使神经纤维束受压，神经内血供减少，神经纤维发生永久性的病理变化。桡骨远端骨折时腕关节过屈位固定，腕管内急性出血、液体增多，如血友病患者腕部出血、腕管内注射、烧伤均可引起腕管内渗出，腕管内压力升高而引起该综合征。长时间的腕部劳损也可使腕管内的筋膜增生变厚，导致对腕管内神经、血管的牵拉刺激。腕管综合征的病因可分为局部和全身因素。

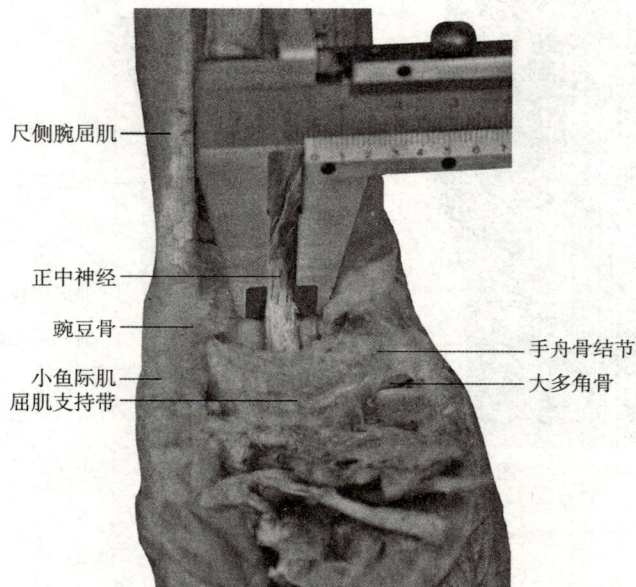

图 9-9　腕管和正中神经

1. 局部因素

（1）腕管容积变小：腕骨变异，腕横韧带增厚，肢端肥大。

（2）腕管内容物变多：创伤性关节炎、前臂或腕部骨折、腕骨脱位或半脱位、变异肌肉、局部软组织肿块、正中动脉损伤或栓塞、滑膜增生、局部血肿形成等。

（3）屈腕尺偏固定时间过长。

（4）反复屈伸腕指活动。

2. 全身因素

（1）神经源性因素：糖尿病性神经损伤、酒精中毒性神经损伤、工业溶剂毒作用、神经双多卡综合征、淀粉样变。

（2）感染、非感染性炎性反应：类风湿性关节炎、痛风、非特异性滑膜炎、感染性疾病。

（3）体液失衡：妊娠、子痫、绝经、甲状腺功能紊乱、肾衰竭、红斑狼疮性血液透析、雷诺病、肥胖、变形性骨炎。

在诸多的病因中，发生率最高的为非特异性滑膜炎，其次为类风湿性关节炎。

【临床表现】

1. 桡侧 3 个半指麻木、疼痛和感觉异常。这些症状也可在环指、小指或腕管近端出现，麻痛感可牵扯至前臂掌侧远端，但前臂症状明显较手指及掌部轻且不会超过肘关节。部分患者整个手掌及手指均有症状。

2. 常有夜间痛及反复屈伸腕关节后症状加重。患者常以腕痛、指无力、捏握物品障碍及物品不自主从手中掉下为主诉。

3. 病变严重者可发生大鱼际肌萎、手指不能伸直、拇对掌功能受限。当症状进一步加重时，出现精细动作受限，如拿硬币、系扣困难。

【辅助检查】

1. Phalen 试验　双前臂垂直，双手尽量屈曲，持续 60 秒手部正中神经支配区出现麻木和感觉障碍为阳性；30 秒出现阳性表明病变较重。

2. 止血带试验　将血压表置于腕部，充气使气压达 20kPa（150mmHg），持续 30 秒，出现麻木为阳性。该检查灵敏度、特异度较高。

3. 腕部叩击试验　腕部正中神经部叩击，灵敏度为 67%。

4. 肌电图、X 线、CT 和 MRI 检查对腕管综合征的辅助诊断和鉴别诊断具有重要价值。

【鉴别诊断】

在诊断时需要注意区别颈椎病引发的根性症状和该病的鉴别，从临床经验来看，如果五个手指均有发麻、疼痛、发僵等感觉，神经根型颈椎病的可能性不大，如果双手对称性出现以上症状，几乎可以排除神经根型颈椎病。

【针刀治疗】

1. 体位　坐位。

2. 体表标志　大多角骨、舟骨结节、豌豆骨、钩状骨。

3. 定点　腕横韧带的掌长肌尺侧缘选取两个治疗点。

4. 消毒和麻醉　常规消毒，铺无菌洞巾，2% 利多卡因局部麻醉，每点注射 1～2mL，注入麻醉药时，必须先回抽注射器确认无回血。

5. 针刀器械　Ⅰ 型 4 号针刀。

6. 针刀操作（图 9-10）　刀口线与前臂纵轴平行，针刀体与皮肤垂直，按四步规程进针刀达腕横韧带，每个治疗点切开腕横韧带 3～4 次即可。

术毕，拔出针刀，局部压迫止血 1 分钟后，无菌敷料覆盖针孔。

该病往往需要多次进行针刀松解，勿追求一次性松解到位，一次性松解太过是临床上造成意外损伤的重要原因。

7. 疗程　每周治疗 1 次，4 次为 1 个疗程，视患者病情确定疗程。

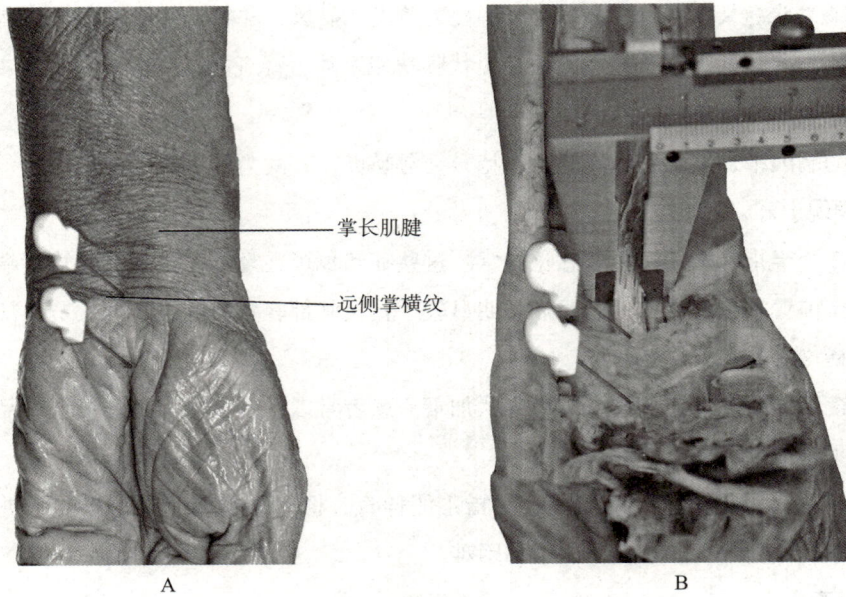

图 9-10   腕管综合征针刀治疗

【术后手法及康复】

1. 术后手法   腕横韧带牵拉术。

2. 康复训练   胸椎灵活性训练、颈部稳定性训练、肩部稳定性训练。

【思考题】

1. 试述腕管的解剖结构?

2. 针刀治疗腕管综合征的方法?

第十章 各科杂病

除了慢性软组织损伤、骨关节病、周围神经卡压综合征等常见的针刀适应证之外，针刀还可以用于治疗其他疾病，包括内、外、妇、儿等各科疾病。本章选择针刀治疗有切实疗效的部分疾病进行介绍。

第一节 痛 经

【概述】

痛经是妇科临床常见疾病，是指女性经期前后或行经期出现周期性小腹疼痛、坠胀，或痛引腰骶部，影响工作及生活。在我国，30%～60%的女性行经期间伴有疼痛，7%～15%的女性疼痛较为剧烈，其中19～24岁未育者中，痛经者达72%，随着年龄的增长，该病患病率降低。痛经一般分为原发性及继发性两种，前者是生殖器官无器质性病变者，占痛经90%以上，后者是指由生殖器官器质性病变而致的痛经，本节主要叙述原发性痛经（primary dysmenorrhea，PD）。

【相关解剖】

1. 骨盆 由2块髋骨、骶骨及尾骨组成，主要功能是对抗各种从上而下的压力，同时为肌肉提供附着点。2块髋骨在前面以耻骨联合相连，在后面与骶骨桁连，构成骨盆带。骨盆关节包括腰骶关节、骶尾关节、骶髂关节及耻骨联合，通过韧带及肌肉支持加固关节。

2. 盆腔韧带 包括主韧带、圆韧带、阔韧带、膀胱宫颈与膀胱耻骨韧带、子宫骶骨韧带等，有连接盆腔器官并支持各器官位置的功能，主要是由结缔组织增厚而成，有的韧带中含有平滑肌。

3. 盆腔肌肉 骨盆前侧壁为闭孔内肌（起于骶骨的前面，经坐骨大孔，止于股骨大转子尖），骨盆出口为多层肌肉及筋膜构成的骨盆底。盆腔肌肉中含有丰富的神经和淋巴、血管等。

4. 盆腔血管 女性生殖器官的血流主要来自卵巢动脉、子宫动脉、阴道动脉及阴部内动脉。

5. 神经 盆部神经支配主要来自骶神经、尾神经以及自主神经系统。

（1）生殖器官：主要由交感神经与副交感神经所支配。交感神经在腹主动脉前形成含有神经节的腹主动脉丛，自上而下再分出卵巢丛、骶前神经丛、下腹下神经丛、骨盆神经丛。大部分盆腔各器官由骨盆神经丛支配，如子宫体、子宫颈、阴道、直肠及膀胱上部等。生殖器官除了有离心传导的交感、副交感神经外，也有向心传导的感觉神经，能将子宫的冲动传向中枢，从而可以反射性引起子宫收缩。

（2）外生殖器官：外阴部皮肤及盆底随意肌系由阴部神经支配。阴部神经由第 2～4 骶神经的分支组成。

【病因病理】

引起痛经的因素有多种，如神经－精神因素、免疫调节功能、卵巢内分泌因素及子宫因素等。另外，情绪、运动、饮食习惯、环境等与痛经的发生也有一定的相关性。

有研究表明，痛经还与前列腺素（PG）含量的升高有关。原发性痛经子宫肌肉过强收缩与 PGF_2 大量释放有关。原发性痛经妇女的经血和子宫内膜中 PG 含量明显增多，严重痛经患者宫内膜中 PG 含量比正常人高 10 多倍。在经期初 36 小时内，PGF_2 活性明显增加，引起子宫过强收缩，导致痛经，子宫内膜的 PG 经子宫肌与阴道壁血管、淋巴管被吸收进入血液，引起胃肠泌尿道和血管平滑肌的收缩，从而产生一系列全身症状，如恶心呕吐、腹泻、晕厥等。PG 活性丧失后，症状消失。

针刀医学认为，原发性痛经与相应软组织受到内在或外在的慢性损伤后，出现粘连、挛缩、瘢痕、功能障碍有关。经妇科检查未发现器质性病变的原发性痛经患者，在经期行软组织检查发现，多数患者在腰骶部肌群、腹直肌、棱锥肌、大腿内收肌群、耻骨上下及耻骨联合附着处存在固定的压痛点。

【临床表现】

痛经的主要症状是周期性下腹部疼痛，疼痛常于经前数小时开始，也可于经前 1～2 日开始，经期加重。经前的疼痛多为下腹部坠胀痛或冷痛，经期疼痛多呈阵发性绞痛。持续时间长短不一，多于 2～3 日后缓解。严重者疼痛可放射到外阴、肛门、腰骶部，并伴有头晕头痛、恶心、呕吐、腰酸、腹泻、烦躁、四肢厥冷、面色苍白等全身症状。

【辅助检查】

妇科检查（未婚者行肛诊）子宫及附件均无异常。B 超检查可排除生殖器官器质性病变。

【针刀治疗】

1. 体位　仰卧位。

2. 体表标志　剑突、耻骨联合、髂嵴、腰椎棘突、骶正中嵴。

3. 定点　剑突顶点、耻骨联合点、双髂嵴中点、第 3～5 腰椎棘突及棘间、第 3～5 腰椎横突、髂腰韧带止点、骶正中嵴旁、骶骨背面。

4. 消毒与麻醉　常规消毒，铺无菌洞巾，0.5% 利多卡因局部麻醉，每点注射 1～2mL，注入麻醉药时，必须先回抽注射器确认无回血。

5. 针刀器械　Ⅰ型 4 号针刀。

6. 针刀操作

（1）剑突顶点：刀口线与人体纵轴一致，针刀体与皮肤垂直，按四步规程进针刀达剑突骨面，纵横摆动 3 次。然后调转刀口线 90°，向下铲切 3 次。

（2）耻骨联合点：刀口线与人体纵轴一致，针刀体与皮肤垂直，按四步规程进针刀达耻骨联合软骨骨面，纵横摆动 3 次。然后调转刀口线 90°，向上铲切 3 次。

（3）双髂嵴中点：刀口线与人体纵轴一致，针刀体与皮肤垂直，按四步规程进针刀达髂嵴骨面，纵横摆动 3 次。然后调转刀口线 90°，沿髂嵴骨面铲切 3 次。

（4）第 3～5 腰椎棘突及棘间：刀口线和脊柱纵轴平行，针刀体与背部垂直，按四步规程进针刀达棘突顶部骨面，使针刀体向脚侧倾斜 45°，纵横摆动 3 次。在棘突间，刀口线和脊柱纵轴平行，针刀体与进针刀平面垂直刺入 1cm 左右，当针刀下有坚韧感，患者诉有酸胀感时，即为病变部位，先纵横摆动 3 次；再将针刀体倾斜，与脊柱纵轴成 90°角，在上一椎骨棘突的下缘和下一椎骨棘突的上缘，沿棘突矢状面纵横摆动 3 次。

（5）第 3～5 腰椎横突：以第 4 腰椎横突为例。在第 4 腰椎棘突中点旁开 3cm 处定位。刀口线和脊柱纵轴平行，针刀体与皮肤垂直，按四步规程进针刀达横突骨面，针刀体向外移动，当有落空感时，即达第 4 腰椎横突尖，在此切开横突尖的筋膜 3 次。

（6）髂腰韧带止点：刀口线和脊柱纵轴平行，针刀体与皮肤垂直，按四步规程进针刀达髂后上棘骨面，贴髂骨骨板进针刀 2cm，然后纵行切开髂腰韧带的 3 次。

（7）骶正中嵴旁：刀口线与脊柱纵轴一致，针刀体与皮肤垂直，按四步规程进针刀达骶正中嵴骨面，在骨面上纵横摆动 3 次。然后贴骨面向两侧分别纵行切开 3 次。

（8）骶骨背面：刀口线与脊柱纵轴一致，针刀体与皮肤垂直，按四步规程进针刀达骶骨骨面，在骨面上纵横摆动 3 次。

术毕，拔出针刀，局部压迫止血 1 分钟后，无菌敷料覆盖针孔。

7. 疗程　每周治疗 1 次，4 次为 1 个疗程，视患者病情确定疗程。

【术后手法及康复】

1. 术后手法　行腰椎和骨盆整复手法、内收肌牵拉手法。

2. 康复训练　核心稳定性训练、内收肌训练、盆底肌训练。

【思考题】

针刀治疗痛经的方法有哪些？

第二节　小儿先天性斜颈

【概述】

小儿先天性斜颈（肌性斜颈）是一侧胸锁乳突肌发生纤维性挛缩后形成的畸形，发生于婴儿出生时或出生后 2 周内，是新生儿畸形中较常见的一种，国内发病率为 1.3%。

【相关解剖】

胸锁乳突肌位于颈阔肌的深面，起点有两个头，即胸骨头和锁骨头，分别起于胸骨柄的前面和锁骨的胸骨端，两头汇合后，肌纤维斜向后外上，止于颞骨乳突和上项线。一侧收缩时，使头向同侧倾斜，面部转向对侧；两侧同时收缩，可使头后仰或拉头向前。该肌主要受副神经支配。

【病因病理】

以前认为该病是由于难产及使用产钳等因素使一侧胸锁乳突肌产生血肿，肌纤维瘢痕、挛缩而引起，但经过对局部肿块进行组织观察，并未发现任何陈旧性出血痕迹，且一些正常分娩婴儿也发现有斜颈，故现在认为产伤并非斜颈的主要因素。

有学者提出，胎儿在宫内头颈长期处于过度侧屈受压位置，肌内局部血运障碍，影响静脉血流供应，致使患儿在出生时胸锁乳突肌已产生挛缩。亦有研究者认为，由于遗传或孕期不良因素的影响，致使胸锁乳突肌发育不良，加上分娩时外力的因素，造成反应性的肉芽组织产生。此外，还有宫内压抑学说、炎症学说、胎儿运动学说、胎内负荷学说等。

其病理特征是胸锁乳突肌间质增生及纤维化，多数学者强调成纤维细胞、肌成纤维细胞是转归及预后的关键。

【临床表现】

在婴儿出生后 1~2 周内于颈部一侧的胸锁乳突肌中下段发现梭形或圆形、质硬、触之无痛的肿块。肿块一般在出生后 2 周左右急速增大，2~3 个月逐渐缩小，4~6 个月逐渐消退。肿块消失后肌肉开始挛缩，颈部活动受限，出现斜颈（但亦有部分病儿由于病情较轻，不发生显著挛缩，亦无畸形出现）。到 1 周岁左右，斜颈畸形更为明显，头部向一侧倾斜，下颌转向健侧。如勉强将头摆正，可见胸锁乳突肌紧张而突出于皮下，形如硬索。在发育过程中脸部逐渐不对称，健侧饱满，患侧短小，颈椎侧凸，头部运动受限制。

【针刀治疗】

1. 体位　取仰卧位，肩颈处垫高，头后仰面向健侧。

2. 体表标志　胸骨柄、锁骨胸骨端、乳突、胸锁乳突肌。

3. 定点　根据胸锁乳突肌的挛缩轻重，选择胸骨端、锁骨端、肌腹进行松解。

4. 消毒与麻醉　常规消毒，铺无菌洞巾，0.5% 利多卡因局部麻醉，每点注射 1~2mL，注入麻醉药时，必须先回抽注射器确认无回血。

5. 针刀器械　Ⅰ型 4 号针刀。

6. 针刀操作　刀口线与胸锁乳突肌纤维一致，针刀体与皮肤垂直，按四步规程进针刀达挛缩层次，调转刀口线 90°，横行切开 2~3 次。

年龄大于 10 岁的患者，除胸锁乳突肌挛缩外，多合并有周围筋膜及肌群短缩。对挛缩的颈阔肌及颈部深筋膜，可在紧张处做适当松解。

术毕，拔出针刀，局部压迫止血 1 分钟后，无菌敷料覆盖针孔。

7. 疗程　每周治疗 1 次，4 次为 1 个疗程，视患者病情确定疗程。

【术后手法及康复】

1. 术后手法　以传统的推拿按摩手法为主，弹拨分筋，伸展肌肉，消除粘连，矫正畸形，重建力学平衡，帮助肌肉恢复血液循环，解除硬结，增加弹性。在胸锁乳突肌的胸骨头、锁骨头及乳突部反复指推，每日 2 次，持续 3 个月。

2. 康复训练

（1）美国物理治疗协会儿科分会 2013 年版肌性斜颈临床实践指南：①颈部被动活动度训练：被动牵伸是康复治疗的首选之法，其作为一种良性机械刺激，可促进小月龄患儿胸锁乳突肌内肿块组织肌母细胞向正常的肌细胞转化，避免成纤维化；②加强颈部及周围肌群力量训练；③促进患儿对称性运动发育；④环境调适，在临床操作中让患儿健侧靠近墙面，患侧是喜欢之物等，嘱咐在家中喂奶变化位置，抱姿要经常变换，卧床时患侧处有光源，卧室门等；⑤家属的指导参与，诱导患儿向患侧活动，促进对称性的运动发育，鼓励患儿每天至少俯卧抬头 1 小时以上，俯卧位也有利于颅面部不对称的恢复，尤其是扁头。

（2）康复工程：针刀术后可以选择患侧侧卧，佩戴矫形帽等持续地进行矫正。

【思考题】

针刀治疗先天性斜颈的方法有哪些?

第三节　痉挛性脑瘫

【概述】

脑性瘫痪简称脑瘫，2000年9月第六届全国小儿脑性瘫痪学术交流暨国际交流会上新确定，脑瘫的定义应按照《脑瘫流行病学》（英文版）的规定，从出生前至出生后3岁以前，大脑非进行性损伤引起的姿势运动障碍。主要表现为中枢性运动障碍及姿势异常。痉挛性脑瘫患者占脑瘫的70%，它引起的肢体畸形、关节功能障碍严重影响患者的生活质量。

目前，对痉挛性脑瘫患者治疗的重点在于调节患儿身体功能和结构，改善运动障碍，纠正痉挛，强化活动能力，提高生活质量。中医康复治疗痉挛性脑瘫虽然取得了一定疗效，但疗效缓慢、治疗周期长、疗效不确切。西医矫形外科治疗该病手术创伤大、康复周期长，往往还导致矫枉过正。作为近年发展起来治疗该病的一种新方法，针刀松解治疗痉挛性脑瘫创伤小、见效快、疗效确切，还避免了矫枉过正。

【相关解剖】

痉挛型脑瘫主要表现为肌张力异常增高，主要涉及上肢屈肌、下肢伸肌、内收肌。

【病因病理】

脑瘫病因繁多，直接原因是在出生前、围生期、出生后造成的脑损伤和脑发育缺陷。胚胎期脑发育异常；孕妇妊娠期重症感染、风疹、带状疱疹、弓形体病、糖尿病等；出生时分娩时间长、脐带绕颈、胎盘早剥；产伤、出血性疾病等所致的颅内出血；新生儿高胆红素血症所致的核黄疸；中枢神经系统感染、呼吸障碍、惊厥、急性脑病等。

病理改变以弥散的、不对称的大脑皮质发育不良或萎缩性脑叶硬化为多见，其次是脑局部白质硬化和脑积水、脑穿通畸形。

痉挛性脑瘫受损部位主要位于大脑皮层运动区和锥体束。伸张反射亢进是其基本特征，且对来自大脑的运动指令不能很好的完成。痉挛主要是人体上运动神经元损伤的阳性特征表现，以速度依赖性肌张力上升、合并腱反射亢进为临床特征。虽然脑损伤是非进行性损伤，但运动障碍及姿势异常却是进展性的，最终导致关节畸形、步态异常。

【临床表现】

1. 症状　临床表现主要是肌张力增强、姿势异常，可伴有智力低下、惊厥、行为异常、感觉障碍及其他异常。

上肢表现为手指关节掌屈，手握拳，拇指内收，腕关节屈曲，前臂旋前，肘关节屈曲，肩关节内收。下肢表现为尖足，足内、外翻，膝关节屈曲，髋关节屈曲、内收、内旋，下肢大腿内收，行走时足尖着地，呈剪刀步态。

2. 体征　腱反射亢进、踝阵挛和巴宾斯基征阳性。

【鉴别诊断】

痉挛性脑瘫的确诊需要排除进行性疾病所致的中枢性瘫痪及正常儿童一过性的运动发育落后。

【针刀治疗】

1. 治疗原则　痉挛性脑瘫患儿存在运动障碍和姿势异常，软组织发生粘连、挛缩，限制了软组织的纵横运动，出现痉挛性挛缩，而致机体的力平衡失调。目前治疗多采用降低肌张力、缓解肌痉挛、改善关节活动度的方法。针刀治疗可以使关节周围的屈伸肌张力恢复动、静态平衡，有效的改善异常姿势、运动障碍。

脑瘫所造成的关节畸形及软组织的紧张挛缩是由于脊柱、四肢的力平衡失调所致。通过针刀松解关节周围软组织，使组织恢复正常的力学平衡，从而有效矫正畸形及软组织的挛缩。

2. 针刀操作

（1）针刀切割纠正畸形：此法为针刀松解术最常用、最广泛的方法。针刀刺入软组织，对挛缩的肌肉进行松解，可以平衡肌肉力量，稳定不能控制的关节，矫正畸形。痉挛性脑瘫患儿前臂旋前挛缩者行旋前圆肌、旋前方肌、骨间膜松解；拇指掌心位畸形者，尤其是拇长屈肌的痉挛，针刀切割松解拇长屈肌、拇短屈肌、拇展肌和第1骨间背侧肌；足跖屈畸形者行跟腱延长术；膝关节屈曲畸形行腘绳肌止点、股二头肌切割术；髋内收畸形做股内收肌切割松解术；髋屈曲挛缩畸形者，切割松解挛缩的缝匠肌、股直肌、阔筋膜张肌。

（2）肌肉刺激术：肌肉刺激术可根据畸形部位不同而施术，常选择的施术部位有：腰大肌、肩锁关节、桡肱肌、梨状肌、髂胫束和阔筋膜。主要选择在肌腹处行针刀松解，出现异常感觉后，固定针刀深度，摆动针刀，加强刺激，增加肌肉舒缩频率，反射性抑制异常姿势和运动模式，消除或减轻痉挛症状。

（3）神经触激术：包括脊神经触激术和周围神经触激术，主要是通过针刀触及神经，增强神经致敏性，产生应激反应，该神经所支配的肌群受到抑制，从而降低肌张力，消除或减轻肌痉挛。此外可以加快局部血液循环，加强代谢产物的释放与分解，对肌原纤维的损伤起到修复作用，从而达到治疗目的。

脊神经触激术选择在第2腰神经下定点，针刀刺入，下肢会产生不自主的颤动，立即出针。交感神经触激术选下肢痉挛定点在腹股沟韧带下方股动脉外侧，针刀沿股动脉搏动处外侧垂直刺入。上肢痉挛定点在甲状软骨外缘颈总动脉搏动处，针刀沿颈动脉搏动处外侧垂直刺入。

3. 疗程　每周治疗1次，4次为1个疗程，视患者病情确定疗程。

【术后手法及康复】

根据患者病情的具体表现，选择针对性的康复训练方法，包括运动训练、作业训练、语言训练、感觉统合训练、特殊教育、经络导推、矫形肢具等，改善残存的运动功能，抑制不正常的姿势反射，诱导正常的运动发育。

【思考题】

针刀治疗痉挛性脑瘫的方法？

第四节　过敏性鼻炎

【概述】

过敏性鼻炎又称变态反应性鼻炎或变应性鼻炎，是鼻黏膜的 I 型变态反应性疾病，以鼻痒、打喷嚏、流鼻涕等为主要临床表现。由于过敏原呈季节性的增减或持续存在，所以本病有季节性和常年性两种临床类型。其发病与环境因素密切相关，发达国家的发病率 10% ~ 20%，我国高发区达到 37.74%，且呈逐年上升趋势。本病多发于青年人和儿童，无明显性别差异。传统医学属于"鼻鼽"范畴。

【相关解剖】

1. 外鼻　位于面部中央，形如一个基底在下方的三边椎体，由骨、软骨构成支架，外覆软组织和皮肤，主要包括鼻根、鼻尖、鼻梁、鼻翼、鼻前孔、鼻小柱、鼻唇沟等。

2. 鼻腔　鼻腔为一顶窄底宽、前后径大于左右径的不规则狭长腔隙。前起自前鼻孔，后止于后鼻孔并通鼻咽部。鼻腔被鼻中隔分成左右两侧，每侧鼻腔又分为位于最前段鼻前庭和位于其后占鼻腔绝大部分的固有鼻腔。

【病因病理】

1. 病因

（1）变应性体质：常与其他变应性疾病，如支气管哮喘、荨麻疹等同时或交替发作，多有家族史，可能与遗传有关。

（2）变应原接触：①吸入物，如尘埃、花粉、真菌、动物皮毛、化学粉末等；②食入物，许多食物均可以引起过敏，如面粉、牛奶、鸡蛋；药物如水杨酸磺胺类和抗生素等；③细菌及其毒素；④注射物如血清、青霉素、链霉素等；⑤接触物如油漆、皮毛、氨水等致敏原。

（3）其他因素：如冷热变化，温度不调，阳光或紫外线的刺激等，还可能有内分泌失调，或体液酸碱平衡失调等内在因素，如肾上腺缺少，甲状腺素、卵巢素及垂体素失调或体液偏于碱性等。

2. 病理　过敏性鼻炎是由特应性个体接触变应原主要是 IgE 介导的介质（主要是组胺）释放，并有多种免疫活性细胞和细胞因子等参与的鼻黏膜非感染性炎性疾病。其发病有三个必要条件：①特异性抗原，即引起机体免疫反应的物质；②特应性个体，即所谓个体差异、过敏体质；③特异性抗原与特应性个体二者相遇。临床上分为常年性和季节性两型。

（1）常年性变态反应性鼻炎：早期鼻黏膜水肿呈灰色，病变属可逆性，此时病理检查，可见上皮下层显著水肿，组织内有嗜伊红细胞浸润，鼻分泌物中亦含有嗜伊红细胞。如过敏反应衍变为炎性反应，组织改变比较显著，上皮变性，基膜增厚和水肿，有血管周围浸润和纤维变性、腺体肥大、膨胀、阻塞，也可囊肿样变性。慢性炎症的病变更为显著，有上皮增生，甚至乳头样形成。有继发感染者，病变黏膜呈颗粒状，分泌物转为脓性，多形核细胞增多，黏膜下有细胞浸润及纤维组织增生。

（2）季节性变态反应性鼻炎：病理主要为鼻黏膜水肿，有嗜伊红细胞浸润，分泌物呈水样，可有息肉形成。

【临床表现】

1. 症状

（1）鼻痒、喷嚏：多数患者鼻内发痒，花粉症患者可伴有眼痒、耳痒、咽痒；喷嚏多为阵发性发作，每次多在三个以上的连续喷嚏，且多于晨起、夜晚或接触过敏原后随即发作。

（2）清涕：患者伴随大量清水样鼻涕，有时可有不自觉从鼻孔滴下。急性反应期过后可伴有鼻涕减少，若伴有感染可见黄稠鼻涕。

（3）鼻塞和嗅觉缺失：鼻塞症状轻重不一，单侧或双侧单发或并发，呈持续性、间歇性或交替性发作；嗅觉缺失或障碍是由于黏膜的水肿引起，持续的水肿可导致嗅神经萎缩，引起永久性嗅觉丧失。患者得病后常伴有鼻黏膜的高敏状态，发病季节对任何强烈的气味、污染的空气，乃至气候温度的变化都会伴有症状的反复，本病的后期患者常可发展为对多种抗原与刺激因素过敏，而呈终年鼻塞、流涕的状态。

2. 体征　患者在发作期常呈一种张口呼吸的面容（儿童尤其明显），由于经常由鼻痒而搓揉可见鼻梁部皮肤的横纹，鼻翼部分肥大，伴过敏性眼结膜炎者可见结膜的轻度充血水肿。

【辅助检查】

1. 窥鼻和镜检检查　可见本症患者鼻黏膜多苍白水肿，分泌物甚多，大都呈水样，镜下检查可见有多量嗜酸粒细胞。

2. 实验室检查　患者对相应的抗原皮肤实验常呈阳性速发反应（反应常在 10 ~ 15 分钟内发生）。在体外用放射性过敏原吸附试验（RAST）或酶联免疫吸附试验测定（ELISA），也可从患者血清内检出特异性 IgE 的存在。患者中 30% ~ 40% 有总 IgE 的升高，血象内嗜酸性粒细胞仅稍高或不增高。

【针刀治疗】

1. 局部治疗

（1）体位：取仰卧位。

（2）体表标志：鼻。

（3）定点

①鼻内点：固有鼻腔的外侧面鼻骨内侧壁定 1 点。

②鼻外点：鼻翼外侧旁开约 0.5cm 处。

（4）消毒与麻醉：常规消毒，铺无菌洞巾，0.5% 利多卡因局部麻醉，每点注射 1 ~ 2mL，注入麻醉药时，必须先回抽注射器确认无回血。

（5）针刀器械：Ⅰ型 4 号针刀。

（6）针刀操作

①鼻内点：针刀由鼻孔进入，刀口线与外侧壁平行刺入 0.5 ~ 1cm，进行局部小范围的先纵行后横行剥离。

②鼻外点：刀口线与鼻唇沟平行，从下向上沿皮刺入，到达骨面后再将针刀提至皮下，反复切开至骨面 2 ~ 3 次，即可出针，压迫止血，无菌敷料保护伤口。

（7）疗程：每周治疗 1 次，4 次为 1 个疗程，视患者病情确定疗程。

2. 颈部治疗

（1）体位：俯卧位。

（2）体表标志：枕外隆凸、上项线、颈椎棘突、关节突关节。

（3）定点

①枕外隆凸下缘及上项线：枕部中、浅层肌肉及项韧带止点 1 点，两侧上项线、枕外隆凸两侧 25mm 各 1 点；

②颈椎棘突点：自枕外隆凸沿后正中线向颈部摸到的第一个骨性凸起为枢椎棘突，沿后正中线向下可摸到其余各椎棘突；

③关节突关节点：棘突旁开 15～25mm，平均为 20mm，关节突关节位于下位棘突水平线上。

（4）消毒与麻醉：常规消毒，铺无菌洞巾，0.5% 利多卡因局部麻醉，每点注射 1～2mL，注入麻醉药时，必须先回抽注射器确认无回血。

（5）针刀器械：Ⅰ型 4 号针刀。

（6）针刀操作

①枕外隆凸下缘及上项线：刀口线与人体纵轴平行，针柄向足端倾斜，使针刀向头顶百会方向刺入，按四步规程进针刀至骨面，切开 2～3 次。

②颈椎棘突点：刀口线与人体纵轴平行，针体与皮肤垂直，按四步规程进针刀至骨面，行纵切开 2～3 次。

③关节突关节点：刀口线与人体纵轴平行，针体与皮肤垂直，按四步规程进针刀至骨面，紧贴骨面行纵横摆动 2～3 次，然后缓慢退出针刀，并于中层和浅层切开 2～3 次。

术毕，拔出针刀，局部压迫止血 1 分钟后，无菌敷料覆盖针孔。

（7）疗程：每周治疗 1 次，4 次为 1 个疗程，多数患者需要 1～4 次治疗。

3. 穴位治疗

（1）针刀操作

①百会穴：刀口线与矢状面平行、针体与身体纵轴一致，到达骨后面，向后各刺入 0.5～1 寸，纵行切开 2～3 次。

②神庭穴：刀口线与身体横轴平行，针体与该处颅骨切面平行刺入 0.3～0.4 寸，纵行切开 2～3 次。

③印堂穴：刀口线与额肌纤维平行，从上向下沿皮横刺入 0.5～1 寸，纵行切开 2～3 次。

（2）疗程：每周治疗 1 次，4 次为 1 个疗程，视患者病情确定疗程。

【术后手法及康复】

1. 手法治疗　局部治疗术后用手在鼻腔外侧按压 1 分钟。点揉枕骨后小肌群，使之放松。

2. 康复训练　颈深伸屈肌群训练。

【思考题】

针刀治疗过敏性鼻炎的方法？

NOTE

第五节　颞下颌关节功能紊乱症

【概述】

颞下颌关节功能紊乱症是指颞颌关节及其周围的肌肉、韧带等组织病理性损伤导致颞颌关节功能失衡，引起咀嚼与张口障碍、局部疼痛和关节弹响，严重者可引起颞颌关节强直。为口腔科常见病、多发病，为疑难病种。发病率为 20%～40%，好发于 20～40 岁的青壮年人，女性多于男性，常发生在一侧，也可两侧同时发病。

【相关解剖】（图 10-1）

颞下颌关节是位于耳郭前、颧弓的下后方，由颞骨的下颌窝和下颌骨的髁状突，及位于二者之间的关节纤维软骨盘所组左右联动的关节，主司张口、闭口和咀嚼。

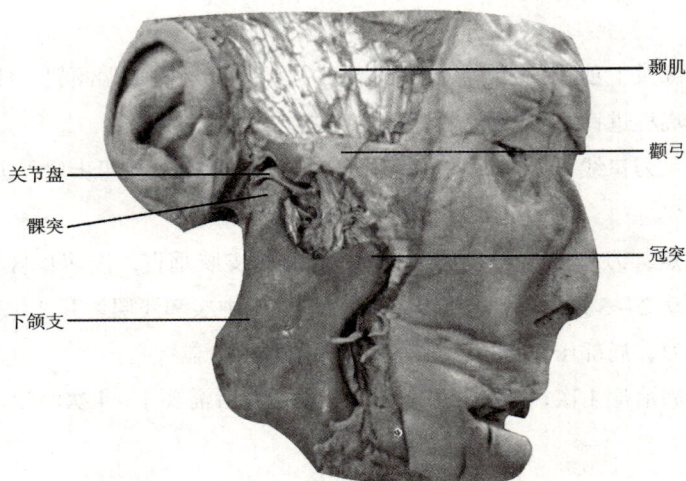

图 10-1　颞下颌关节解剖

1. 关节囊　由纤维结缔组织组成的韧性很强的纤维囊，其松而薄，附着在关节周围，包裹整个关节，形成密闭的关节腔。关节囊外侧被下颌韧带加强。

2. 韧带　颞下颌关节每侧有 5 条韧带，即颞下颌韧带、茎突下颌韧带、蝶下颌韧带、翼下颌韧带和下颌锤骨韧带，主要功能是悬吊下颌，限制下颌运动在正常范围之内。

3. 肌肉

（1）颞肌：是一个大的扇贝形肌肉，覆盖在头侧面耳的前、上和后方。起自颧弓上方颞窝的骨和筋膜，止于颌骨冠状突和下颌支前缘。其功能是提上颌。

（2）咬肌：起自上颌骨颧突和颧弓，止于咬肌浅层至下颌角外表面和下颌支的下半部，咬肌深层至下颌支上半部，可能延伸至下颌角（咬肌粗隆）。其作用为上提下颌骨（闭口），由咬肌神经（Ⅴ）支配

【病因病理】

1. 病因　本病的病因尚不十分明确，但按其病因性质不同可分为原发性病因和继发性病因。

（1）原发性病因：包括先天、遗传等，这些病因可以导致颌骨发育、牙齿咬合发育或口腔

功能异常。如两侧关节发育不对称就可成为产生颞下颌关节功能紊乱；关节韧带先天性发育薄弱等。

（2）继发性病因包括：①关节创伤和劳损因素如夜间磨牙和紧咬牙等；②精神因素；③环境因素；④医源性因素等。

2. 病理　与颞下颌关节及其周围组织的平衡协调与否密切相关。在各种病因的作用下，构成颞下颌关节的骨质本身发生病理损害，及关节附属结构（颞下颌关节的关节囊、韧带、相关肌肉）发生劳损，引起颞下颌关节周围软组织发生结节、瘢痕和挛缩等病变，导致出现颞下颌关节的肌力平衡失调、牙齿咬合功能紊乱等一系列症状。总之，其病理特点为由于各种因素引起的颞下颌关节骨质本身的病变、咀嚼肌群痉挛或高张力，关节内软骨盘磨损，关节周围韧带与关节囊粘连结瘢，关节运动时牵扯周围病变组织而发生一系列症状，严重者可导致颞下颌关节活动受限或强直。

【临床表现】

1. 症状

（1）颞下颌关节疼痛：以局部钝性痛为主，也可见跳痛、灼痛或刺痛，大多数患者运动时疼痛加重，且与活动的幅度和力度呈正相关，也有少数患者可发生自发性疼痛，其疼痛部位以双侧耳部和嚼肌区最为常见，同时也发生于颞凹、外耳道、咀嚼肌、上颌区、腮腺区、颌下三角后份、胸锁乳突肌、下颌舌骨肌、咽壁等部位。

（2）颞下颌关节弹响或摩擦音：在张、闭口和咀嚼运动中，可出现一侧或双侧关节弹响。初期为轻微、清脆的单响声，病重后弹响声变大，或出现破碎声。

（3）关节运动障碍：主要为张口受限，即开口小于正常；张口型异常，即张口时下颌中线偏斜或歪曲，张口运动交锁等。

2. 体征

（1）面部外形异常：多为习惯单侧咀嚼者，咀嚼侧较丰满，或两侧颌部和咀嚼肌发育不平衡，面形两侧不对称。

（2）张闭口运动受限：包括张口运动受限或下颌运动偏斜、偏摆、震颤、弹响等。正常开口度约为 45mm 左右（三指宽）。按程度可分为：①轻度，张口度不足三横指者；②中度，张口不足二横指者；③重度，张口不足一横指或不能张口为牙关紧闭者。要检查两侧关节的情况，判定病变侧别。

（3）压痛点：双侧肌的触诊，比较每对肌的触痛。

【辅助检查】

颞下颌关节的 X 线、CT 和 MRI 检查可了解颞下颌关节骨质改变情况，关节间隙的变化，关节本身的发育情况，同时还可进行鉴别诊断。

【针刀治疗】

1. 体位　侧卧位。

2. 体表标志　下颌窝、颧弓、下颌角、下颌髁状突、冠突。

3. 定点

（1）关节囊点：定点于下颌窝与髁突颈之间，松解关节囊及翼外肌止点。

（2）颧弓下点：定点于颧弓压痛点处，松解咬肌、颞下颌韧苷起点。

NOTE

（3）咬肌粗隆点：定点于下颌角上方的压痛点处，松解咬肌止点。

（4）颧弓上点：为颞肌损伤的压痛点，松解颞肌。

（5）冠突点：定点于压痛点上，松解颞肌的抵止点。

（6）其他肌阳性反应点：包括胸锁乳突肌、斜方肌等，按肌慢性损伤处理。

4. 消毒与麻醉　常规消毒，铺无菌洞巾，0.5% 利多卡因局部麻醉，每点注射 1～2mL，注入麻醉药时，必须先回抽注射器确认无回血。

5. 针刀器械　Ⅰ型 4 号针刀。

6. 针刀操作（图 10-2）

（1）关节囊点：刀口线与颧弓平行，针刀体与皮面垂直，按四步规程进针刀达颞下窝骨面，调整针刀刃至颞下窝骨缘，沿骨缘切开颞下颌关节囊 1～3 次。

（2）颧弓上点：以耳垂稍上方的点为"中心"，刀口线与"中心"的放射状线相平行，针刀体与皮面垂直。按四步规程进针刀达颅骨骨面。调转刀口线 45°（与颞肌腱纤维相平行），纵行切开 2～3 次。

（3）咬肌粗隆点：刀口线与下颌体下缘平行，针刀体与皮面垂直，按四步规程进针刀达下颌骨面。调转刀口线 45°，纵行切开 2～3 次。

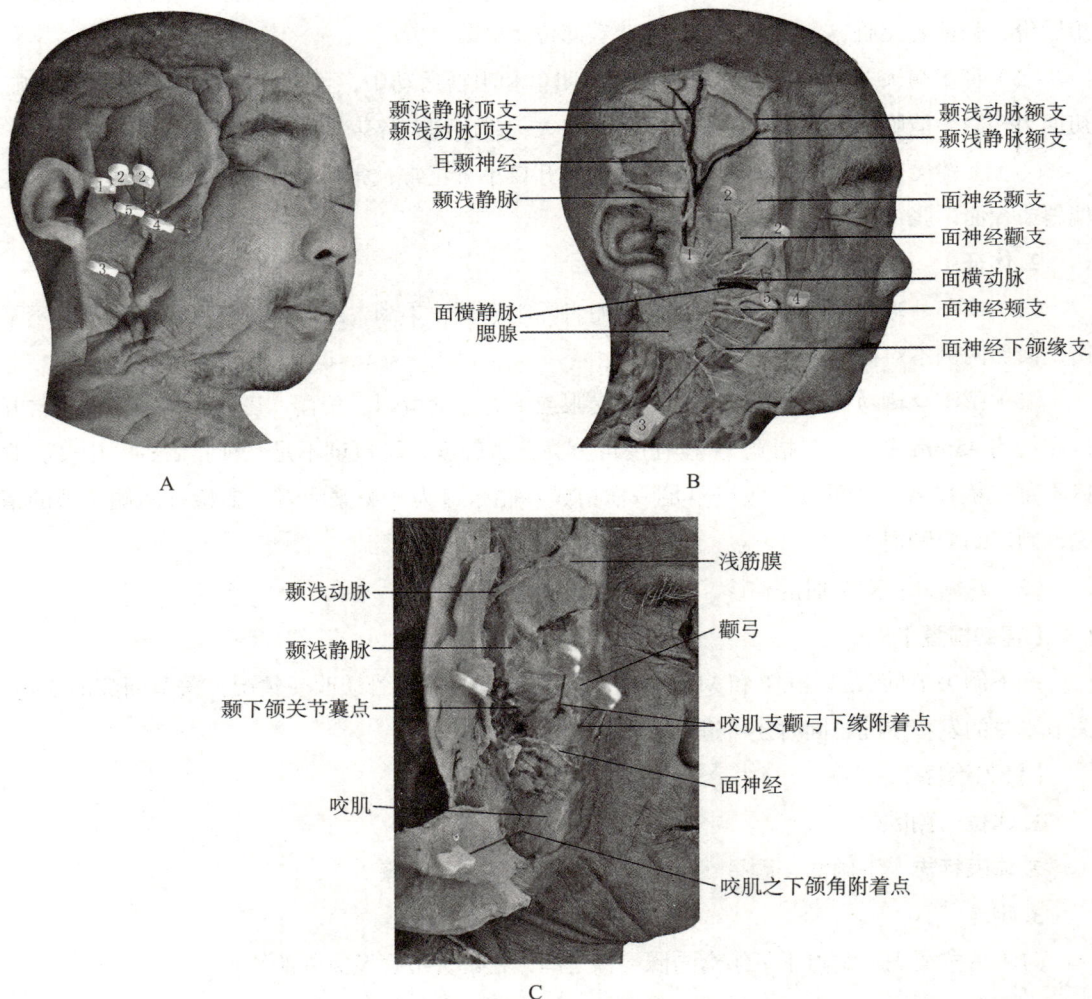

图 10-2　颞下颌关节紊乱针刀治疗

（4）颧弓下缘点：刀口线与颧弓平行，针刀体与皮面垂直。按四步规程进针刀达颧弓骨面。调整针刀刃至颧弓下缘骨面，沿骨缘切开关节囊2~3刀。

（5）冠突点：刀口线与颧弓平行，针刀体与皮面垂直。按四步规程进针刀达冠突骨面。调整针刀刃至喙突顶端，沿骨端骨面切开颞肌腱1~3刀。

（6）其他相关肌肉损伤点：治疗参照相关肌肉慢性损伤针刀操作步骤。

术毕，拔出针刀，局部压迫止血1分钟后，无菌敷料覆盖针孔。

7. 疗程　每周治疗1次，4次为1个疗程，视患者病情确定疗程。

【术后手法及康复】

1. 术后手法　患者坐于椅上，一助手站在患者背后将患者头部固定，医师两手拇指包上无菌纱布，放入患者口内两侧下槽牙上，将下颌关节下压，使下颌关节分离，然后双手端起下颌关节，向后上方推顶复位。

2. 康复训练　胸椎灵活性训练，颈深伸屈肌群训练。

【思考题】

针刀治疗颞下颌关节紊乱的方法？

第六节　陈旧性肛裂

【概述】

肛裂是指齿状线下肛管皮肤层裂伤形成的小溃疡，以放射状分布于肛管，呈梭形或椭圆形，多发于后正中部（截石位6点钟方向），少数在前正中部（截石位12点方向），并以肛门周期性疼痛、出血、便秘为主要临床特点。肛裂为肛肠科常见疾病之一，其发病率仅次于痔疮，以中青年人为多发，我国患者女性多于男性为1.8:1，患者多伴有长期便秘病史。

【相关解剖】

肛门括约肌由内环、外纵两层肌构成。其中环形肌特别发达，称为肛门内括约肌，围绕在肛门内括约肌周围的骨骼肌称为肛门外括约肌，其又分皮下部、浅部、深部，有较强的控制排便的作用。肛门内括约肌、肠壁的纵行肌、肛门外括约肌的浅部、深部，以及肛提肌的耻骨直肠肌共同构成围绕肛管的强大肌环，称为肛门直肠环，对肛管起括约作用。

【病因病理】

1. 解剖学因素　肛管前、后部组织发育强弱不一致，局部血供相对较差，同时肛管前、后、正中部所要承受的压力最大，在排硬便时易被撕裂，且伤后愈合较慢。

2. 外伤因素　粗大干硬的大便、异物或扩肛器等使肛管过度扩张，从而导致裂伤。

3. 感染因素　肛隐窝炎、肛乳头炎、肛门湿疹、直肠炎等炎症刺激及分泌物刺激可使肛管皮肤弹性减弱，脆性增加，容易裂伤。

4. 肛门括约肌因素　先天肛门狭小症、术后肛门括约肌挛缩或痉挛等。

【疾病分期】

1. Ⅰ期肛裂　又称初发肛裂、新鲜肛裂或早期肛裂，肛管皮肤表浅损伤，创口周围组织基本正常。

2. Ⅱ期肛裂　又称单纯肛裂，肛管已经形成溃疡性裂口，但无合并症，无肛乳头肥大及"哨兵痔"及皮下瘘管等。

3. Ⅲ期肛裂　又称陈旧性肛裂，裂口已形成慢性陈旧性溃疡，并发"哨兵痔"、肛乳头肥大、肛窦炎和隐瘘等病理改变。

【临床表现】

1. 症状　肛门部疼痛、便血或伴有便秘，疼痛呈典型的周期性疼痛，排便时疼痛，便后数分钟后可缓解，随后再次发生疼痛，数小时后缓解；便血为滴血或手纸染血，鲜血，量少，多发于后正中部（截石位6点钟方向）。

2. 体征　陈旧期肛裂：创缘不规则，增厚，弹性差，溃疡基底紫红色或有脓性分泌物，上端邻近肛窦处肛乳头肥大；创缘下端有哨兵痔，或有皮下瘘管形成因肛裂、"哨兵痔"、乳头肥大同时存在故将其称为"肛裂三联征"。

【辅助检查】

直肠指诊和直肠镜检有助于诊断与鉴别诊断。

【针刀治疗】

1. 体位　俯卧位，截石位。

2. 体表标志　肛门。

3. 定点　肛门周边1cm处、腰骶椎至尾骨一线寻找阳性反应点。

4. 消毒与麻醉　常规皮肤消毒，以肛门为中心周围15～20cm，戴无菌手套，铺无菌洞巾，各点以0.5%～1%利多卡因注射液1～2mL左右局部麻醉，行退出式注入麻醉药。

5. 针刀器械　Ⅰ型4号针刀，肛肠特制针刀。

6. 针刀操作

（1）肛门周边1cm处：左手中指伸入肛门做导引，右手持针刀，刀口线与肛门外括约肌平行。针刀与皮面垂直，按四步规程刺入肛管2～3cm，感觉有韧性或紧缩感即为肛门内括约肌，调转刀口线15°左右，将肛门内括约肌切开2～3次，左手中指感到肛管皮下有一凹陷无紧缩感即可出针刀。出针后用两个示指进行扩肛，持续5分钟，将部分未切断的肌纤维充分扩开。将"哨兵痔"和肥大的乳头进行切除。

（2）阳性反应点：刀口线与肌纤维平行，针刀体与皮面垂直，按四步规程进针刀0.2～0.4cm深，纵行切开1～2次，并行横行摆动2～3次。

术毕，拔出针刀，局部压迫止血1分钟后，无菌敷料覆盖伤口。

7. 疗程　每周治疗1次，4次为1个疗程，视患者病情确定疗程。

【术后手法及康复】

1. 术后手法　针刀术后应进行充分扩肛，使肛门括约肌充分松解。

2. 康复训练　盆底肌训练，持续收缩盆底肌（提肛运动）2～6秒，松弛休息2～6秒，如此反复多次。

【思考题】

针刀治疗陈旧性肛裂的方法是什么？

第七节　带状疱疹后遗痛

【概述】

带状疱疹是由水痘－带状疱疹病毒感染引起的一种病毒性皮肤病，沿周围神经分布有群集性疱疹，并以神经痛为特征。带状疱疹的皮疹消退以后，其局部皮肤仍有疼痛不适，且持续1个月以上者称为带状疱疹后遗神经痛，表现为局部阵发性或持续性的灼痛、刺痛、跳痛、刀割痛，严重者影响休息、睡眠、精神状态等。

【相关解剖】

带状疱疹急性期结束之后在局部产生瘢痕性的愈合，这种愈合本可以促进疾病的恢复，而在另外一个意义之上则是带状疱疹后遗神经痛产生的一个重要病理基础。瘢痕的形成使得局部的血液运行受阻、代谢不畅，各种炎性物质堆积，不断的产生伤害性刺激促使疼痛的产生。

浅筋膜是肌的附属结构，是人体皮肤与固有筋膜浅层之间的疏松结缔组织。在固有筋膜浅层与真皮之间分布有与表面皮肤呈垂直方向的结缔组织，称为皮下支持带。浅筋膜中有皮神经、血管及淋巴管穿行，而它们的主干则位于脂肪较少的最深部，皮下的血管、神经与此皮下支持带交叉穿行。胸、腹部皮下支持带随年龄增长松弛，由于重力影响使皮肤形成沟褶，某些紧致部位随年龄增长，浅筋膜发生老化增生和退行性变。皮下支持带因老化而弹性改变，引起皮下血管神经通道挤压，而产生临床症状。

【病因病理】

本病的病原体水痘－带状疱疹病毒有亲神经和皮肤的特性。对该病毒无免疫力或有低免疫力的人群（多数是儿童）感染后，病毒经呼吸道黏膜侵入人体内，使人发生水痘或呈隐性感染。以后病毒侵入皮肤的感觉神经末梢，可长期潜伏于脊髓神经后根或脑神经节的神经元内。当宿主的免疫功能减退时，如患某些感染（如感冒）、恶性肿瘤，使用某些免疫抑制剂，经放射治疗、器官移植，发生外伤，处于月经期以及过度疲劳等，神经节内的病毒即被激发活化，使受累神经节发炎或坏死，产生神经痛。同时，病毒沿感觉神经通路到达皮肤，即在该神经支配区内发生特有的阶段性疱疹。

病变区皮肤表皮层，真皮层，皮下组织及浅筋膜在急性病变愈合后遗留广泛的不规则纤维结缔组织粘连、挛缩、皮肤感受器及其附属结构排列紊乱，棘皮细胞坏死，玻璃样变，导致局部营养性微细血管管腔狭窄或闭锁，引起局部微循环不同程度障碍，血液供应不足或已没有任何血液供应，乏氧代谢增多，末梢神经感受器不同程度受损，疼痛皮区缺血、缺氧、酸性代谢产物聚集，局部氢离子浓度升高，刺激本已受损的神经末梢，引起局部剧烈疼痛。

【临床表现】

本病以剧烈的顽固性疼痛为主要临床表现。带状疱疹皮损消除后疼痛仍持续，轻微的刺激即引起疼痛发作。常见的疼痛表现有以下三种。

1. 激惹触痛型　以对痛觉超敏感为特征，轻轻触摸即可产生剧烈的难以忍受的疼痛。

2. 痹痛型　以浅感觉减退和痛觉敏感为特征，触痛明显。

3. 中枢整合痛型　可兼有以上两型的表现，由中枢继发性敏感化异常为主要特征。患者在就诊时将疼痛形象地描绘为火烧样痛，撕裂样痛，针刺样痛，刀割一样痛，闪电样痛，绳索捆绑样绷紧痛等。

【针刀治疗】

1. 体位　俯卧位。

2. 体表标志　棘突。

3. 定点　棘突间点、关节突关节、皮损部位疼痛区。

4. 消毒与麻醉　常规消毒，铺无菌洞巾，0.5% 利多卡因局部麻醉，每点注射 1~2mL，注入麻醉药时，必须先回抽注射器确认无回血。

5. 针刀器械　Ⅰ型 4 号针刀。

6. 针刀操作

（1）棘突间点：刀口线与脊柱纵轴平行，针刀体与皮肤垂直，按四步规程进针刀达棘间韧带，然后调转刀口线 90°，切开棘间韧带 2~3 次，注意勿进入椎管内。

（2）横突和肋横突关节：刀口线与脊柱纵轴平行，针刀体与皮肤垂直，按四步规程进针刀达肋骨横突骨面，然后将针刀小心移至关节突关节，微微转动刀口线，将关节突关节囊切开 2~3 次。

（3）皮损部位疼痛区：刀口线与局部神经血管平行，针刀与皮面垂直，按四步规程进针刀到皮下后，使针刀和刀口线均与皮肤基本平行，在皮下浅筋膜内向外周呈放射状，广泛切开松解，反复几次。切开时能感到病变区域的皮下纤维结缔组织十分坚韧，当进入正常皮肤区域时，感到阻力明显减少。

术毕，拔出针刀，局部压迫止血 1 分钟后，无菌敷料覆盖针孔。

7. 疗程　每周治疗 1 次，4 次为 1 个疗程，视患者病情确定疗程。

【术后手法及康复】

1. 术后手法　颈胸腰椎整复手法。局部指揉法。

2. 物理治疗　可在患处使用微波理疗，可预防和治疗感染，促进疱疹吸收和治疗针孔恢复。

【思考题】

针刀治疗带状疱疹后遗症的方法？

第八节　鸡　眼

【概述】

鸡眼是由于足部长期受挤压或摩擦而发生的脚趾增生性损害，好发于手掌及足跖，也有长在手掌指间的。病变部位皮肤角质层楔状增生变厚，其根深陷，形如鸡眼。

【相关解剖】

本病多发生在足部。足底皮肤由于各区负重和承受的压力不同，其结构亦有不同。在重力支持点的足跟、蹞趾基底及足外侧缘特别增厚，有时角化层形成胼胝，其他部分则较薄，并很敏感，富有汗腺。浅筋膜内致密的纤维束将皮肤与足底深筋膜紧密相连。足趾跖侧皮肤较厚，深面有小的纤维束，将皮肤连在骨膜或腱鞘上，尤其是在趾间关节处，结合更为紧密。足底皮肤神经分布由发自胫神经的跟内侧支分布足底内侧，足底内侧神经分布足底内侧 2/3，足底外侧神经分布外侧 1/3。

【病因病理】

多因足踝发育畸形致足底某一点受力不均，或穿不合适的鞋长期行走，长期挤压摩擦，导致皮肤脚趾增厚，略高于表面，尖端向下深入皮下，行走时由于间接挤压真皮乳头层附近感觉神经末梢而引起疼痛。

【临床表现】

鸡眼一般为针头至蚕豆大小的倒圆锥状角质栓，表面光滑，与皮面平，或稍隆起，边界清楚，呈淡黄或深黄色，嵌入真皮。由于其尖端压迫神经末梢，故行走时引起疼痛。鸡眼多见于足跖前中部、小趾外侧或蹞趾内侧缘，也见于趾背。

【鉴别诊断】

应注意与胼胝、跖疣的鉴别诊断。胼胝为扁平片状角质增厚，范围较广，一般不痛。跖疣可散发于足跖各处，不限于受压部位，可多发，损害如黄豆大小，表面角质增厚，用刀削去表面角质层，可见自真皮乳头血管渗出血细胞凝成的角质软芯。

【针刀治疗】

1. 体位　仰卧位。

2. 体表标志　鸡眼处。

3. 定点　鸡眼两侧。

4. 消毒与麻醉　常规消毒，铺无菌洞巾，2% 利多卡因局部麻醉，每点注射 1 ~ 2mL，注入麻醉药时，必须先回抽注射器确认无回血。

5. 针刀器械　Ⅰ型 4 号针刀。

6. 针刀操作　从鸡眼的两侧进针刀，针刀体与皮肤平面垂直，按四步规程进针刀达鸡眼的根部，将鸡眼根部切开 2 ~ 3 次后至鸡眼中央，破坏鸡眼基底组织，不必把鸡眼剔出。

术毕，拔出针刀，局部压迫止血 1 分钟后，无菌敷料覆盖针孔。

7. 疗程　1 周左右鸡眼可自行修平脱落，大多 1 次即可治愈，如 7 日不愈者，可再做 1 次。

【术后手法及康复】

康复训练：核心稳定性训练，臀中肌和臀大肌训练，腘绳肌训练，感觉运动刺激训练。

【思考题】

针刀治疗鸡眼的方法？

NOTE

第九节　踇外翻

【概述】

踇外翻是指踇趾趾骨向腓侧偏转超过正常生理角度的一种足部畸形，一般认为踇趾向外侧偏斜15°即为踇外翻畸形。踇外翻是临床常见病，发病率高，女性多见，男女比例可达1∶40。

【相关解剖】（图10-3）

踇趾跖趾关节由第1跖骨头的凸形关节面与近节趾骨底的凹形关节面构成。此处关节囊较为松弛，上方为伸肌腱所加强，两侧为扇形的侧副韧带所加强。侧副韧带起自跖骨头两侧的背结节，斜向前下方，止于近节趾骨底两侧及足底韧带；悬韧带从跖骨头两侧的背侧结节向跖侧止于两边的籽骨。关节下方有足底韧带参与构成关节囊，该韧带还与跖骨深横韧带相融合，横行连接各跖骨头。

跖趾关节关节囊的跖面，踇长屈肌腱位于内、外侧籽骨形成的沟内，向远侧止于远节趾骨底。籽骨位于踇短屈肌腱内，踇短屈肌内侧腱与踇展肌腱相融合，外侧腱与踇收肌止点相融合，其共同腱与外侧籽骨相关。

生理状态下，踇指有一定的外翻角度，其范围在15°～20°，不伴有跖骨间角异常、踇趾旋转、籽骨以及其他前足畸形。

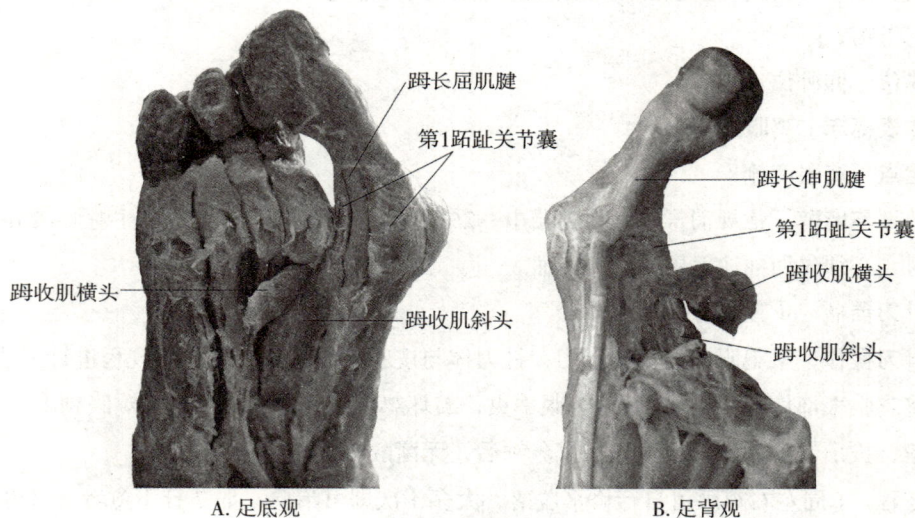

踇长屈肌腱
第1跖趾关节囊
踇收肌横头
踇收肌斜头
踇长伸肌腱
第1跖趾关节囊
踇收肌横头
踇收肌斜头

A. 足底观　　　　　　　B. 足背观

图 10-3　踇外翻

【病因病理】

本病病因较多，尚无统一认识。多种因素如遗传因素、足部生物力学改变、足部关节炎症、神经肌肉病变后足部肌力不平衡、足部关节创伤等。目前认为病因有以下几种。

1. 鞋过窄或尖，或长期穿着高跟鞋，导致前足特别是踇趾外翻畸形。

2. 平跖足引起踇趾外旋和第1跖骨内收。

3. 跖骨内收，以第1～3跖骨内收明显，发生率67%。

4. 第1跖骨过长。

5.蹬收肌和屈短肌腓侧部分肌张力过大，使蹬趾近节基底受到肌力牵张过度，同时引起二籽骨向外移位或二籽骨分离。

6.第2趾或第2跖骨头切除，使蹬趾失去了维持正常位置的重要因素之一，易导致本畸形。

7.类风湿引起的屈肌挛缩。

【临床表现】

1.症状 第1跖趾关节向内突起，行走痛，穿鞋后有压痛，关节内突部分，常有胼胝和红肿。

2.体征 关节背、内方有压痛。蹬趾外翻，压于第2趾背，第2趾常伴有锤状趾。第1跖趾关节跖面负重痛、触痛和胼胝，平跖足多见。

【辅助检查】

X线检查可见：①第1跖趾关节附近骨质增生，尤以跖骨头内侧为著，蹬囊炎的阴影适位于增生骨部位；②籽骨移位或分离；③关节半脱位或脱位。

测量蹬外翻角度大于20°可做出诊断。（图10-4）

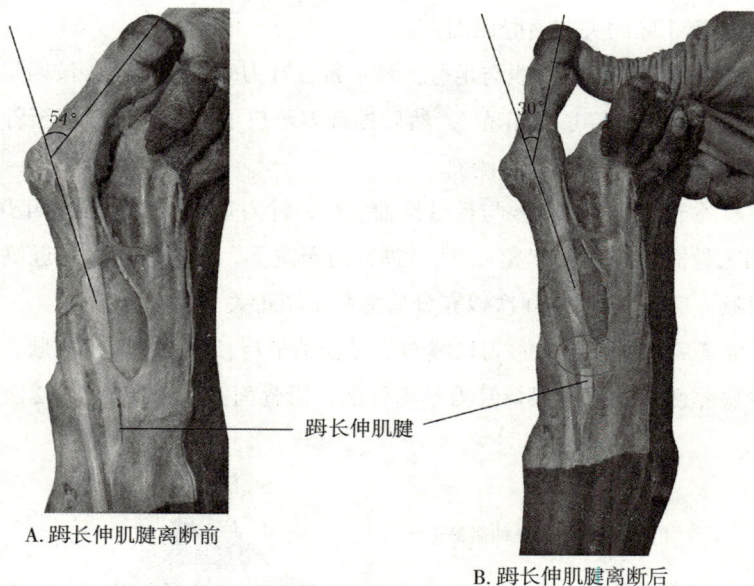

A.蹬长伸肌腱离断前

蹬长伸肌腱

B.蹬长伸肌腱离断后

图10-4 蹬外翻角度测量

【针刀治疗】

用Ⅰ型针刀，从跖趾关节内侧将关节囊切开松解。针对具体畸形不同，可分别对第1跖趾关节胫侧、第1趾骨底腓侧缘、蹬长伸肌腱过第1跖骨部分、第1跖跗关节、蹬长屈肌腱止点等部分进行松解。

1.体位 仰卧位，足跟下垫枕，以保持足部舒适稳定。

2.体表标志 第1跖趾关节、蹬长伸肌腱、蹬长屈肌腱。

3.定点

（1）背侧：第1跖趾关节胫侧、第1趾骨底腓侧、蹬长伸肌腱斜过第1跖骨的部分、第1跖跗关节胫侧、第1跖跗关节腓侧、第1跖跗关节背侧。

（2）跖侧：第1跖骨底腓侧缘点（蹬收肌横头止点）、蹬长屈肌腱止点、第2跖骨底点。

4.消毒与麻醉　常规消毒，铺无菌洞巾，以 1%～2% 利多卡因局部麻醉，进针方法同针刀治疗，每点注射利多卡因 0.5～1mL。

5.针刀器械　Ⅰ型 4 号针刀。

6.针刀操作（图 10-5）

（1）第 1 跖趾关节胫侧：刀口线与足弓长轴平行，针刀垂直于皮肤，按四步规程进针刀达第 1 趾骨底胫侧缘骨面（已穿透关节囊），然后提针刀至皮下，再将针刀切至骨面，反复切开 3～4 次以充分松解第 1 跖趾关节囊胫侧面。

（2）第 1 趾骨底腓侧：刀口线与足弓长轴平行，针刀垂直于皮肤，按四步规程进针刀达第 1 趾骨底腓侧缘骨面（已穿透关节囊），然后提针刀至皮下，再将针刀切至骨面，反复切开 3～4 次以充分松解拇收肌横头止点及第 1 跖趾关节囊腓侧面。

（3）拇长伸肌腱斜过第 1 跖骨部分：刀口线与拇长伸肌腱垂直，针刀垂直于皮肤，按四步规程进针刀达拇长伸肌腱腓侧缘，在肌腱边缘切开 1～2 次。

（4）第 1 跖跗关节胫侧：刀口线与足弓长轴平行，针刀垂直于皮肤，按四步规程进针刀达第 1 跖骨底胫侧缘骨面（已穿透关节囊），然后提针刀至皮下，再将针刀切至骨面，反复切开 3～4 次以充分松解第 1 跖跗关节囊胫侧面。

（5）第 1 跖跗关节腓侧：刀口线与足弓长轴平行，针刀垂直于皮肤，按四步规程进针刀达第 1 跖骨底腓侧缘骨面（已穿透关节囊），然后提针刀至皮下，再将针刀切至骨面，反复切开 3～4 次以充分松解第 1 跖跗关节囊腓侧面。

（6）第 1 跖跗关节背侧：刀口线与足弓长轴平行，针刀垂直于皮肤，按四步规程进针刀达第 1 跖骨底腓侧缘骨面（穿透关节囊），然后提针刀至皮下，再沿第 1 跖骨近侧端边缘将针刀刺入跖跗关节间隙，反复切开 3～4 次以充分松解第 1 跖跗关节囊背侧。

（7）第 1 趾骨底腓侧缘跖侧点：刀口线与足弓长轴平行，针刀垂直于皮肤，按四步规程进针刀达第 1 趾骨底腓侧缘骨面，保持针刀不离骨面，沿骨面腓侧缘切开 1～2 次以松解拇收肌横头的止点。

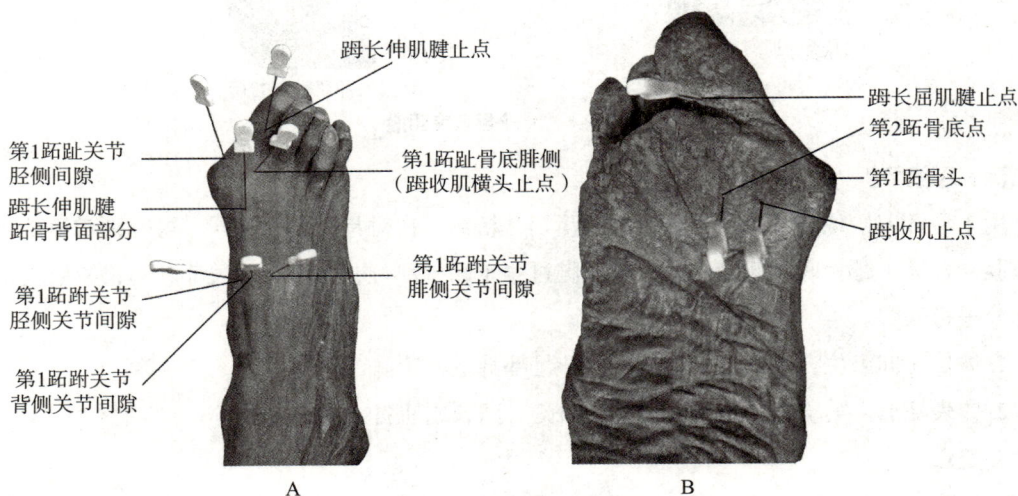

图 10-5　拇外翻针刀治疗

（8）拇长屈肌腱止点：刀口线与足弓长轴垂直，针刀垂直于皮肤，按四步规程进针刀达肌腱表面，在肌腱腓侧缘切开 1~2 次以切断少量肌腱纤维，从而松解其张力。

（9）第2跖骨头中点：刀口线与足弓长轴平行，针刀垂直于皮肤，按四步规程进针刀，当遇有坚韧阻力感时系趾短屈肌腱（其深面为趾长屈肌腱），稍向两侧移动刀锋以避开肌腱，然后继续深入探至第2跖骨头骨面。调转刀口线 90°并稍提针刀 2~3mm 再向下刺至骨面以切开姆收肌横头肌腹，反复 2~3 次，切断少量肌纤维以降低姆收肌横头张力。

术毕，拔出针刀，局部压迫止血 1 分钟后，无菌敷料覆盖针孔。

7. 疗程 每周治疗 1 次，4 次为 1 个疗程，视患者病情确定疗程。

【术后手法及康复】

1. 手法治疗 患者坐于治疗床上，将膝关节屈曲，足部略放平，助手将患侧踝关节固定，医师右手捏住大姆趾，左手扶持足背。先做对抗牵引，然后使大姆趾顺时针旋转 4~5 次，再逆时针旋转 4~5 次。接着再一次对抗牵引，持续 1 分钟以后，医师突然加大力度，拔伸大姆趾，力度要足够大，并使大姆趾内收，最后将大姆趾拉直（和第 1 跖骨在一条线上），用小托板或石膏固定，保持和跖骨在一条线上。2 周后拆除托板，进行功能锻炼。此手法将足第 1 跖趾关节囊充分松动，然后拔伸，使关节囊外侧的挛缩得到恢复。

2. 康复训练 小腿肌肉训练，拉伸放松腓骨肌。

【思考题】

针刀治疗姆外翻的方法是什么？